Michael Landmann

Was ist Philosophie?

Was ist Philosophie?

von Michael Landmann

4. Auflage 1985

Bouvier Verlag Herbert Grundmann · Bonn

CIP-Kurztitelaufnahme der Deutschen Bibliothek
LANDMANN, MICHAEL: Was ist Philosophie?
– 4. Aufl. – Bonn: Bouvier. 1985
ISBN 3-416-01290-9

Inhaltsverzeichnis

Vorwort

Daß dieses Buch als ein Band in der Reihe »Das Wissen der Gegenwart« erscheint, bedeutet nicht, daß es nur die Philosophie der Gegenwart behandelt. Es will eine allgemeine »Einführung in die Philosophie« sein, wie ich sie seit Jahren an der Universität vortrug. Die Aufgabe war, philosophische Hauptprobleme zu entwickeln, so wie sie sich uns heute, nach dem Abbau philosophischer Schultradition, nach der Ernüchterung des Denkens durch die Wissenschaften, neu stellen. Aber Philosophie ist ein Kontinuum. Späteres bleibt auf Früheres bezogen, dieses erhellt sich aus jenem. Daher waren auch grundsätzliche geschichtliche Positionen einzubeziehen, soweit sie für jetzige Systematik denkwürdig oder integrierbar bleiben.

Zwischen der Forderung, Philosophie in der Vielseitigkeit ihrer Thematik vorzustellen, und der, einige Themen gründlicher zu behandeln, galt es die Mitte zu finden. Insbesondere mußte aus den »philosophischen Disziplinen« eine Auswahl getroffen werden. Für Logik, Wissenschaftstheorie, Naturphilosophie, Philosophie der Mathematik, aber auch für Religionsphilosophie, Rechtsphilosophie, Staats- und Sozialphilosophie, philosophische Prinzipien der Psychologie, Philosophie der Technik und weiterer Teilgebiete sei auf andere Zusammenfassungen verwiesen.

Der Gebrauch philosophischer »Fachsprache« ließ sich nicht ganz vermeiden. Termini sind im Anhang erklärt. Angestrebt wurde Verständlichkeit ohne zu starke Vereinfachung. Das Buch will dem Studierenden eine Starthilfe, dem Außenstehenden einen Überblick geben.

Zu danken habe ich den ersten Lesern des Manuskripts, Heinrich Weiss und Klaus-Jürgen Grundner, die durch ihre Anregungen wesentlich zur klareren Gestaltung beitrugen,

Frau Ruth Köchig für die mühsame Abschrift und Frau Ursula
Wustrack für bibliographische Recherchen.

Michael Landmann

Berlin
Freie Universität
April 1972

Erster Teil

Der Ort der Philosophie in der menschlich-geistigen Welt – Die Gegner der Philosophie

Einleitung

Es gibt Gegnerschaften gegen die Philosophie innerhalb der Philosophie selbst.

a) Feuerbach, Kierkegaard, Marx glauben im Hegelschen System, das als krönender Abschluß der bisherigen Philosophie sich verstand und verstanden wurde, die Philosophie als solche zu bekämpfen. In Wahrheit bekämpfen sie nur eine bestimmte Form der Philosophie. In ihrer Kritik – die sich mit der Kritik verbindet, die auch aus nichtphilosophischem Lager vorgetragen wird – artikulieren sich andere Formen der Philosophie selbst. Auf Marx gründet sich der dialektische Materialismus, auf Kierkegaard die Existenzphilosophie.

b) Schon die antiken Skeptiker, in je anderer Weise wieder Bacon, Kant, in unserm Jahrhundert (durch Nachweis der Abhängigkeit unseres Denkens von der gewachsenen Sprache) Mauthner und Wittgenstein sowie (soziologisch gewendet) die »Ideologiekritik« bestreiten nicht nur einzelne Thesen oder Richtungen, sondern den Anspruch der Philosophie insgesamt. Die Leistungskraft unseres Erkennens trägt nach ihnen nicht so weit, wie insbesondere die Metaphysik wähnte. Seine Grenzen sind viel enger anzusetzen. Allein auch die Genannten sind Philosophen, die bloß nicht mehr an die *herkömmliche* Philosophie glauben. Sie werden zu Urhebern neuer, bescheidenerer, reflexiverer Philosophien.

In unserm Zusammenhang soll uns zunächst nicht diese *intra*philosophische Polemik beschäftigen, sondern nur die Polemik, die sich von – angeblich oder wirklich – *außerhalb* der Philosophie befindlichen Standorten her gegen die Philosophie als ganze, gegen »das Prinzip Philosophie«, richtet. –

11

Philosophie, die seit alters in der geistigen Welt einen hohen Rang einnahm, befindet sich heute in Krise und Rückzugsbewegung. Ein »Unbehagen an der Philosophie« breitet sich aus. Bildete sie noch in den Auseinandersetzungen der 20er Jahre eine unüberhörbare Stimme, so scheint sie unserer Zeit nicht mehr das geben zu können, was man sich früher von ihr versprach. Bei so verfeinertem Instrumentarium der Wissenschaften tragen heute Mathematik und Naturwissenschaften, Psychologie, Soziologie, Politologie usf. ihre je eigene »Grundlagendiskussion« aus, reflektieren selbst ihre fachspezifischen Methoden und Prinzipien; der Linguistik kann die alte Sprachphilosophie, der Literatur- und Kunstbetrachtung eine globale Ästhetik nicht mehr genügen. Die Wissenschaften selbst sind philosophisch geworden, emanzipieren sich aber eben deshalb von einer abgesonderten Philosophie. Auch Gesamtwürfe knüpfen heute bei einzelnen Wissenschaften an: dialektischer Materialismus bei der Ökonomie, Kybernetik bei der Physik, Strukturalismus bei Linguistik und Ethnologie. Aufklärung, der zuerst Philosophie ihre Sprache lieh, wird heute in den realen Lebensgebieten wirksamer weitergetragen.

Aber angefochten wurde Philosophie schon in früheren Zeiten, ja sie war es seit ihren Anfängen. Denn Philosophie entsteht menschheitsgeschichtlich spät. Niemand hat ihr bis zu ihrem Kommen einen Platz gleichsam reserviert. Der Platz, den einzunehmen sie beansprucht, war vor ihr schon durch andere Deutungen besetzt. Sobald sie auftritt, tritt daher Philosophie als Rivalin auf. Sie befindet sich in Opposition gegen ein schon Bestehendes, und ihre Feindseligkeit wird von der andern Seite erwidert. Gegner der Philosophie sind sowohl die, denen sie selbst sich entgegenstellt (gen. subj.), wie solche, die sich ihrerseits gegen sie zur Wehr setzen (gen. obj.).

1. *Rationale Revolution und Konservativität.* An die Stelle des magischen und mythischen Weltbildes setzte Philosophie ein weniger phantasievolles und nicht mehr gestalthaftes. An die Stelle des sog. natürlichen Weltbildes des Alltags setzt sie ein vereinheitlichend-abstrakteres, tieferes, begründeteres. Aus neuem Einsatz der Vernunft entthront sie das Ancien régime früherer Erklärung. Sie fügt nicht nur dem schon vorhandenen Wissensbesitz inhaltliche Erkenntnisse hinzu, sondern findet Gründe und Hintergründe, sprengt Horizonte auf, bringt eine

12

»Revolution der Denkart« (Kant). Dadurch gerät sie in Konflikt mit dem bestehenden geistigen Gefüge, mit der auch in ihm enthaltenen Wahrheit, mit dem für das Gefühl Befriedigenden noch seiner Irrtümer. Auch innerhalb der Philosophie selbst machten sich die Romantik, Dilthey, Bergson, die Phänomenologie zu Anwälten nicht nur rational-begrifflicher Weltschau.

Der Konflikt verschärft sich noch dadurch, daß Philosophie nicht nur Weltdeutung, sondern, als Ethik, auch Lebensanweisung ist. Aus Vernunftprinzipien will sie, als Utopie, auch Gesellschaft und Staat umgestalten. Damit hat sie gegen sich auch den ganzen älteren Lebensstil, die Beharrungstendenz der Sitten und Einrichtungen, das Interesse der von ihnen Privilegierten.

2. *Autonomie und Heteronomie.* Philosophie appelliert an unsere eigene Vernunft. Ihr spricht sie Recht und Pflicht zu, aufgrund der selbsterkannten, an der Sache erhärteten Wahrheit überkommenen Irrtum zurückzuweisen. Dieses Vertrauen der Philosophie in die selbständige Erkenntniskraft des Individuums wird bestritten durch das Vertrauen der Gemeinschaften in die höhere Weisheit des Hergebrachten, des »alten Wahren«, auf religiösem Feld in die Überlegenheit göttlicher Offenbarung, der unsere kleine Vernunft sich unterzuordnen habe. Verglichen mit diesen geheiligten Instanzen der Wahrheit erscheinen die selbsterkennenwollende Vernunft und das sich ihr anvertrauende Individuum als prometheisch hybrid. Sie erscheinen so desto mehr, wenn sie nicht nur erkennen, sondern die Verhältnisse ändern wollen: damit mißachten sie die »Grenzen der Menschheit«, mißachten die Mächte, die uns lenken und in deren Hand wir sind.

3. *Denken und Handeln.* Philosophie scheint etwas Neutrales und Inoffensives zu sein: sie will nur erkennen. Allein schon damit ist sie Partei, die eine Gegenpartei auf den Plan ruft: die, die handeln wollen, die Männer der Tat. Auch allem Handeln muß zwar Erkenntnis vorhergehen, die seine Ziele und Wege entwirft. Aus diesem dem Handeln dienenden Erkennen, das zu ihm in keinem Gegensatz steht, wird jedoch in der Philosophie autonomes Erkennen um des Erkennens willen. Ein Moment, das bisher ins Gesamt des handelnden Lebens eingebunden war, verselbständigt sich in ihr. Solche Verselbständigung empfindet der reine Praktiker als überflüs-

sig, ja als störend und ablenkend. »Kohle und Eisen« war im 19. Jh. eine Parole gegen die ästhetisch-philosophische Kultur der Goethezeit. Bismarck mokierte sich über die »Professoren«. Aber auch Marx wollte die Philosophie »aufheben«.

Praxis ist nicht nur technische und politische Praxis. Gegen die kontemplative Haltung (die er die ästhetische nannte) wandte sich auch Kierkegaard, denn nicht für sie sei der Mensch bestimmt, sondern zur Entscheidung, zum Ernst des eigenen Existierens. Das hat der Existentialismus aufgenommen: indem die Philosophie uns unser eigenes Ich als Erkenntnisgegenstand von außen sehen heißt, indem sie es unter allgemeine Wahrheiten und Gesetze subsumiert, läßt sie uns an unserer vollen Wirklichkeit, an der uns durch nichts abnehmbaren vollrealen Individualität vorbeileben. In philosophos! lautet das Motto der Einleitung zu Franz Rosenzweigs »Stern der Erlösung« (1921): denn die Philosophie betrügt den Menschen um die Furcht des Todes. Politischer Veränderungswille sowie in Dialektischer Theologie und in Existentialismus erneuerter Kierkegaard, so verschieden sie untereinander sind, Revolution und Innerlichkeit, vereinigten sich während der 20er Jahre in gemeinsamer Gegnerschaft zu dem, was Margarete Susman den »Exodus aus der Philosophie« nannte.

4. *Spekulation und Empirie.* Philosophie ist selten frei von spekulativen, von weltanschaulichen, von ideologischen Momenten. Dabei ist über das beobachtbar Gegebene hinauszudringen ihre legitime Funktion: denn sie hat zum Thema die Kategorialität, die der Beobachtung den Formrahmen gibt; sie darf und soll die Lücken unseres Wissens zu einer Gesamt-Weltdeutung ergänzen; sie soll Mögliches erwägen, Künftiges vorbedenken. Aber der Philosophie wohnt eine Verfallstendenz ein. Die ihr zugebilligte Freiheit wird von ihr mißbraucht. Sie desavouiert ihren eigenen Anspruch. Ihre Hypothesen nennt sie Intuitionen. Sie überschreitet das Gegebene nicht nach dem objektiv Wahrscheinlichen hin, sondern läßt sich einspannen von menschlichen und allzu menschlichen (Unsterblichkeitslehre!) sowie gesellschaftlichen Interessen. Sie entartet zu unkontrolliertem Wunschdenken. Daher wird sie angegriffen von der empirischen und exakten Wissenschaft, die einen präziseren, nüchterneren Denkstil entwickelt. Für den Positivismus ist Philosophie nur archaische Vorstufe der Wissenschaft, in ihrer

heute möglichen Gestalt nur noch wissenschaftliche Prinzipien- und Methodenlehre. – Viele scheinbare Gegner der Philosophie sind aber in Wahrheit nur Gegner ihrer spekulativen Exzesse. Sie skandalisieren sich über Hegel und kennen nicht Nicolai Hartmann.

5. *Abstraktion und Konkretion.* Seit Platon zielt Philosophie auf das allgemeine Wesen. Von ihm, sagt sie, sei das Reale und Individuelle nur ein schwächeres Abbild, das daher eine eigene Zuwendung nicht lohne. Denken trage weiter als Wahrnehmung. Demgegenüber wollen viele Wissenschaften gerade das Konkrete, Einzelne erforschen. Sie bauen auf Empirie, die uns hier zum zweiten Mal begegnet, jetzt jedoch als Gegnerin nicht der Spekulation, sondern der Abstraktion. Auch Wissenschaft erhebt sich zwar wieder zum Allgemeinen: es ist jedoch das Allgemeine nicht des qualitativen Begriffs, sondern der mathematischen Quantifizierung und des Gesetzes, der Struktur. Zumal geschichtliche Wissenschaften verharren auch gern bei der einfühlenden Anschauung des Einmaligen und Besonderen. Es ist für sie mehr als ein nur Materielles und Zufälliges. Sie lesen gerade in ihm einen ihm unablösbar eingewobenen Sinn, der sich jedoch in generalisierende Vernunftformeln niemals einfangen läßt, sich in ihnen sogleich verflüchtigt. Darin sind sie dem ästhetischen Erleben verwandt, für das ebenfalls Individuelles symbolhaft über sich hinausweist. Auf religiöser Ebene stellt das Christentum der allgemeinen und darum »zeitlosen Idee« das »einmalige geschichtliche Ereignis« – des Lebens und Sterbens Christi – entgegen. Wie sich auch das individuell-wirkliche *Leben* von innen her dagegen sträubt, durch Verwechslung mit seiner Idee sich selbst auszubleiben, sahen wir bereits (3). –

Der Antagonismus der geistigen Prinzipien geht aber zurück auf die unterschiedlichen Geistesstile von *Völkern* (so wie sie auch hinter Jacob Burckhardts »drei Potenzen« Kultur-Staat-Religion stehen). Philosophisch die Welt sehen, rational Leben und Gesellschaft gestalten: das war Fund und Leistung der *Griechen.* Im Vergleich zu ihnen leben die *Römer* nicht aus Theorie, sondern aus Traditionen und für politisch praktische Aufgaben. Ebenfalls eine von Vätern stammende Überlieferung, die weiterzutragen höchstes Gebot ist, zugleich eine göttliche Offenbarung, lassen die selbstordnende Vernunft des Einzelnen nicht zur Dominanz erwachen bei den *Juden*. Im Gegenzug zu den Griechen, die im Realen das wiederkehrende und es entgeschichtlichende Allgemeine lasen, entdecken sie die Einmaligkeit des *geschichtlichen* Ablaufs und jedes Ereignisses in ihm, das aber doch nicht nur-real ist, sondern eine Lehre einschließt. Dieses biblische Erbteil des Abendlandes bricht wieder vor im Nominalismus und führt in der auf ihn gegründeten Wissenschaft der *neuzeitlichen Völker* zum offenen Kampf gegen das platonisch-aristotelische Erbteil. Das Individuelle suchen jetzt die Naturwissenschaften, die die Fakten nicht mehr in philosophischer, sondern in mathematischer Allgemeinheit verknüpfen. Das Individuelle suchen seit der *Goethezeit* die Geisteswissenschaften, da es für sie nicht mehr Ideelles repräsentiert, sondern pantheistisch gottunmittelbar ist. – Wie die philosophische Vernunft auf der objektiven Seite entindividualisiert, so entindividualisiert sie aber als Träger der in allen gleichen Vernunft auch ihre eigenen Subjekte; auch gegen *diese* Tendenz und Wirkung der Philosophie opponiert die Neuzeit seit der Renaissance durch ihren qualitativen Individualismus, durch ihre Persönlichkeitskultur, durch die Betonung von Subjektivität und Geschichtlichkeit, durch die Entdeckung der »Existenz«.

Philosophie ist eine Weltmacht. Aber diese Weltmacht steht isoliert. Sie steht im Kampf mit einer Phalanx antiphilosophischer Lebens- und Denkstile.

Wie wir sahen, sind es mehrere Gegner, gegen die Philosophie sich richtet, und von denen sie ihrerseits befehdet wird. Z. T. sind die Gegner untereinander verbunden: so ist es dasselbe Prinzip des Individuellen, das sich in der Hervorkehrung der Einmaligkeit des Geschichtlichen, in der Erforschung des Konkreten und im modernen Persönlichkeitsethos in immer wieder anderer Weise gegen die verallgemeinernde Philosophie wendet. Andere Gegner stehen isoliert. Insofern bilden sie keine Phalanx, sondern es finden viele Einzelgefechte statt. Den Gegnern fehlt das Bewußtsein der gemeinsamen Gegnerschaft. Dieses Bewußtsein können sie erst erlangen – durch die Philosophie.

Überhaupt geraten die Gegner der Philosophie durch diese Gegnerschaft selbst in ihren Bann. Sie erklären sich gegen die Philosophie und begründen es philosophisch. Ja mehr: indem

sie sich anhand der philosophischen Antithese ihres Eigen-
und Andersseins erst bewußt werden, indem Philosophie sie
zwingt, sich selbst auf ein Prinzip zu bringen, verwandelt sie
ihre Struktur, wird sie zum Teil ihrer eigenen Substanz. Als
Cato das alte Römertum gegen griechische Einflüsse zu verteidigen unternahm, konnte er dies nicht anders tun als mit
griechischen Mitteln: aus gelebter Konservativität wurde re-
flektierter Konservatismus. Der geoffenbarten und im Vollzug
lebenden christlichen Religion fügte die Auseinandersetzung
mit der griechischen Philosophie die Dimension der Theologie
hinzu. Kaum hat der Nominalismus im Gegenwurf zum Uni-
versalienrealismus nur das haecce (das aristotelische todeti,
das Diesda) für real erklärt, wird aus ihm bei Duns Scotus
die Kategorie der haecceitas und damit paradoxerweise wieder
ein Universale. Bakunins Verherrlichung der Tat will eine
Antiphilosophie sein und ist doch als solche selbst wieder
eine Philosophie usf.

Wie die Gegner der Philosophie durch sie selbst erst Profil
und Helligkeit gewinnen, so lernt aber von ihnen auch Philosophie ihrerseits und wird von ihnen befruchtet. Durch die
Gegner erkennt sie ihre Grenzen und ihren Ort im größeren
Gesamt der geistigen Formen. Mehr: sie erkennt durch sie sich
selbst, ja durch dialektische Artikulation *wird* sie an ihnen in
vollerem Sinn erst sie selbst. Im Spiegel von Dogmatismen
entfaltet sie doppelt ihre Problematizität, im Spiegel eines tat-
sachenklaubenden Positivismus ihre Kraft zur Gesamtschau
usf. Neue Gegnerschaften – wie die der Wissenschaft seit der
älteren Neuzeit – verhelfen ihr per antiphrasin zu neuer Selbst-
definition, zu Wachstum, zu Gestaltwandel.

I Philosophie und Religion

a) Gemeinsamkeiten

Alle Religion weiß in den Göttern oder in Gott von einem
unsichtbar Stärkeren *über* der Welt, das Welt bewirkt und
lenkt und dem sie trotz all ihrer Gestaltenfülle als Einheit
gegenübersteht. Alle Metaphysik weiß von einem eigentlichen
Sein *hinter* oder *in* den Dingen, von einem Weltgrund, der sie

17

von unten trägt und von dem sie alle nur die vordergründig-
oberflächlichen Erscheinungen sind. Beidemal also eine Zweiheit der Sphären, beidemal verborgene Wahrheit jenseits des
sich alltäglich Aufdrängenden. Dem objektiv Numinosen der
Götter korrespondiert in der Religion das subjektiv Numinose
der extramundan ewigen Seele; ähnlich sprechen Philosophen
gegenüber der kausalen Natur dem Geist Freiheit zu und er-
blicken in ihm einen stiftenden Ursprung. Für beide, Religion
und Metaphysik, begründet das determinierende Sein auch den
Sinn von Welt und Leben; beide sind sie daher nicht nur Erkenntnis, sondern fordern zugleich vom Menschen ein bestimmtes Verhalten.

Man kann dies so deuten, daß sie einer gemeinsamen
Wurzel entspringen, oder auch so, daß sie trotz essentieller
Unterschiedenheit in naher Nachbarschaft voneinander liegen.
Jedenfalls sind sie geschichtlich oft ineinander verwoben, ja
undifferenziert noch eins. Die Religionen des Ostens sind
philosophisch, die Philosophien des Westens religiös. Der
pythagoreische Bund ist ebensosehr eine Philosophenschule
wie eine religiöse Gemeinschaft. Manche Mystik (Plotin, Meister Eckart) gehört beiden Bereichen an, durch die Denkstufen
des itinerarium mentis ad deum (Bonaventura) der Philosophie,
durch das erlebnisbetonte Einswerden mit ihm, das dann doch
nicht bloß Konsequenz des Denkens ist, sondern als Gnade
im raptus erfolgt, der Religion. Die Philosophen bezeichnen
ihren Weltgrund, ihr Urprinzip, ihr Eines und ihr Sein als Gott
(so schon Xenophanes), die Religiösen Gott mit philosophischen
Ausdrücken für das ens metaphysicum als das Absolute, als das
Unendliche oder als die Transzendenz.

Auch genetisch geht Philosophie oft aus der älteren Religion
hervor. Abtrünnige Priester wie die Orphiker ersinnen spekulative Systeme. Metaphysik scheint oft nur Rationalisierung
religiöser Überzeugungen zu sein. Sie entpersonalisiert zwar
die Götter, behält aber Gott bei als höchsten Einheitspunkt
oder als ein pantheistisch-neutrales »Göttliches«. Ja sie behält
sogar Glaubensgehalte bei, behauptet jedoch, auch von sich aus
zu ihnen zu gelangen, so wie schon Platon im »Phaidon« die
Unsterblichkeit der Seele zu beweisen sucht.

Ihrem Wesen nach bedeutet Philosophie einen neuen Einsatz
des Geistes. Sie entsteht ebensosehr wie in Anlehnung an die

Religion auch im Gegensatz zu ihr. Weil aber religiöse Impulse auch in ihr wirksam waren und weil sie oft erst in der Matrix der schon bestehenden und suggestiven Form der Religion ihre eigene Form finden konnte, hat sie geschichtlich oft nur als säkularisierte Religion imponiert. Das aufklärerische Verdikt gegen die Religion trifft daher auch die Metaphysik. Nach Comte stellt sie zwar das zweite Stadium des Geistes nach dem religiösen dar, bleibt ihm aber noch so verhaftet, daß beide nun durch das »positive« Stadium der Wissenschaft überwunden werden müssen. Nach Marx war Metaphysik nur das Fäulnisprodukt der verwesenden Religion. »Kryptotheologie« nennt sie Nietzsche. Anders bei Hegel: auch bei ihm bilden zwar Religion und Philosophie zwei aufeinanderfolgende Stufen, aber wie für ihn Religion ihre eigene geschichtliche Positivität hat, so wird auch Philosophie (für ihn die letzte und höchste Stufe) dadurch, daß sie auf dieser Vorstufe aufruht, nicht entwertet. – Heute sehen wir die beiden als zwei voneinander unabhängige Kristallisationsweisen des Geistes. Sie verhalten sich zueinander nicht wie Stufen auf derselben Skala, sondern wie heterogene Typen. Nur weil die Philosophie die jüngere ist, legte sich auch für sie im evolutionistischen 19. Jahrhundert das Entwicklungsschema nahe.

Wie Philosophie aus Religion hervorgehen, sie bloß transponieren, sie stützen kann, so kann auch bereits völlig verselbständigte, »weltliche« Philosophie wieder zum Religiösen zurückkehren. Comte wollte den Positivismus als Kirche ausgestalten mit seiner Geliebten als vierge positiviste und einem neuen Heiligenkalender der großen Entdecker und Erfinder. Schopenhauer nahm an, seine Philosophie werde zuletzt als Religion ausschlagen. Vor allem aber vollzog sich ein solches Umschwingen in der Spätantike (nach dem Herrschendwerden des Ethischen schon in den hellenistischen Systemen), zumal im mystischen Neuplatonismus. Nach Porphyrios ist Ziel der Philosophie die Rettung der Seele. Proklos nennt seine Philosophie geradezu Theologie. Deshalb ist es falsch, wenn viele Philosophiegeschichten erst die heidnische Philosophie bis zum Ende Roms abhandeln und im nächsten Kapitel oder Band wieder ein paar Jahrhunderte zurücksteigen, um mit den christlichen Apologeten neu zu beginnen. Damals war ja noch nicht entschieden, daß die eine Linie absterben, die andere Zukunft haben und sich ins Mittelalter fortsetzen würde. Hier hat Kurt Schilling richtiger gesehen, wenn er in seiner Philosophiegeschichte die Kaiserzeit als einheitliche Epoche faßt und als ganze unter den Titel »Das Zeitalter des jenseitigen Gottes« stellt.

Wie eine Näherung von Philosophie an Religion, so gibt es eine Näherung auch in umgekehrter Richtung. Als das Christentum entstand, da trat es in die bereits durch Philosophie geprägte späthellenistische Welt. »Den Heiden eine Torheit«, mußte es sich als neue Religion – während die älteren Religionen sich eher auf ihre gelebte Überlieferung beschränken konnten – ihr gegenüber rechtfertigen, und es konnte dies nur tun mit philosophischen Mitteln. In der Auseinandersetzung mit der Philosophie, die ihm insofern (wie immer Auseinandersetzungen) für das eigene Sein fruchtbar wurde, vollzog sich erst die Durchgestaltung seines eigenen Dogmas. Dabei war aber die Philosophie nicht nur Gegnerin, sondern oft auch Lenkerin, ja Vorbild. Nietzsche, der von seinem Freund Franz Overbeck gelernt hatte, daß das Christentum wesenhaft noch der Antike angehört, hat gesagt, Christentum sei »Platonismus fürs Volk«. Das kann zwar zunächst nur im Sinn einer inneren Verwandtschaft gelten, denn Jesus selbst und seine ganze erste Gemeinde wußten von Philosophie äußerst wenig. Der Name Platons war schwerlich je an ihre Ohren gedrungen. Anderseits finden sich schon im frühesten christlichen Schrifttum Begriffe der griechischen Philosophie, so der Logos am Anfang des Johannesevangeliums. Wie wir sahen, daß bei Proklos Philosophie sich als Theologie versteht, so kennt das frühe Christentum Richtungen für die, wie bei den Apologeten des 2. Jahrhunderts, Christus nur die Mensch gewordene göttliche Vernunft, das irdische Erscheinen der Idee ist; *er* löst die Fragen der Philosophie (Justinus Martyr). Für Minucius Felix sind die Christen die wahren Philosophen, so wie die Philosophen der heidnischen Zeit schon Christen waren. Auf dieser Gleichsetzung beruht vollends die christliche Gnosis, denn beide, Philosophie und Christentum, wollen die Seele aus der Sinnlichkeit befreien. Deshalb ist nach Clemens Alexandrinus die Gnosis nichts als die zum Wissen erhobene Tradition der Apostel. Sie deutet die heiligen Schriften in einem höheren Sinn. Am weitesten in dieser Synthese ging Origines. Es bedurfte eines langwährenden Selbstbesinnungsprozesses, bis die Patristik sich endgültig darüber klar war, daß Christentum *nicht* Philosophie ist.

b) Geschichtliche Gegensätze

In welchem Verhältnis fides und intellectus stehen, dieses Problem beschäftigte aber auch noch die Scholastik. Obgleich sie es systematisch stellt, ergibt es sich in Wahrheit erst geschichtlich – daher kannten die Griechen selbst es noch nicht – aus dem Zusammenstrom zweier Traditionen: griechischer Philosophie und biblischer Frömmigkeit (fides dient als Übersetzung von hebr. emuna = ›Vertrauen‹ und wird erst durch die Konfrontation mit intellectus, mit dem ›Wissen‹, seinerseits zu ›Glauben‹ intellektualisiert. Die Griechen kannten in diesem Sinn noch keinen »Glauben«. Wilamowitz' Buch »Der Glaube der Hellenen« ist schon im Titel falsch.) Schon unsere Vernunft, so wird von der versöhnlichen Partei gesagt, dringt, da auch sie von Gott stammt, zu Gott vor. Sie kann ihn rational beweisen. Daher nimmt der Katholizismus diese »natürliche Theologie« der Vernunft als praeambula fidei in sich auf. Freilich kann intellectus fides nie ersetzen. Es gibt Gehalte der Offenbarung wie die Trinität, die ihm verschlossen bleiben – das ist von Gott so eingerichtet, damit dem Glauben ein Verdienst zukommt –, und auch auf diejenigen Gehalte, die er zu fassen vermag, sollen wir nicht nur durch ihn, sondern auch durch fides bezogen sein. Sie also muß ergänzend zu ihm hinzutreten. Auch dasjenige an ihr jedoch, was außerhalb der Reichweite der Vernunft liegt, ist nur übervernünftig, nicht widervernünftig. Wie generell gilt: gratia non tollit naturam sed perficit, so stehen auch Glaube und Vernunft miteinander in Harmonie. Theologia rationalis bildet die nicht zu überspringende erste Stufe, über der theologia revelata sich erhebt.

Aber die hochscholastische Synthese bricht im Nominalismus bei Scotus und Occam wieder auseinander, Siger von Brabant stellt die Lehre von der »doppelten Wahrheit« auf: was theologisch wahr ist, muß es nicht philosophisch sein, und damit ist schon die Reformation vorbereitet. Im Katholizismus bleibt, trotz Augustins Polemik gegen Pelagius, ein Semipelagianismus immer erhalten: durch eigene Kraft und Leistung, durch Synergie, bewegen wir uns schon von uns aus dem Heil ein Stück weit entgegen. Für den Katholizismus ist der Mensch durch den Sündenfall nur vulneratus: geschwächt, aber seine nobilitas ingenita blieb ihm unentrissen. Für die Reformation dagegen ist er durch den Sündenfall bis ins Innerste correptus, ist seine ganze Natur verdunkelt und pervertiert. Nicht durch eigenes Mühen, durch gute Werke, sondern nur durch Gott – sola gratia – kann er erlöst werden. Das gilt auch hinsichtlich der Erkenntnis: was unsere verderbte Vernunft erdenkt, reicht nach Luther und Calvin niemals an die Offenbarung heran. Nur im Glauben – sola fide – an das Wort der Bibel können wir uns rechtfertigen. Philosophie kann uns nur bewußt machen, daß wir über Gott aus uns selbst niemals etwas wissen werden. Es gibt keine natürliche Theologie. Erst sekundär, aus pädagogischen und apologetischen Gründen, führt entgegen der Vernunftfeindschaft Luthers Melanchthon die Philosophie in den Unterricht wieder ein und wird so zum Begründer der protestantischen Scholastik. Sie hält sich bis ins 18. Jahrhundert (anders nur in Holland und an der Universität Göttingen, die 1735 mit dem Programm der Nichtkirchlichkeit gegründet wird). Dennoch hat Philosophie hier nie das Gewicht erlangt wie im Katholizismus, und das hatte eine unbeabsichtigte Folge: weil der Protestantismus den philosophischen Trieb aus seinen eigenen kirchlichen Mauern verbannte, deshalb entwickelte sich gerade auf protestantischem Boden eine große weltliche Philosophie.

Tertullian, der schon um 200 angesichts einer philosophisch-werdenden Kirche gerufen hatte: Christus *gegen* Platon! Jerusalem *gegen* Athen!, der sich gegen das deducere des Sollens aus dem Wissen wandte, dem man gar das Wort credo quia absurdum in den Mund gelegt hat, wird in der Reformation wieder lebendig, ebenso sein mittelalterlicher Erneuerer Petrus Damiani. Schon das antike Judentum und Christentum mußten gegen falsche Vergeistigungen – die aus Gott einen stoischen Weisen machten – den »lebendigen« Gott retten, zu dem auch die orgä tou theou, der »Zorn Gottes« gehört. Es war aus verwandtem Geist, als Pascal auf ein Blatt, das er dann beständig bei sich trug, schrieb: »Gott Abrahams, Gott Isaaks, Gott Jakobs, nicht der Philosophen und Gelehrten!« Tief protestantischer Instinkt war es, der Kant entgegen der rationalen Theologie noch eines Wolff (von der er freilich selbst nicht ganz loskam) die Gottesbeweise widerlegen, »das Wissen aufheben, um zum Glauben Platz zu bekommen« hieß: der bewiesene Glaube ist der uninnerlichere, kältere. Beten kann man nur zum lebendigen, nicht zum gedachten Gott. Nachdem Hegel – nicht nur hierin gleichsam »katholisch« – die Gottesbeweise erneuert hatte, ergoß Kierkegaard aus gleicher Provenienz wie Kant seinen Sarkasmus über sie. Der zum Kompromiß mit den Bildungsmächten der Welt bereiten Theologie des 19. Jahrhunderts von Schleiermacher bis Harnack trat nach dem Ersten Weltkrieg Karl Barth entgegen. Trotz seiner ursprünglichen Philosophiesprödigkeit steht (weil ihm das Gegengewicht eines reichen Kultes fehlt) gerade der Protestantismus in der Gefahr, zu einer Gott nur noch im Munde führenden Überzeugung, zu einer frommen »Weltanschauung« zu werden. Demgegenüber steht protestantische Theologie immer wieder vor der Aufgabe, die Überlagerung der Religion durch Metaphysik rückgängig zu machen, sich auf die reine, noch nicht ontologisierte Urgestalt des Glaubens zu besinnen. Gott ist nicht nur ein höchstes Sein, ens realissimum, sondern Person, ist Weltschöpfer, ist der Gekreuzigte. Wie er nach Damiani und Scotus seinerseits nicht an die Gesetze der Vernunft gebunden ist, die vielmehr seine Allmacht beschränken würden und die daher nur er selbst geschaffen haben kann, wie er uns nach Calvin über seine unerfindliche Gnadenwahl keine Rechenschaft schuldet – sic volo, sic iubeo, stat pro ratione voluntas –, so bleibt er der Vernunft in seiner jenseitigen Majestät ewig unerkennbar, für sie unverfügbar. Durch Jesus Christus, sagt Karl Barth, ist alle Philosophie ein für allemal abgetan. Auch hier wieder erscheint die Weisheit der Welt als Torheit vor Gott (1 Kor. 1, 20).

Aber auch die Offenheit des Katholizismus für die Philosophie erstreckt sich nur auf eine solche, die sich selbst als ancilla theologiae versteht und deren Auftrag, sie zu untermauern, gehorsam erfüllt. Philosophie soll nicht ungebunden-unbekümmertes Denken, ein invenire, sondern nur ein demonstrare sein: was ihr Resultat zu sein scheint, das steht in Wahrheit vorher schon fest. Jede vom Dogma abweichende Philosophie dagegen wird von der Kirche verurteilt, im extremen Fall – wo sie die Macht hat – als Ketzerei verfolgt. Giordano Bruno starb auf dem Scheiterhaufen (1600), Galilei in Haft. Aus Furcht vor dem Schicksal dieser beiden hielt Descartes sein

Buch »Du monde« zurück. Spinoza gab seine Werke anonym heraus und entging nur durch seinen frühen Tod der Inquisition, die bereits ein Verfahren gegen ihn vorbereitete. Noch in einer Enzyklika von 1864 forderte der Papst ausdrücklich die Unterwerfung des Wissens unter den Glauben. Ähnlich auch in andern Kulturkreisen. Selbst in der Antike, die kein religiöses Dogma im christlichen Sinn kannte, fiel Sokrates einem (wenn auch nur zum Vorwand angestrengten) Asebieprozeß zum Opfer. Bei den Arabern wurden die Schriften der Aufklärer, des Averroes und des Avicenna, verbrannt.

Das Verdikt der Religion richtet sich im Mittelalter nicht nur gegen dasjenige Wissen, das inhaltlich ihrer Lehre widerstreitet, sondern sogar gegen solches, das sich mit ihr überhaupt nicht berührt und in andere Richtung greift. Wie magische Berührungstabus, so gibt es Wissenstabus. Eine strenge »Wissensethik« regelt in der Scholastik, welchen Gebieten man sich überhaupt zuwenden darf und soll. Sie begrenzt die cupido sciendi, die von einem bestimmten Maß ab, schon allein deshalb, weil sie den Geist an das Vielerlei des Welttandes zerstreut und dadurch von Gott ablenkt, zur Sünde wird. Dieser curiositas, der cognitio cuiuslibet veri, konfrontiert Thomas die studiositas, die sich auf die cognitio summae veritatis beschränkt. Nicht wegen einer bestimmten Häresie, sondern wegen seiner Forschungsrichtung als solcher wurde Roger Baco, ein Vorläufer naturwissenschaftlicher Experimentiermethode, ins Gefängnis geworfen. Erst die Renaissance setzte durch, daß, was Gott des Erschaffens würdigte, auch des Wissens würdig sei. Entgegen der den Säulen des Herakles zugesprochenen Inschrift nec plus ultra ließ Karl V. Münzen prägen mit der Aufschrift: plus ultra. – Francis Bacons Novum Organon zeigt in der Titelvignette ein Schiff, das die Säulen durchquert: wie der physische Globus soll nun auch der globus intellectualis durchforscht werden.

Gegen die Unterdrückung durch Religion, die sie für ihre eigenen Zwecke einspannen, ihr die Freiheit des Fragens und Forschens rauben will, setzt sich Philosophie (ebenso wie gegen die Unterdrückung durch den Staat, im weiteren Sinn aber durch Überlieferung überhaupt) zur Wehr, verteidigt ihr Recht und ihre Autonomie und ist darin Aufklärung. Sie ist es einmal dadurch, daß sie sich von allem – sei es noch so geheiligten und mit Autorität ausgestatteten – Herkommen lossagend eine rein vernünftige und sachbegründete Deutung der Dinge sucht. »Vom Mythos zum Logos« nannte Wilhelm Nestle seine Darstellung der frühen griechischen Philosophie.

Zum andern wird Philosophie Aufklärung als Kritik an der Religion selbst. Schon Xenophanes in seinen »Silloi« spottet über den Anthropomorphismus der homerischen Götter. Nach Kritias war es ein kluger Betrüger – ein Sophist –, der die Menge zum Götterglauben, den er selbst nicht teilte, überredete, um sie durch Furcht seiner Herrschaft gefügig zu machen. Diese Theorie von der Religion aus Priestertrug kehrt im 18. Jahrhundert wieder; furchteinflößend sind jetzt nicht die Götter, sondern die ausgemalten Höllenschrecken. Umgekehrt dienen bei Marx und Nietzsche der sozialen Manipulation vor allem die Vorstellungen jenseitiger Seligkeit. Nach Marx sind es die Herrschenden, die solche Vorstellungen als ihnen dienende Ideologie den Unterdrückten einpflanzen, damit diese in der Hoffnung auf künftigen Trost gegen ihr irdisch beschwerliches Geschick nicht rebellieren. Nach Nietzsche sprechen sich die Unterdrückten selbst in kompensatorischer Illusion diesen Trost zu, erfinden mit ihm aber zugleich ein neues Wertsystem, durch das sie die Macht der Herrschenden von innen aushöhlen. Nach einer andern Theorie war es die Unkenntnis der natürlichen Ursachen der Dinge, die dazu führte, in den Göttern übernatürliche Ursachen zu imaginieren. Nach Epikur besteht der menschliche Sinn der Naturwissenschaft darin, daß sie, indem sie uns über die wahren rerum causas belehrt, vom Glauben an Götter und so von der Furcht vor ihnen befreit. Die aus der Furcht der Unkenntnis geborenen (primus in orbe deos fecit timor: Lukrez) und furchteinflößenden verbannt er in die Intermundien, die Räume zwischen den Welten. Eine mißlingende primitive Physik ist die Religion noch bei Comte. Religion setzt nach ihm dort ein, wo die natürlichen Erklärungen (die er ahistorisch für die ursprünglichen hält) versagen. Warum speit der Berg Feuer? Dämonen werfen es heraus. – Anthropologisch wendet sich die Religionskritik bei Feuerbach: es waren seine eigenen, ihm noch unbewußten Kräfte und Eigenschaften, die der Mensch auf Gott projizierte und in dieser Objektivation erst erkannte; jetzt gilt es, sie auf ihn zurückzuübertragen. Von hier derivieren noch

Nietzsche und Sartre: erst durch den Tod Gottes erreicht der Mensch seine volle Höhe und Freiheit.

c) Wesensgegensätze

Der eigentliche Gegensatz zwischen Religion und Philosophie liegt aber nicht im *Was* – über das sie an der Oberfläche in Konflikt miteinander geraten –, sondern im *Wie* ihres Wissens. Dieser Gegensatz bleibt selbst dort unüberbrückbar, wo inhaltlich Übereinstimmung herrscht. Wir sahen dies bereits bei der protestantischen Stellung zu den Gottesbeweisen: nicht daß sie falsch sind, ist ihr gravamen, sondern daß sie argumentativ deduzieren wollen, was in der Seele erfahren werden soll. Religiöses Erleben ergreift den Menschen bis in seine Elementarschichten. Er schaudert und bebt vor dem mysterium tremendum, das ihn zugleich als mysterium fascinosum aus seinem Bann nicht entläßt (Rudolf Otto). Als traditional Übernommenes prägt das Religiöse den innersten Kern, als persönlich Überfallendes erschüttert und verwandelt es. Es ist immer von unendlichem *Ernst* (Kierkegaard). Demgegenüber in der Philosophie weniger existentielles und emotionales, subjektbetontes *Erleben* als sachbetontes *Erkennen* mehr nur durch den aus dem Gesamt des Lebens herausgelösteren, desintegrierten Geist. Auch philosophische Wahrheit wird zwar nicht nur intellektuell, sondern »mit der ganzen Seele« (Platon) gesucht und erfaßt, dennoch hat sie verglichen mit religiöser Wahrheit etwas Kopflicheres, Nüchterneres. Ursprung der Welt sind bei dem ersten Philosophen, Thales, nicht mehr Götterkämpfe, sondern ist etwas so Reales und Banales wie das Wasser. Diese philosophische Nüchternheit drückt sich auch darin aus, daß sein Schüler Anaximander das erste Prosabuch geschrieben haben soll. Auch die Philosophie ist wie die Religion von einem sogar sprichwörtlichen Ernst; aber dieser Ernst ist ein gebrochener, denn zu jeder seiner Überzeugungen behält der Philosophierende eine letzte innere Distanz, er kann sie immer noch wieder reproblematisieren. Zur Philosophie gehört gerade die Schwebe zwischen dem Vertreten einer Position und ihrem Wieder-in-Frage-Stellen. Religion beharrt, Philosophie muß immer neu werden. Dogmatik ist keine Philosophie mehr. Höchstes Engagement und kritische Distanz fallen in ihr zusammen. –

Die Differenz der Haltungen läßt sich gut an einem einzigen Begriff demonstrieren, der sowohl im Neuen Testament wie bei Platon vorkommt. Als die Jünger das Grab Jesu leer und eine weiße Gestalt an ihm sitzen fanden, da heißt es: ethambäthäsan = »sie entsetzten sich«, wie Luther richtig übersetzt. Ein Wort aus dem gleichen Stamm, thaumazein, bedeutet dagegen bei Platon nur das »Staunen«, aus dem nach ihm die Philosophie hervorgeht. Daß die Sprache beidemal ein verwandtes Wort verwendet, deutet auf ein Gemeinsames. Aber wie verschieden wandelt es sich ab! In der Religion bezeichnet es ein numinoses Betroffenwerden, ein Schaudern, das den Menschen an seine Grenze bringt. In der Philosophie ist die Betroffenheit zum Theoretischen hin abgeblaßt, entdynamisiert, intellektualisiert. Der Gläubige steht vor einem Wunder und einem Geheimnis; der Philosoph steht nur vor einem Problem. Beim Gläubigen bleibt, soviel er auch von seinem Gott weiß, der Geheimnischarakter Gottes, seine Undurchdringlichkeit für den menschlichen Verstand, immer bestehen; für den Philosophen dagegen ist, daß er auf ein Problem stößt, nur der erste Schritt, um es forschend zu lösen: es trägt in sich den Appell zu seiner Beseitigung. Ziel ist Demokrits athambiä, Horaz' nil admirari, das Freisein von Staunen.

Philosophie kann selbst an ihrer Erkenntnisweise ein Ungenügen empfinden: nicht nur weil sie in ihrer Nüchternheit die Gefühlsbeteiligung, sondern auch weil sie in ihrer Begrifflichkeit die Anschauung ausscheidet, vor allem aber, weil sie immer schon die Subjekt-Objekt-Spaltung voraussetzt und nicht aus einem ursprünglichen Einssein mit der Welt heraus spricht. Dadurch entziehe sich ihr, wird gesagt, gerade das begrifflich nicht faßbare, übergegenständliche Geheimnis. Die noch naturhaft unbewußten, vor- und außerrationalen Kräfte der Seele will die Goethezeit wieder beleben (Hamann, Herder, der junge Goethe, Romantik), und nicht unsere verstandesklare, fortschrittsstolze Zeit, sondern die Frühzeit, die noch mehr aus diesen Kräften heraus atmete, besaß die tiefere Weisheit (Schlegel, Görres, Bachofen, Klages). Aus ihnen speist sich auch die Religion, und auch zu ihr gibt es daher hier und immer wieder von der Philosophie eine Rückkehr, ebenso wie es eine Rückkehr zur Kunst gibt, nicht um ihrer Schönheit, sondern um ihrer wesentlicheren Wahrheit willen (Schelling, Heidegger).

Religiöses Wissen gründet in Tradition, so wie Religion überhaupt Teil der Gemeinschaftstradition und ursprünglich aller Tradition beigemengt ist. Manche Religionen berufen sich auf Offenbarung, die zumal angesichts der Gegenmöglichkeit philosophischen Vernunftwissens als höhere Wahrheitsinstanz in Anspruch genommen wird. Als solche gilt auch die persönliche Gotteserfahrung, die Erleuchtung. Daher ist dem Frommen seine Wahrheit gewiß; unverändert muß sie weitergegeben werden. Quelle der Philosophie dagegen ist das – mit Descartes zu sprechen – »natürliche Licht« der Vernunft des selbständigen Einzelnen. Sie will nicht nur *bekennen*, sondern *erkennen*, will selbsthinsehend aus eigener Kraft die Wahrheit an der Sache prüfen. Dadurch wird Wahrheit beweglicher. Wie sie aus Vernunft hervorging, so kann sie durch dieselbe Vernunft auch wieder umgestoßen und durch eine neue ersetzt werden. – Wie der Religiöse sich *erkennend* altsanktionierter Weisheit fraglos unterordnet, so ordnet er sich auch *handelnd* altüberkommenen Formen unter. Er vertraut der Lenkung einer höheren Macht. Demgegenüber stellt die Philosophie den Menschen in die Freiheit und Verantwortung der Vernunft. Nach selbsterkannten Prinzipien soll er eigeninitiativ sein Leben gestalten und die Welt verändern. – Beides, aus eigener Vernunft erkennen *und* handeln zu wollen, erscheint der Religion als eigenmächtige Vermessenheit. Den Selbsterlöser in seinem Wahn, der mehr auf sich als auf die Gnade baut, verweist sie auf die Schwächen menschlicher Erkenntnisausstattung (ingenii limites), auf die schicksalsgesetzten Grenzen unseres Planens und Machens.

Religion und Philosophie kennen beide den Zweifel. Aber für den Religiösen sind die Zweifel eine Anfechtung. Er betet darum, von ihnen bewahrt zu bleiben. Suchen sie ihn heim, so werden sie erst dadurch behoben, daß Gott erneut Gewißheit schenkt. Descartes dagegen sucht den Zweifel eigens auf (vgl. B I c). Kein Wissensgehalt darf aus eigener Erfahrung oder aus der Tradition unbesehen übernommen werden, jeder muß semel atque iterum das Tor des Zweifels passieren. Er passiert es nur gegen den Ausweis clare et distincte erkannter Begriffe. Dort bewirkt der Zweifel bloß eine subjektive »Wiedergeburt« des Gläubigen. Er ist von seinem schon früheren Wissen nun doppelt überzeugt. Hier dagegen wird durch den

Zweifel das Wissen selbst verwandelt und auf eine höhere Stufe gehoben.

Entsprechend der in tiefere Seelenschichten reichenden Beziehung des Religiösen zu seinem Gott ist sie auch ursprünglich nie nur eine solche des Wissens resp. »Glaubens«, sondern eingelagert tätigem Verhalten: im Kult entdeckte Robertson Smith, im Gebet Friedrich Heiler die Keimzelle der Religion. Zu ihr gehört ein *Leben* in und mit Gott, sie ordnet die Sitte einer ganzen Gemeinschaft. Auch Philosophie zielt zwar als Ethik und Staatsutopie auf Wirklichkeitsgestaltung, aber erstens tun andre philosophische Disziplinen dies nicht, zweitens bleibt auch bei diesen, ob sie praktisch werden, ein Sekundäres. Philosophisch sind sie schon diesseits davon. Philosophie ist praxisneutraler, ist viel mehr und exklusiver gekennzeichnet durch die Einstellung auf Erkenntnis. –

In einer interdisziplinären Berliner Vorlesung »Denken und Glauben« (Winter 1963/64) ließ der Theologe Gollwitzer Philosophie mit der Religion vereinbar sein. Als Selbstaussprache der Endlichkeit des Menschen bleibe sie auch dann noch bestehen, wenn der Glaube vom Menschen Besitz ergriffen hat. Sie wird dann wohl aus der Mitte gedrängt, ist nicht mehr das einzige, was der Mensch von sich zu sagen hat, nicht mehr letzter Ernst, aber deswegen nicht beseitigt. Von der philosophischen Seite her dagegen vertrat Weischedel, Philosophie müsse Sein und Sinn und damit auch die Existenz des Fragenden selbst radikal in Frage stellen. Der Glaube verwandelt die Existenz, er bestimmt sie neu aus einer andern Grunderfahrung heraus. Daher hat beim Gläubigen das Denken seine Dringlichkeit verloren, es denkt nicht mehr auf eine Antwort zu, sondern von einer Antwort her, und ist damit kein echtes Philosophieren mehr. Es gibt kein »getröstetes Fragen«. Philosophie auf der Grundlage eines Bekenntnisses ist ein Widerspruch in sich. Der Philosophierende, der glaubt, muß seine Werkstatt schließen. –

Die bis heute eindrucksvollsten religiösen Inkriminationen der Philosophie stammen von Kierkegaard. Mit einer Rückhaltlosigkeit, für die erst unserm Jahrhundert das Ohr wieder geöffnet war, wirft er, ähnlich dem späten Schelling, dessen Berliner Vorlesung Kierkegaard hörte, Hegel vor, dieser gehe an der Wirklichkeit Gottes als Wirklichkeit vorüber, denn auch

Gott sei für ihn nur ein Begriff der allgemeinen Spekulation. Von Gott kann und soll man nicht so wissen, wie man theoretische Wissensgehalte weiß, sondern in Furcht und Zittern, in Liebe und Vertrauen. Es genügt nicht, Christi Lehre wie ein System, das 1800 Jahre zurückliegt, vorzutragen, sondern man muß mit ihm »gleichzeitig« werden. Was Gott ist, erfahren wir nicht als Subjekt überhaupt, sondern nur als konkretes Individuum. Kein anderer kann uns da etwas abnehmen. Wie Hegel Gott in einen Begriff verwandelt, und damit verfehlt, so hat er in »weltgeschichtlicher Zerstreutheit« vergessen, was es heißt, »Mensch zu sein! nicht Mensch überhaupt, sondern daß du und ich und er, wir jeder für sich, Menschen sind«. Auch aus dem Menschen macht er den Repräsentanten einer Idee und verkennt so, daß er immer nur als je eigener und einzelner existiert. Die Kategorie der Einzelheit ist nicht eine neben andern, sondern die auszeichnende Bestimmung der Wirklichkeit. »Jener Einzelne« nannte Kierkegaard sich selbst. Nur der Einzelne gewinnt als solcher Gottesbezug und in ihm seine eigene volle religiöse Existenz. Sobald man von diesem Erleben spricht, verwandelt es sich freilich, weil all unsere Begriffe eben nur Begriffe sind, in ein Allgemeines; nur in »indirekter Mitteilung« kann man darauf »aufmerksam machen« und den andern dahin bringen, daß er es auch in sich selbst durch »Doppelreflexion« nachvollzieht.

Den Spekulierenden, der alles, und so auch die christliche Botschaft, nur so auffaßt, als ob man da etwas zu wissen bekäme, ohne daß es einen selbst anginge, der so denkt, als ob es sozusagen »keinen Denkenden gebe«, will Kierkegaard wieder daran erinnern, daß die echten religiösen Gestalten, Abraham und Hiob, nicht von sich abstrahierten, sich selbst nicht spinozistisch sub specie aeterni betrachteten. Sie betrachteten nicht, sie handelten und litten. Sie standen den göttlichen Auftrag, die göttliche Prüfung von innen her durch. Die Religion ist hier mit der Dichtung verwandt, die nur Helden und Liebende und ebenfalls keine Betrachtenden gebrauchen kann. Wenn wissenschaftliches Objektivitätsstreben und die mit ihm zusammengehörige stoische Ethik, die uns die Leidenschaft für gelassene Unerschütterlichkeit eintauschen heißt, beide auf ihre Weise von uns fordern, wir sollten das Subjektive in uns überwinden, dann gilt das nach Kierkegaard nur für das Subjektive im Sinn des Eigensüchtigen und Sonderbaren; im Entscheidenden sollen wir im Gegenteil aus dem Subjekt, das wir schon sind, ein noch volleres Subjekt erst *werden, sollen* gerade *subjektiv* werden. Der nicht nur spekulierende, sondern existierende Denker denkt alles in »unendlichem Interesse« mit Bezug auf sich selbst. Nur dadurch findet er sich, während jener an sich und seiner Bestimmung vorbeilebt. In einer Wahl muß der Mensch sich, und immer wieder, zwischen diesen beiden Daseinsweisen entscheiden.

Hier hat später in nur noch säkularer Weise die Existenzphilosophie angeknüpft mit ihrem Appell, dem wahren Selbst in sich zum Durchbruch zu verhelfen, aus der Verfallenheit des Selbstverlustes, in dem wir uns ausbleiben, uns immer wieder zur Eigentlichkeit zu erheben. Nur wer in seine eigene Tiefe taucht, wird dann auch erkennend das Sein vernehmen (Heidegger), liest die Chiffren der Transzendenz (Jaspers).

II Philosophie und Praktizität

Philosophie und Religion sind beide sowohl Weltdeutungen wie Lebensformungen. Ihre Gegnerschaft ist eine solche der Rivalität. Daraus zieht ihre Auseinandersetzung die Schärfe, aber auch die Fruchtbarkeit. Sie sind feindliche Schwestern, die sich immer wieder etwas zu sagen haben, weil sie letztlich doch verwandt sind. Sie können eine Strecke zusammen gehen, stehen in gemeinsamen Abwehrkämpfen. Die Gegnerschaft zwischen Philosophie und Praktizität dagegen ist eine solche nicht aus Nähe, sondern aus Fremdheit. Sie haben keine verbindende Ebene miteinander.

a) Theoretische und praktische Erkenntnis

In der berühmten Szene Herodots, in der er den Athener Solon, einen der Sieben Weisen, auf seinen Reisen bei dem reichen Lyderkönig Krösus zu Gast weilen läßt, sagt Krösus zu Solon, er habe vernommen, daß Solon philosopheon (weisheitsuchend) viele Länder theoriäs heineken (lediglich um der Erkenntnis, wörtlich um des Schauens willen) durchwandert habe. Deutlich läßt Herodot darin das Erstaunen des Orientalen laut werden, dem dergleichen fremd ist; ein ähnliches Erstaunen mag Herodot selbst auf seinen Forschungsreisen zuweilen entgegengetreten sein. Indirekt klingt auch der Stolz des Griechen auf, der weiß, daß sein Volk sich durch diese theoretische Haltung vor andren Völkern auszeichnet.

Verglichen mit den Tieren eignet zwar ein Überschuß außerpraktischen Wissens dem Menschen schon kraft seines naturhaften Bauplans (vgl. B I f und C VII b). Seine Praxis verläuft nie »unmittelbar«. Sie nimmt ihren Weg über das Wissen und Planen. Dennoch waren es erst die Griechen, die diese naturhafte anthropine Anlage kultiviert, verbreitet, verfeinert, vor allem: die sie verselbständigt, die sie als eigene Kraft dem nur Praktischen entgegengesetzt, sie zu einem autonomen, nur dem Wert der Wahrheit verpflichteten Sonderbereich erhoben und ihr die kulturellen Bereiche der Philosophie und Wissenschaft zugeordnet haben. Daß ein immer schon Vorhandenes sich später erst als Keim erweist, der noch aufgehen muß, daß aus einer Anlage durch Intensivierung mehr werden kann, als in ihr zunächst schon stak, das bildet keinen Widerspruch. Anthropologie des Theoretischen und Kulturgeschichte des Theoretischen koexistieren und kooperieren.

Daß sich der zeitlose Keim dennoch erst historisch erfüllt, das war schon die Denkweise des Aristoteles (der freilich nur eine Ausfaltung des präformierten Wesens, nicht seine geschichtliche Anreicherung und Wandlung kennt). Erst spät, so sagt er etwa, ergriff die Tragödie von dem ihr einwohnenden Telos Besitz. So auch die Erkenntniskraft. Einerseits beginnt die Aristotelische »Metaphysik« mit dem berühmten Satz: »Alle Menschen streben von Natur nach Wissen.« Und zwar nicht nur nach praktischem. Alle Menschen empfinden etwa Freude an Sinneswahrnehmungen. Aber anderseits, so sagt Aristoteles wenig später, stellen die ersten Menschen Fragen wie die nach dem Warum und nach Wesen noch nicht. Das geschieht erst, nachdem genügend Erfindungen gemacht worden sind, die das äußere Dasein erleichtern, nachdem die Menschen aufgrund einer gewissen Lebensannehmlichkeit nicht mehr dauernd von der Sorge um die Notdurft des Tages bedrängt werden. Es geschieht, weil sie Muße hat, zuerst in der Priesterschicht. Im Anschluß an die naturalistische Kulturtheorie Demokrits unterscheidet Aristoteles von den älteren

Technai, die noch dem äußeren Zweck unterstehen, die Dinge für uns nutzbar zu machen, die jüngere Philosophie (mit ihr aber auch Physik und Mathematik) als »nicht notwendige« Erkenntnis, als Theoria, die ihren Zweck in sich selbst trägt, nämlich das Seiende als das zu begreifen, was es »als es selbst« ist. Sie ist die einzig »freie« unter den Künsten, denn sie hilft uns nicht nur leben, sondern verhilft uns zum »guten Leben«. Alle Wissenschaften, so sagt er, seien notwendiger als die Philosophie, keine aber habe größere Würde: necessariores omnes, nulla dignior.

Kritisch müssen wir freilich gegen Aristoteles einwenden: auf ihre Weise beantwortet hatte metaphysische Fragen – die für den Geist unabweisbar sind – auch schon die frühe Menschheit in ihren magischen, mythischen und sprachimmanent traditionalen Weltbildern. Was erst an geschichtlich später Stelle hervortritt, das ist nur die Metaphysik als selbständiges Forschungs- und Wissensgebiet und die Figur des Metaphysikers, der sein Leben diesem Gebiet widmet (vgl. B III).

Der Zwei-Phasen-Aufriß von einer zuerst praktisch eingeschränkten und dann erst praxisenthoben höheren Erkenntnis kehrt in völlig veränderter Gestalt noch bei Marx wieder: solange eine Klassengesellschaft besteht, werden nur Ideologien hervorgebracht, deren Zweck es ist, die Machtposition der herrschenden Klasse abzusichern: durch ihre Jenseitsversprechungen sanktioniert die Religion (vgl. A I b), durch ihre Überordnung eines ruhend ewigen Seins sanktioniert die Metaphysik die bestehenden hierarchischen Verhältnisse, und auch alle andern Formen des Geistes unterliegen dem »Ideologieverdacht«. Erst vom Augenblick der klassenlosen Gesellschaft an kann nach dieser erkenntnishemmenden Vorgeschichte auch ein Zeitalter reiner Wahrheitserkenntnis beginnen. Während die zweite Phase für Aristoteles lange begonnen hat, liegt sie bei Marx noch in der Zukunft. – Ähnlich unterscheidet auch Schopenhauer, der ebenfalls ein Unterbau-Überbau-Theoretiker ist, zwischen dem nur dem Willen dienenden Intellekt und dem von der Zuchthausarbeit des Wollens losgerungenen, reinen metaphysischen wie ästhetischen »Weltauge«, aber er verteilt die beiden nicht auf Phasen der Geschichte, sondern läßt sie immer koexistieren in den zwei unterschiedlichen Typen des gewöhnlichen Menschen und des Genies.

Platon und Aristoteles lassen den Geist auf Erden wie einen Fremdling aus höheren Regionen zu Gast sein. Der Leib mit seinen Bedürfnissen zieht ihn von der Wahrheit nur ab. Nicht dem realen, sondern dem ideellen (daher auch noetisch = geistig genannten) Sein ist er von Haus aus zugeordnet, es hinter und über der Realität findend erfüllt er erst seine Bestimmung. Praxisgerichtetes Erkennen bildet nur eine Vor- und Tiefstufe des eigentlichen Erkennens. Demgegenüber ordnet der moderne *Pragmatismus* – der darin ein Naturalismus ist – den Geist von vornherein und wesenhaft dem Lebenszusammenhang ein. Für ihn gibt es keine Instanz in uns, die, aus unerfindlichen Gründen, so etwas wie der reinen Wahrheit zugewandt wäre. Vielmehr hat all unser Weltauffassen die alleinige Aufgabe, unserm Handeln eine Orientierung zu geben, es zu lenken und zu erleichtern. Unsere Erkenntnisse entstehen »in den Gußformen« (Bergson) unserer Praktizität. Der Gedanke ist nur »der Traum der Aktion«. Wahrheit selbst ist nicht adaequatio rei ac intellectus, sondern muß definiert werden als ein biologisch Nützliches (wobei, wie wir einwenden müssen, die Frage entsteht, ob sie ihren Dienst am Leben nicht nur dadurch leisten kann, daß auch sie ein Moment der adaequatio enthält).

Verglichen damit sind Schopenhauer und Marx durch ihre Analysen praxisgetragener Erkenntnis zwar Vorläufer des Pragmatismus. Sie sind aber nur *Semi*pragmatisten, denn beide halten sie noch am klassischen Wahrheitsbegriff fest, beide unterscheiden sie zwei Erkenntnisformen: neben der praxisgetragenen eine praxisenthobene, und beide erwarten sie nur von dieser letzteren die wirkliche, die höhere Wahrheit. Nur sie wird von ihnen bejaht (während anders Nietzsche gerade auf seiten der heilsamen Irrtümer, der lebenerhaltenden kräftigen Wahnbilder und Mythen steht).

Nur Semipragmatisten sind (anders als später der radikalere Karl Mannheim) auch Bergson und Scheler, denn neben den praxisbedingten Verfälschungen kennt, wie Bergson eine Intuition, die gegenüber dem physikalischen temps das Kontinuum der durée, so Scheler eine Wesensschau, die im materialen Apriori die Wahrheit der Dinge erfaßt und die nach ihm in ihrer Demut und Liebe aus einem völlig andern theoretischen Uraffekt stammt als das »Herrschaftswissen«. Beide aber wenden sie nun (nach dem Vorgang abermals von Marx und Nietzsche) die pragmatistische Theorie, von der sie nur die Metaphysik unberührt lassen, an auf diejenige Erkenntnisbemühung, die seit der älteren Neuzeit in Rivalität mit der Philosophie Wahrheit erst zu erschließen beanspruchte, auf die Naturwissenschaft:

Trotz ihres großen praktischen Nutzens – der Mathematik und Physik für die Maschinentechnik, der Chemie für Landwirtschaft und Heilkunst –, wegen dessen sie auch von Staat und Wirtschaft gefördert wurde, war es das Selbstverständnis der modernen Wissenschaft, auch sie, genauso wie nach antiker Tradition die Philosophie, sei selbstzweckhafte Theorie, es gehe ihr lediglich um die Erforschung der Wahrheit um ihrer selbst willen. Die sich auf sie gründende Praxis betrachtete sie als ein ihr Äußerliches, nur als sekundäre Nutzanwendung der von ihr allein angestrebten reinen Naturerkenntnis. Demgegenüber erklären Bergson und Scheler: das bleibe unbestritten, daß es dem einzelnen Naturwissenschaftler seiner persönlichen Überzeugung nach nur um die Wahrheit zu tun sei (selbst technisch interessiert waren in der älteren Neuzeit nur Lionardo und Leibniz). Dennoch stehe hinter der ganzen Erkenntnisrichtung der modernen Naturwissenschaft, ohne daß dies dem einzelnen Forscher bewußt zu sein braucht, als objektives Interesse des aufstrebenden Bürgertums, ein Macht- und Bewältigungswille. Denn weshalb »verräumlicht« sie (Bergson) das Fließende, verwandelt Qualitäten in Quantitäten, zerlegt Kontinuum und Gestalten in Elemente? Weil dadurch alles zum verschiebbaren Massenteilchen und so für den Handelnden greifbar und bewegbar wird. Selbst wenn das, was sie findet, Wahrheit ist, so ist es also nicht Wahrheit um ihrer selbst, sondern um der Verwendbarkeit willen. Es ist nur ein für die Verwendbarkeit künstlich herauspräparierter Sektor der Wahrheit neben andern Sektoren, eine Verkürzung, eine Vergröberung. Mechanistik verfälscht die Natur, um sie manipulierbar zu machen. Im Unterschied zum ganzen 19. Jahrhundert, sowohl zum Positivismus wie zum Neukantianismus, sind also Bergson und Scheler nicht mehr wissenschaftsgläubig. Aus der Praxisgeborenheit der Wissenschaft, so glauben sie, folge ihre Unwahrheit. Mystisch-romantischer Traum, wie er später bei Ernst Bloch deutlicher wieder vorbricht, steht hier im Hintergrund: einem anderen Menschen würde sich eine andere Natur – dem besseren die wahrere – öffnen. – Man könnte freilich auch umgekehrt argumentieren: gerade daß Wahrheit sich praktisch bewähren muß, bildet eine Kontrolle für sie, bindet sie an die Sache, während Intuition und Wesensschau viel leichter dem Phantasie- und Wunschdenken verfallen. (Ein weiterer Einwand gegen Bergson und Scheler CIc.) –

Jede Form der Praktizität enthält schon in sich ein Wissen. Für dieses Ineinander des wissenden Könnens haben die Griechen den Begriff der Techne. Schon der Heilpraktiker – an diesem Beispiel macht Aristoteles den Unterschied der beiden Wissensformen klar – hat Erfolge, ja oft ist der wissenschaftlich geschulte Arzt ihm an Erfahrung und in der Einzelmaßnahme unterlegen. Dennoch ist er ihm als Typus *über*legen, denn nur er kennt das katholou und das dioti, das Allgemeine und den Grund. Er weiß nicht nur: damals hat dies geholfen, also wird es jetzt vielleicht wieder helfen, sondern er weiß, *warum* er einen bestimmten Eingriff vornimmt und warum dieser eine bestimmte Wirkung zeitigen *muß*. Er beobachtet nicht nur von außen, ob ein Mittel anschlägt oder nicht, sondern dringt in die Natur des Körpers, seine Gesetze und Kausalitäten ein; auf dieser wissenschaftlichen Grundlage erfindet er neue und bessere Heilmethoden. Aber nun ist es doch nicht so, daß er die Natur des Körpers nur als allgemeiner theoretischer Biologe erforscht, um die Wissenschaft um weitere Einsichten zu bereichern, und daß sich dann erst als unbeabsichtigte Nebenwirkung ergibt, daß diese Einsichten sich in der Medizin fruchtbar verwenden lassen. Auch hinter ihm vielmehr steht genau das gleiche Interesse wie hinter dem Praktiker, auch er will heilen, bloß daß dieses Interesse bei ihm nicht unmittelbar zum Zuge zu kommen hofft, sondern einen Umweg nimmt, indem es zunächst tiefere und allgemeinere Kenntnisse erwirbt, die als solche zwar praxisneutral sind, dennoch aber nur im Hinblick auf künftige Praxis gesucht werden.

In einer Wundtschen »Heterogonie der Zwecke« hat, so wie kulturgeschichtlich oft ehemals Zweckgebundenes autonom wird, dieses Suchen der Kenntnisse sich bei den Griechen verselbständigt. In einer durch Anlage und Effizienz bedingten Arbeitsteilung kann der eine Theoretiker sein, der andere seine Ergebnisse nutzbringend umsetzen. Der Geist kann sich auch

Bereichen zuwenden, über die etwas zu wissen von keinerlei, zumindest von keiner gegenwärtig erkennbaren praktischen Relevanz ist. Jetzt ist das Wissensverlangen nicht mehr nur ein kluger Schachzug der Praxis, um noch bessere Praxis zu sein, so wie bei Hobbes das »wohlverstandene Eigeninteresse« sich äußerlich altruistisch geriert, sondern eine eigene fordernde Kraft. Wahrheit wird als absoluter Wert und Anspruch entdeckt. Nur ihm dienend, entsteht der »Adel der theoretischen Haltung« (Freyer), wie Aristoteles sie in einem unvergeßlichen Kapitel des 10. Buchs der »Nikomachischen Ethik« beschrieben und als athanatizein, als Teilhabe an der Seligkeit der Unsterblichen gepriesen hat. Für einen einzigen mathematischen Beweis, sagte Demokrit, sei er bereit, auf den Perserthron zu verzichten.

Aber schon am Ende des 4. Jahrhunderts wird die Philosophie von den hellenistischen Systemen wieder in den Dienst der Ethik, so wie dann im christlichen Zeitraum in den der Theologie gestellt. Nachdem Renaissance und Aufklärung, die insofern die Tat der Griechen wiederholen, sie aus dieser Bevormundung befreit hatten, schwingt heute das Pendel abermals zurück. Schon die drei großen Außenseiter des 19. Jahrhunderts, Kierkegaard, Marx und Nietzsche, vertreten mit unterschiedlichen Motivationen nicht mehr das Ethos des Erkennens. Ihre Saat ist es, die bei uns in Existentialismus, Histomat und Behaviorismus aufging. Selbst der Historiker will heute nicht mehr, wie Ranke, sein Selbst auslöschen, um nur zu erkennen, wie es früher gewesen, sondern zieht die Geschichte in einen aktualisierenden »Dialog« mit der Gegenwart. So geht zum zweiten Mal »Erkenntnis um ihrer selbst willen« an fremden Willen verloren. Der Augenblick der zweckfreien Theorie scheint weltgeschichtlich immer nur kurz zu sein.

Die geschichtlichen Wandlungen der Theorie beruhen aber nicht nur auf Unverständnis und Usurpation ihrer Gegner. Sie sind partiell auch von innen motiviert. Aristoteles hat nur ein Ideal aufgerichtet. Er sah nicht, daß auch hinter derjenigen Theorie, die sich nur als solche will und begreift, im Gesamtgefüge einer geschichtlichen Situation dennoch Interessen wirksam sein können, die ihre unreflektierten Voraussetzungen bilden und ihre Richtung und ihre Thesen bestimmen. Oswald Spengler hat über die Abhängigkeit selbst der Mathematik von den wechselnden »Schicksalsideen« der großen Kulturen das Nachdenklichste zu sagen gewußt, wobei freilich die in der Kultur als ganzer immer schon gefallene Vorentscheidung für ihn nicht zunächst eine solche des Interesses, sondern eine metaphysische ist. Aristoteles hat aber weiterhin Theorie und Praxis zu sehr als reine Typen stilisiert und daher zu schroff einander konfrontiert. Er isolierte die freie Theorie, die nur ein Gipfel ist, von all derjenigen Erkenntnis, die auch schon in der Praxis und für sie gewonnen wird. Nietzsche und Scheler, auch Rothacker, wiesen auf die eminente heuristische Funktion hin, die dem Interesse dafür zukommt, daß ein Seinsbereich überhaupt erschlossen, daß er sichtbar wird. Praktische Erfordernisse wurden schon immer zum Anstoß von Entdeckungen, zu denen es ohne sie nicht gekommen wäre. Heute finden nicht nur wissenschaftliche Physik, Chemie und Biologie Erkenntnisse, die dann von der Technik umgesetzt werden, sondern auch die Forschungslaboratorien der Industrie, die an sich nur die Aufgabe haben, Erfindungen zu machen, stoßen hierbei auf Zusammenhänge allgemeinerer Art. So durchdringt sich heute beides, ja ist kaum mehr zu trennen. –

Zwei Entwicklungen sind es, die die frühere radikale Scheidung von Theorie und Praxis aufhoben. Erstens die gemeinsame Entdeckung des historischen Materialismus und der »bürgerlichen« Denker, daß auch scheinbar abgelöste Theorie interessebedingt sein kann. Weil ein Interesse hinter ihr steht, braucht jedoch Theorie nicht zu irren. Ihr bleibt die Selbstkontrolle an der Gegeninstanz der Sache. Bei Marx ist das gesellschaftliche Sein nur Voraussetzung, nicht wie bei Engels Konstituens der Erkenntnis. Wahrheitsskepsis auf der einen, Parteiwille auf der andern Seite lassen demgegenüber Theorie *ausschließlich* interessegebunden sein. Nur darauf komme es an, sie dem »richtigen« Interesse unterzuordnen. Dieses Vorhaben würde, nicht nur als Korrektiv in eine liberale Welt hineingesprochen, sondern zur politischen Konsequenz erhoben und mit einer Weltgendarmerie ausgestattet, Philosophie und Wissenschaft zu einem bloßen Instrument in den Händen der Mächtigen denaturieren.

Zweitens hat die Theorie selbst sich geschichtlich gewandelt. Die antike Philosophie bewegt sich einesteils als ein Nachdenken über die ewigen Prinzipien *oberhalb* der Lebensvollzüge, andernteils systematisiert und normiert sie nur – wie etwa Aristoteles in seinen Schriften über Poetik und Rhetorik – die *vorhandene* Praxis (über die griechische *Utopie* s. u.). Demgegenüber stellen moderne Naturwissenschaft, zunehmend auch Ökonomie, Politologie, Soziologie, durch ihren rational konstruierenden Einsatz die Praxis auf ein neues Fundament und verändern sie. Heute erwirbt auch der Praktiker sein Wissen nicht mehr nur wie früher in den Berufen und Künsten, denn diese selbst haben sich verwissenschaftlicht, sie ruhen auf einer ihnen erst durch die Wissenschaft vermittelten Sehweise ihres Gebiets. Auch deshalb ergeht heute an die Theorie die Forderung, den Praxisbezug, den sie faktisch immer schon involviert, mitzureflektieren, sich ihres »gesellschaftlichen Auftrags« bewußt zu sein, »Erkenntnis« und »Interesse« zusammenzudenken. Wenn sie, wie schon Comte an ihr konstatierte, ein savoir pour prévoir ist, dann soll sie nicht so tun, als ob sie nur ein savoir sei, sondern das prévoir in ihr eigenes Selbstverständnis aufnehmen. So berechtigt diese Forderung ist, so liegt in ihr doch die Gefahr, daß sie überspannt wird und daß die Wissenschaft über dem praktischen oder politischen Zweck ihre nach wie vor theoretische Dimension, und mit ihr ihre Freiheit, einbüßt.

Dieselbe Gefahr begegnet uns auf pädagogischer Ebene in der Organisation der Universität. Traditionellerweise vermittelt der Universitätslehrer seine Wissenschaft. Er kümmert sich nicht darum, ob und wie seine Studenten das erworbene Wissen später in ihrer Praxis verwenden. Das gilt sogar dort, wo die künftige Praxis nur darin besteht, das Gelernte weiterzureichen: der Universitätslatinist bildet einen Klassischen Philologen heran, nicht einen Lateinlehrer. Daher immer wieder die Klage, die Wissenschaft werde an der Universität in einer weltfremden Weise betrieben, sie schleppe Ballast mit, die persönlichen Forschungsneigungen der Professoren dominierten, der Hiatus zwischen ihr und ihrer Lebensfunktion sei zu groß. Diese Klage führt einesteils zu notwendigen Reformen (kein Gotisch mehr in der Germanistik), andernteils darf man nicht zu sehr auf sie hören. Denn die Universität steht zwischen den beiden Polen der Berufsvorbildung und der Wissenschaft. Daher muß sie immer auch für Wissenschaften, die zu keiner Praxis führen (Byzantinistik), muß innerhalb jeder Wissenschaft auch für das Zweckfreie Raum bieten. Berufsvorbildung durch Wissenschaft bedeutet gerade, daß nicht Handgriffe, sondern Grundlagen (die nicht mit höherer »allgemeiner Bildung« zu verwechseln sind, vgl. dazu Scheler und Schelsky) gelernt werden; zwischen diesen und dem Beruf bleibt immer eine Distanz, die zu überbrücken Aufgabe des Einzelnen ist. Gibt die Universität diesen wissenschaftlichen Anspruch preis, dann hört sie nicht nur auf, Universität zu sein, und wird zur Fachhochschule, während die Forschung an Akademien abwandert. Sondern sie versagt, wie man in den USA bereits erkannt hat, auch sogar im Pädagogischen: die Nurpraktiker, die sie heranbildet, sind schlechtere Praktiker als diejenigen, die jederzeit auf ihr theoretisches Überschußwissen zurückgreifen, es sinnvoll ergänzen und in wechselnder Situation neu einsetzen können.

b) Vita contemplativa und vita activa

Unabhängig davon, ob Theorie praktische Konsequenzen in der Welt nach sich zieht, legt oft schon der Theoretisierende ein bestimmtes äußeres Verhalten an den Tag. Im Sprachgebrauch des Volkes ist ein Philosoph nicht nur einer, der allgemeine Lebensweisheiten von sich gibt, sondern jeder, der in sich gekehrt ein nachdenkliches Wesen zur Schau trägt, ja scherzhaft sagt man sogar von den Marabus (d. h. ›Einsiedlervogel‹), wenn sie stundenlang in scheinbar tiefer Versunkenheit dastehen, diese Vögel muteten wie Philosophen an. Die meisten Menschen gehören zum extravertierten Typus: sie beobachten ihre Umwelt, interessieren sich für sie, verhalten sich in ihr situations- und augenblicksgerecht. Der introvertierte Typus dagegen, der fernen Ideen nachhängt, mit eigenen Problemen präokkupiert ist und deshalb der Welt wenig Aufmerksamkeit schenkt, wirkt auf sie befremdlich, und das kleidet sich in den Ausdruck »Philosoph«, wobei eine Scheu vor dem tiefer Veranlagten, aber auch gutmütiger Spott über den Sonderling mitschwingt. Dieser Spott kann sich bis zu einer gewissen Aggressivität steigern, wenn die Versonnenheit und Versponnenheit des Philosophen das Geschehen um ihn herum stört und ihm selbst gefährlich wird. Als ich einmal gedankenverloren und auf den Verkehr nicht achtend über einen Platz ging, da wurde ich vom Kutschbock eines Bierwagens, dem ich im Wege war, angerufen: »He, Sie, Philosoph!« Man spricht von der Weltfremdheit des Philosophen, durch die er als Handelnder versagt.

Kein Geringerer als Platon hat selbst einmal, in der sog. »Episode« seines »Theätet«, die Weltunvertrautheit des Philosophen, so wie sie sich den Außenstehenden in der Karikatur darstellt, geschildert: der Philosoph kennt nicht einmal den Weg zum Markt, er kennt die Preise der Waren nicht, weiß nicht, ob sie nach Stückzahl oder nach Gewicht verkauft werden, er weiß nicht, wo das Gericht, wo das Rathaus ist, nimmt am Leben der politischen Parteien nicht teil, hat keine Ahnung, wie die Leute miteinander verwandt sind, und wenn einer sich seiner vornehmen Herkunft rühmt und behauptet, der 25. von ihm aufwärts sei Herakles gewesen, dann macht das auf den Philosophen keinen Eindruck, weil er sich sagt, der 50. von jenem aufwärts werde auch nur ein Mann gewesen sein wie es sich eben traf. Aus all diesen Gründen ist der Philosoph ungeschickt in der Wirklichkeit und leicht zu betrügen. Die Schilderung gipfelt in der Anekdote von Thales von Milet, der, dahinwandernd, seinen Blick auf die Gestirne richtete und dabei in einen Brunnen fiel. Eine thrakische Magd spottete deshalb über ihn: was über ihm ist, sieht er, aber was zu seinen Füßen ist, sieht er nicht. »Das Gelächter der thrakischen Magd ist unsterblich« (Nietzsche).*

Daß Platon hier einem solchen Bild des Philosophen Raum gibt, hat lebensgeschichtliche Gründe. Während er an dem Dialog schrieb, erreichte ihn nach dem Tode Dionysios I. die Einladung Dionysios II. und seines Freundes Dion, zum zweiten Mal nach Syrakus zu reisen, was für ihn mit der Hoffnung verbunden war, dort seine Staatsideen in die Tat umzusetzen. Da fragt sich Platon: soll ich die Einladung annehmen, bin ich als Philosoph überhaupt geeignet, mich unmittelbar an Politik zu beteiligen? Einen Niederschlag seines Schwankens bildet die »Episode«. Platon nimmt das Zerrbild des Philosophen durchaus ernst. In ihm ist ein echter Zug getroffen. Aber gleichzeitig weiß er: das Fremdsein auf Erden und vor den Aufgaben des Tages ist nur ein Außenaspekt, nur eine Kehrseite; der Philosoph kennt diese Welt nur deshalb nicht, weil er seine Gedanken auf eine jenseitig-ewige Welt richtet, und sie ist die höhere und wahrere.

Daß Platon im »Theätet« die Philosophie auch mit den Au-

---

* Vgl. M. Landmann und J. O. Fleckenstein, Tagesbeobachtungen von Sternen im Altertum — eine philologisch-astronomiegeschichtliche Rekonstruktion der Thalesanekdote Plat. Theaet. 174 A, in: Vierteljahrsschrift der Naturforschenden Gesellschaft in Zürich LXXXVIII (1943): Thales *fiel* nicht in den Brunnen, sondern *stieg* absichtlich in ihn als Kalenderastronom, weil man aus tiefen, dunklen Schächten auch am Tag Sterne beobachten kann.

gen ihrer Verächter zu sehen versteht, das ist bei ihm nicht
einmalig und neu. Seit seiner Jugend hatte er es immer wieder
hinausgeschoben, sich, wie es der Tradition seiner patrizischen
Familie entsprochen hätte, an der Politik Athens zu beteiligen.
Sein Motiv dafür war, daß er sich nicht mit denen gemein ma-
chen wollte, die seinen Lehrer Sokrates hingerichtet hatten.
Grundsätzlicher: auch die berühmtesten Staatsmänner können
(hierin den ebenfalls abgelehnten Dichtern verwandt) über ihr
Tun nicht logon didonai, nicht Rechenschaft ablegen, können
es nicht, wie das Sokratische Prinzip dies verlangt, auf rationale
Gründe zurückführen. Sokrates also, so antwortete darauf die
Familie, hat Platon verdorben, die Philosophie hat ihn dem
Staat abspenstig gemacht, von ihr muß man ihn wieder abzie-
hen. Wortführer dessen war Platons Halbbruder Demos, und
er ist es, der sich hinter der Figur des Kallikles im »Gorgias«
verbirgt. Maliziös erzählt Sokrates von ihm, er und drei Alters-
genossen hätten sich in ihrer Jugend überlegt, bis zu welchem
Punkt man philosophieren solle, und sie hätten sich gegenseitig den Rat erteilt, sich nicht zu weit mit der Philosophie
einzulassen, damit sie nicht, über das Maß hinaus weise geworden, unversehens ins Verderben stürzten. Philosophie, so
lautet die These des Kallikles, ist nicht nur nutzlos, sondern
schädlich, denn sie macht den Menschen, auch dadurch, daß
sie das ethische Empfinden in ihm überschärft, zum Handeln
untauglich. Sich in jungen Jahren mit Philosophie zu beschäftigen ist löblich; ein Mann dagegen macht sich damit lächerlich. »Es trifft ihn das Schicksal, in einem Winkel flüsternd
mit drei oder vier Bürschchen sein weiteres Leben zuzubrin-
gen.« Statt zu philosophieren, so empfiehlt er, solle Sokrates
jetzt die eumousia pragmaton, die schöne Kunst der Taten
üben.

Mit den letzten Worten zitiert Platon die »Antiope« des
Euripides, in der von dem Brüderpaar Amphion und Zethos
der eine die Vorzüge des praktischen, der andre die des
theoretischen Lebens preist. Seit damals ist diese Gegenüberstellung ein Topos der antiken Literatur. Auch Aristoteles
konfrontiert an der schon herangezogenen Stelle das theoretische Leben dem praktischen (sowie dem des Genusses):
zwischen diesen Lebensformen muß der Mensch seine Wahl
treffen, ein ebenfalls schon Platonisches und älteres, sophisti-

sches Motiv. Von Aristoteles' Schülern verteidigte Theophrast das theoretische Leben gegen Dikaiarch, der entgegen seinem Lehrer das sich noch ganz in Tätigkeit erfüllende Leben der Frühzeit höherstellte. Erst durch Dikaiarch, der eine Kulturgeschichte Griechenlands schrieb, sind viele der Anekdoten, die von der Lebensvertrautheit der alten Weisen berichten, in das Strombett der Überlieferung geleitet worden.

Der Streit *innerhalb* der Philosophie spiegelt aber nur den Streit zwischen Welt und Philosophie. Wie religiöse Verfolgung der Philosophie, gibt es staatliche. Aus ihrer herkömmlichen praktisch-politischen Lebensform heraus widersetzten sich die alten Römer zunächst der griechischen Philosophie als einer überflüssigen Grübelei, die keinem wirklichen Lebensbedürfnis entspricht (eher noch ließen sie die Rhetorik gelten, aus der der forensische und politische Redner lernen kann). Epikureer wurden aus Rom ausgewiesen, weil sie (im Unterschied zu den Stoikern, die auch ein Staatsamt als Bewährungsprobe bejahten) Abkehr vom öffentlichen Leben, Rückzug in die Privatexistenz proklamierten (lathe biosas – bene vixit qui bene latuit). Die Aufklärer des 18. Jahrhunderts hatten mit der Zensur zu kämpfen und saßen häufig in den Gefängnissen. Als die Französische Revolution 1794 Lavoisier hinrichtete und darauf hingewiesen wurde, er sei doch ein bedeutender Chemiker, hieß es zur Antwort: Nous n'avons pas besoin des savants! Daneben mag man ein Wort Lenins stellen: »Der unmittelbare Zweck der Wissenschaft ist es, ein passendes Schlagwort für den Kampf zu liefern.«

Neben diese Animosität seitens des Politischen tritt in der Neuzeit die romantische seitens des »Lebens«: das Bewußtsein (von dem wir schon früher hörten, daß es in den Augen der Romantik in seiner philosophischen, begrifflich-analytischen Spätform nicht einmal seines eigensten Ziels, der tiefsten *Erkenntnis* teilhaft wird) schwächt und lähmt uns, denn alles verstehen heißt nicht nur alles verzeihen, es heißt auch die Unbekümmertheit (radikaler: die »Gewissenlosigkeit«!) nicht mehr aufbringen, deren es zum Handeln bedarf. Es läßt uns wie Hamlet den rechten Moment verpassen. Es raubt uns, auch über das Handeln hinaus, dadurch, daß es jede innere Regung sogleich seziert und in beobachtbare Distanz bringt, die Unmittelbarkeit, die Unschuld, die Lebendigkeit des Lebens selbst und treibt es, wie Jean Paul dies in seinem Roquairol darstellt, in den Tod. In der Sonderform des Historismus relativiert es unsere Vorbilder und Werte und macht uns so zu unproduktiven Spätlingen (Nietzsche; deshalb liegen nach ihm »Wissenschaft und Weisheit im Kampfe«). Aber auch bei Goethe beginnt die höhere Lehre für Faust, nachdem er alle Wissenschaften durchmessen hat, erst damit, daß er sich in den Strudel der Begebenheiten wirft. Nur schaffend entfaltet sich ein Charakter (dem auch Goethe die »Parteilichkeit« zubilligt). Früher mußte sich die Philosophie in Weltzuständen der Nur-Praktizität und gegen sie erst durchsetzen; nachdem die Aufklärung gesiegt und auch ihre Gefahren und Grenzen gezeigt hat, entdeckt die Enkelgeneration, aber nun auf bewußterer Stufe, wieder die Weisheit der Voraufklärung.

Solche Problematisierungen seines Seins und Tuns werden den Philosophen gewiß nachdenklich machen. Er wird sich aber durch sie den Glauben an sich selbst nicht völlig zerstören lassen. Unmittelbares Dabeisein und Drinnenstehen macht mit den Dingen ebenso vertraut wie es sie perspektivisch verkürzt. Aus der Antike klingt zu uns herüber Heraklits Verachtung der Vielen, die Augen haben und nicht sehen, weil ihnen der Weltlogos verborgen bleibt. Wie oft der Außenseiter etwas entdeckt, was den nur-routinierten Fachleuten entging, so kann Außenseitertum zur Praxis überhaupt die Bedingung sein, die den Blick für das Tragende und die Zusammenhänge entschränkt. Das dem Mitlebenden noch verborgene Wesen seiner Wirklichkeit, so wendet Hegel dies geschichtsphilosophisch, liegt erst frei vor dem sich Erinnernden (vgl. Proust und Benjamin). Der geschichtliche Abstand verstärkt noch den kontemplativen.

Das vom Nichthandelnden Gewonnene kann dann aber auch dem Handelnden zugute kommen. Daß es verunsichert und auflöst, so wird der Philosoph antworten, das ist nur die eine, die negative Seite des Bewußtseins, die vor allem dort hervortritt, wo es hypertroph wird. In jeder Chance liegt auch eine Gefahr, man muß aber mit dieser jene mitsehen. Ursprünglicher ist dasjenige Bewußtsein, das dem Menschen neue Ziele erschließt, ihn auch die Mittel der Verwirklichung finden läßt, für Schlechtes Abhilfe weiß. Auch wo es durch Kritik ertötet, da tut es dies um des Besseren willen, von dem her es die

Kritik übt. Das scheinbar so ursprünglich und instinktiv in naturhaften Formen blühende Leben verdankt sich in Wahrheit aufsprengendem und ordnendem Geist, der vorzeiten diese Formen hervorbrachte, bis sie dann durch lange Tradition wie selbstverständlich wirken.

Wahr ist, daß Theorie oft von den nächstliegenden Aufgaben abzieht. Aber dafür zeigt und setzt sie fernere, höhere Aufgaben. Fremd ist sie also nur der *kleinen* Praxis. Dagegen erweist sie sich als notwendig auf längere Sicht. Sie wirkt auf das Ganze. Der große Handelnde weiß das auch, weiß, daß Praxis sich nie selbst genügt. Daher ehrt er den Theoretiker, den nur die Menge wegen seines äußeren Ungeschicks verhöhnt.

Sollten aber wirklich Regionen der Theorie völlig ohne jeden Praxisbezug und in diesem Sinne nutzlos sein, dann ist auch dies kein Grund, sie zu verwerfen. Die großen Fragen nach Sein und Sinn, nach der Geschichte, dem Guten, lassen sich nicht wegschwindeln. Sie stellen sich dem Menschen kraft seiner Vernunftnatur unausweichlich. Sich mit ihnen zu befassen, trägt seinen Sinn in sich selbst. Wer uns dies verweigern will, der betrügt uns um eine humane Dimension. In Griechenland vollzog sich die Reduktion von seinsoffen-forscherlicher zu nur noch praktisch-haltgebender Philosophie erst in der schwächeren, unproduktiveren Zeit des Hellenismus. Wenn heute ein behavioristisch-pseudomarxistisches Kartell Theorie entweder verketzert oder praxologisch umdeutet (»hermeneutisches Handeln«, »ästhetisches Handeln«!), so signalisiert das unsere eigene hellenistische Gefahr.

c) »Praktische Vernunft«

Vorhin sagten wir, alle Philosophie wirke, unabhängig davon, ob sie in die Welt wirkt, auf alle Fälle auf ihren Träger, der durch das Philosophieren selbst bereits eine bestimmte Haltung einnimmt. Unserm Handeln eine Form zu geben, Haltung zu prägen, Leben zu gestalten, kann aber auch unmittelbarer Inhalt und Ziel der Philosophie sein.

Sie sind es in aller Ethik. »Praktische Vernunft« (der nicht die »reine«, sondern die »theoretische Vernunft« gegenübersteht: nur mit dem, was in ihnen »rein«, d. h. apriorisch ist, befaßt er sich in *beiden* Kritiken) nennt die Ethik aus antiker Tradition noch Kant. Heute wissen wir, daß der Bereich des menschlichen Handelns durch Ethik allein weder beschrieben noch normiert werden kann. Eine »allgemeine Handlungslehre« wird in verschiedenen Disziplinen immer mehr ausgebaut.

Der Philosophierende, so sagten wir, gewinnt zu dem, was um ihn ist, zu dem für die andern so Drängenden des Alltags, eine gewisse Distanz. Es beeindruckt ihn nicht mehr so sehr. Eben dies, was sich schon ungewollt, gleichsam naturhaft, als Erfolg des Philosophierens einstellt, wird nun zum Ethos erhoben und dadurch auf eine Intensivstufe gebracht von der Stoa, die in der Antike 800 Jahre lang die philosophische Hauptrichtung war und deren Einfluß sich bis auf Spinoza und Kant erstreckt. Die Gleichgültigkeit gegen die Oberfläche des Hier und Jetzt, die seine Mitwelt dem Philosophen so oft als Vorwurf entgegenhält, wird hier in einem vertieften, ethisierten Sinne gerade zum Postulat.

Vorhergegangen sind der Stoa bereits die Kyniker mit ihrer Lebensforderung und -form der Bedürfnislosigkeit, die sie daher auch – Rousseauisten vor Rousseau – zu Lobrednern der härteren, einfacheren, naturnäheren Frühzeit werden ließ. Zahlreich und bekannt sind vor allem die Anekdoten von Diogenes, der nichts besaß als einen Mantel, einen Wanderstab, einen Brotsack und einen hölzernen Becher, und der sogar den Becher noch wegwarf, als er einen Knaben aus der hohlen Hand trinken sah. Die Bettlergestalten der Kyniker sah man in allen griechischen Städten. Auf die von ihnen entwickelte Moralpredigt, die Diatribe, geht die christliche Predigt zurück.

Den kynischen Rigorismus mildernd, verlangt die Stoa zwar nicht die völlige Lossage von den Gütern der Welt. Wohl dagegen sollen wir uns ihrer nur erfreuen im beständigen Bewußtsein, daß sie adiaphora, indifferent, sind, daß somit von ihnen das Glück nicht abhängt. Die Beziehung zu ihnen soll keine der Identifikation, keine des Sichverströmens, sondern eine gebrochene, immer suspendierbare sein: echo, ouk echomai = ich besitze, werde nicht besessen (so schon Aristipp). Worauf es ankommt, das sind nur die »inneren Güterwerte der Person«: moralischer, nicht materieller Reichtum, Freiheit von Begierden, nicht der *soziale* Status des Freien. Die Vernunftperson ist es, die die Stoa aus allen Weltverhaftungen löst, die sie dadurch erst eigentlich entdeckt und vor deren höherem geistigem Wert als dem oikeion, dem Eignen, alles übrige zum allotrion, zum ihr Fremden und zugleich zum Wertlosen, zum äußeren Tand, herabsinkt.

Dadurch wird die Stoa – und dies war ihr treibendes Motiv – zur großen consolatio. Da die Vernunft und die in ihr gegründete Tugend ihm unverlierbar ist, bleibt der Stoiker immer der Überlegene, er verharrt in unberührter apatheia und ataraxia, Leidlosigkeit und Unerschütterlichkeit, selbst wenn ihm durch feindliches Schicksal alles, worein man gemeinhin das Glück zu setzen pflegt, genommen wird. Noch in der Armut ist er, was er war, noch in der Sklaverei wird er *innerlich nicht* zum Sklaven, und wenn das Leben unerträglich wird, bleibt er Herr, indem er sich selbst den Tod gibt; nicht wegen der philosophischen Prinzipien, die er fand, sondern wegen der ruhigen Gelassenheit, mit der er den Giftbecher trank, erscheint Sokrates jetzt als Vorbild.

Wie die Vernunft sich aus ihrer Würde, das Wesenhafte und Bestimmende für den Menschen zu sein, durch äußere Wechselfälle nicht verdrängen läßt, so auch nicht durch das, was sie aus seiner eigenen Seele *affiziert* und sie zur passiv *Erleidenden* macht – daher sprechen wir bis heute von Affekten und Leidenschaften –. Es gehört nicht zur wahren Person, sie hält es von sich fern, hält es nieder.

Die Stoa hat den Begriff des Philosophen z. T. bis heute geprägt. Auch von einem einfachen Handwerker kann man hören, er sei ein Philosoph, wenn er auf einer höheren Warte steht, das individuell Begegnende als ein Allgemeines versteht, in den Freuden des Lebens Maß hält und sich durch Leiden nicht aus dem Gleichmut bringen läßt. Er ist dann durch das Leben das geworden, wozu die Stoa durch Philosophie erziehen will: ein Weiser (sophos). – Die Figur des Weisen kennt auch der Orient. Er verkörpert immer, hierin an die Religion gemahnend, eine noch ungeschiedene Einheit von Überzeugung und aus ihr folgendem Lebensverhalten. Demgegenüber liegt im Begriff der Philo-sophie, seit zuerst Sokrates seine Zusammengesetztheit aktualisierte, das selbständige Streben nach einer noch nicht vorhandenen Wahrheit (während der Weise umgekehrt alte Lehre nur wiederholt und in ihr ruht). In der Philosophie hat sich also das theoretische Moment verstärkt.

Dennoch bleibt auch bei ihr, daß sie eine Haltung nach sich ziehe, als Erwartung immer bestehen. In der Stoa wird aus dem Philosophen wieder ein Weiser.

Die stoische Ethik ist nicht unbestritten geblieben. Weltlicher Besitz beglückt einmal als solcher, gehört also zum *ganzen* Glück (Aristoteles); sodann können an ihm geistig-charakterliche Werte hängen: etwa an Reichtum der Zugang zur Bildung, an Gesundheit die Kraft zu einer dem Leben Sinn verleihenden Arbeit. Nur aus der Welt kommen für die Person die Aufgaben, für die sich einsetzend und an denen wachsend sie erst im vollen Sinne sie selbst wird. Äußeres und Inneres lassen sich also nicht reinlich scheiden. Daß mir bei allem Mißgeschick Vernunft und Tugend als Kern der Person unentreißbar bleiben, ist deshalb ein schlechter Trost, und er ist nicht einmal wahr, denn entwürdigende Lebensumstände und Folterung können auch die Person zerstören. Damit wir im Sich-uns-Versagen der Weltgüter gelassen bleiben, degradiert die Stoa sie überhaupt, verkleinert aber damit auch die Seele. – Den gleichen Denkstil der Entwertung des positiven Pols vom negativen her befolgt die Stoa auch nach innen hin: weil niedrige Leidenschaft uns unter die humane Ebene ziehen und zerstören kann, deshalb will sie uns überhaupt von allen Leidenschaften befreien und nur aus der Vernunft leben lassen, während es doch auch große und edle Leidenschaft gibt, die uns über die bloße Vernunft hinaushebt.

Die Geschenke und Schläge des Lebens relativierend, gegen sein eigenes Gefühl abgekapselt, führt der Stoiker nach seinem eigenen Bilde sein Leben so, als ob er auf dem Theater eine Rolle übernommen hätte, in der er sich zwar zu bewähren hat, aber im Tiefsten doch unbeteiligt und nur wie ein Zuschauer seiner selbst. Aus Eudämonismus, um dem möglichen Unglück von vornherein den Stachel zu nehmen, wird das Leben überhaupt nicht mehr wahrhaft von innen gelebt, sondern nur noch gespielt und von außen betrachtet. Auch ohne eudämonistische Absicht liegt aber in aller Betrachtung die Gefahr seiner Irrealisierung: man subsumiert es als Fall unter ein Allgemeines. Dieser ihm noch im Hegelianismus entgegentretenden Gefahr begegnete – wir erwähnten es schon einmal – Kierkegaard (und nach ihm die Existenzphilosophie) mit seiner Forderung, sich an der eigenen Existenz in ihrer Besonderheit und in ihrem unnachlaßlichen Ernst, auch wo er zur Verzweiflung treibt, nicht vorbeizuspekulieren, und wie dann auch Nietzsche bejaht er deshalb gerade die Leidenschaft, die Subjektivität, die nicht durch Vernunft abgerückte und objektivierte, sondern unmittelbar durchgestandene Innerlichkeit.

d) Utopie und Tat

Philosophie hat zwei Wurzeln. Sie ist einmal Hinnahme des Seienden. Nicht des Seienden in seiner unendlichen Mannigfaltigkeit: deren Erkenntnis überläßt sie den Wissenschaften. Wonach sie fragt, das sind die bestimmenden Kräfte und Gesetze hinter dem Seienden, die in ihm wirken und es lenken, seine »Ursprünge«, die Prinzipien, die ihm zugrunde liegen. Philosophie hat es insofern mit dem zu tun, was (nicht im zeitlichen, sondern ontologischen Sinne) »vor« allem einzelnen Seienden liegt, mit dem Seinsapriori, oder, wie man auch zu sagen pflegt, gegenüber dem zeitlich strömenden Seienden mit dem, was immer war und ist: mit dem »Ewigen«.

Wäre die Welt vollendet, dann könnte philosophische Vernunft sich mit solchem Aufgraben der verborgenen Prinzipien begnügen. In unvollendeter Welt aber muß sie nicht nur feststellen, was ist, sondern auch die Norm dessen aufstellen, was sein soll. Sie darf nicht nur als kontemplative Vernunft das Wirkliche erkennen, sondern muß als phantasievollschöpferische Vernunft Möglichkeiten entwerfen, jenseits der Faktizität liegende Modellvorstellungen staatlicher, sozialer, technischer und anderer Art, »Träume vom besseren Leben«. Aus dem Metaphysiker wird der Utopiker. – Als solcher ist er zugleich Kritiker. Die geschauten Idealbilder sind Kriterien, an denen er das Bestehende mißt und von denen aus er es verdammt. – Sie sind aber zugleich Zielbilder, auf die hin es umgestaltet werden kann und soll. Wie es von Haus aus Funktion der Vernunft war, dem Handeln Zwecke und Mittel vor Augen zu stellen, so kehrt sie, auch nachdem sie sich zur selbstzweckhaften Theorie emanzipiert hat, hier zu diesem ihrem ursprünglichen Auftrag zurück. Wirkt sie als Ethik nur innerhalb vorgegebener Lebenseinrichtungen auf den Einzelnen, so verwandelt sie hier in größerem Maßstab die Lebenseinrichtungen selbst. Philosophie wird zur revolutionären Aktivität, zur weltbewegenden Kraft. – Sie wird es um so mehr, wenn sie nicht nur einen Idealzustand ausmalt, sondern diesen auch mit dem gegebenen Geschichtsaugenblick vermittelt (Engels). Die »konkrete Utopie«, die das aus der Welt selbst entgegenkommende utopische Moment aufnimmt, ist die »Beschwörungsutopie« (Bloch).

Man pflegt seinsgläubiges antikes und fortschrittszugewandtes modernes Denken zu konfrontieren. Aber schon im 5. Jahrhundert gab es eine ganze Utopienliteratur. Vor der Gründung der Kolonie Thurioi fand ein Preisausschreiben für die beste ihr zu gebende Staatsverfassung statt. Wahr ist, daß die Neuzeit den Hebel der weltvorgängigen, weltstiftenden Vernunft tiefer ansetzt. Das befruchtet sowohl die Erkenntnis wie die Tat. Der Deutsche Idealismus entschärft ihre aufklärerisch-propulsive Kraft wieder gerade dadurch, daß er sie totalisiert. Nietzsche fand für sie die Formel vom Zerbrechen alter und Beschriften neuer Tafeln.

Es liegt auch nahe, der nach der Zukunft *voraus*schauenden Utopie die nach dem Früheren – dem Ursprung, dem Apriori – *zurück*schauende Metaphysik gegenüberzustellen. Aber das Frühere der Metaphysik ist ein solches nur im Sinne der Seinsdignität, nicht des Vorherseins. In Wahrheit haben es beide mit dem überzeitlich Prinzipiellen zu tun, bloß die Metaphysik mit dem schon realisierten, die Utopie mit dem noch zu realisierenden. Die Differenz zwischen den beiden erhebt sich über einem Gemeinsamen.

Dennoch sind die beiden Quellen der Philosophie weder aufeinander noch auf ein Drittes reduzierbar. Sie ist Erkenntnis des Seienden und Plan des Kommenden nebeneinander, darf sich weder auf das eine noch das andere beschränken. Nicolai Hartmann und Ernst Bloch, Ontologie und Prinzip Hoffnung, bedingen sich, bilden erst in ihrer Polarität das Ganze der Philosophie. Deshalb versieht die Platonische Idee eine doppelte Funktion, sie ist Wesensgrund und Struktur der Dinge, aber auch ihr Paradigma und Ideal, nach dem sie gebaut und beurteilt werden sollen, so wie nach dem Muster des wahren Staates im Himmel der reale Staat. Auch bei Hegel stehen die beiden Aufgaben als zwei Selbstbegreifungen der Philosophie nebeneinander. In der Vorrede zur »Rechtsphilosophie« sagt er, die Philosophie entstehe erst, wenn eine Gestalt des Lebens alt geworden ist. Sie bringe eine zu Ende gehende Epoche auf den Begriff. Hier kommt also Philosophie hinterher: die Eule der Minerva beginnt erst in der Dämmerung ihren Flug. Aber an andern Stellen bei Hegel heißt es, den Philosophen diktiere der Weltgeist seine Ordres gleich ins Original, und: ist das Reich der Vorstellung revolutioniert, so hält die Wirklichkeit nicht aus. Hier ist also Philosophie die Vorhergehende. Sie findet nicht nur die Formel für schon vorhandene Wirklichkeit, sondern antizipiert und weckt neue Wirklichkeit.

Aus ihrer zwiefachen Gestalt erwächst der Philosophie eine doppelte Front von Gegnern. Zunächst (1) gerät sie als Revolution in Konflikt mit dem gefestet in sich ruhenden Status quo. Indem sie das altererbte Gefüge der Meinungen und Institutionen aufbricht, rührt sie an den »Schlaf der Welt« und provoziert so den Widerstand der Mächte der Bewahrung. Ein konservativer Dichter wie Sophokles bekämpft die Sophisten, Aristophanes die Utopisten. In der Antithese wird aber das Konservative, wie wir schon sahen, sich seiner erst bewußt, wird selbst philosophisch und verwandelt damit seine ursprüngliche Qualität: auch die Gegner können nicht hinter die Philosophie zurück, aus naiver Tradition wird Restauration (Burke, Adam Müller, de Bonald, de Maistre, Tocqueville, Cortez).

Gegendruck des establishment stumpft den umstürzlerischen Impuls ab. Er setzt sich nicht nur nicht durch, sondern konformiert sich von innen. So propagierten im Anschluß schon an die Sophistik die Kyniker allgemeine Gleichheit, Abschaffung ökonomischer und sozialer Privilegien: statt auf Reichtum und Freiheit in der Welt komme es darauf an, ob man reich an Tugend, frei von Begierden ist usf. Eben diese Verinnerlichung und Spiritualisierung der Begriffe wird nun aber den Stoikern sogleich zur Handhabe, um das Programm einer Neuordnung der Dinge fallenzulassen; denn: wenn auch der Herr innerlich ein Sklave, der Sklave innerlich frei sein kann, dann ist die äußere Ordnung offenbar überhaupt irrelevant und man kann sie bestehen, kann alles beim alten lassen. Ein ähnlicher Vorgang der Irrealisierung eines ursprünglich real erhofften anderen Weltzustandes findet statt in der Umwandlung des messianischen Reichs der Propheten zum bloß noch jenseitigen Gottesreich der späten Apokalypsen und des Christentums. Wo eine progressive und eine statisierende Richtung miteinander rivalisieren, da ist immer zunächst die statisierende im Vorteil. Es siegt Augustin, für den die civitas dei in der Kirche schon da ist, über den Chiliasmus, der sie sich erst von der Zukunft erhofft. Es siegt der konziliatorische Leibniz über den quasi linken Spinoza.

Ist für die einen die Philosophie zu sehr eine Verschworene der Zukunft, so ist sie es für die andern (2) durch ihre ewigkeitszugewandte Seite zu wenig. Ja selbst diejenige Philosophie, die das Neue fordert und vorbereitet, bleibt, auch dann noch, eben nur – Philosophie, bleibt Reflexion und Betrachtung, die als solche das Dasein nicht menschenwürdiger gestaltet. Zwischen ihr und der Praxis klafft immer ein Hiatus. Daher das existentielle Unbehagen derer, die zur Aktion drängen, an der Philosophie, ihr Zweifel am Daseinsrecht der Philosophie, paradoxer- und ungerechterweise auch wenn sie es ist, die der Aktion die Richtung zeigt und ihre Fälligkeit beweist, denn sie zeigt und beweist eben nur, sie handelt nicht. Dasselbe Unbehagen auch an der Kunst, nicht nur an der klassischen, die durch ihre Schönheit die Disharmonien der Welt, statt sie herauszuschreien, zudeckt und uns dadurch einschläfert, sondern auch am Seismographen moderner Welterschütterung, am Expressionismus, denn auch er produziert nur – Kunst. Der gleiche Affekt gegen die Spekulation und gegen das Ästhetische, dem von religiöser Seite her – wir hörten es – Kierkegaard Wort gab, begegnet uns auch auf der aktionistischen Seite. Hier überall ringen miteinander der vortheoretische Wahrheitsbegriff der Bibel, für die Wahrheit etwas ist, was *gelebt* wird, und der griechische Wahrheitsbegriff, aus dem Philosophie, selbstzweckhafte Erkenntnis und Kunst hervorging.

Kein anderer als Schiller, später Herausgeber der »Horen«, aus denen alles Politische ausgeschlossen sein sollte, Hauptträger der philosophisch-ästhetischen Kultur von Jena und Weimar, läßt gegen den Maler Verrina seinen Fiesko ausrufen: »Du stürzest Tyrannen auf Leinwand – bist selbst ein elender Sklave; machst Republiken mit einem Pinsel frei – kannst deine eigenen Ketten nicht brechen. Geh! deine Arbeit ist Gaukelwerk. Der *Schein* weiche der *Tat. Ich habe getan,* was du – nur maltest.« Und 1793 schreibt er im Blick auf die Französische Revolution an den Herzog von Augustenburg: »Wäre das Faktum wahr – wäre der außerordentliche Fall wirklich eingetreten, daß die politische Gesetzgebung der Vernunft übertragen, der Mensch als Selbstzweck respektiert und behandelt, das Gesetz auf den Thron erhoben und wahre Freiheit zur Grundlage des Staatsgebäudes gemacht worden, so wollte ich auf ewig von den Musen Abschied nehmen und dem herrlichsten aller Kunstwerke, der Monarchie der Vernunft, alle meine Tätigkeit widmen.«

Daß der Gedanke Wirklichkeit, Philosophie Tat werden solle, dies war nach Goethes und Hegels Tod Tendenz einer ganzen Generation, des Jungen Deutschland und der Linkshegelianer. Das geschichtliche Gesetz dieses Zweischrittes muß, so sagen sie, erneut vollzogen werden. Während gleichzeitig auch Comte von einem Praktisch-werden der Theorie spricht, dabei jedoch die Naturwissenschaft und die sich aus ihr ergebende Industrialisierung im Auge hat, bei der das Bürgertum bestehen bleiben kann, ist es hier die Philosophie, deren Praktisch-werden in der Veränderung der *Gesellschaft* bestehen soll. Auf die geistige Freiheit muß die soziale folgen: so fordert es Moses Hess (Die eine und ganze Freiheit, 1843). Die Welt sei die »Signatur des Wortes«, so drückt es auch Heine (mit schon älterer, mystischer Formel) aus, und er hat in einem Gedicht aus »Deutschland, ein Wintermärchen« »die Tat von deinen Gedanken« in einem unheimlichen, ihm durch alle Straßen nachfolgenden Mann personifiziert.

Philosophie, so lehrt Marx, soll Kritik an den bestehenden Verhältnissen üben, soll den Weg zu ihrer Auflösung, zu einer besseren Gesellschaft weisen und soll damit sich selbst »verwirklichen«. Sie gelangt zu der ihr angemessenen Wahrheit nicht mehr in ihrem eigenen Medium. Das Ziel der Philosophie ist die Revolution. Ist dieses Ziel erreicht, so bedarf es der Philosophie, die nur eine Vor- und Zwischenphase war, nicht mehr, sie hat sich selbst überwunden und tritt als überflüssig ab. Die revolutionäre Aktion hebt mit der Entfremdung der Wirklichkeit auch die Philosophie als Symptom dieser Entfremdung auf. »So ergibt sich die Konsequenz, daß das Philosophisch-werden der Welt zugleich das Weltlich-werden der Philosophie, daß ihre Verwirklichung zugleich ihr Verlust ist.« – Damit ist freilich ein beängstigend eingegrenzter Begriff der

Philosophie zugrunde gelegt. Aus Marx' eigenem Werk geht hervor, daß er auch einen Sinn von Philosophie kennt, der nicht nur in ihrer Umsetzung in Tat besteht. Wie soll man Kategorialanalyse »verwirklichen«?! Weist nicht das Verwirklichte selbst nach wie vor auf sein theoretisches Fundament? Bedarf es nicht einer permanenten Verwirklichung und darum auch einer permanenten Weiterarbeit an der Theorie?

»Die Philosophen haben die Welt nur verschieden *interpretiert, es kömmt drauf an, sie zu verändern«* (11. Feuerbach-These). Das ist zunächst schlicht falsch, denn vieles an der Welt läßt sich nicht verändern, kann also nur interpretiert werden. Ontologie bleibt immer der andere Pol, bleibt das nicht zu beseitigende Fundament. Soweit die Welt sich verändern läßt, ist die These abermals falsch, denn ehe ich verändern kann, muß ich wissen, woraufhin ich verändern soll. Es bedarf also nach wie vor des Theoretikers, der dem Verändernden das Ziel gibt. Die These müßte lauten: die Philosophen dürfen die Welt nicht nur interpretieren, sie müssen auch Ziele setzen, und dann müssen Praktiker aufgrund dieser Ziele sie verändern. – Die These ist aber auch sehr tief, denn oft weiß man nicht erst rein erkennend das Gute, und die Tat übersetzt dann bloß das ideell schon Vorbestehende abbildend in die Wirklichkeit, sondern erst in der vollen individuellen Konkretheit der Tat selbst leuchtet die richtige Entscheidung auf. Außerdem wird durch die Tat selbst die geschichtliche Situation immer wieder eine andere, auch das zu verwirklichende Gute ist daher heute nicht mehr dasselbe wie gestern, und nur der Handelnde, der keine Distanz zur geschichtlichen Situation hat, sondern ganz in ihr steht, erkennt es daher. Der Handelnde und der Erkennende müssen also derselbe sein. Nur der Weltveränderer, so könnte man von hier aus sagen, ist der wahre Interpret: nur er besitzt, so wie auch er selbst als revolutionäres Subjekt erst in der revolutionären Praxis entsteht, das in ihr ebenfalls jeweils neu entstehende Wahre. Nicht erkennt er es erst und verwirklicht es dann, sondern beides geschieht gleichzeitig. – Geht man von einem gleichbleibenden Sein aus, dann gibt es von ihm auch eine gleichbleibende Wahrheit. Ihm zugeordnet ist reine Kontemplation. Nach Marx dagegen ist das gesellschaftliche Sein selbst geschichtlich, es kommt erst in der Geschichte zunehmend zu sich selbst. Und zwar vollzieht sich diese Geschichte nicht unabhängig von uns durch das Wirken eines Weltgeistes, sondern wir selbst müssen sie machen. Dieses Sich-beteiligen an der Geschichte ist nun aber nicht nur ethische Aufgabe des Handelnden. Erst indem das Sein sich vollendet, wird ja die volle Wahrheit über es offenbar. In die Geschichte einzugreifen, wird daher zur Aufgabe auch des Erkennenden, liegt in seinem eigensten Interesse. Er muß praktisch werden, um Theoretiker sein zu können. Er muß die Welt verändern, um ihr ihre höchste Interpretation abzuringen. Er muß – alte scholastische Gleichung – die Wahrheit schaffen, um sie zu finden. –

Wie in unserm Jahrhundert die Existenzphilosophie Kierkegaard formalisiert, indem sie seinen christlichen Hintergrund ausklammert, so formalisiert die sog. Kritische Theorie der Frankfurter Schule Marx durch Ausklammerung seines revolutionären Ziels, und beidemal liegt in der Formalisierung das Unrecht und die Schwäche. Blindheit für das Recht jedes Denkens, das sich dem eigenen religiösen oder politischen Heilsgedanken nicht einordnet, gehört ebenso zur Größe der prophetischen Figuren wie zur Kleinheit ihrer Epigonen. Existenzphilosophie und Kritische Theorie, so heftig sie sich auch untereinander befehden, gehören insofern (ähnlich wie Epikureer und Stoiker im Hellenismus) zusammen, als sie beide der Erkenntnis ihre Autonomie rauben und sie reduzieren auf eine Funktion, sei es des um seine »Eigentlichkeit«, um sein »Seinkönnen« ringenden Einzelnen, sei es der Gesellschaft.

Zwei Motive sind es, die den Siegeszug der Kritischen Theorie unter der studentischen Jugend unserer Zeit (die sie nicht ohne Logik sogleich wieder ins Revolutionäre zurückzuübersetzen suchte) bewirken: einmal der durch das zunehmende Erstarken und Reflexivwerden der Wissenschaften bedingte Rückgang der Philosophie, der es erlaubte, daß das nach wie vor bestehende Bedürfnis nach »Ganzheitsdeutung« vorübergehend von der Soziologie eingenommen wurde (für die aber das Ganze immer nur das gesellschaftliche Ganze, ebenso wie »Wirklichkeit« nur ein anderes Wort für die »gesellschaftlichen Verhältnisse« ist); sodann der Eintritt auch der Wissenschaft ins Zeitalter der Massenkultur, das anstelle ihrer bisherigen, gleichsam noch »aristokratischen« Motivation, in der sie sich als »Selbstzweck« verstand, eine einebnend populärere,

55

dem gesunden Menschenverstand eingängigere Motivation verlangte.

»Klassische« Theorie versteht sich in dem doppelten Sinn als nicht-praktisch, daß sie erstens der Wirklichkeit in völliger Abgetrenntheit, lediglich betrachtend, als einem Gegenstand, gegenübersteht, und daß sie zweitens in dieser Betrachtung verharrt und kein über sie hinausliegendes realeres Ziel anstrebt: wie ihr Gegenstand – die ewigen Prinzipien, das vollendete Sein – in sich autark ist, d. h. keiner Veränderung bedarf, sie im Gegenteil ausschließt, so ist auch sie selbst autark, ist ihr eigener Zweck. Demgegenüber beruht die von der Kritischen Theorie geforderte »Einheit von Theorie und Praxis« darauf, daß sich Theorie hier erstens in die Praktizität des geschichtlich-gesellschaftlichen Prozesses als ein Moment selbst einbezogen weiß – was einesteils ihr Erkenntnisgegenstand ist, daran bildet sie andernteils selbst ein Realglied – und daß sie zweitens ihre eigene höchste Aufgabe darin erblickt, diesen Prozeß, der ja kein abgeschlossener, sondern immer noch verbesserbar ist, eingreifend mitzubestimmen. (Man beachte hier den naiven Imperialismus der Soziologie, die, was von ihr selbst, die an Geschichte und Gesellschaft ihren Gegenstand hat, gelten mag, auf »Theorie« überhaupt ausdehnt!) Weil der Gegenstand noch zukunftsoffen ist, deshalb muß seine Theorie (hierin eine self-fulfilling prophecy!) sich praktisch verwirklichen, indem sie mit dazu beiträgt, daß er seine Zukunft, so wie sie ihr vorschwebt, erreicht.

Wie Kierkegaard gegenüber denen, die er die »Objektiven« nennt, an das »unendliche Interesse« erinnert, das das Subjekt sich selbst entgegenzubringen schuldig ist, so werden auch die Analysen der Kritischen Theorie nach Horkheimer geleitet »vom Interesse an vernünftigen Zuständen«, »vom Interesse an der Zukunft« (hier begegnen sich Kritische Theorie und Futurologie). Das Interesse kommt zur aufklärenden Erkenntnis nicht äußerlich hinzu, sondern beide sind nach Habermas im Grunde eins, ja primär ist da nicht eine Vernunft, aus der Interesse aufsteigt, sondern ein Interesse, dem Vernunft einwohnt. Indem Erkenntnis ein Interesse verfolgt, geht sie nicht über sich hinaus auf ein anderes hin, sondern erfüllt sich selbst. Theorie setzt sich nicht in Praxis um, sondern sie war schon immer Praxis. Vernunft ist von Hause auch metalogischer Wille zur Vernunft: Wille, daß das Vernunftgemäße geschieht. Ohne diesen Willen wäre sie nicht Vernunft. Sie ist zwar oft von einem widervernünftigen Willen funktionalisiert worden. Gerade deshalb aber soll sie sich, nachdem dies durchschaut ist, nicht auf angeblich zweckfreie Erkenntnis zurückziehen, sondern sich zu ihrem eigenen Willen bekennen. Statt unbewußt für ein konservatives soll sie bewußt für ein zukünftiges Ziel arbeiten.

Differenzierend trennt Habermas drei Typen von Wissenschaft mit jeweils unterschiedlichem erkenntnisleitendem Interesse: empirische Wissenschaften – Verfügbarmachung der Umwelt; historisch-hermeneutische Wissenschaften – Erweiterung des intersubjektiven Kommunikationsraumes; systematisch-nomologische Handlungswissenschaften – Befreiung des Subjekts aus erkannter und unerkannter Gewalt. Ihnen entsprechen die beiden Praxisformen der zweckrationalen Arbeit und der »Interaktion«, des kommunikativen Handelns durch herrschaftsfreie Diskussion. Neben dem Ziel der Selbsterhaltung stehen gleichursprünglich die mehr als naturhaften Ziele der Emanzipation, der Menschenwürde, des Friedens.

Es ist ein typisches Phänomen, daß die Lehrer durch die Tradition, aus der sie stammen, noch besitzen, was sie durch die Intention, die sie verfolgen, an ihre Schüler nicht weitergeben. Für Horkheimer und Adorno, für Marcuse und Habermas ist die Einheit von Theorie und Praxis noch eine dialektische Einheit gleichberechtigter Partner; sie beruht nicht auf Ausschaltung des einen Partners, nicht darauf, daß Theorie nur noch zu einem Epiphänomen der Praxis erklärt wird. Sie lassen Erkenntnis noch selbstverständlich einer Sache und damit objektiver Wahrheit verpflichtet sein, bloß daß diese Wahrheit immer neben der theoretischen noch eine Realdimension: ihren Ort als Faktor im geschichtlichen Prozeß und ihren gesellschaftlichen Sinn hat. In der Studentenrevolution wird daraus, daß sie *nur* noch gesellschaftlichen Sinn hat, daß mithin »alle Wissenschaft politisch« ist, seit jeher nur von politischen Zwecken manipuliert wurde und daher auch heute erst recht bewußt nach dem eigenen – so viel besseren! – Zweck ausgerichtet werden darf und soll. Die Frankfurter Schule wollte angesichts des Grauens des Nationalsozialismus Theorie im Kampf für eine bessere Gesellschaft einsetzen; daraus wurde:

daß Theorie überhaupt zum politischen Kampfmittel herabsinkt. Sie ist es dann mit gleich gutem Gewissen auch für die schlechtere Gesellschaft. Ihr Wofür steigt jetzt nicht mehr aus ihr selbst auf, sondern wird ihr von der Partei vorgeschrieben. Man schmäht die »instrumentelle Vernunft«, weil sie, statt vernunfteigenen, fremden Interessen diene, und unterwirft bewußt selbst die Vernunft solchen, bloß anderen, Fremdinteressen. So hat Hitler die Emigranten bis in die USA eingeholt. Kritische Theorie, die sie gegen ihn schufen, wird zum Rechtstitel für neue totalitäre Praxis. »Herrschaftsfreie Diskussion« dient als Einbruchsstelle für zynische Herrschaftsmanipulation. Man kann das ethische Humanum nicht retten ohne das theoretische; mit diesem gibt man auch jenes preis.

III Philosophie und Wissenschaft

a) Wissenschaft gegen Philosophie

Bei den Griechen standen Philosophie und Wissenschaft noch in einer gemeinsamen Opposition: gegen das mythische Weltbild. Beide verkörperten sie erstmalig das neue Prinzip des Theoretischen, der Forschung. Deshalb haben die Griechen in archaischer Undifferenziertheit Philosophie und Wissenschaft, obgleich die beiden *faktisch* schon bei ihnen deutlich unterschieden sind, *ihrem Bewußtsein nach* noch nicht so streng getrennt wie wir. Wohl zeichnet Aristoteles die von ihm sog. »Erste Philosophie« – die spätere »Metaphysik« – vor allen andern Formen der Philosophie aus, aber Philosophien sind für ihn auch diese noch: die Griechen prägten kein eigenes Wort für »Wissenschaft«. Bis ins 18. Jahrhundert findet man Buchtitel wie etwa philosophia lapidum: gemeint ist Mineralogie! Die gleichen Geister waren es, die Philosophie und Wissenschaft neben- und ineinander betrieben (dies freilich vereinzelt bis heute). Dafür ist Aristoteles selbst ein Beispiel, der zugleich der erste große Organisator der Wissenschaften war. Die Überzeugung der Pythagoreer, daß alles in der Welt auf Zahlen- und Maßverhältnissen beruht, bildet mit ihrer Entdeckung der musikalischen Harmonien noch eine Einheit, ebenso Poseidonios' Lehre von der Freiheit und Schöpferkraft des menschlichen Geistes mit seiner Kulturgeschichte.

Die Griechen haben aber als Wissenschaftler gerade wegen dieser Einheit eine bestimmte Stufe nie überschritten. Sie fragten mehr nach dem Grundsätzlichen als nach dem Einzelnen, und auch als Einzelforscher waren sie jeweils schon auf eine Metaphysik festgelegt, die ganze Fragerichtungen nicht aufkommen ließ. Philosophische Grundpositionen werden zwar unbewußt oder – womöglich – bewußt der Wissenschaft, die es mit dem Spezielleren und insofern Abhängigen zu tun hat, immer die Richtung weisen (deshalb läßt sich auch Wissenschafts*geschichte* sinnvoll nur betreiben zusammen mit *Philosophie*geschichte); der Zusammenhang zwischen ihnen darf aber nicht zu eng, nicht zu direkt sein. Die Botanik Theophrasts ist besser als die Zoologie des Aristoteles, gerade weil Theophrast der unphilosophischere war. Die neuzeitliche Wissenschaft ist groß geworden dadurch, daß immer zuerst eine Metaphysik zerschlagen wurde: im späten Mittelalter durch den Nominalismus die aristotelisch-scholastische, im 18. Jahrhundert dicht nacheinander zunächst die christliche Geschichtsmetaphysik durch den Rationalismus und sodann die Fortschrittsmetaphysik des Rationalismus selbst durch die Goethezeit. Erst dadurch, daß das Einzelding aus dem falschen Rahmen des Begriffssystems von Stoff und Form, von Substanz und Akzidens heraustrat, konnte es von der Physik, erst dadurch, daß das einzelne Ereignis nicht mehr in die Vordeutung a priori festliegender Geschichtskurven eingespannt wurde, konnte es von den geschichtlichen Wissenschaften voraussetzungslos, als isoliertes Faktum, in seinem Eigensein, erforscht werden. Immer neigt der Geist zu konstruktiv-voreiligen Gesamtdeutungen, aus deren Horizont er alles schon begriffen glaubt, und es bedeutet dann (weil sie zu scheinbaren Selbstverständlichkeiten werden, ja thematisch nicht bewußt sind) eine schwere Tat, sich von ihnen wieder zu befreien und die Welt als eine noch unbegriffene neu zu durchdringen. Epochenumschwünge beruhen auf Änderungen des kategorialen Rahmengefüges.

Gegenüber der Aristotelischen Physik, die (anders als die des Archimedes) spekulativ gebunden blieb, setzt die neuzeitliche Physik seit Galilei ihren Ehrgeiz in das, wofür später das Newtonwort »hypotheses non fingo« zur Formel erhoben wurde. Aber ihre Erfolge errang sie nicht nur durch Beobachtung der matters of fact: jedes Natur»gesetz« geht als solches über das beschreibbar Gegebene hinaus. Gegen die alte Metaphysik steht nicht nur Empirie. Vielmehr läßt die Abkehr vom Aristotelismus auch neue Dimensionen des Fragens entstehen: statt nach dem Wesen, das nur im teleologischen Denken auch ein Wesens*grund* ist, nach der realen *Ursache*; statt nach der *Form* nach dem *Element* (dies aber schon im Anschluß an die Vorsokratik); statt nach der *Substanz* nach der *Funktion*, statt nach dem allgemeinen *Begriff* nach dem ebenfalls allgemeinen, jedoch nicht qualitativ geschauten, sondern mathematisch quantifizierend berechneten *Gesetz*. Die Entmetaphysizierung dient der Mathematisierung, dient dem »Exakt«werden der Wissenschaft. Nur so gelang es der neuzeitlichen Wissenschaft, vom »natürlichen« Weltbild, an das noch Aristoteles gebunden blieb, loszukommen und »hinter« die »Erscheinungen« zu dringen. Die beiden andern Einsätze der Erkenntnis, die bisher im Schatten der Philosophie standen, Empirie und Mathematik, schließen sich zusammen und wenden sich in ihrer Verbindung gegen sie.

Die Methodik der neuzeitlichen Wissenschaft empiristisch reduziert zu haben, war der Fehler Francis Bacons, dem trotzdem das Verdienst zukommt, der erste große Anwalt ihrer aufsteigenden Weltmacht gewesen zu sein. Noch Kant stellt ein Zitat aus seiner »Instauratio magna« der »Kritik der reinen Vernunft« voran, weil schon Bacon forderte, man müsse dem Denken nicht Flügel, sondern Gewichte anhängen: weil es sich zuviel zutraut, wird es phantastisch statt wahr, und der eingebildete Reichtum war die Ursache der Armut.

Stabilisator modernen Wissenschaftsselbstverständnisses und -stolzes ist, nach d'Alembert und Condillac, Auguste Comte. Wie wir schon hörten, daß nach ihm abstrakte Metaphysik seinerzeit an die Stelle von fiktiver Religon trat, so gehören in seinem »Drei-Stadien-Gesetz« heute beide, Religion und Metaphysik, als archaische Vorformen, deren wir nicht mehr bedürfen, der Vergangenheit an. Daß sich dem intuitiven Blick eines Einzelnen das Ganze des Seins entschleiere, war noch ein kindlicher Anspruch. Im dritten, positiven Stadium haben die Wissenschaften die Philosophie, in der sie früher beschlossen lagen, beerbt. Sukzessive treten die Wissenschaften aus der Philosophie heraus und teilen das Seiende nach Sektoren unter sich auf. Philosophie ist heute nicht besser als

Wahrsagerei und Astrologie. Weit mehr als der Übergang von Religion zu Metaphysik, die insofern noch zusammengehören, ist der Übergang zur positiven Wissenschaft »die grundlegende Revolution, die das Mannesalter unseres Geistes kennzeichnet.« Die Metaphysik übernimmt noch die Frage der Religion nach der eigentlichen Ursache, nach der Bestimmung der Welt, sie zielt mit ihr auf die Natur der Dinge, bloß daß sie die Antwort auf rationalere Weise zu geben sucht. Sie ist eine entnervte Theologie. All diese recherches absolues sind zum Scheitern verurteilt. Die eigentliche Caesur liegt bei der Wissenschaft, weil erst sie nicht mehr pourquoi?, sondern nur noch comment? fragt. Im Gegensatz zu den metaphysischen imaginations verzichtet sie darauf, »in das Geheimnis des Hervorgangs der Erscheinungen einzudringen« und begnügt sich mit der Feststellung der Fakten, an denen sich jede Aussage verifizieren lassen muß. Der genügsam gewordene, seine Grenzen kennende Geist aber ist der fortschreitende.

Was der Philosophie nach diesem Selbständigwerden der Wissenschaften noch bleibt, ist für den Positivismus – neben dem Drei-Stadien-Gesetz selbst – wie später auch für den Neukantianismus lediglich deren erkenntnistheoretisch-logische Grundlegung und Methodologie, ja nach Comte entwickeln die Wissenschaften in ihrem Fortgang selbst jeweils neue Methoden: die Philosophie kann nur durch Analyse der Wissenschaften die in ihnen enthaltenen logischen Strukturen und ihren Zusammenhang aufdecken. Dazu tritt die Klassifikation der Wissenschaften, d. h. die Gliederung der Wissenschaften nach innerer Reihenfolge zu einem System (wofür dann vor allem die Bibliothekare dankbar waren). Historisch ging die Philosophie den Wissenschaften vorher, jetzt dagegen sind sie ihr vorgelagert: sie haben alle Weltobjekte unter sich aufgeteilt. Objekt der Philosophie kann daher nur noch die Wissenschaft selbst sein. Sie ist die »Wissenschaft von den Wissenschaften« (Helmholtz). Einer eigenen Metaphysik mit eigener Fragestellung dagegen bedarf es nicht mehr. Metaphysische Probleme sind Scheinprobleme. – Während der Positivismus auf dem Kontinent seit 1900 Gegenspieler fand, hielt er sich in den angelsächsischen Ländern ungebrochener. Von dort flutet er, z. T. in der neuen Form der Sprachkritik, heute zum Kontinent zurück.

Von gegenwärtigen Positivisten sei hier nur Ernst Topitsch genannt, dessen Metaphysikfeindschaft die eines Carnap und Reichenbach an historischer Durchgeführtheit und origineller Kategorialität weit hinter sich läßt. Um das ihn Umgebende nicht fremd und bedrohlich werden zu lassen, aber auch weil diese Methode ihm natürlicherweise naheliegt und noch niemand ihn über ihre Unzulässigkeit belehrt hat, interpretiert, sagt Topitsch, der frühe Mensch die Welt anthropomorphistisch, er projiziert in naivem Analogiedenken sich selbst in sie hinein. Er faßt, und das gilt sowohl für den Mythos wie für die Metaphysik bis Hegel, Schopenhauer und Nietzsche, das Universum entweder als beseelt auf, als gezeugt und geboren, wachsend und alternd, oder als Erzeugnis eines handwerklichen Gottes, oder nach Analogie seiner eigenen Gemeinschaft als eine große Hierarchie (biomorphes, technomorphes und soziomorphes Modell). Nachdem so der Makrokosmos vom Menschlichen her gedeutet ist, wird dann rückläufig dieses als Mikrokosmos von jenem her gedeutet und seiner Norm unterstellt. Wir hypostasieren Vollkommenheit und Harmonie, die wir bei uns bitter vermissen, kompensatorisch zu einer höheren Welt und erheben sie zum Postulat für uns selbst. Irdische Herrschaft legitimiert sich als Abbild transzendenter Herrschaft. Seit aber heute die Wissenschaft die (schon von Descartes herausgestellte) völlige Andersartigkeit der Natur und die kalte Gleichgültigkeit des Weltlaufs gegen den Menschen objektiv nüchtern erkannt hat, sind jene Versuche, ihn in ein Menschenvertrautes umzuwandeln, für uns nur noch von historischem Interesse. Metaphysik stellte schon wesentliche Fragen, wurde aber das Opfer von Metaphern. –

Das Weltbild der Praktizität muß sich an der Härte der Wirklichkeit bestätigen. Auf vorfindbare Wirklichkeit beschränkt, an ihr verifiziert sich auch Wissenschaft. Deshalb sind diese beiden in einem schlichteren Sinn »wahr« als Philosophie, die in Grund und Ziel und Sinn nach dem Unsichtbaren, nur zu Denkenden und verschiedenartig Denkbaren fragt und der darum immer ein spekulatives Moment anhaftet. Sie vertritt Prinzipien, die – so wenig wie die Idee des Rechts durch das faktische Unrecht – nicht durch »pöbelhafte Berufung auf vorgeblich widerstreitende Erfahrung widerlegt« (Kant) werden, an denen sie vielmehr ihrerseits die Erfahrung mißt (Kants leuchtturmartige

»Vernunftideen«). Dieses Hinausgehen über das unmittelbar Belegbare ist für die Philosophie aufgrund ihrer Fragestellung legitim. Nur der Banause wird sie deshalb verhöhnen. Aber nun mißbraucht freilich Philosophie oft ihre Freiheit und gibt dadurch dem Banausen recht. Philosophie, die im Namen von Vernunft und Wahrheit auftritt und dadurch auf die »progressive« Seite zu gehören scheint, fällt durch ihren Denkstil unversehens auf eine frühere, unverantwortlichere, kindliche Stufe zurück und ist dann sogar im Gegenteil eine retrograde Macht. Statt das Spekulative auf sein notwendiges Maß zu beschränken, läßt sie ihm die Zügel schießen. Statt sich seines hypothetischen Charakters bewußt zu sein, nimmt sie (kompensatorisch) absolute Sicherheit für es in Anspruch. Das unbewegt ruhende Sein des Parmenides, Fichtes weltstiftendes Ich, Schopenhauers Schluß vom Grund unserer Seele auf das Wesen der Welt (nachdem die Naturwissenschaft soeben dadurch groß geworden war, daß sie mit Descartes in der extensio andere Prinzipien suchte als in der cogitatio): da sprechen sich Archaismen aus, Ursehnsüchte der Seele, die sich sonst nicht mehr ans Tageslicht vorwagen dürfen und die nur in der Philosophie noch ein Refugium finden.

Es gibt »konservative« Philosophie: die von den Sophisten schon entdeckte menschliche Schöpferkraft schränkt Platon durch vorgegebene und allverbindliche Normen wieder ein. Er rühmt das immobilistische Ägypten, bekämpft Individualismus und Demokratie. Während sein Schüler Alexander ein Großreich gründet, lehrt Aristoteles, das sei kein Staat, in dem nicht ein Herold mit seiner Stimme alle stimmberechtigten Bürger erreicht. Während die Sophistik schon die Gleichheit der Menschen vertrat, sind für Aristoteles Nichtgriechen von Natur Sklaven, und er gibt Alexander den inhumanen Rat – den dieser nicht befolgte –, mit den eroberten Persern nicht wie mit Menschen umzugehen, sondern wie mit Pflanzen oder Tieren. – Im Unterschied zur Philosophie ist es die Kunst, die legitimerweise eine ihrer Funktionen darin hat, Auffanggebiet verdrängter Seelenschichten und Weltbilder – des magischen, des mythischen, des vorwissenschaftlichen – zu sein, sie wie im Traum wieder aufleben zu lassen und so für unsere rationalisierte Welt eine Ergänzung und ein Gegengewicht zu bilden.

b) Philosophie neben der Wissenschaft

Wie hinsichtlich des Verhältnisses von Religion und Metaphysik, so ist auch hinsichtlich desjenigen von Metaphysik und Wissenschaft Comtes evolutionistisches Schema falsch. Weil Wissenschaft *nach* der Metaphysik entstand, deshalb entstand sie nicht *aus* ihr und am wenigsten als ihr reiferes Stadium. Beide vielmehr haben getrennte Wurzeln, greifen in verschiedene Richtungen. Metaphysik zielt auf Prinzipien, Wissenschaft auf das einzelne. Sie verhalten sich zueinander nicht wie *Stufen* auf einer aufsteigenden Fortschrittsskala, sondern wie nebeneinanderstehende *Typen*. Deshalb kann die Wissenschaft Metaphysik niemals völlig überflüssig machen, weder in dem Sinne, daß Metaphysik überhaupt verfehlt wäre, noch in dem, daß Wissenschaft selbst ihre Intention aufnimmt, aber besser zu Ende führt. Auch Metaphysik vielmehr bleibt, so wie sie schon immer mehr war als ein bloßes Noch-nicht der Wissenschaft, auch nach deren Entstehung nach wie vor notwendig.

Ja nicht einmal mit dem zeitlich sukzessiven Hervortreten hat es seine Richtigkeit. Denn zwar ist Wissenschaft erst in der Neuzeit erstarkt, aber schon Heraklit wendet sich gegen die den Geist nicht nährende polydidaskalia (Vielwisserei), neben den Metaphysikern stehen die griechischen Mathematiker, und schon bei den Milesiern ist der Schüler des Anaximander, Anaximenes, mit seiner Theorie, daß alle Qualitäten auf pyknosis und manosis, auf Verdichtung und Ausdehnung zurückgehen, ein Physiker. Philosophie und Wissenschaft sind also gleichursprünglich. Man kann die Reihenfolge sogar umdrehen: schon Ägypter und Babylonier besaßen eine, wenn auch praktisch eingebundene, Wissenschaft, Philosophie entsteht erst bei den Griechen, also ist sie die spätere.

Verglichen mit Comte ist Hegel zwar auch noch kein Typologe und nimmt gleichfalls eine Aufwärtsentwicklung der geistigen Formen an. Auch bei ihm vollzieht sich die Entwicklung in drei Etappen: Kunst, Religion, Philosophie (bei Comte fehlt die Kunst, bei Hegel die Wissenschaft). Jedoch ist Hegel hinsichtlich der jeweils früheren Stufen verstehender und gerechter als Comte. Sie werden bei ihm nicht völlig »überwunden«. Ihr Sinn hat sich darin, daß sie Vorstufe für die spätere waren, nicht erschöpft. Vielmehr behalten sie ihr eigenes unmißbares Recht bei. Indem der Geist über sie hinausläuft, bewahrt er sie zugleich, trägt sie immer in seiner eigenen Tiefe. – Während jedoch nach Hegel der Prozeß der Philosophie schon abgeschlossen ist, hat Comte darin richtiger gesehen, daß der Prozeß der Wissenschaft gerade begonnen hat und weitergeht. –

Eine erste Rettung der Philosophie vollzog noch inmitten des positivistischen Zeitalters Dilthey. Auch für ihn als Kind seiner Zeit enthält zwar Metaphysik keine echte Wahrheit, die vielmehr der Wissenschaft vorbehalten bleibt. Metaphysik steht auf einer Linie mit Religion und Kunst. Die in ihnen allen enthaltenen Überzeugungen sind nur »Weltanschauung«. Aber, so fährt Dilthey fort, diese Weltanschauung ist in anderer Hinsicht sogar »tiefer« als Wissenschaft. Sie enthält eine Fülle und eine Lebensbezüglichkeit, die in der Wissenschaft verloren ist und von ihr niemals ersetzt werden kann.

Sie gleichsam wie Kunstwerke nach Stilen ordnend, unterscheidet Dilthey (wie schon sein Lehrer Trendelenburg, bei dem aber das Einteilungsprinzip noch die beiden Cartesischen Substanzen und der Versuch ihrer Versöhnung waren) drei Typen der Metaphysik. 1. Der Naturalismus oder Materialismus geht vom Verstand aus. Sein Grundbegriff ist die Naturkausalität. Auch die geistige Welt erklärt er aus der physischen. Für Gott, für Werte und Zwecke ist kein Raum. 2. Der objektive Idealismus oder mystische Pantheismus geht vom Gefühl aus. Die Dinge haben für uns Sinn. Er glaubt an eine Teleologie. Alles Wirkliche ist Ausdruck und Entfaltung eines immanenten Göttlichen und Seelischen. (Dilthey weiß nicht mehr, was Schelling wußte, daß der Materialismus meist nur Depravation eines solchen Pantheismus ist.) 3. Der subjektive Idealismus der Freiheit geht vom Willen aus. Er betont die Unabhängigkeit und Souveränität der menschlichen Person und des Geistes, der selbst die Zwecke setzt, von allem Physischen. Auch Gott wird hier als transzendente Person, als schaffendes Prinzip gefaßt. Im Unterschied zu den beiden andern Weltanschauungen ist der subjektive Idealismus dualistisch. Als Überzeugung »jeder großen handelnden Natur« betont er das Ethische, während der Pantheismus mehr kontemplativ-ästhetisch die Dualismen in einer Harmonie zu überwinden sucht. – Später hat Erich Rothacker Diltheys Letzthaltungen als heuristisch »fruchtbar« und sich darum ergänzend auch hinter den drei Methoden der Geisteswissenschaft wiedergefunden: der Naturalismus erklärt, der Idealismus der Freiheit begreift, der Pantheismus versteht.

So gibt Metaphysik Gesamtdeutungen des Seins und des Lebens, die zwar als solche unbeweisbar sind, die aber einem Bedürfnis entsprechen. Sie sind Interpretationsmöglichkeiten, letzte Perspektiven. Weil sie sich aber nicht am Gegenstand gleichsam ablesen lassen, deshalb schießt in sie zugleich Individualität ein: sie spiegeln ihre Hervorbringer, besagen nicht nur etwas über das Sein, das diese Deutungsmöglichkeiten bietet, sondern auch über Lebensstimmungen, Charaktere und Epochen, die sich selbst (und die wir) anhand ihres Ausdrucks erst verstehen. Metaphysik ist aufschlußreicher für das Subjekt, das aus ihr, als für die Welt, von der sie spricht.

Aber auch Dilthey ist insofern Positivist, als er die Zeit der Metaphysik für abgelaufen hält. Er rettet sie nur als Historiker. Uns Spätlingen bleibt nur, uns in die von früher vorliegenden Metaphysiken einzuleben und »Philosophie der Philosophie« zu treiben. Demgegenüber war es die phänomenologische Schule, die der Philosophie auch als gegenwärtiger wieder ein Feld eröffnete. Die Philosophie kann und soll zwar heute nicht mehr Gesamtweltformeln geben, die schon immer konstruktiv waren, weil sie den Boden der »Deskription« verließen zugunsten von »Theorien«, in deren Einheitsgleichungen (»alles ist Geist« o. dgl.) alles jeweils Besondere unterging. Unter geht es aber ebenso in der mechanistischen Wissenschaft, die insofern tatsächlich, wie Comte sagte, aber anders, als er es meinte, die Metaphysik »beerbte«, ja selbst eine konstruktive Metaphysik ist. Zumindest setzt sie eine Teilwahrheit zu Unrecht für *die* Wahrheit. Neben, logisch vor der Wissenschaft bleibt phänomenologischer Philosophie die Ausschöpfung der unmittelbaren »Lebenswelt«, die Analyse der Akte, durch die sie sich in unserm Bewußtsein aufbaut, des erlebenden Subjekts.

Für den Wissenschaftler ist das natürliche Weltbild des alltäglichen Erlebens nur eine subjektive Verengung und Verfälschung der Wahrheit. Erst die Wissenschaft mit ihrer Praxisenthobenheit und ihren feineren Methoden verbessert es. Dagegen die Phänomenologie (vgl. A II a): praxisbezogen ist auch und gerade die Wissenschaft. Ihre Methoden stehen letztlich im Dienst von Praxis und schneiden deshalb aus der Welt nur einen engen Sektor, nämlich den quantitativen des Wäg-, Meß- und Zählbaren, durch den sie verfügbar und bearbeitbar wird, heraus. Auch ihre Wahrheit also ist nur eine perspektivische. Weit entfernt davon, daß das wissenschaftliche Weltbild das natürliche bereinigt, richtet es vielmehr einen Filter auf, der Erkenntnisse, die in diesem schon gewonnen waren, nicht mehr durchläßt. Es überspringt Gestalt und Qualität, Wert und Sinn. Der homogene und isotope Raum verbannt das Oben und Unten noch der Aristotelischen Physik. All dies mag relativ auf den Menschen sein, hat aber doch auch als Relatives seine Objektivität. Das Subjekt verkürzt nicht nur ein ohne es schon vorhandenes Sein, sondern durch sein Hinzukommen entstehen auch neue Seinsdimensionen.

Aufgabe der Philosophie ist es, an diese Wahrheit, die von der Wissenschaft im Rücken gelassen wird, gerade anzuknüpfen. Hatte Occam an die Abundanz der Prinzipien das »Messer« angelegt mit seiner Forderung: principia praeter necessitatem non esse augenda, so gilt auch umgekehrt: non diminuenda. Die Phänomenologie stimmt darin (so wie Meinongs gleichzeitige »Gegenstandstheorie«) mit der Goethezeit überein, auf die in seiner Weise auch Dilthey zurückgeht. Bereits sie hatte sich dagegen gesträubt, daß Wahrheit nur noch die Wahrheit der Physik sein soll, und hatte deshalb in der Geschichte, in Sprache und Mythos, in Religion und Kunst eine andere Wahrheit gesucht.

c) Philosophie in der Wissenschaft

Die Phänomenologie stellt sich *neben* die Wissenschaft. Wie sie von dieser nicht berührt wird, berührt sie ihrerseits die Wissenschaft nicht. Beide gehen getrennte Wege. Aber wie sogar der Positivismus der Philosophie im Haus der Wissenschaften immerhin die Aufgabe zuwies, über deren gnoseologische Grundlagen nachzudenken, so haben nun die Gegenstände der Wissenschaft, die immer spezielle sind, auch allgemeinere ontische und hat entsprechend die Wissenschaft selbst ontologische Grundlagen. Jede Wissenschaft setzt, indem sie von ihrem Speziellen spricht, das in ihm implizierte Allgemeine faktisch voraus. Sie arbeitet mit ihr als solcher immer schon vorausliegenden weiteren Begriffen – so wie die klassische Mechanik mit ihren vier Grundbegriffen Raum, Zeit, Masse und Bewegung (denen der der Ursache hinzuzufügen wäre) –. Noch darüber hinaus gehen grundsätzliche Entscheidungen letzter Fragen auf anonyme Weise in ihre Begriffsbildung ein. Von ihnen abzuhängen wird ihr meist gar nicht bewußt, weil es Entscheidungen einer Kultur oder einer Epoche als ganzer sind. Aber während die Wissenschaft einesteils ganz und gar auf allgemeinen Prinzipien ruht, hat sie es anderenteils ihrer Aufgabe nach nicht mit ihnen, sondern jeweils mit ihrem abgetrennten Gebiet zu tun. Sie hat sie im Rücken, nicht vor sich, operiert mit ihnen, aber thematisiert sie nicht. Nulla scientia probat sua principia (scholastisch).

Hier setzt nun eine weitere Aufgabe der Philosophie ein, durch die sie zugleich eine notwendige Funktion an den Wissenschaften selbst gewinnt, die sie nicht nur ihrer »Seinsvergessenheit« (Heidegger) – die in Wahrheit eine legitime Entscheidung für das Individuelle und Werdende ist –, sondern der Vergessenheit ihrer eigensten Kategorialität entreißt. Sie reflektiert die in den Wissenschaften enthaltenen metaphysischen Implikationen, hebt die ihnen unbewußten Prinzipien ans Licht und klärt auch diejenigen Prinzipien, die in der Wissenschaft schon eine bestimmte Fassung gewonnen hatten, neu durch. Sie vollzieht, kantisch gesprochen, den transzendentalen Regreß vom Faktum der Wissenschaft zu den Bedingungen ihrer Möglichkeit (die, anders als Kant es sah, nicht nur subjektive Erkenntnisbedingungen sind). – Neben den Bedingungen, die einer einzelnen Wissenschaft oder Wissenschaftsgruppe spezifisch sind, stehen die zunehmend allgemeineren bis hin zu den letzten Kategorien des Seins überhaupt, die nicht mehr von den Wissenschaften her behandelt werden können. Schon Platon sprach von der Kette hintereinandergeschalteter, immer allgemeiner werdender Bedingungen jeder Einzelerkenntnis (»Hypothesen«, die bei ihm entgegen der neukantianischen Fehlinterpretation Seinsbedingungen sind), die er beim Allgemeinsten als dem Grundlegendsten und daher »Unbedingten« (anhypotheton), bei der ›Archä‹ enden ließ.

Positivismus glaubt, es gebe nur isolierte Einzeltatsachen. Damit hat er, indem er sich jenseits aller Philosophie stellen will, selbst eine philosophische Vorentscheidung getroffen, und

zwar eine falsche, eine atomistisch-sensualistische. Indem er
der Wissenschaft die Aufgabe gibt, Einzeltatsachen zu regi-
strieren, spannt er sie vor den Wagen einer ganz bestimmten,
nicht aus ihnen gewonnenen Philosophie, von der er behauptet, sie sei keine Philosophie. In Wahrheit bedient sich alle
Wissenschaft unausweichlich immer schon allgemeiner und
damit philosophischer Begriffe, in deren »Sinnhorizont« (Husserl) ihr das Einzelne erst begegnet. Weil sie sich aber dessen
nicht bewußt ist und deswegen ihre Begriffe nicht prüft, verfällt
sie blindlings denen des nächstliegenden und plumpsten philosophischen Vorurteils. Philosophische Mitarbeit an der Wissenschaft trägt nicht von außen etwas an sie heran, sondern
gilt einer mit ihr unausweichlich mitgegebenen Dimension und
befreit sie damit zugleich von der *schlechten* Philosophie, der
sie naiv bereits verfiel.

Erst im ersten Drittel unseres Jahrhunderts trat eine sich
auf sich selbst wieder besinnende Philosophie der damals noch
positivistischen Wissenschaft entgegen. Aus ihr heraus kon-
zipierte Nicolai Hartmann seine »Kategorialanalyse«, die, bei
den höchsten ontologischen Seinsbestimmungen beginnend, in
der »Philosophie der Natur« bruchlos zur Behandlung von
Raum, Zeit, nexus organicus überging und sich damit bereits
im Feld einzelner Wissenschaften, der Physik und der Biologie,
bewegte: Philosophie und Wissenschaft bilden hier insofern
keine Gegensätze mehr, als sie mit verschiedener Fragestellung
dasselbe Gebiet bearbeiten.

Aber schon zu Beginn unseres Jahrhunderts waren viele
Wissenschaften, die Physik und nicht nur sie, in eine »Grund-
lagenkrise« geraten: sie erkannten, daß Voraussetzungen, die
sie so selbstverständlich gemacht hatten, daß sie gar nicht
über sie sprachen, alles andere als selbstverständlich waren,
und begannen daher über sie zu diskutieren. Dadurch, vielleicht
aber auch unter dem Einfluß der wieder erstarkten Philosophie,
sind die Wissenschaften selbst reflexiv geworden. Sie sind
heute nicht mehr positivistisch. Der sog. Methodenstreit, der
in den Sozialwissenschaften während der 60er Jahre entbrannte
zwischen den Empirikern (Popper, Albert) und der Frankfurter
Schule, die darauf hinwies, daß Soziologie immer auch von
Vorstellungen des Ganzen und des Ziels begleitet sein muß
(und es auch gegen ihren Willen ist), war ein Streit nicht zwi-

schen Philosophie und Wissenschaft, sondern zwischen nach-positivistischer – und an ihre vorpositivistischen Ursprünge anknüpfender – Wissenschaft und einer, die dem Wissenschaftsstil des 19. Jahrhunderts verhaftet geblieben war. Schon die Haßgesänge des Wiener Kreises gegen die Philosophie zogen ihre Virulenz gerade daraus, daß sie zu ihrer Zeit bereits antiquiert waren.

Aber freilich wird die jetzt wieder modern gewordene Philosophie großenteils nicht mehr von den »reinen« Philosophen, denen, die aus der Philosophie einen Beruf machen, betrieben, sondern von den Wissenschaften selbst: Mathematik, Physik, Biologie, aber auch viele Geisteswissenschaften, entwickeln heute ihre je eigene, interne Philosophie. Das erweist sich auch deshalb als notwendig, weil die philosophischen Probleme, indem sie zu Grundlagenproblemen der Wissenschaften werden, sich unendlich differenzieren. Die Erkenntnistheorie des Philosophen ist für den Physiker, die Methodologie Diltheys und Rothackers mit ihrer Unterscheidung von Verstehen, Erklären und Begreifen für den stilanalysierenden und textinterpretierenden Literarhistoriker, die Sozialphilosophie eines Spencer und Tönnies für den empirischen Sozialforscher viel zu allgemein und fachfremd. Die spezifische kategoriale Begrifflichkeit solcher Disziplinen läßt sich nicht mehr gleichsam mit unbewaffnetem Auge, sondern zulänglich nur noch von dem behandeln, der mit der betr. Wissenschaft selbst vertraut ist. Nur er wird auch, da er nicht in philosophischen Traditionen festgefahren ist, moderne Lösungen finden. Entweder also der Wissenschaftler ist jetzt der wahre Philosoph, oder der Philosoph muß auf dem Boden der Wissenschaft stehen. Er muß neben der Philosophie von Grund auf auch eine Wissenschaft beherrschen.

Gewiß ist es nicht so, daß Philosophie als ganze sich in eine Prinzipienlehre der Einzelwissenschaften verwandelt. Genuin philosophische Bereiche bleiben zurück. Außerdem lassen sich viele philosophische Probleme, auch wenn sie zugleich Grundlagenprobleme von Wissenschaften sind, nicht nur aus deren Perspektive behandeln, also z. B. Ethik und Geschichtsphilosophie nicht nur aus der Perspektive der Soziologie, Ästhetik nicht nur aus der der Kunstwissenschaften, Begriffe wie Ursache und Freiheit nicht nur aus der der Physik. Dennoch stellt das Auftreten der wissenschaftsimmanenten Philosophie die selbständige Philosophie vor eine neue Situation. Dazu kommt, daß sich gerade im letzten halben Jahrhundert der schon von Comte signalisierte (wenn auch falsch gedeutete) Prozeß des Heraustretens der Wissenschaften aus der Philosophie noch fortgesetzt hat: ehemals philosophische Disziplinen wie Psychologie und Pädagogik, Staats- und Sozialphilosophie, Sprachphilosophie begründeten sich als eigene sog. »systematische Geisteswissenschaften«. Durch all dies erlitt die Philosophie, jetzt im Sinn eines unabhängigen »Fachs« genommen, einen Substanzverlust. Gegenüber dem 19. Jahrhundert tritt ihre Auseinandersetzung mit der Wissenschaft in eine zweite Runde. Während der Schlag gegen sie damals ohne Verständnis für ihre legitimen Rechte geführt wurde, so daß sie leicht ripostieren konnte, kann sie dies diesmal nicht so leicht, da ihre Rechte zwar anerkannt, jedoch mit guten Gründen von andern beansprucht werden. Sollte sie damals ganz verschwinden, so besteht die viel größere Gefahr jetzt in ihrem Universellwerden, in ihrer Absorption durch die Wissenschaften. »Erkenne die Lage«! In neuer Weltstunde wird sie sich selbst wieder zum Problem, muß sie sich neu durchdenken.

*Exkurs: Statusveränderung der Philosophie an der Universität**

Heute gliedern sich die deutschen Universitäten anstelle der alten Fakultäten in engere »Fachbereiche«. Verbunden mit ihrer Selbstbesinnung, die ohnehin im Gang ist, kann dieser Vorgang für die Philosophie zum Anlaß werden, ihren Status an der Universität zu überprüfen. Daß die Philosophie als in sich geschlossenes Fach mit ihrem Philosophischen Seminar, so wie sie bisher der Philosophischen Fakultät angehörte — die in Wahrheit eine historisch-philologische war —, jetzt einem der Fachbereiche zugeteilt wird, ist nämlich nicht die einzige mögliche Lösung.

Philosophie, so sagten wir, kann heute weithin nur noch auf der Basis von Wissenschaften getrieben werden. Kulturphilosophie muß mit Ethnologie, Sprachphilosophie mit Linguistik, Geschichtsphilosophie mit Geschichtswissenschaft, Ästhetik mit Literatur- und Kunstwissenschaft etc. zusammenarbeiten. Nur solche Tuchfühlung rettet den Philosophen vor Antiquiertheit und Verblasenheit, gibt ihm eine neue Seriosität und gleichzeitig die Chance, durch sein Prinzipien-, Methoden- und Problemdenken wieder eine Funktion und Strahlkraft

---

* Ausführlicher: Verf., Philosophisches Seminar oder Zentralinstitut für Philosophie? In: Deutsche Universitätszeitung 20, 1970.

zu gewinnen: durch eine Wissenschaft auf eine höhere Stufe gehoben, befruchtet er sie nun seinerseits wieder.

Erst in dieser Verflechtung wird auch die Philosophie, die bis heute archaisch komplex geblieben ist, endlich den Weg der Wissenschaften zur Begrenzung und Spezialisierung einschlagen. Wie diese, so wird auch sie nur dadurch weiterkommen. Statt des Philosophen schlechthin, dessen Rang auch an seiner Universalität gemessen wurde, müßte es in Zukunft den Wissenschaftstheoretiker, den Anthropologen, den Ästhetiker etc. geben. Sowohl in den USA wie im Osten sind denn auch Philosophen bereits enggleisiger als bei uns.

Was die deutsche Philosophie als instituiertes Universitätsfach daran hindert, sich dieser Entwicklung anzuschließen, und sie noch immer auf ihrer altüberkommenen Einheit – obwohl sie längst keine substantielle mehr ist – beharren läßt, ist z. T. auch ihre organisatorische Form des einheitlichen »Faches«. Daher legt sich heute die Konsequenz nahe, das nur noch traditionsbedingte Wohnen der Philosophie unter einem Dach aufzulösen und statt dessen die einzelnen Philosophien auf verschiedene wissenschaftliche Fachbereiche zu verteilen. Was nur ein Administratives zu sein scheint, könnte zum Mittel werden, die Spezialisierung der Philosophie, gegen die sie sich aus ihren Traditionen zu ihrem Nachteil blockiert, von außen her in Gang zu bringen und sie so zu dem zu befreien, was sie heute sein kann. Erst dann wäre die Philosophie wieder, wie sie einmal ihr Anspruch war, den sie jedoch infolge der zunehmenden Verselbständigung der Wissenschaften im 19. Jahrhundert aufgeben mußte, bei allen Wissenschaften gegenwärtig. Ihre scheinbare Selbstaufgabe wäre in Wahrheit die größte Ausdehnung ihrer Einflußsphäre. Kein Studium mehr ohne Philosophie, aber diese Philosophie wäre kein fremdes Fach mehr, zu dem man keine Brücke findet und in dem man nur dilettiert, sondern die Prinzipienwissenschaft des eigenen Faches.

Eine Aufteilung der bisherigen Gesamtphilosophie in Spezialphilosophien und deren Zuordnung zu einzelnen Fachbereichen der Universität könnte man sich vorschlagsweise so vorstellen: 1. Logik und Logistik zu Mathematik; 2. Wissenschaftstheorie der Naturwissenschaften zu Physik; dorthin und zu Biologie auch »Naturphilosophie«; 3. Wissenschaftstheorie der Geistes- und Sozialwissenschaften zu allen Fächern der ehemaligen Philosophischen Fakultät; 4. Sozialphilosophie, Anthropologie und Ethik zu Soziologie; 5. Philosophische Prinzipien der Psychologie zu Psychologie; 6 Hermeneutik zu Literaturwissenschaften, Jurisprudenz und Theologie; 7. Sprachphilosophie zu Linguistik; 8. Ästhetik zu Kunst-, Literatur- und Musikwissenschaft; 9. Geschichtsphilosophie zu Geschichte; dorthin – wenn nicht zu Ethnologie und vergleichenden Kulturwissenschaften – auch Kulturphilosophie; 10. Religionsphilosophie zu Religionswissenschaft und Theologie; 11. Rechtsphilosophie zu Jurisprudenz. Während die Philosophie alten Stils im Rückgang ist, würde es nach dieser Konzeption in Zukunft an einer Universität so viele Philosophen geben wie selbst im Mittelalter nicht.

Aber auch nach dem Auszug in die diversen Fachbereiche bleiben

Querverbindungen zwischen den einzelnen Philosophien bestehen. Außerdem gibt es philosophische Disziplinen von einem so hohen Allgemeinheitsgrad, daß sie mehr enthalten als nur die Grundlagen einer einzelnen Wissenschaft oder Wissenschaftsgruppe: allgemeine Ontologie und Erkenntnistheorie. Außerhalb der Wissenschaften steht die phänomenologische Analyse des Bewußtseins und der »Erlebniswelt«. Ferner müssen Philosophiegeschichte, Begriffs- und Problemgeschichte, history of ideas, ihr Domizil haben. Deshalb muß eine neue Form der Repräsentation für die Philosophie als ganze gefunden werden. Wie analog die Mathematik nicht nur an die naturwissenschaftliche, sondern an alle Fakultäten und gleichzeitig an ein Zentralinstitut gehört, so muß ein zwischenfachbereichliches Zentralinstitut für Philosophie den in Fachbereiche aufgesplitterten Philosophien wieder intraphilosophischen Zusammenhalt geben. »Aufteilung der Philosophie« und »Philosophisches Zentralinstitut« bedingen, begrenzen und steigern sich gegenseitig. Auf höherer Spiraldrehung könnten die wissenschaftsnahen Philosophien sekundär — jetzt aber nicht nur aus Tradition, sondern aus innerer Motivation — wieder zueinanderfinden, könnte ihre unterbrochene Kommunikation im Blick auf eine nicht vorausgesetzte, sondern erst zu erstrebende Einheit neu anheben. Das Zentralinstitut würde verhindern, daß die Spezialphilosophien an die Fachwissenschaften ihre philosophische Autonomie verlören. Der Philosoph muß sich vor einem doppelten Forum rechtfertigen, vor dem der Wissenschaft und weiterhin vor dem der Philosophie selbst.*

* Vgl. Helmut Schelsky, Einsamkeit und Freiheit — Idee und Gestalt der deutschen Universität und ihrer Reformen, 1963, S. 291: »Institutionell ergeben sich aus dieser Auffassung andere Folgerungen für die Stellung der Philosophie in der Universität: wenn die ›Geisteswissenschaften‹ nicht mehr der monopolistische Träger der Bildungsidee der Universität sind, dann muß die Philosophie aus ihrem fachwissenschaftlichen Begräbnis innerhalb der sog. ›Philosophischen Fakultät‹ befreit werden. Philosophische Lehrstühle gehören in jede der großen Wissenschaftsgruppen und Fakultäten; sie können als kritische Aufgabe als Naturphilosophie, Philosophie des Organischen und Medizinische Anthropologie, als Rechtsphilosophie und Sozialphilosophie und selbstverständlich auch als Geschichtsphilosophie, Sprachphilosophie usw. nur im unmittelbaren geistigen und persönlichen Kontakt mit den Problemen und Fortschritten der Fachwissenschaften selbst erfüllen. Auf der anderen Seite hat die Philosophie eine gemeinsame und autonome Aufgabe gegenüber allen Wissenschaften, die auch ihre institutionelle Einheit erzwingt; wenn also der Gedanke, zentrale, die Fakultäten übergreifende Institute zu gründen, von der Sache her notwendig ist, dann in bezug auf ein zentrales Institut für Philosophie an einer Universität. Diese Regelung würde der Abhängigkeit der Philosophie von *allen* Fachwissenschaften, zugleich aber ihrer zentralen Rolle entsprechen, die sie nach wie vor für die Idee der wissenschaftlichen Erkenntnis und wissenschaftlichen Bildung spielt.«

Nach dieser Strukturänderung könnte auch das sog. Philosophicum im Rahmen des Staatsexamens, das heute abgeschafft wird, wieder zu Ehren kommen: Philosophie könnte erwartet werden nicht nur als »Bildungsfach« wegen der großen Überlieferung von der Vorsokratik bis zur Phänomenologie, sondern als spezifische Grundlagentheorie jedes Einzelfaches. Das Allgemeinere der Philosophie würde sich anschließen: fachinterne Methodologie weist zurück auf »induktive und deduktive Logik«. Ebenso würde man aus der *Geschichte* der Philosophie eine fachbezogene Auswahl treffen: Empedokles und Descartes für den Biologen, Augustin und Joachim von Floris für den Historiker etc.

IV *Philosophie und Geschichte*

a) Entthronung des Essentialismus durch Entwicklungs- und Individualdenken

Für den Platonismus ist das Wesen der Dinge zugleich ihr Bestimmungsgrund. Die Idee, an der sie »teilhaben«, macht sie zu dem, was sie sind. Verglichen mit dem ewigen Sein der Idee liegen die Dinge zwar in der Dimension des zeitlichen Werdens, aber dieses bildet hier kein produktives Moment, denn alle Veränderung besteht nur in Annäherung an die schon vorbestehende Idee, bei der es zu beharren gilt, oder in Entfernung von ihr, wodurch nur Negatives entsteht. Auf die Idee als die letzte Wirkinstanz muß man schauen, um das Realgeschehen zu begreifen. Übergipfelnd erklärten mittelalterliche Aristoteliker auch Naturvorgänge aus Begriffsverknüpfungen und -ausschließungen.

Erst als der spätmittelalterliche Nominalismus solche Begriffshypostasierung widerlegte, wurde (in Wiederanknüpfung an die Traditionen schon der Vorsokratik, Demokrits und des Epikureismus) der Blick dafür frei, daß die bewegende Kraft des Geschehens nicht in einem metaphysischen Ursprung liegt, sondern daß Reales selbst die Ursache für anderes Reales ist. Nicht empor zum Ewigen muß man also schauen, um die Welt zu verstehen, sondern zurück zu den zeitlichen Ursachen auf ihrer eigenen Realebene. Es gibt keine musterbildlichen Formen, die die Dinge a fronte zu sich attrahieren, um sie sich möglichst anzugleichen, sondern nur eine Kausalität a tergo, die beständig neue, noch unvorgeprägte Gestaltungen aus

ihnen hervorgehen läßt. Die Veränderbarkeit hat keine seinsverankerte Norm mehr als Polarstern, sondern ist eine offene,
auch zum Positiven offene (und daher auch der Normsetzung
durch den Menschen zugänglichere). So tritt hier an die Stelle
des essentialistischen Denkens das geschichtliche, innerhalb
dessen Kausalismus und Evolutionismus nur Spezifikationen
sind. Immer wird das eine erklärt als durch ein anderes bewirkt
oder als genetisch aus ihm entstanden. Das Jetzige ist das
Produkt nicht eines jenseitigen Apriori, sondern eines materiellen Früheren. Von den vier Ursachen, die Aristoteles unterschieden hatte, verdrängen causa materialis und efficiens die
causa formalis und finalis.

Dieses Denken liegt gleichermaßen den beiden großen Wissenschaftsgruppen zugrunde, die sich im Lauf der Neuzeit sukzessive begründen, den Natur- wie den Geisteswissenschaften.
Der Essentialismus entspricht gewissermaßen den Sauriern,
die Wissenschaften den Säugetieren, die zwar schon vorher
vorhanden waren, aber erst, nachdem sie sich in die durch das
Aussterben der Saurier freigewordenen Territorien ergießen
konnten, ihre Formenfülle entfalteten. Nichts ist falscher, als
Natur- und Geisteswissenschaften einander so zu konfrontieren, daß jene es mit dem Gleichbleibenden, nur diese mit Veränderungen zu tun hätten. Eine Schrift von Leibniz heißt »Pro-
togäa«: auch die Erde durchlief andere Zustände, und aus ihnen
erklären sich die heutigen. Auch die Naturwissenschaft wird
erst groß durch Ernstmachen mit dem Faktor der Zeit, die jetzt
nicht mehr nur die Dimension der Nachahmung und der Wiederholung eines Zeitlosen ist. Die Befreiung des Realen von
der Scheinmacht des Ideellen zu immanenter Kausalität ist
auch Befreiung zu unverkürzter Temporalität. Ein Ding ist jetzt
nicht mehr das an seinem Vorbild zu Messende, sondern das
durch seine Wandlungsstadien hindurch zu Verfolgende. Es
hat nicht einen Kern, den es in der Zeit nur entfaltet oder verliert, sondern ist ein ihr durch und durch Preisgegebenes, in
ihr radikal Umwerdendes.

Der Universalien»realismus«, so sahen wir, ist auch Uni-
versaliendeterminismus. Erst die Universalienzerstörung durch
den Nominalismus macht daher die wahren Determinanten
und damit die Geschichtlichkeit alles Seienden sichtbar. In eins
damit macht sie aber gegenüber seiner Unterordnung unter

das Allgemeine auch seine durchgängige Individuiertheit und Einmaligkeit sichtbar. Auch diese steht jetzt ebenso wie das Werden nicht mehr nur, wie bei Platon, auf der Negativseite. Auch ihr wendet sich daher jetzt Forschung zu, die in ihr etwas findet, was der Begriff noch nicht vorgibt. Entwicklungs- und Individualkategorie, sagt Meinecke, sind die beiden Grundbausteine geschichtlichen Sehens.

Parmenides unterschied vielheitszugewandte und daher täuschende *Wahrnehmung* vom allein zur Einheit des wahren Seins vordringenden *Denken*. Platon übernimmt sowohl das Gegensatzpaar wie die Wertung und fügt die Modifikation hinzu, daß er dem Wahrnehmen das Einzelne, dem Denken das Allgemeine zuordnet. Da wir immer schon wahrnehmen, ist uns also nach ihm das Einzelne immer schon gegeben. Aber von seinem doxahaften Schein sollen wir uns erheben zur Wahrheit des stärkeren Seins des Allgemeinen. – An diesem Aufriß ist die Herabwürdigung des Einzelnen zu einem nur Halbseienden ebenso falsch wie die Annahme, daß wir es von selbst schon besäßen. Bergson hat gezeigt, daß wir uns gemeinhin weder im Allgemeinen noch im Individuellen bewegen, sondern in einer Zwischenschicht. Wir sehen die Wirklichkeit nicht auf ihre Besonderheit hin an, sondern subsumieren sie immer schon unter die grobschlächtigen Kategorien der Praktizität. Von hier aus gibt es zwei Wege der Forschung: den einen zum (sachangemesseneren und höheren) Begriff, den andern zur immer noch eingehenderen Durchdringung des Singulären. Auch dieser zweite Weg ist ein erobernder, keineswegs nur ein Stehenbleiben beim Alltag.

Die beiden Methoden (es sind nicht mehr als Methoden) des 17. und 18. Jahrhunderts, Rationalismus und Empirismus, verteilen sich nicht so, daß jener das Allgemeine, dieser das Einzelne sucht. Auch der Empirismus (der nicht wußte, wie unempirisch-konstruktiv er im Grunde war) dringt über das Gegebene hinaus zu Gesetz und Formel, bloß daß er sie nicht deduktiv und spekulativ, von den ideae innatae aus, gewinnen will, sondern induktiv im Ausgang von Beobachtungen. Für diese sind nach Ernst Mach Naturgesetze nur die »Abbreviaturen«.

Nach dem Vorgang von Windelbands Unterscheidung zwischen »nomothetisch« und »idiographisch« bestimmte Heinrich Rickert die Naturwissenschaften als generalisierende, die

Kulturwissenschaften – wie er sie nannte – als individualisierende, singularisierende Wissenschaften. Dazu zunächst eine Anmerkung. Das Generalisieren der Naturwissenschaft ist ein ganz anderes als das der klassischen Metaphysik, denn sie abstrahiert nicht nur vom Besonderen, sondern sucht ein dahinterliegendes Gesetz. Ihr Allgemeines ist ein mathematisch quantifizierendes. Auch als generalisierende also mußte sie zum Aristotelismus in Gegensatz treten, dessen noch naive Generalisierungen die unanschaulichen der Wissenschaft blockieren.

Auch Naturwissenschaft aber erforscht, wie zeitlich sich Wandelndes, so Individuelles. War es früher unbefragtes Axiom, daß das Ewige und das Allgemeine das »Höhere« ist, so rühmen jetzt Galilei als Naturwissenschaftler (i detrattori della corruptibilità meriterebber d'esser cangiati in statue) und Hegel als Geschichtsphilosoph gerade das Vergängliche. Als das Höchste erscheint das unersetzbar Einmalige, das nicht wiederkehrt. Galilei entdeckte mit seinem Fernrohr die Sonnenflecken (während die Aristoteliker in der Hypertrophie ihres Begriffsdenkens sich weigerten, das Rohr, das solche zeigt, zu benutzen, weil aus dem Wesen der Sonne als des reinsten Sterns folge, daß sie keine Flecken haben *kann*). Umgekehrt generalisieren auch die Kulturwissenschaften: sie kommen nicht aus ohne Begriffe, Typen und Gattungen wie etwa »Königtum« oder »Sonett«, und auch in ihnen gibt es, wenn gleich in geringerem Umfang und nicht mit derselben Unverbrüchlichkeit wirkend, »Gesetze«. Dennoch behält Rickert graduell recht. Auch für Entstehung und Struktur des Individuellen sucht Naturwissenschaft das Gesetz. Durch Subsumption unter das Allgemeine wird bei ihren Gegenständen ein breiterer Sektor überdeckt. Bei den Gegenständen der Geisteswissenschaft dagegen ist durch die Subsumption sehr viel weniger gewonnen. Sie haben vor jenen einen Individualitätsvorrang. Anschauend bei ihnen zu verweilen, ihrem je spezifischen Eigengehalt nachzugehen, ist daher bei ihnen entsprechend gerechtfertigter. Daher ist der Konflikt zwischen Naturwissenschaft und Philosophie primär ein Konflikt zwischen zwei Formen der Generalisation, während erst die Geisteswissenschaften es sind, durch die der Konflikt zwischen (philosophischer wie naturwissenschaftlicher) Generalisation und Individualisation auf den Höhepunkt kommt.

b) Grenzen griechischen Geschichtsverstehens

Die große Begabung der Griechen war die Struktursichtigkeit. Sie waren gebannt von der reinen Form, die für alles Wirkliche den Maßstab seiner Vollkommenheit abgibt und von der es nur Wiederholung und Variation ist. Für die Griechen ist Wirkliches in seiner Grundschicht Exemplar einer Gattung und erst sekundär ein Einmaliges. Daher brillieren sie in der Philosophie, während sich Historie, die durch ihre Zuwendung gerade zum Einmaligen den großen Gegenzug zur Philosophie bildet, bei ihnen noch nicht so entfaltet wie erst bei uns seit dem späten 18. Jahrhundert. Nietzsche hat die noch relativ unhistorische Sehweise der Griechen bestaunt, sie freilich nicht auf philosophische Begabung, sondern auf einen gesunden mythologischen Instinkt zurückgeführt. Auch als Historiker sind sie im Grunde Philosophen: sie übernehmen noch die orientalische Zyklentheorie, nach der alle Staaten die gleichen Phasen durchlaufen. Selbst nach dem unerreichten Thukydides wird sich, da die menschliche Natur sich in ihrem Machtstreben gleichbleibe, alles etwa ähnlich immer wiederholen: gleiche Antriebe, gleiche Wirkungen. Das beschriebene Geschichtliche wird ihm unter der Hand zum Beispiel für typische politische Konstellationen. Er will mit seinem Buch ein »Besitztum für immer« schaffen, aus dem noch Spätere für ihre Zeit sollen lernen können.

Auf dem Gebiet der Literarhistorie beruht das noch geringere Individualitätssensorium der Griechen nicht nur darauf, daß sie im einzelnen Werk immer zunächst die Verkörperung eines Gattungsmusters erblickten, sondern auch darauf, daß sie überhaupt neben dieser *Nachahmungsbeziehung* des Werks zu seiner zeitlosen Gattungsidee nicht die *Ausdrucksbeziehung* berücksichtigten, durch die sich der wechselnde Charakter der Stände und Zeitalter und der einzelnen Hervorbringer in ihm niederschlägt. Dafür, daß sich verschiedene *Lebenszentren* in ihm bekunden und daß auch darin eine seiner Qualitäten liegt, daß es auch dadurch lehrreich ist, – für dieses Geschichtlich-Psychologische war bei den Griechen, so wie sie auch als Erkenntnistheoretiker (mit Ausnahme der Sophisten) die stiftende Leistung des Subjekts übersprangen, der Sinn erst schwach ausgeprägt. Daher gelang es den antiken Philologen, bei denen diese ganze Zuordnungsdimension brach lag, noch nicht so gut, in Ilias und Odyssee die echten Stücke von den späteren Überarbeitungen und Einschüben zu sondern, während der moderne Philologe, der in allem Gedichteten zugleich die Handschrift einer unverwechselbaren Persönlichkeit liest, sogleich erkennt, daß es in beiden Epen Partien gibt, die nicht vom selben Dichter stammen können (so wie derselbe Strauch nicht rote und weiße Rosen trägt: Wilamowitz), und die verschiedenen Dichter, die an ihnen arbeiteten, in ihrer Eigenart zu kennzeichnen versteht. Kein hellenistischer Herausgeber fragte nach der Reihenfolge der Sophokleischen Tragödien, die gleichermaßen als Ausformungen dramatischer Vollendung galten. Erst der heutige Sophoklesforscher entdeckt an ihnen nicht nur eine Entwicklung der Form und der Technik, sondern liest aus ihnen auch eine menschlich-geistige Entwicklung des Dichters. Er ordnet sie verschiedenen Lebensaltern, verschiedenen Lebenssituationen des Dichters zu und dringt dadurch nach über 2000 Jahren in der Interpretation unendlich viel tiefer als sein Sophokles zeitlich noch so viel näher stehender antiker Vorgänger.

Die Geschichte bildet, wie Aristoteles es ausspricht, für den philosophischen Sinn sogar geradezu eine Beleidigung dadurch, daß in ihr – im Unterschied zur Natur – keinerlei Vernunftordnung herrscht. Aristoteles, der empirischer Historiker genug war, um eine Sammlung der griechischen Verfassungen anlegen zu lassen, verzeiht es der Geschichte nicht, daß in ihr sehr oft das Schlechte siegt und daß in ihr der Zufall regiert. Ohne sachliche Zusammengehörigkeit, nur chronologisch durch die äußere Verbundenheit in der Zeit, treten geschichtliche Ereignisse nebeneinander, so wie die Seeschlachten von Salamis und von Himera, weil sie beide im gleichen Jahr (480) stattfanden (das Beispiel ist denkbar schlecht gewählt, denn die bei Himera in Sizilien geschlagenen Karthager waren mit den Persern verbündet: *nicht* zufällig holten die Feinde der Griechen gleichzeitig zu einem Schlag gegen sie aus). Deshalb rühmt Aristoteles die Dichtung (so wie er sie auch in der Katharsis-Lehre gegen ihre Verurteilung durch Platon verteidigt): sie sei philosophischer als die Geschichte. Denn sie berichtet nicht nur Faktisches, sondern Motiviertes und Durchsichtiges. Verglichen mit den Inkohärenzen der Geschichte ist eine künstlerisch gestaltete Handlung nach Anfang, Mitte und Ende geordnet, alle Teile sind in ihr sinnvoll verknüpft.

c) Geschichte als Antiphilosophie in der Goethezeit

Für den Platonismus (noch nicht für Platon selbst) stehen sich gegenüber das Allgemeine, das allein den Dingen Form, Unterscheidung und Bedeutung verleiht, und die diesem Allgemeinen nur als Substrat dienende Materie; ebenso auf der Erkenntnisseite, diesen beiden Seinspolen zugeordnet, das Denken und die Sinne. Durch den Sieg des Nominalismus scheinen dann nur die Materie und die Sinne übrigzubleiben. Aber der Nominalismus steht im Raum der jüdisch-christlichen Religion, für die die Schöpfung die Spur des Schöpfers trägt. In anderer Weise läßt der neuzeitliche Pantheismus das All selbst ein göttlich durchwirktes sein. Daher ist, was dann die neuzeitliche Wissenschaft – in ihren *beiden* Gruppen – erforscht, für sie kein *nur* Materielles, kein factum brutum. Je mehr wir die Dinge erkennen, desto mehr erkennen wir Gott (Spinoza). Alles Seiende ist Offenbarung, spricht etwas aus (Hamann), enthält einen Sinn. Aber freilich läßt sich dieser Sinn, insbesondere der geschichtliche Sinn, von dem individuell Einmaligen, an dem er haftet, nicht ablösen. Wir fassen ihn nur an und in seiner konkreten Stelle. Daher kann er auch nicht, wie der Begriff, gedacht, sondern nur angeschaut werden. Aber die Anschauung, die hier ins Spiel kommt, ist nicht die nackte Sinnlichkeit des Sensualismus. Entgegen der traditionalen Disjunktion entdecken Goethezeit und Historische Schule noch einen andern Gegensatz zum Denken, entdecken ein neues Erkenntnisorgan. Es ist eine auch *geistige Anschauung*, die, so wie ihr auf der objektiven Seite ein Synholon, ein Ineinander von Sein und Sinn vorliegt, dieses Synholon ihrerseits in einem einzigen ungeschiedenen Akt umspannt. Im Faktischen liest sie zugleich ein Bedeutsames, im Individuum, gerade weil es ineffabile ist, ein Symbol. Sie fühlt sich ein in das, wofür die Ratio zu grobmaschig ist.

Verglichen mit den Konstruktionen des Rationalismus – der seinerseits gegen Geschichte spröde war, denn was könnte man aus ihr gewinnen, was man nicht in der Idee schon viel besser besitzt? – ist für Herder und die Romantik der geschichtlich gewachsene Sinn lebenswahrer, verglichen mit dem einen Vernunftideal in seinem Pluralismus reicher, verglichen mit der Dünne des Begriffs in seiner Wirklichkeitsverwobenheit gefüllter und tiefer. »Denke dir die Aristokratie nach allen ihren Prädikaten, niemals könntest du Sparta ahnen« (Ranke). So wird hier nicht nur ein Gegenstandsbereich, der der Geschichte, mehr erforscht als bisher. Dem Anspruch nach tritt eine andere Sehweise, eine neue Auffassungsform des Geistes, nicht nur neben, sondern über die Philosophie, hält sie für einen Fehlweg und will sie hinter sich lassen. Quae philosophia fuit, historia facta est.

Auch die Philosophie kann zwar versuchen, sich die große Lehre der Goethezeit anzueignen und sich ihr gemäß zu wandeln. Während Hegel zufolge die absolute Idee in der endlichen Wirklichkeit mit Notwendigkeit erscheinen *muß*, so daß logische Konsequenz und geschichtlicher Fortgang koinzidieren, treten diese beiden bei Schelling, nach dem jener Übergang auf freischenkendem Überfluß, auf einem unableitbar geschichtlichen Akt beruht, auseinander. Nach der in derivierten Begriffen deduzierenden Philosophie müsse, so sagt er (Die Weltalter, 1811), jetzt eine »erzählende Philosophie« beginnen. Das Erzählen komme nicht aus einer Schwäche des Denkens, sondern stehe schon jenseits des Denkens. In seinen »Thesen zur Reform der Philosophie« (1842) fordert Feuerbach, man müsse das im Menschen, »was nicht philosophirt, was vielmehr gegen die Philosophie ist, dem abstracten Denken opponirt, das also, was bei Hegel nur zur Anmerkung herabgesetzt ist, in den Text der Philosophie aufnehmen.« Bei Nicolai Hartmann steht in Umkehrung der Platonischen Hierarchie das Individuelle – auch und gerade in seiner Vergänglichkeit, die sein Kriterium ist – ranghöher als das unveränderliche Allgemeine. So schon bei Georg Simmel: in seiner hohen Komplexität liegt Gefährdung, aber gerade je todesfähiger es ist, um so größer sein Wert. Eine es mit dem Einzelnen aufnehmende, anschauend-beschreibende, gegen Begriffe mißtrauische Philosophie ist auch die Phänomenologie. Sie ging als eine erste Stufe in den umfassenden Bau der Hartmannschen Ontologie ein. Zum Anwalt des durch die Herrschaft des Begriffs unterdrückten Nichtidentischen machte sich noch Adorno.

d) Positivistisches und Hegelsches Mißverständnis

Zwei Mißverständnissen ist die sich in der Goethezeit begründende Art des Umgangs mit der Geschichte immer ausgesetzt. Das eine Mißverständnis ist das positivistische des Historismus des 19. Jahrhunderts. Die Zuwendung zur Geschichte als solche bleibt hier zwar bestehen, jedoch findet man in ihr nicht mehr das Sinntragende und Bedeutungshafte, sondern nur noch die aneinanderzureihenden beliebigen Tatsachen, den – wie die Gegner dann sagten – »toten Stoff«. Positivismus ist »pervertierte Romantik« (Karl Joël).

Das andere, zugleich typisch »philosophische« Mißverständnis ist das Hegels. Nach Hegel ist es in der Weltgeschichte als ganzer »vernünftig« zugegangen, und darin liegt ein Doppeltes. Einmal erkennt er in ihr einen konsequenten Ablauf: das Spätere kam nicht zufällig nach dem Früheren, und auch in scheinbar nur äußeren Ereignissen wie etwa Kriegen setzen sich aufgrund der geheimen Lenkung des Weltgeistes zunehmend höhere geistige Prinzipien, helleres Bewußtsein, mehr Freiheit durch. Sodann stehen – und das folgt daraus – zwar nicht alle, aber einige, dadurch herausgehobene, geschichtliche Einzelereignisse für das erste Auftreten dieser Prinzipien repräsentativ. Der universelle Sinn bestätigt sich im Sinn des Partikularen.

Aber eben damit löst Hegel den Sinn, von dem wir sahen, daß er für alle die, die in der Nachfolge Herders stehen, mit der Realität untrennbar amalgamiert und nur in ihr anschaulich greifbar ist, doch wieder von ihr ab und sucht ihn rein im Denken zu deduzieren, zu definieren und auf eine Formel zu bringen. Deshalb hat Friedrich Meinecke in seiner »Entstehung des Historismus« (1936) den Durchbruch des historischen Organs bei Dichtern und bei den Historikern selbst aufgezeigt und Hegel weggelassen. Benedetto Croce tadelte ihn deshalb, aber Meinecke replizierte in einem eigenen Aufsatz, in dem er nachwies, daß Hegel das historisch Individuelle grundsätzlich verkennt. Er läßt alles Konkrete sogleich in ein Spirituelles verdampfen. Es ist ihm nur nachträglicher Beleg für einen Gedanken, der ihm schon vorher aus andern Quellen feststand. – Auch Hegel hat sich zwar in einem frühen Aufsatz eigens gegen das »abstrakte« Denken gewandt, das eine komplexe

Realität einseitig unter einen einzigen Begriff subsumiert und alle andern Qualitäten an ihr vertilgt. Aber seine Gegenposition besteht nicht in *Anschauung* des überbegrifflich Realen, sondern in seiner Einkreisung durch eine *Vielzahl* sich beschneidender und durchmischend-ergänzender Begriffe.

e) Biblische Grundlage und ästhetische Parallele

Daß sich in der Geschichte Gott offenbart, daß er in ihr seinen Willen kundtut, daß das sich welthaft Begebende hintergründig ein Religiöses ist: das war die Überzeugung der alten Hebräer. Daher steht an der Stelle, an der bei den Griechen die Philosophie steht, bei ihnen die Geschichte: die Bibel ist ein geschichtliches Buch. Der griechische Dualismus isoliert das Bedeutungshafte zur eigenen Sphäre des Begriffs und drückt dadurch auf der Gegenseite das Konkrete zur bloßen Materialität, das Geschichtliche zum nur Kontingenten herab. Demgegenüber leben die Hebräer noch in der ursprünglichen, unzerrissenen Einheit des Besonderen und des in ihm Wirkenden, über es Hinausgehenden. Bis in unser Jahrhundert kleiden traditionsbewußte Juden allgemeine Sätze in die Form einer Geschichte (Moschal): »Die Sache ist so: es war einmal eine Witwe mit einem einzigen Sohn...« Noch das Christentum atmet aus dieser Einheit: der historische Jesus ist zugleich der Erlöser Christus, die Heilsbotschaft läßt sich nicht trennen von seinem Leben und seiner Passion. Christliche Gnostiker suchten diese geschichtsverhaftete Denkweise mit der der verallgemeinernden griechischen Philosophie zu verknüpfen: sie wollten die Botschaft wenigstens insofern aus ihrer Historizität befreien, als sie entgegen Judentum und Christentum, für die der Geschichtsablauf ein einmaliger ist, wieder zyklentheoretisch dachten und in jeder der vielen Welten (Aionen) auch wieder einen Christus erscheinen lassen. Dagegen schleuderte Augustin – der insofern schon in einer analogen Situation stand wie Kierkegaard gegen Hegel – sein *semel* Christus mortuus est! Um die einmalig-konkrete Historizität einzuschärfen, wurde »Gekreuzigt unter Pontius Pilatus« ins Glaubensbekenntnis aufgenommen. Entscheidend für die Erlösungs*botschaft* ist gerade ihre der trennenden Philosophie widersprechende Unherausschneidbarkeit aus der einmaligen Erlösungs*tat*. Das gilt aber für das Heilsgeschehen generell: es ist darauf, daß Gott in Christus seinen Sohn schickte, nicht beschränkt. historikà pneumatikôs, pneumatikà historikôs (Geschichtliches geistig, Geistiges geschichtlich). Vielleicht war es auch dieses Prinzip, dessentwegen das Christentum sich in der Antike gegen die griechische Philosophie durchsetzte. Die Menschen spürten, daß ihnen am »überhimmlischen Ort« der farb- und gestaltlosen Platonischen Ideen die Wirklichkeit des Lebens und der Welt verlorenging. Der Erfolg des Christentums beruhte darauf, daß es eine Mischform ist: geschichtsphilosophische Ethik im Amalgam eines biographischen Romans.

Genau das Grundaxiom jüdisch-christlicher Religiosität: daß im geschichtlich Individuellen ein tieferer, jedoch aus ihm nicht begrifflich herauszupräparierender Sinngehalt liegt, ist auch das Axiom der Geschichtsbetrachtenden seit dem späten 18. Jahrhundert, bloß daß es bei ihnen aus dem gelebten Glauben ins bloß Theoretische hinüberwandert und daß sie es nicht allein auf die »Heilsgeschichte«, sondern auf die Geschichte als ganze anwenden. Sie setzen sich, indem sie diesen Sinngehalt nur nachzeichnend aufleuchten lassen wollen, eine völlig andere Aufgabe als die auf abzusondernd Typisches zielenden griechischen Historiker wie Thukydides und Polybios. Es bildet keinen Zufall, daß solche Geschichtsschreibung des konkreten Sinnes erst im christlichen Abendland entstand. Sie bildet noch eine Spätfrucht des Christentums, wenn sie auch erst reifen konnte, nachdem der enge und dogmatische Rahmen der christlichen Geschichtsphilosophie gesprengt war. Freilich ist die Konzeption des sinnhaltig Individuellen im Historismus nicht nur »Säkularisierung«. Sie wurde neu entdeckt und gefaßt als notwendiger Gegenschlag gegen den Absolutheitsanspruch abstraktiven Denkens im Rationalismus des 18. Jahrhunderts. Dennoch kann sie an das Christentum anknüpfen, dessen Opposition gegen die Philosophie sie auf ihre Weise weiterträgt. Es ist die gleiche Urerfahrung, die in der Antike von einer Religion, in der Neuzeit von einer Wissenschaft gegen die Philosophie verteidigt wird. –

Was die Geschichtsschreiber seit dem späten 18. Jahrhundert durch ihr *Tun* bekräftigen, das hatten schon vor ihnen die Ästhetiker, ihnen theoretisch vorarbeitend (A. Baeumler), *als Grundsatz* gewonnen: beide stehen sie gegen den Rationalismus Schulter an Schulter. – Nach Plotin, dessen Ästhetik bis Schopenhauer, ja bis heute nachwirkt, strebt auch der Künstler, ebenso wie der Philosoph, nach der Idee. Während die Natur weit hinter der Idee zurückblieb, nähert der Künstler – der die Natur deshalb stilisieren darf – sie in seinem Werk der Idee sehr viel mehr an, prägt das Unsichtbare dem Sichtbaren ein und läßt es aus ihm hervorscheinen. Dadurch ist Kunst schön. Während jedoch Plotin solcherart die Kunst gegen Platon verteidigt, bleibt er anderseits doch Platoniker. Höher als der Künstler steht auch ihm der Philosoph: nur er schaut die Idee selbst in ihrer übersinnlich-transzendenten Reinheit. Hegel münzt dies geschichtsphilosophisch: seit wir die Philosophie besitzen, ist die Kunst nicht mehr im vollen Sinn modern. – Demgegenüber hatte schon Baumgarten erklärt: zwischen Philosophie und Kunst besteht überhaupt kein Konkurrenzverhältnis, denn beide haben ein verschiedenes Erkenntnisziel: Kunst will gar nicht die Idee, sondern das Individuelle festhalten. Auch für Baumgarten bleibt zwar die aufs Allgemeine gehende Philosophie die höhere, während die Kunst zur gnoseologia inferior gehört: aber dies ergibt sich nicht daraus, daß sie dasselbe wie die Philosophie auf unvollkommenere Weise, sondern daß sie etwas anderes leistet. Hier konnte die nächste Generation anknüpfen und, über Baumgarten hinausgehend, die Kunst durch ihre individuelle Charakteristik *neben*, ja durch ihre ursprüngliche Wahrheit *über* die abgeleitet blasse Philosophie stellen. Der Dichter ist jetzt nicht mehr nur der schön Gestaltende, sondern der Wissendere.

Exkurs: Philosophie als Gymnasialfach

Man hat sich oft gewundert, weshalb, trotz des Gewichts der deutschen Philosophie, am deutschen Gymnasium Philosophie kein Unterrichtsfach bildet. Der deutsche Gymnasiast hört von seinem französischen Kollegen zum ersten Mal von Kant. Das liegt daran, daß der Begründer des Humanistischen Gymnasiums, Wilhelm von Humboldt, eine Figur der Goethezeit war und den antiphilosophischen Affekt seiner Zeit teilte. Der in Sprachen und Literaturen, überhaupt in die Geschichte mit ihrer unsere Einseitigkeit kompensierenden Mannigfaltigkeit eingebundene, konkrete Geist erschien ihm als der ungleich gehaltvollere, schien ihm zur Prägung und Verfeinerung junger Menschen geeigneter als der philosophisch enthobene, zeit- und ortlose, subtilisierte Geist der Begriffsgebäude. Mit jenem sollte daher die Bildung aufgebaut werden, während er die Philosophie von seinem Gymnasium fernhielt.

85

Humboldt setzte aber nur fort, was die Reformation begonnen hatte: schon Luther war ja, wie wir sahen, philosophiefeindlich gewesen, und das hatte — trotz Melanchthon — auch im protestantischen Gymnasium seine Spur hinterlassen. Die beiden großen Ereignisse der neueren deutschen Geistesgeschichte, Reformation und Goethezeit, sind *beide* (auf verschiedene Weise und doch, wie wir zu konstatieren hatten, aus verwandter Motivation) der Philosophie ungünstig gesinnt und haben sie daher auch pädagogisch nicht gefördert. Dagegen behauptet sich in manchen Kantonen der Schweiz, wo nicht Luther, sondern der humanistenfreundliche Zwingli die Reformation durchführte und andernteils auch der Einfluß Humboldts nicht hindrang, Philosophie als Gymnasialfach bis heute.

Auch als am Ende des 19. Jahrhunderts neben dem Humboldtschen Gymnasium Realgymnasien geschaffen wurden, fand Philosophie dort keinen Eingang: diesmal aus naturwissenschaftlicher und positivistischer Gesinnung. Religion, Geschichtshingegebenheit und Wissenschaft — drei von den vier Gegenmächten der Philosophie, die wir behandelten —, so verschieden sie auch untereinander sind, wirken zum selben Ziel.

Ganz anders in Frankreich und all den Ländern (Italien, Polen), die sich am französischen Schulsystem orientierten. Einmal hat sich in Frankreich die Reformation nicht durchgesetzt: die Traditionen des Katholizismus, der die Philosophie in sich integriert hatte, blieben ungebrochener. Katholische Gymnasien umfassen immer auch Philosophie. Sodann aber war diejenige Macht, die im 18. Jahrhundert der Kirche sowie dem Feudalstaat entgegentrat und zur bis heute bejahten Französischen Revolution führte, die Aufklärung, also eine Form der Philosophie selbst. Deshalb blieb auch am verstaatlichten Gymnasium Philosophie, wenn gleich jetzt als »moderne« Philosophie, erhalten.

Zweiter Teil

Voraussetzungen und Zielsetzungen der Philosophie

Einleitung

Im ersten Teil konfrontierten wir die Philosophie mit ihren Gegnern. Jetzt wollen wir sie von innen, von sich selbst her betrachten. Im dritten Teil wird von den einzelnen philosophischen Disziplinen die Rede sein. Hier soll versucht werden, Philosophie als ganze zu bestimmen.

Institutionen, die eine notwendig-natürliche und evidente Funktion in einem Lebensgefüge versehen, reflektieren nicht über sich. Sie leben sich dar ohne Deutung, genügen sich selbst in ihrem Bestand und Vollzug. Ebenso das Lebensgefüge als ganzes, solange es sicher in sich gegründet ist. Es gibt zwei geschichtliche Augenblicke, in denen diese Autarkie des *Seins* durchbrochen wird, die motivieren, daß zu ihm das *Bewußtsein* tritt. Der eine ist der, in dem eine Veränderung oder ein gänzlich Neues durchgesetzt werden soll. Das muß gegenüber dem Bisherigen gerechtfertigt, die neue Form muß als die bessere überzeugend gemacht werden. Der andere Augenblick (der sehr oft mit dem ersten zusammenfällt, jedoch von der Gegenseite her erlebt) ist der, in dem ein Bestehendes von innen oder von außen bedroht wird. Bisher ruhte es selbstverständlich in sich selbst, jetzt dagegen setzt, auch hier, ein Prozeß der Selbstrechtfertigung ein. Um seine Existenz zu verteidigen, legt es Rechenschaft über sich ab und beweist sein Warum. Erst der angefochtene Adel denkt über sich nach und entwickelt eine Adel*sideologie*. Bewußtwerdung scheint also immer einem Legitimationszwang zu entspringen. Dieser Zwang ergibt sich an den beiden Punkten der Entstehung und der Gefährdung. Das Beginnende wirft ein Bild seiner selbst voraus; das Herausgeforderte tritt in Distanz zu sich und faßt sich ebenfalls in einem Bild zusammen. Wo das Andrängende und das Etablierte aufeinanderprallen, sprüht der Funke der Vernunft. Die Vernunft selbst wird zum erweiterten Feld des Aufeinanderprallens.

Philosophie ist nie unbestritten. Schon an ihren Ursprüngen wird sie vom Traditionalismus angegriffen als Hybris, in der der Einzelne mehr wissen will als seine Väter, als Rütteln an altererbt-geheiligter Ordnung. Sie wird angegriffen von der Welt der Praktizität als nutzlos. Sofern aber auch ein nicht unmittelbar verwendbares Wissen um Grund und Sinn der Dinge einem Bedürfnis entspricht, ist da die Religion, die solches Wissen immer schon zu besitzen glaubt und Philosophie als Konkurrentin abwehrt. Philosophie tritt in eine Welt, die auch ohne sie ausgekommen war und nicht auf sie gewartet hatte. Sie muß sich ihr Königreich erst erkämpfen. Nachdem sie aber durch die Griechen eine gewisse Konsolidierung und Selbstverständlichkeit gewonnen hatte, wird sie in der Neuzeit abermals angegriffen, diesmal von der Wissenschaft: sie stelle die falschen Fragen, sie sei spekulativ. Eben noch war sie der Neuankömmling; jetzt gilt sie schon als abgestanden und antiquiert. Erneut muß sie sich verteidigen: wie damals gegen die früher Dagewesenen, so jetzt gegen die Aufstrebenden. Sich verteidigen aber heißt, daß sie sich in ihrer Eigenart explizieren und definieren, in ihrer Notwendigkeit motivieren muß.

Der Philosoph ist der Abenteurer unter Gesicherten, der Sonderling zwischen unter sich Einverstandenen. Unverständnis und Vorwurf begleiten ihn. Philosophie kann wohl zeitweilig zu einer fraglos anerkannten Geisteshaltung werden, immer wieder aber wird sie durch ihre Situation in der Welt zurückgeworfen auf ihr eigenes Problem. Wie es nach Dilthey zu allem Leben gehört, daß es sich zugleich auslegt, so auch zu ihr. Die Frage nach ihrem Wesen ist seit je und beständig eine der großen Fragen der Philosophie selbst.

I. Unde philosophia

a) Philosophia ex crisi et morbo

Weil keine Instinkte ihn lenken, lebt der Mensch aus Traditionen, die er bewahrt, und aus Neuem, das er schafft (und auf das sich dann vielleicht wieder eine Tradition gründet): auf diese beiden Fähigkeiten ist er gebaut. Beiden Fähigkeiten, obgleich sie dem Menschen als solchem zukommen, entsprechen aber psychologisch verschiedene Typen. Der Extravertierte (die Einteilung stammt von C. G. Jung und wurde von ihm noch nicht anthropologisch motiviert) *vollzieht* die sozialen und kulturellen Formen, in denen er sich vorfindet und die er nicht problematisiert. Sein Leben erfüllt sich, indem er es führt, in seinen praktischen Zwecken und vitalen Freuden. Verglichen mit ihm ist der Introvertierte nicht nur, wie das Wort es nahelegt, der nach innen Gewandte, sondern vor allem der vom unmittelbaren Lebensvollzug *Abgelöste*, nicht in ihm Gefangene und Befangene, und dadurch der Betrachter, der Zuschauer: wie seiner selbst, so des Lebens und der Dinge. Von der täglichen Praxis her scheint ihm etwas zu fehlen, er benimmt sich oft linkisch in ihr; aber dies ist keine Schwäche, die er dann durch andere Kräfte kompensiert, sondern weil er aus diesen andern Kräften lebt, bedeutet ihm das Nächstliegende nicht mehr so viel. Er sieht nicht nur, was auch der andere sieht, bloß daß er schwerer handelt, sondern er sieht mehr: sieht Strukturen und Grundlagen, fragt nach Vergangenheit und Zukunft, nach Sinn und Ziel. Von hier aus ist er derjenige, der die bestehenden Formen kritisiert und erneuert, von dem Änderungen der Richtung ausgehen. Aus seinem Außerhalb- und Darüberstehen kommt Regeneration. So versieht auch er eine unentbehrliche Aufgabe für die Gemeinschaft, für die Gattung.

Noch diesseits eigentlicher Philosophie bildet Introvertiertheit eine ihrer psychischen Grundlagen. Wer in seinem gegebenen Umkreis und seiner Tätigkeit Genüge findet, philosophiert nicht.

Unabhängig von habitueller introvertierter Veranlagung gibt es in jedem Leben drei philosophische Phasen. 1. Wenn sich ihm zuerst die objektiven Zusammenhänge öffnen, dann fragt das Kind unermüdlich: Warum? Es will den Grund, den Anfang erfahren. Es fängt wohl auch den Begriff der Welt auf und fragt dann: Was ist die Welt? Wo ist das Ende der Welt? Es ist gegen die Grenzfragen noch nicht abgestumpft wie der Erwachsene, der sie aus Konvention und Trägheit, oder auch weil er weiß, daß niemand sie beantworten wird, nicht mehr stellt. 2. In der Pubertät zerbricht das kindliche Weltbild, während das der Erwachsenen noch nicht durchdrungen und verbindlich ist. Wie in der Geschichte die Übergangsepochen die philosophischsten sind, so . werden auch an dieser biographischen Grenzscheide zweier Weltbilder Zweifel und Fragen wach. Der junge Mensch entdeckt seine eigene Individualität, setzt sich mit Tradition und Religion auseinander, ist weltanschaulich aufgewühlt, grübelt über den Sinn des Daseins. 3. Das Ende des Lebens gibt einen Blick auf das Ganze frei, es erheben sich die Fragen, ob es richtig gelebt war, ob es ein Nachher gibt.

Eine sonst nicht gewohnte Nachdenklichkeit wird aber auch immer dann geweckt, wenn der gradlinige Ablauf des Lebens, sein freies Sich-ausströmen, gehemmt, wenn seine Harmonie gestört ist. In dem Augenblick, in dem eine Gewohnheit auf ein Hindernis stößt, geschieht nach Dewey wie ähnlich schon nach Bergson »die Geburt der Intelligenz« (während Rousseau und Carlyle dem Bewußtsein selbst Schuld an der Unterbrechung der Lebensharmonie gaben und es deshalb »eine Art Krankheit« nannten). Die Krise, die uns aus dem unbefangenen Eingebettetsein in einen Lebenssinn herausreißt, macht die Probleme bewußt. Wir suchen jetzt Wissen als Ausgleich, Trost und Heilmittel. Oft wird eine Krankheit, weil sie eine Unterbrechung ist, weil sie Distanz schafft, Anlaß zur Besinnung, und unbewußt kann, daß uns solche Besinnung not tat, der Grund sein, weshalb wir der Krankheit verfielen. Der Schizophrene, dem der vertraute Weltbezug sich auflöst, hat in der ersten Phase der Krankheit quasi »metaphysische« Erlebnisse. Es gibt auch eine »Gebrochenheit« als Habitus, die ebenfalls für Philosophie auflockert, so wie bei manchen Künstlern Labilität, Übersensibilität, Abseitigkeit, ja Abartigkeit, die für das Leben untauglich machen, dem Künstlertum nachhelfen. Aber auch ohne alle Krankheit fallen wir aus der »gedeuteten Welt« (Rilke) heraus in den von Jaspers sog. »Grenzsituationen«. Wir erfahren die Preisgegebenheit an den Zufall, die Unausweichlichkeit von Schuld und Tod: da entgleitet uns der Halt, wir »scheitern«. Man mag in Gott eine Lösung suchen, sich in harmonisierend-rationalisierende, abkapselnde »Gehäuse« flüchten; Philosophie aber bringt die Grenzsituationen unverschleiert zum Bewußtsein. Sie zerbricht die Gehäuse, stellt den Menschen wieder in seinen Ursprung, seine Echtheit, setzt ihn der Bewegung des Wachstums aus.

Allein all solche innere Not mag wohl für Philosophie hellhörig machen, mag ihren Prozeß bei einem Menschen in Gang bringen: unerläßliche Voraussetzung der Philosophie ist sie nicht. »Existentielle« Betroffenheit und »Engagiertheit« geben der Philosophie Notwendigkeit und Tiefe und müssen dann doch, in einem für den Nicht-Philosophen schwer verstehbaren Ineinander von Ernst und Spiel, wieder gebrochen werden durch Abstand und Skepsis, durch Autonomie des Schauens und Denkens. Sie können fehlen, ja sie können die Freiheit des theoretischen Aufschwungs beschneiden, den Umblick beengen. Der in Krise und Krankheit Verstrickte kreist in seiner eigenen Problematik, sucht nur für sie Abhilfe. Für sachverhaftete, allseitige, eindringende Erkenntnis fehlt ihm die Nüchternheit. Der Schizoide wird eine Philosophie der Identitätsbedrohung entwickeln, nicht mehr. Um den philosophischen Horizont wirklich zu öffnen, müssen andere Antriebe hinzutreten.

b) Philosophia ex ignorantia et problemate

Neben den psychologischen Quellen der Philosophie stehen die formalen. Eine Urerfahrung, die der Geist mit sich selbst macht, deckte Sokrates auf, als er durch seine bohrenden Fragen nachwies, daß die meisten Menschen, auch die Fachleute in den Künsten, auch die Weisheitslehrer, nur zu wissen *meinen*, in Wirklichkeit aber (sobald man von ihnen erkundet, ob und wozu ihr Tun *gut* ist) *nicht* wissen. Er erklärte sich selbst von ihnen unterschieden nicht durch das Wissen – das haben sich vielleicht die Götter vorbehalten –, sondern durch das *Wissen des Nichtwissens*.

Ein sophistischer Fangschluß lautete: Es gibt kein Fragen, denn entweder man weiß schon, oder man weiß noch nicht, dann weiß man auch nicht, wonach man fragen sollte. Allein diese Disjunktion zwischen Nichtwissen und Wissen ist unvollständig. Wie überall, so gibt es auch hier ein metaxy (Platon), ein Zwischen. Wir stoßen auf Grenzen unseres Wissens und sind damit, da jede Grenze nach zwei Seiten schaut, bereits über die Grenze hinaus: wir haben ein Wissen vom Ungewußten, denn immerhin wissen wir, daß da noch mehr zu wissen wäre. Antizipierend-umrißhaft, in Graden der Deutlichkeit, sind wir mit dem Jenseitsliegenden schon in Berührung. Das Zutageliegende enthält, nach den unserm Geist eingegrabenen Regeln der Zusammengehörigkeit von Teil und Ganzem, Ursache und Wirkung usf., Hinweise auf das Verborgene. Sie machen uns fühlbar, wie weit wir noch von wirklichem, vollem Eingedrungensein entfernt sind. Wenn wir in solcher Weise wissend nichtwissen, dann sind wir in einer *Aporie*, stehen vor einem *Problem*. Sokrates ist der Entdecker des »Problembewußtseins« (wie N. Hartmann es nannte, der es hervorragend beschrieben hat). Nach seiner emotionalen Seite hin hat Platon es als ein »Staunen« charakterisiert und gesagt, diesem Staunen entspringe die Philosophie.

Denn das Problembewußtsein ist kein sich selbst genügender, in sich stabiler Zustand: seinem Wesen nach drängt es über sich hinaus. Unser nur antizipierendes wollen wir in fundiertes Wissen, das Ungewußte, von dem wir nur das *Daß* wissen, in ein auch nach seinem *So*sein Gewußtes, die Unsicherheit in Sicherheit verwandeln. So bringt das Problem den *Prozeß*, das Nichtwissen als Stimulans das bewegte Wissensverlangen in Gang. Als Entdecker des Nichtwissens ist Sokrates auch der Entdecker der philosophischen *Frage*. Was ist Wissen? Was ist Gerechtigkeit? Darum ging es in seinen Gesprächen. Die Vorsokratik kündet; Sokrates fragt.

Erfahrendes und denkerisches Forschen kann das Problem zum Verschwinden bringen. Das erlangte Wissen, sagt Aristoteles, versetzt uns in die entgegengesetzte Stimmung als die war, mit der wir es im Anfang suchten: zuerst wundert man sich über die Inkommensurabilität zwischen der Diagonale und der Seite des Quadrats; ein Geometer aber würde sich über nichts mehr wundern, als wenn die Diagonale auf einmal kommensurabel wäre. Bei Sokrates dagegen ist die Frage nicht nur ein erster Schritt. Er beharrt ohne festes Resultat in ihr als einer Lebenshaltung. Durch diese Isolierung macht er sie als eigenes Movens doppelt sichtbar. Er besitze und lehre, sagt er, sich damit gegen die zeitgenössischen Sophisten abgrenzend, kein Wissen, was er treibe, sei nur (in Ernstmachen mit dem Wortsinn) philo-sophia = Streben nach der Weisheit (erst *nach* ihm bezeichnet Philosophie auch die ruhenden Überzeugungen). Daher nennt er auch seine Jünger nicht Schüler, sondern »Mitstrebende«.

Später hat Nicolaus Cusanus (so wie er auch das Platonische Motiv der »Jagd« nach der Weisheit wieder aufnahm) mit seiner »docta ignorantia« an Sokrates angeknüpft. Aber das, worin die Belehrtheit der ignorantia besteht, ist ausschließlich Gott. Als der Unendliche geht er in unsern endlichen Verstand nie ein. Daher wissen wir von ihm nur, was er *nicht* ist (negative Theologie), wissen nur, daß wir von ihm nicht wissen können. Eben dies aber ist nun auch schon das ultimative Wissen, nicht nur die erste Stufe. Es leitet nicht, wie bei Sokrates, einen Prozeß ein, der womöglich durch sein Ergebnis, das gefundene Wissen, das Nichtwissen zum Verschwinden bringen soll. Sokrates weiß nicht, weil er noch nicht gefunden hat, und er hofft noch zu finden; die ignorantia des Cusanus ist selbst schon der Fund.

Normalerweise drängt sich ein Problem von allein auf: Unklarheit will aufgehellt, neue Erfahrung durch neue Kategorialität bewältigt, ein Widerspruch, auf den wir aufmerksam werden, beseitigt sein. Der Philosoph aber *sucht* das Problem: aus höherem Anspruch des Geistes findet er es, stellt er es sich noch dort, wo andere es nicht sahen. Hinter dem, was selbstverständlich schien, spürt er das Rätsel. Das *Bekannte* ist ihm noch kein genug *Erkanntes* (Hegel). Aus der Lösung kehrt er zur Fraglichkeit zurück, stellt entgegen dem Allgeglaubten neue Fragen: Könnten nicht andere Sitten bestehen? Sind die Dinge wirklich so, wie sie uns erscheinen? Damit wirkt er der natürlichen Tendenz unseres Geistes entgegen, die immer auf ein geschlossenes Weltbild, eine gültige Deutung geht. Er sprengt den Horizont auf, tritt hinter die Ordnungen zurück und bildet so zum Grundstrom eine Gegenströmung. Weil sie aus dem scheinbar Gesicherten wieder ins Offene taucht, deshalb ist Philosophie auch eine Sache des Mutes (Nietzsche). Sie muß nicht nur innerhalb des Geistes selbst die Schwerkraft überwinden, sondern auch innerhalb der Gesellschaft den Widerstand all derer, die sich die Geborgenheit im gerundeten Wissenskosmos nicht rauben, sich aus der Ruhe des vermeintlichen Schon-besitzens der Wahrheit nicht aufscheuchen lassen wollen. Sie sehen, wie Hegel gerade an Sokrates exemplifizierte, im Bringer der neuen Wahrheit nur den Zerstörer ihrer eigenen.

Noch Kant sagt gelegentlich, Philosophie könne man nicht

lernen wie Geometrie und Geschichte, sie sei ihrem Wesen nach »zetetisch«. Weniger aus dem Geist des Sokrates als aus dem des Calvinismus, der keine fruitio dei kennt und die Religion des Gott*suchens* ist, stammt der Satz Lessings (den sich später Kierkegaard, ihn existentiell wendend, zu eigen machte), dem Menschen gebühre nicht Wahrheit, sondern nur das Streben nach ihr (vgl. noch Fichte: das Wesen des Geistes sei reine Agilität). In unserm Jahrhundert hat, wie schon Schleiermacher die Religion nicht mehr von ihren Glaubensgehalten, sondern von der subjektiven Religiosität her definierte, so Georg Simmel auch die Philosophie nur noch in eine formale Bewegtheit des Geistes gesetzt, in eine funktionelle Art, mit den Dingen zu verfahren. Wie für die Lebensphilosophie, der er angehört, das Leben sich zwar immer in Formen objektivieren muß, und doch der höhere Wert nicht in diesen, sondern im strömenden Leben selbst liegt, so muß auch die Philosophie zwar auf Resultate zielen, hat aber ihren Sinn weit mehr in ihrer »Attitüde« als Grundkraft des Geistes. Man muß ihre Funktion und ihren Inhalt trennen – muß es um so mehr, als viele Probleme sich bei tieferem Eindringen nicht lösen, sondern verschärfen. Der Ertrag der Philosophie liegt nicht nur im richtigen Ergebnis, liegt überhaupt nicht im Ergebnis. »Die Forderung des metaphysischen Triebes wird nicht erst am Ende seiner Wege eingelöst.«

c) Philosophia ex dubitatione

Wir wachsen auf in dem, was der englische Altphilologe Gilbert Murray das inherited conglomerate nannte. Der Wissensbesitz einer Kultur ist nie ein konsequentes System. Wie in der Geologie lagern sich heterogene Schichten übereinander. Früheres wird nicht immer abgestoßen, auch wenn es mit neuen Überzeugungen unverträglich ist. Diese Inkohärenz der Überlieferung bildet ein erstes Motiv, das Kritik an ihr herausfordert. Vielleicht, so ist vermutet worden, waren es nicht zufällig die ionischen Kolonialgriechen, bei denen zuerst Philosophie entstand: die Unzulänglichkeit der Überlieferung mußten sie doppelt empfinden, da bei ihnen sogar zwei verschiedene Überlieferungen, die mitgebrachte und die orientalische ihrer neuen Heimat, sich gegenseitig relativierend, zusammentrafen. Das gab einen Boden ab, Überlieferung überhaupt hinter sich zu lassen und eigene Welterklärungen zu wagen. Auch diese aber provozierten sogleich wieder dieselbe Kritik wegen der von Anfang an bestehenden Vielheit philosophischer Entwürfe, wegen des noch von Kant gerügten »Chaos der Systeme«.

Ein zweites Motiv, überkommene Wahrheiten nicht blind zu übernehmen, liegt im sich steigernden Anspruch der erkennenden Vernunft selbst: Wahrheit wird jetzt von ihr einem Verhör (vgl. noch Kants »Kritiken« = Gerichtsverfahren) unterzogen, muß bestimmten Kriterien genügen. Es war das mathematische, genauer das arithmetische Ideal (deshalb verwandelte er die noch anschauliche Geometrie analytisch in Arithmetik), dem Descartes alle Erkenntnis unterwerfen wollte: sie hat sich zu bewegen in definierten, logisch aneinandergereihten Begriffen. Vor das Forum dieses Ideals zog er daher auch alle frühere Wahrheit, die vetus opinio, wobei hier zusammengehen erstens die Wahrheit, die man im Alltag zu hören bekommt, zweitens die der bisherigen Philosophie und drittens die selbsterfahrene der Sinne im Gegensatz zum Begriffsdenken (noch Hegel beschreibt, wie dem »sinnlichen Bewußtsein« beim Einsetzen der höheren Bewußtseinsformen »Sehen und Hören vergeht«!): sie alle muß Philosophie grundsätzlichem *Zweifel* unterziehen und darf diejenigen übrigbehalten, die den neuen, steileren Bedingungen der Erkenntnis genügen (vgl. A I c). Wie im Protestantismus der Mensch sich nicht in seiner Geschöpflichkeit hinnehmen darf, sondern sich vor Gott »rechtfertigen« muß, so müssen hier auch die Meinungen sich rechtfertigen, sonst werden sie verdammt.

Descartes hofft, aufgrund dieser Bedingungen bessere Wahrheit zu gewinnen. Und er glaubt auch von der älteren Wahrheit, daß vieles von ihr sich werde retten lassen. Er übt nur methodischen, nicht radikalen Zweifel wie die antiken Skeptiker, die der Sinnestäuschungen und der Trugschlüsse wegen Wahrheit überhaupt für unzugänglich hielten. Sein Zweifel will Stimulus, nicht Ende der Erkenntnis sein.

Vorhin sprachen wir von dem Unterschied, der darin liegt, ob ein Problem von selbst begegnet oder ob man absichtsvoll problematisiert. Analog auch hier. Descartes wartet nicht, bis

Zweifel sich einstellt, er erhebt ihn, wie gesagt, zur Methode. Damit aber geschieht etwas philosophiegeschichtlich Umstürzendes. Max Scheler nannte es die »Umkehrung der Beweislast«, des onus probandi. Ursprünglich ist man noch geneigt, der fremden Aussage Vertrauen entgegenzubringen (so wie früher, noch um 1900, wer Geld entleihen wollte, nicht erst auf seine »Kreditwürdigkeit« geprüft wurde). Wer an sie nicht glaubt, der muß sie *widerlegen*. Jetzt dagegen begegnet man ihr von vornherein mit Mißtrauen, und sie ist es, die sich *beweisen* muß. Früher galt alles für wahr, sofern nicht der Irrtum, jetzt gilt alles für falsch, sofern nicht die Wahrheit bewiesen wird (so wie im Staat von Locke alles erlaubt ist, was nicht verboten wird, während im Staat von Hobbes alles verboten ist, was nicht erlaubt wird). Deshalb mußte im Mittelalter nicht der Ankläger die Schuld des Angeklagten, sondern der Angeklagte seine Unschuld beweisen, und erst später hat auch dies sich umgedreht.

Was mit Bacon, dessen »Novum Organon« in seiner ersten pars destruens zunächst die »Idole«, die den Geist verwirrenden und blockierenden Götzen der Erkenntnis, durchschaut und stürzt, und mit Descartes begann, das hat sich fortgesetzt und verschärft in der aufklärerischen »Entlarvung« des »Vorurteils«, in der »Ideologiekritik«, die der Marxismus an allen geistigen Gebilden übt, ebenso in der Psychoanalyse, die aus ihnen, sowie aus Handlungen und Verhaltensweisen, dem Subjekt selbst unbewußte Motive herausliest. Die Neuzeit ist das »Zeitalter der Verdächtigung«.

Das Nichtwissen des Sokrates richtete sich auf das noch unerforschte Seiende. In es wollte er weiter eindringen. Der Zweifel des Descartes dagegen richtet sich nicht auf das Seiende, sondern auf unsere Erkenntnisgebilde von ihm. Wir besitzen alles Seiende nach dem »Satz des Bewußtseins«, den erst Reinhold formuliert, den aber schon Descartes voraussetzt, nur durch das Medium unseres Bewußtseins und der Erkenntnisgebilde, mit denen wir es fassen und über deren Zwischenwelt der scheinbar unmittelbare Weltzugang geleitet ist. Die *Erkenntnis* gilt es zu verbessern: sie soll möglichst *sicher*, soll unerschütterlich sein. Sokrates sucht die Wahrheit des Seienden; Descartes sucht die Sicherheit der Wahrheit.

Auch Sokrates prüft (basanizein) die Wahrheit auf ihre

»Festigkeit«. Auch Descartes geht es um Wahrheit, von der ja Sicherheit nur die höchste Qualität ist. So scheint der Unterschied gering. Faktisch ist er ungeheuer. Denn jetzt entsteht der Philosophentypus, der nicht mehr primär die intentio recta zur Sache hin vollzieht, sondern auf reflektiert-gebrochener Stufe nur noch die intentio obliqua zur Erkenntnis hin. Seine Grunderfahrung ist nicht das Sein, sondern der Irrtum. Da sie irren könnte, wird Erkenntnis in die Zucht strenger Methode gespannt, die sie auf den Weg zum unerschütterlich Gewissen (inconcussum) bringen soll. Das Ergebnis wird verifiziert resp. falsifiziert. Es wird »Letztbegründung« verlangt.

Dieses aus Enttäuschung, aus einem Trauma der Verführten geborene Pathos der Vorsicht, schon immer ein Moment der Philosophie, tritt seit Descartes in sein Intensivstadium. Es kennzeichnet einesteils eine Reife. Wir verdanken ihm Schutz gegen wild wuchernde Gedankenphantastik. Anderseits ist es parasitär: es setzt das Interesse an der Welt, die Zuwendung zu ihr, bereits voraus. Wo es alleinherrschend wird, führt es zur Verkümmerung der Philosophie. Denn es könnte sein, daß wir über geringfügigere Dinge zu sicherer Wahrheit gelangen als über die wesentlicheren Dinge. Darf also Philosophie kein Wagnis mehr sein, macht jede Aussage sich lächerlich, die man nicht durch Computer schnurren lassen kann, so läuft dies darauf hinaus, an den tieferliegenden Problemen des Seins, der Geschichte, der Existenz vorüberzugehen und sich gegen sie abzuflachen.

d) Philosophia ex individuo

Schon seinem Bauplan nach ist der Mensch mehr als nur Vitalität. Da ihm die Instinkte fehlen, muß er sein Handeln – das eben deshalb mehr als ein Verhalten und Reagieren ist – selbst entwerfen. In jeder Gemeinschaft bilden sich zwar traditionale Handlungsmuster heraus. Dennoch wird der Einzelne in einmaliger Situation vor neue Entscheidungen gestellt; situationsgerecht und erfinderisch darf er die Muster abwandeln. Als das schöpferische Wesen ist er das individuierte Wesen.

Aber neben der Anthropologie des Individuums steht die Kulturgeschichte des Individuums. In Primitivzuständen dominieren die Traditionen, die das ganze Leben mit dichtem

Geflecht umklammern. Sie gelten um so strenger, als sie immer zugleich magischen Sinn haben: jede kleinste Abweichung könnte unvorhersehbares Unheil für den ganzen Stamm heraufbeschwören. Daher neigen Frühkulturen dazu, sich selbst zu »fossilisieren« (Toynbee). Relativ geschichtslos wird das einmal Institutierte selbstwerthaft konserviert. Veränderungen geschehen nur vom Bewußtsein ungewollt und unbemerkt. Die bewahrende Kraft überlagert also hier noch ganz die schöpferische Kraft und hält sie nieder. Deren Träger, das Individuum, kommt gegen die Gemeinschaftstradition nicht auf.

Erst sehr spät, seit der Hochkultur, in wirklichem Durchbruch aber erst seit den Griechen, erstarkt das anthropologisch schon Angelegte auch geschichtlich zu größerer Selbständigkeit und Mächtigkeit. Erst jetzt zwingt das Individuum als Gegenspieler die Tradition, die bisher als altererbt-geheiligte unangefochten blieb, zur Selbstrechtfertigung. Es findet Mut und Kraft, sich von ihrer Autorität, ihren Erwartungen, loszusagen. Frei, mit eigenem Denken und Tun, mit neuen Entdeckungen und Erfindungen, tritt es ihr auf allen Gebieten entgegen. Es revolutioniert die Gebiete selbst, schafft bisher noch nicht bestehende. Das Individuum, das sich bisher noch nicht kannte, sich nicht vorwagen durfte, wird schließlich von der komplexeren, beweglicheren Kultur, die nur von ihm in Gang gehalten und erneuert werden kann, selbst bejaht und gerufen.

Dies ist die Welt, in der, entgegen überkommenen Seinsdeutungen, die mit dem gesamten Traditionsgut unbefragt durch die Generationen weitergereicht wurden, als selbstgefundener Entwurf eines Einzelnen, auch die Philosophie entsteht. Sie setzt eine unabhängig von ihr gewonnene Individualisierungshöhe schon voraus. Nachdem Philosophie aber existiert, wird sie ihrerseits zur Waffe des Individuums, trägt dazu bei, es noch mehr gegen die Ansprüche der Vergangenheit und der Vielen zu stärken. So steigern beide sich gegenseitig.

Der Individualisierungsprozeß vollzieht sich in drei Dimensionen.

1. In der Sippenfehde wird, wenn die eine Sippe einen Mann aus der andern getötet hat, zur analogen Schädigung von dieser ein (gleichgestellter) Mann aus jener getötct. Ius talionis aber auch intrasozietär: Wenn ein Baumeister ein Haus schlecht baut, so daß es einstürzt und den Sohn des Besitzers erschlägt,

so soll man zur Strafe – den Sohn des Baumeisters töten!
(Hammurapi) – Gegenüber dem orientalischen Recht entdeckt
zuerst das Alte Testament das *juristisch-ethische Individuum*:
»Die Väter sollen nicht für die Kinder noch die Kinder für die
Väter sterben, sondern ein jeglicher soll nur für seine Sünde
sterben« (Deuteronomium). Rechtlich-sittliche Verantwortung
ist unübertragbar. Eines jeden Tun kann nur ihm allein zugerechnet werden.

2. Die moralische Herauslösung aus dem Sozialverband bedeutet aber noch nicht Herauslösung aus der in ihm herrschenden Tradition. Gegen sie verselbständigt sich erst das
rationale Individuum der Griechen. Die in jedem wirkende
Vernunft bildet die Gegenmacht, auf die vertrauend es sich der
Bevormundung und dem Konformitätsdruck der Tradition entzieht und den Konflikt mit ihr nicht mehr scheut. Durch Vernunft wird es eigenzentriert, autonom.

Aber erkennende Vernunft entdeckt nur die schon vor ihr
bestehende Wirklichkeit, Struktur und Norm. Es macht keinen
Unterschied, ob die Vernunft des einen oder des andern sie
entdeckt. Wahrheit ist für alle die gleiche: sonst wäre sie
nicht Wahrheit. Und ebenso ist die ihr zugeordnete Vernunft
in allen die gleiche. Sokrates und Kallias unterscheiden sich
nur »durch Fleisch und Knochen« (Aristoteles). Eben dies
bildet die Grenze der Vernunftindividualisierung. Sie verein*zelt*,
aber sie verein*zigt* nicht. Jeder wird zwar durch sie zu einem
selbständigen Vernunftzentrum – so wie in der Bibel zu einem
moralischen Zentrum – und dadurch gegen die Tradition im-
munisiert. Aber für die Befreiung tauscht er sogleich eine neue
Bindung ein. Er tritt aus der allgemeinen Sitte nur heraus, um
sich einer anderen Allgemeinheit, wenn auch einer von ihm selbst
eingesehenen und anerkannten, der der objektiven Wahrheit,
unterzuordnen. Uniformität herrscht in der Traditionsgruppe
wie in der Vernunftwelt.

3. Aus ganz andern Quellen als Vernunft entdecken Renaissance und Goethezeit das *qualitative Individuum*. Hier
ist jeder durch einmalige, nichtwiederkehrend-unverwechsel-
bare Besonderheit, durch nur ihm gehörige Eigenart, vom
andern unterschieden. Wie der Neuzeit, da sie nicht mehr
durch den Univeralienschleier schaut, das Individuelle der
Dinge konturierter offenliegt, so das Individuelle des Men-

schen. Weil seine Kraft und sein Glanz nicht mehr in der Teilhabe an einer höheren Norm besteht, setzt sie sie in seine Individualität. Deshalb wird Individualität, die faktisch schon immer bestand, erst jetzt, als bejahte, eigens kultiviert. Allein dies wäre nur ein Äußeres. Eine Innerlichkeit der Seele unterhalb der Vernunft tut sich auf. Die Norm, die der Grieche erkennend als eine allgemeine außer sich fand, findet der moderne Mensch handelnd als eine persönliche und doch nicht nur private in sich. Der Grieche formt in seinem Werk das Vernunftgeschaute nach: er verhält sich imitativ; der moderne Mensch drückt seine geschichtliche und individuelle Situation aus: er verhält sich creativ.

Philosophie entspringt ihrem Selbstverständnis nach dem rationalen, aber ihrer Wirklichkeit nach auch dem qualitativen Individuum. Ein Empiriker kann noch eher für den andern eintreten, Philosophie bleibt persönlichkeitsgebunden. Darin liegt ihre Verwandtschaft mit der Kunst. Um einen Einzelnen bildet sich eine Schule, die sich aber mit ihm oder bald nach ihm wieder auflöst. Obgleich philosophische Ideen die Geschichte bewegen (Hegel), liegt darin die Schwäche der Philosophie als Weltmacht.

e) Philosophia ex ratione

1. *Philosophie und Aufklärung.* Das Individuum, so sagten wir, erwacht zu sich selbst, indem es zur Vernunft erwacht. Die Vernunft, die bisher hinnahm und gehorchte, entdeckt sich jetzt selbst als eine revolutionäre Kraft. Vor den »Richterstuhl der Vernunft« zieht sie alles Überkommene, nimmt sich selbst »zum Probierstein der Wahrheit« (Kant). Vernunft fragt grundsätzlich, hält sich ans Gegebene und Wahrscheinliche, systematisiert: deshalb setzt das Individuum nicht bloß an die Stelle des bisherigen mythischen Weltbildes ein neues mythisches Weltbild, sondern Philosophie und Wissenschaft.

Vernunft erstrebt aber nicht nur reinere Erkenntnis. Wie sie an alle Überzeugungen herantritt mit der Frage: sind sie wahr?, so an die bestehenden Institutionen mit der Frage: sind sie gut? Sie nimmt aus sich das Bild einer gerechteren Ordnung. Auf sie hin soll die in sich ruhende Welt in der Zeit – die dadurch erst eine Richtung gewinnt – verändert werden. Neben

dem Sein gibt es nun ein Sollen, neben dem Woher ein Wohin:
der »Ursprungsmythos« ist gebrochen (Tillich).

Indem sie sich das Interesse der Vernunft selbst zu eigen
macht, Vernunft zum Maßstab und zum geschichtlichen Hebel
werden läßt, ist Philosophie Aufklärung. Sie war es seit je
(»Nüchtern sei und lerne zweifeln, denn das ist des Geistes
Mark« Xenophanes) und bleibt es in einer Grundschicht
immer.

Sie ist aber nicht *nur* Aufklärung. Denn zur Aufklärung
gehört eine bestimmte Zeitsituation, gehört der Kampf gegen
Vorurteil und falsche Autorität. Sie sollen an ihren schwachen
Stellen getroffen, durch Vernunft widerlegt und entthront werden. Aufklärungen sind Oppositionsbewegungen, sie zerstören.
Sie wollen auch aufbauen: die vernünftig-humane Gesellschaft;
aber auch damit *wollen* sie etwas, binden sich an das praktisch
Planbare. Sie kennen keine zweckfreie Kontemplativität. Es
gibt Fragen, die sie von vornherein nicht stellen. Das begrenzt
sie sowohl thematisch wie hinsichtlich der Tiefe des Ein-
dringens. Die Romantik hat der Aufklärung »Plattheit« vorge-
worfen, die daher rühre, daß sie die Gemütskräfte vernach-
lässige. Philosophisch muß der Vorwurf anders lauten: sie
unterdrückt auch Vernunftkräfte, die erst in der großen Gelassenheit eines weniger emotioniert-revolutionären Augen-
blicks wieder frei werden. Daher entstehen die größten Philosophien (Platon, Hegel) *nach* den Aufklärungen.

Anderseits: Philosophie kann, als solche oder in einzelnen
Systemen, auch die Anerkennung einer ganzen Zeit finden
(wie im Hellenismus). Sie kann offizielle Philosophie der ihr
sonst feindlichen Mächte, der Kirche (Aristoteles im Mittelalter) oder des Staates (Marx im Ostblock) werden (Altar- und
Thron-Philosophie). Eben dadurch aber, daß sie von der auf-
klärerisch-progressiven Seite auf die bewahrende hinübertritt,
verliert sie auch etwas, was sie nur auf jener und solange
besitzt, als sie »Dynamit« (Nietzsche) ist. Ein Gegenstoß zu sein,
erweckt in ihr Kräfte, die sonst erlahmen. Ein Kostbarstes
in ihr entfaltet sich nur, solange sie noch Contrebande ist. Die
Philosophie des liberalen 19. Jahrhunderts, die nichts befocht
und von niemandem befochten wurde, ist matt. Groß sind nur
die drei, die die Zeit aufwecken wollen: Kierkegaard, Marx,
Nietzsche.

Nicht zum Establishment zu gehören, steht der Philosophie auch deswegen an, weil sie wohl notwendige Fragen stellt, aber in den Resultaten nie wie Wissenschaft streng beweisbar ist (vgl. B IV). Solange sie kämpft, ist dieser Wagnischarakter legitim, weil ihre Thesen dann eine Waffe sind, die so gut ist wie ihre Hieb- und Stichkraft. Nur durch eigenes in Anspruch genommenes Recht läßt sich der Gegner ins Unrecht setzen. »Die Sonne ist größer als der Peloponnes« (Anaxagoras): so weit dies von der vollen Wahrheit entfernt bleibt, es entthronte den noch größeren Irrtum des seinen Wagen über den Himmel lenkenden Helios. Der neue Mythos der okkulten Kräfte war eine wissenschaftliche Verbesserung des alten Mythos der Finalursachen. Sobald dagegen die neue These gesiegt hat, tritt hervor, wie sehr sie nur ein Wagnis, wie anzweifelbar auch sie ist. Als herrschende muß sie gesichert sein: dieser Anspruch löst Philosophie, die nie gesichert ist, auf. Das Hinausgehen über die Grenzen festen Wissens, das zur inneren Situation der Philosophie gehört, bindet sich besser mit der auch geschichtlichen Situation des Hinausdrängens über die Grenzen einer allgemein akzeptierten Weltordnung.

Offenbar müssen also in der Philosophie zwei entgegengesetzte Kräfte zusammenwirken, eine kämpferische, die den Mut zum »Abenteuer der Vernunft« (Kant) gibt, und eine kontemplativ weitende und kontrollierende.

2. *Instrumentelle Vernunft.* Die Vernunft, so sagten wir, vertritt als solche ein Interesse. Sie ist die Partei ihrer selbst. Aber auf der andern Seite ist sie auch wieder bloß eine formale Kraft, leeres Denken ohne eigene Substanz, »instrumentelle Vernunft«. Sie wird von andern Interessen in Dienst genommen und läßt sich in Dienst nehmen. Außerphilosophische, kompakt-reale Bedürfnisse der Menschen sind es, die ihr ihre Fragestellungen, ja z. T. ihre Ergebnisse zuspielen. Da aber die Bedürfnisse mit den Zeiten wechseln, wechseln auch die Philosophien.

Im Hellenismus ist Philosophie Ethik: sie gibt dem Einzelnen den Halt, den er in Religion und Polis verlor. Im Mittelalter ist sie ancilla theologiae: sie beweist Gott und Unsterblichkeit. Dies ist auch sonst oft die ihr zugewiesene Funktion: sie rationalisiert bloß eine ihr schon vorgegebene Weltanschauung. In der Aufklärung wird sie zum Instrument der

Befreiung von Feudalstaat und Kirche: jetzt *widerlegt* sie Gott und Unsterblichkeit. Im Mittelalter systematisiert sie das vorhandene Wissen, in der Aufklärung bereitet sie den Umsturz vor. Die Naturwissenschaft entsteht: jetzt macht sich Philosophie zur ancilla scientiae. Als Erkenntnistheorie und Methodologie stärkt sie sowohl die entdeckerische Potenz wie die Sicherheit der Wissenschaft.

Es gibt gleichbleibende Probleme, auf die die Philosophie durch ihr Gestelltsein in die immer gleiche Welt immer wieder stößt: die Probleme des Seins, des Menschen, des Zusammenlebens, des Guten, der Erkenntnis. Es gibt aber keine philosophia perennis, weder in dem Sinne, daß sie als solche bereits eine bestimmte Lehre einschließt, eine ewige Wahrheit verkündet, noch im Sinne Hegels (und N. Hartmanns), daß Vernunft aus eigener innerer Konsequenz selbstgestellte Probleme sukzessive reiferen Lösungen zuführt. In Wahrheit geschieht der Fortgang der Philosophie nicht durch Problemlösungen, sondern durch das Auftauchen neuer Prinzipien. Diese stammen teils aus dem weitergehenden philosophischen Denken, teils aber auch aus der sich unabhängig von der Philosophie verändernden geschichtlichen Großwetterlage. Philosophiegeschichte läßt sich nicht als autonomes Gebiet aus sich selbst verstehen, sondern nur im Zusammenhang der allgemeinen Geistesgeschichte, innerhalb deren sie ein Teilglied ist. Jedes Zeitalter schafft sich je nach seinen historisch-individuellen Zwecken wieder eine eigene Philosophie. Sie entsteht nicht durch logische Entfaltung der gleichen Essenz, sondern jeweils durch Gerufensein von einem neuen Zeitauftrag. Die Kontinuität mit früheren Formen der Philosophie selbst wird überwachsen durch die Verwandtschaft mit andern Kulturdomänen, mit denen gemeinsam sie Ausdruck derselben Epoche ist, die geschichtliche Einheit der Philosophie durch die gegenwärtige Einheit des Zeitgeistes.

f) Philosophia ex homine – die Philosophie als Spiegel des Menschseins

1. *Theoretizität* (vgl. C VII b). Das Verhalten der Tiere wird durch Instinkte gesteuert. Deshalb müssen sie von den Dingen nur so viel erkennen, als genügt, um die jeweils notwendige

Instinktreaktion auszuklinken. Sie tragen in sich relativ grobe Apperzeptionsschemata des für sie Lebensrelevanten. Ein Holzdreieck, das man aus bestimmter Höhe auf Hühner herabschweben läßt, appelliert bereits an ihr inneres Bild »Greifvogel« und bringt die Fluchtreaktion in Gang. Da der Instinkt es ist, der das situationsgerechte Verhalten garantiert, sind die Dinge noch kein eigenständiges Gegenüber, sondern nur Signale. In den eigenen Vitalstrom einbezogen, fungieren sie als Korrelate von Bedürfnissen.

Der Mensch muß selbst bestimmen, wie er sich gesellen, verständigen, ernähren, kleiden, verteidigen will. Für all dies findet er in sich keine vorgeprägten Muster, die er bloß zu erfüllen brauchte. In jeder Kultur bilden sich zwar feste Verhaltensweisen heraus, aber sie müssen geschaffen und abgewandelt werden. Deshalb muß der Mensch die Dinge viel umfänglicher, muß sie von innen her in ihrem Selbstsein, in ihren Eigenschaften und Gesetzen kennen. Nur dann kann er sein Handeln sachgerecht auf sie hin entwerfen, kann sie in es einsetzen und sie immer wieder für anderes verwenden. Er weiß nicht nur mehr und Genaueres von den Dingen als das Tier, sondern es besteht ein qualitativer Unterschied: sie sind ihm zunächst bedeutungsindifferent, nicht immer schon und nur als Relationsglieder für eine bestimmte eigene Praxis, sondern von ihr abgerückt, als eine neutrale reine *Gegenstandswelt* gegeben. Erst bei ihm werden sie überhaupt zu selbständig-abständig in sich ruhenden, subjektunabhängigen »Dingen«, für sein eigenes Lebenszentrum objektive Gegenzentren. Das Subjekt im vollen Sinne konstituiert sich überhaupt erst als Antipode der gegenständlichen Welt (Wundt; vgl. die »Konstitution durch das Du« bei Feuerbach und im »Dialogismus«, heute im »Interaktionismus«).

Der Mensch ist nicht primär animal rationale, sondern animal creativum. Statt homo sapiens müßte er homo inveniens heißen. Seine Schöpferkraft ist es, wegen deren er des Instinkts nicht bedarf. Dennoch ist er *auch* animal rationale, aber es gilt, dies anthropologisch an der richtigen Stelle einzusetzen. Nur *damit* er das schöpferische Wesen sein kann – so läuft der Zusammenhang und die innere Abhängigkeit –, muß er auch das erkenntniskräftigste Wesen sein. Alle Theorien, die den Menschen von Haus aus einen bloßen homo faber sein lassen, haben zwar recht insofern, als die Erkenntnis auch beim Menschen kein selbstzweckhaftes Gottesgeschenk, sondern auf mögliche künftige Praxis hingeordnet ist. Sie haben aber unrecht, wenn sie sie unmittelbar schon auf eine *bestimmte* Praxis hinordnen. Zum Aufbau der spezifisch *menschlichen* Praxis gehört gerade, daß jeweils ein Überfluß, ein Überhang des Wissens über das verwendbare Wissen herrscht, daß – entgegen Heideggers These – das *Zuhandene* zu einem solchen erst *wird* aus dem ursprünglichen *Vorhandenen*. Grundsätzlich wird der Wissensvorrat nur angelegt, damit später Praxis aus ihm das jeweils passende Wissen aussuchen kann; aber im Moment des Erwerbs jedes Einzelwissens wird dieser Zusammenhang nicht aktualisiert, er darf nicht aktualisiert werden. Denn wenn der Praxisbezug zu gradlinig ist, wenn er zu früh bewußt und richtunggebend wird, so verhindert dies gerade die Entstehung des (dann auch für die Praxis notwendigen) Wissen*überschusses*. Schon kraft seiner Gattungsanlage ist der Mensch urwüchsig auch »Theoretiker«.

Faktisch schränkt sich der Mensch in jeder Kultur doch wieder in eine »Umwelt« ein, die er zwar jederzeit erweitern kann, innerhalb deren jedoch der Bogen zwischen Wissen und Praxis relativ geschlossen zu sein pflegt. Die bereits hochstehende Astronomie der orientalischen Völker diente der Schiffahrt, der Kalenderberechnung und der Wahrsagerei, die Geometrie der Feldvermessung und der Architektur (die indische Geometrie kennt keine Demonstration, sondern gibt Rezepte). Erst die Griechen (vgl. A II a) erheben in Philosophie und Wissenschaft die Erkenntnis zum Selbstzweck, so wie bei ihnen auch die Kunst nicht mehr nur als Magie, Seelenbeschwörung, Votivgabe oder Propaganda im Rahmen von Religion oder Staat steht, sondern autonom wird.

Aber die reine Theorie entsteht nicht, wie Schopenhauer wollte, in einem Sklavenaufstand gegen die, wie er glaubt, genuine Funktion des Erkennens als Willensorgan. Theorie knüpft, indem sie es aus den verkleinernden Überlagerungen durch die Praxis wieder herauslöst und isoliert hervortreten läßt, an die schon ursprüngliche relative Eigenwüchsigkeit des Erkennens an. Der »Ursprung«, das zweckfreie Sichvertrautmachen mit den Dingen, liegt nicht am zeitlichen »Anfang«, sondern ist durch den besorgenden Umgang mit ihnen immer schon übersprungen und verraten. Die Gegenbewegung, von der Schopenhauer spricht, richtet sich nur gegen diesen zwar natürlichen und dennoch veruneigentlichenden Praktizierungsprozeß. Nicht sie »sublimiert« das Erkennen, sondern die Praktizität hatte es deteriorisiert. Philosophie stellt nur her und holt zurück, was es seinem gewachsenen Sinn nach schon immer war, rettet den Ursprung gegen den Anfang. Aus unausdrücklichem wird ausdrücklicher Ursprung. Die Griechen treiben bloß die schon gattungshaft gegebene und motivierte Selbständigkeit des Erkennens noch ein Stück weiter voran. Sie bringen zur Reife und dynamisieren, was bereits eine menschliche Urmitgift ist. Die Griechen haben sozusagen Gedanken der Natur bei der Erschaffung des Menschen – auch Individualität und Freiheit – noch einmal gedacht. Daher vollzieht sich bei ihnen eine zweite Menschwerdung.

2. *Bewußtheit.* Aus dem sie beim Tier mitumspannenden Vitalstrom lösen sich beim Menschen nicht nur die jetzt erst selbständig werdenden »Dinge« heraus, sondern auch seiner eigenen Subjektivität tritt er erkennend gegenüber. Er lebt nicht mehr in der totalen Identifikation mit ihr. Mit den Dingen betrachtet er sich selbst. Zwischen sein Dasein und sein Bewußtsein legt sich eine Distanz. Aus einem orientierunggebenden Moment im Lebensablauf wird das *Bewußtsein* zur eigenen Reflexionsmacht.

Auch diese anthropologisch veränderte Stellung und Kraft des Bewußtseins hat später die Philosophie übernommen und hochstilisiert: ethisch, indem der Mensch aus der schizothymen Fähigkeit des betrachtenden Neben-sich-selbst-stehens Überlegenheit über sein Schicksal und über seine eigenen Leidenschaften und damit die Gelassenheit des In-sich-selbst-beharrens ziehen soll; aber nicht nur ethisch: da alles Sein uns nur durch das Mittel des Bewußtseins gegeben ist, wird das Bewußtsein seit Descartes zum »Ursprung« und damit zum eigentlichen Feld der Philosophie; seine Steigerung zu immer helleren Graden und zuletzt zur Philosophie, bis hin zu derjenigen Philosophie, in der das Bewußtsein zum Bewußtsein kommt, wird bei Leibniz, Schelling und Hegel zum Ziel des Natur- und Geschichtsprozesses.

3. *Problematizität.* Daß nicht Instinkte das Wie seines Handelns regeln, bedeutet, daß der Mensch an sich selbst ein

106

Problem vorfindet (Plessner, Gehlen). Es ist ein Problem nicht nur des praktischen Überlebens, sondern auch der Welt- und Selbstdeutung. Er löst es in einem kulturellen und einem individuellen Lebensstil. Aber neben der jeweils gefundenen Lösung sind andere möglich: daher die unübersehbare, beständig noch vermehrte Mannigfaltigkeit solcher Stile. Unterhalb der Vereindeutigung besteht die Unabgeschlossenheit im Grunde immer fort.

Dieses Moment der *Problematizität* wird von der Philosophie aus den Beantwortetheiten, von denen es geschichtlich immer schon überdeckt ist, herausgelöst, verselbständigt, zu Bewußtsein gebracht. Wie die Probleme, die sich mit dem Menschsein als solchem stellen, nie definitiv zum Verschwinden gebracht werden können, so auch (im Unterschied zu den wissenschaftlichen) die Probleme der Philosophie. Daher die Vielzahl der metaphysischen Systeme, die im Medium des Gedankens der Vielzahl der kulturellen Formen korrespondieren. So bildet die Philosophie ein wiederholendes Analogon zu einem Wesensgrundzug des Menschen.

4. *Conservatio und innovatio.* Der Mensch lebt aus zwei Begabungen, der rezeptiv-bewahrenden und der ersinnend-schaffenden. An die Stelle der Instinktlenkungen treten Traditionen, die er gemeinhin bloß lernend übernimmt und treu weitergibt, und tritt, geschichtlich und individuell seltener sich regend, die Kraft zur Entscheidung, zum Neuen. Sie aber ist die grundlegende; aus ihr entspringen auch die Traditionen.

Diese *Doppelheit* spiegelt sich auch in der Philosophie. Wie wir schon sahen, bringt sie bald bloß das schon vorhandene Weltbild und Lebensgefüge auf Prinzipien, systematisiert und rationalisiert es. In andern Zeiten (es sind auch die Zeiten der großen Individuen) spürt sie hinter den verhüllenden Verfestigungen wieder das Rätsel hervor, bringt sie als eine reformative *philosophia militans* ins Wanken und wagt eigene Entwürfe.

Daß Philosophie entstand, war geschichtlich ein Zufall, so wie auch die Entstehung des Menschen in der Geschichte der Lebewesen ein Zufall war. Der einmal entstandenen aber haftet gleichwohl Notwendigkeit an. In ihr wiederholt sich das anthropine Prinzip als geistiges Prinzip.

II Einheit und Wesen der Philosophie

a) Fragepunkte

Es gibt eine Reihe typischer Fragerichtungen der Philosophie. Sie alle hängen untereinander zusammen, überkreuzen sich. Doch läßt sich das Verbindende nur in den Spezifikationen aufzeigen. Daher müssen wir aufzählend vorgehen. Und auch eine zwingende Reihenfolge geschichtlicher oder systematischer Art gibt es hier nicht.

1. *Eigentliches und abhängiges Sein. Ansich und Erscheinung.* Philosophie geht davon aus, daß es, im Einzelnen und im Ganzen, »Zugrundeliegendes« und von ihm Getragenes, Abhängiges gibt. Sie statuiert einen Dualismus zwischen primärem stärkerem Sein, dem ens metaphysicum, und sekundärem schwächerem Sein. Sie zielt auf das *wahrhaft Seiende*, das »eigentliche« »Sein«, Platons ontōs on (das »auf seiende Weise Seiende«). Das Verhältnis kann so gefaßt werden, daß auch das übrige real Seiendes ist, jedoch von geringerem Seinsgewicht. Es ruht ja auf jenem als seinem Fundament auf. Oder es wird erklärt: die »äußere« Realität sei in Wahrheit nur trügerische »Erscheinung«, zustande kommend durch unsere verfälschenden Sinne. »Hinter« dieser Oberfläche verhülle sich die einzig wahre Wirklichkeit, die der subjektiv bedingten Erscheinung gegenübersteht als das bewußtseinsunabhängige »Ansichsein«. Nach Parmenides bestehen alle Vielheit und alle Bewegung nur in unserer Doxa!

Die erste Aufgabe der Philosophie, um zum wahren Sein vorzudringen, muß also sein, den Vordergrund resp. den Schein zu durchstoßen. Da dieser aber auf unserm sich zu rasch begnügenden resp. falschen Wissen beruht, findet zugleich eine Rückwendung vom Sein auf das Wissen statt. Das unzulängliche Wissen muß destruiert, eine bessere Erkenntnisweise ermutigt, vervollkommnet oder geschaffen werden.

2. *Strukturelle Ganzheit und Teil.* Philosophie geht, auf den verschiedenen Gebieten und im Großen, auf das *Ganze*. Sie beobachtet nicht so sehr Einzeltatsachen (das ist auch eine psychische Veranlagung), sondern sucht das, worin und wodurch die Tatsachen zusammengehören, was sie zur Einheit verknüpft. Diese Einheit liegt nicht nur im gemeinsam »Zugrundeliegen-

den«, in den ontischen Voraussetzungen oder genetischen Quellpunkten, sondern auch in Aufbau und Zusammenhang, in umspannenden Strukturen eben des »Ganzen«, das »mehr ist als die Summe der Teile« (Aristoteles), sich also nicht bloß enzyklopädisch-additiv aus ihnen zusammensetzen läßt. Es enthält Eigenschaften, die man in den Teilen, obgleich es aus ihnen besteht, vergeblich sucht.

Einzel- und Ganzheitserkenntnis, die beide notwendig sind, ergeben sich aus verschiedenen Distanzen (Simmel), die es gilt, sinnvoll ineinander zu verschränken. Aus sehr großer Nähe sehe ich nur die Körnigkeit der Steine, aus denen das Haus gebaut ist, trete ich in weitere Entfernung, so sehe ich nun zwar die Körnigkeit nicht mehr, habe aber deswegen nicht nur ein schlechteres und verschwommenes, sondern ein qualitativ anderes Bild, denn jetzt erst erschließt sich mir das Haus in seinen Konturen. Erst aufgrund des Fernbildes erkenne ich aber auch, welche Funktion das bisher nur isoliert gesehene Einzelne im Gesamt versieht, erkenne den Zusammenhang und die verbindende Einheit. So wirkt das Fernbild auf die Einzelsicht zurück, sie kommt erst in seinem Rahmen zu ihrem eigenen Ziel.

Was Metaphysik vom Ganzen aussagt, das braucht anderseits nicht von allen Einzelteilen bestätigt zu werden: wie Bossuet glaubt auch Hegel an einen Plan, nach dem die Weltgeschichte verläuft, aber deswegen wie jener das Walten des Planes in jedem beliebigen Faktum zu suchen, wäre »Kleinkrämerei des Geistes«; der Fromme glaubt an die Hilfe Gottes, aber er fällt aus seinem Stil, wenn er diese Hilfe für die banalen Nöte des Tages herabfleht – »Gott füllt die Schüssel, nicht den Löffel«.

Seit dem Hellenismus spricht man von philosophischen »Systemen«. Die Form des Systems ist zwar spät und künstlich: ein Vorsokratiker umspannt die Welt mit einem einzigen Satz. Es fehlt auch nicht an Opposition gegen die Systeme, nicht nur im Namen der Existenz wie bei Kierkegaard: Nietzsche wirft ihnen »Mangel an Rechtschaffenheit«, die Phänomenologie konstruktive Vergewaltigung des Gegebenen vor. Dennoch behält Kant recht, wenn er sagt, die philosophische Vernunft sei ihrer Natur nach »architektonisch«: sie läßt Erkenntnisse nicht unzusammengehörig nebeneinander stehen, sondern ergänzt und verknüpft sie nach Maßgabe letzter »regulativer Ideen« (von denen Wundt dann noch weitere namhaft machte).

3. *Allgemeines und Exemplar. Grade der Allgemeinheit.* Nicht das Einzelne erforscht auch der, dessen Blick auf das *Allgemeine* gerichtet ist. Als Nicht-nur-einzelnes weist das Allgemeine Verwandtschaft mit dem Ganzen auf. Beide entziehen sich dem Atomisierungsdogma. Aber dem Ganzen stehen Teile, dem Allgemeinen Exemplare gegenüber. Die Teile sind anders als das Ganze und können auch untereinander verschieden sein (Platons Beispiel: wie die Teile des Gesichts im Unterschied zu Teilen Goldes); sie bauen gemeinsam seine höhere Struktur auf. Dagegen wiederholt sich das Allgemeine als das ihnen Gemeinsame in allen Exemplaren, die daher auch untereinander gleich sind. Wer den Teil kennt, kennt noch nicht das Ganze, denn es umspannt ihn, aber ist nicht in ihm »anwesend« (Platons Begriff der parousia). Dagegen kann man an einem einzigen Dreieck einen geometrischen Lehrsatz demonstrieren, aus einem einzigen Exemplar durch »Wesensschau« (Husserl, Scheler) die Tier- oder Pflanzengattung herausheben.

Allgemeines gibt es auf jedem Gebiet. Es gibt aber auch verschiedene Grade der Allgemeinheit, eine »Begriffspyramide«, bei der die jeweils »höheren« Begriffe an *Inhalt* ärmer und an *Umfang* weiter werden. Es gibt das Aristotelische »am meisten Allgemeine«. Von diesem allgemeinsten Sein gilt der Satz vom Widerspruch, auf es erstrecken sich noch diesseits allen Einzelseins die Kategorien und die Modalität. Noch Christian Wolff stellt neben die metaphysica specialis die metaphysica generalis. Seiner Ontologie (der Name wurde in unserm Jahrhundert zur Abgrenzung gegen die spekulative Metaphysik neu belebt) gibt er den Titel: »Vernünftige Gedanken von Gott, der Welt und der Seele des Menschen« (diese Einteilung kehrt noch in der »Kritik der reinen Vernunft« zum Zweck der Widerlegung wieder), »*auch allen Dingen überhaupt*«.

4. *Substantielles Wesen und Akzidens.* Die Platonische Idee ist nicht nur, ist sogar erst sekundär das Allgemeine. Sie ist das *Wesen* der Dinge. Sie bezeichnet das, was ein Ding zu dem macht, was es ist, also das, was essentiell, notwendig, zu ihm gehört, wenn es einen bestimmten Begriff erfüllen, unter eine

Klasse subsumierbar sein soll. Bei Aristoteles wird daraus das hypokeimenon, die »Substanz«, im Unterschied zu dem, was einem Ding nur, wie er es nennt, als symbebäkos, Mitlaufendes, per accidens, zukommt und was seine (also hier außerhalb des Wesens liegende und entsprechend im Rang nicht hochstehende!) Individualität ausmacht. Ohne Substanz kein Ding, während einzelne Akzidenzien ausfallen können.

Es gibt Akzidentielles, das zwar außerhalb der Definition einer Sache steht, dessen Mitvorhandensein an ihr wir aber dennoch erwarten, und solches, das rein äußerlich, »zufällig« (auch dies liegt im symbebäkos) zu ihr hinzutreten oder nicht hinzutreten kann. Das Akzidentielle bildet ferner den Beliebigkeits- resp. Freiheitsspielraum innerhalb des Notwendigen: so muß z. B. jeder Mensch essentiell *irgendeine* Haarfarbe aufweisen (Soseinszwang); aber *welche* Farbe er hat, ob schwarz, braun oder blond, darin herrscht individuelle Variation.

Descartes hat am Beispiel eines Stückes Wachs, das er am Feuer Festigkeit, Gestalt, Farbe, Geruch verlieren ließ, den Substanzbegriff problematisiert, vollends dann Locke: es gibt keinen Träger der Eigenschaften, nur Komplexe relativ gleichbleibender Eigenschaften. Hume übertrug das auch auf das Ich: es liegt den Vorstellungen nicht zugrunde, ist seinerseits nur ein »Bündel von Vorstellungen«. Kant bestritt das dann wieder, doch sei der Schluß vom transzendentalen auf das empirische Ich ein Paralogismus.

Aristoteles warf der Platonischen Ideenlehre vor, sie verdopple nur die Welt, indem sie zu jeder Sache das Wort: »selbst« hinzufüge. Dieser Vorwurf verkennt den Unterschied zwischen dem *wesenhaft* Allgemeinen und dem bloß *abstraktiv* Allgemeinen. Abstraktion löst von der Realität einer Sache das Bild, den Umriß, das So ab. Schon allein dies ist aber nichts Geringes, sondern eine menschliche Grundfähigkeit, ohne die es keine Sprache und keine Kunst gäbe (Hans Jonas). Selbst wenn Platon nur dies entdeckt hätte, bestünde kein Grund zum Vorwurf gegen ihn. Zur Abstraktion kommt aber bei der Wesensbestimmung noch hinzu, daß sie den Gesamtkomplex *gliedert*. Sie unterscheidet die tragenden Momente von den peripheren und sekundären, das, worauf es bei einer Sache ankommt, von der Kontingenz der Zufälligkeit, den Kern vom Beiwerk. Sie sammelt nicht nur empirisch sämtliche Merkmale, sondern bringt

111

sie in einen inneren Zusammenhang, in eine Rangordnung. Kennzeichnet die Abstraktionsfähigkeit den Menschen schlechthin, so das Herausschälen des Wesentlichen den geistigen Menschen.

Die Wesensfrage hat insofern wieder Verwandtschaft mit der Frage nach dem Ganzen, als es auch bei ihr um die Struktur geht. Das Eidos ist auch Aristotelische Morphä = Form. Gestalttheorie und phänomenologische Eidetik unseres Jahrhunderts sind Schwestern, entstanden nicht zufällig zur selben Zeit und haben beide im Platonismus ihre Wurzel.

5. *Norm.* Neben dem Wesen umschließt die Platonische Idee auch das *Ideal*, neben der Essenz das Paradigma, das Muster. Beides verflicht sich in ihr und muß doch getrennt werden. Wesensanalyse ist deskriptiv, Idealsetzung normativ (aber es war eben Platons Glaube als metaphysischen Ethikers, diese folge aus jener, das Sollen lasse sich aus dem Sein ableiten – Metaphysik und Utopie sind bei ihm noch archaisch eins). Was zum *Wesen* des Staates gehört, das muß als seine allgemeinste Formbestimmtheit in jedem realen Staat wiederkehren, sonst ist es kein Staat; der *Idealstaat* dagegen ist nur »im Himmel«, hinter ihm bleiben alle realen Staaten, sogar der beste, zurück. Verglichen mit ihm ist jeder historische Staat individuell im negativen Sinn des Versagens vor allverbindlichem Anspruch.

6. *Kategorie.* Sowohl das Wesen wie das Ideal betreffen das Ganze eines Dings. Sie begründen eine Klasse von Dingen, sei es in der Weise, daß Einzeldinge eo ipso unter sie fallen, sei es in der, daß diese am Maßstab einer Norm gemessen werden. Beides gehört aber, weil hier *einem* Ding *ein* Begriff entspricht, zusammen gegenüber dem spätplatonischen (»Sophistes«, »Parmenides«) und Aristotelischen Gedanken, daß sich innerhalb ein und desselben Dings eine *Vielzahl* von Formmomenten durchmischt, daß sie gegenseitig »sich aufnehmen«: neben die methexis (Teilhabe) des Dings an seiner Gattung tritt hier die koinonia und symplokä (Gemeinsamkeit und Verflechtung) der Formmomente untereinander.

Auch diese Formmomente haben – wenn wir uns hier N. Hartmanns »Aufbau der realen Welt« (1940) anschließen dürfen – als *Prinzipien* oder *Kategorien* mit den Wesenheiten gemeinsam, daß sie ein Allgemeines gegenüber einem Con-

112

cretum darstellen und daß sie es zu dem determinieren, was es ist. Sie sind aber ein Allgemeines höherer Art, »Ideen von Ideen«, und beziehen sich darum auch nicht mehr nur auf Einzeldinge, sondern auf ganze Seinsschichten. Jeder Seinsbereich ruht auf letzten Prinzipien. Prinzipien der euklidischen Geometrie sind die »Axiome«, sind der Raum und seine Dimensionen, Homogenität und Isotopie; Prinzipien der Arithmetik sind das Kontinuum der Zahlenreihe, Einheit und Vielheit, Endlichkeit und Unendlichkeit. Eine Prinzipientheorie ist die Mechanistik im Verhältnis zu Optik, Akustik, Wärmelehre: sie unterbaut diese spezielleren Wissenschaften durch die Begriffe des ihnen Gemeinsamen.

Der Wissenschaftler arbeitet *mit* diesen Prinzipien, der Philosoph *an* ihnen. Er löst sie »transzendental« aus dem Concretum heraus, beschreibt sie phänomenologisch, setzt sie dialektisch untereinander in Beziehung und gleicht korrigierend die subjektive Kategorialität unserer Erkenntnis den objektiven Seinskategorien an.

Die Wesenheit ist die Übersetzung eines Seienden in die Ebene des Begriffs, insofern ihm gleichzeitig, ein simultaneum; das Prinzip ist ein prius sowohl ontologisch als das grundlegendere Seiende wie logisch für die Erklärung, Realgrund und Erkenntnisgrund. Durch die Wesenheit verstehen wir eine Sache aus ihr selbst und in sich; Prinzipien haben einen höheren Erklärungswert, sie lassen die Sache geistig erstehen aus Dahinterliegendem, Allgemeinerem, Verborgenerem. Von der Prinzipienlehre her scheint es – fälschlich –, die Wesenheiten erklärten nur idem per idem (ein Arzt bei Molière: das Schlafmittel wirkt, weil ihm eine einschläfernde Kraft innewohnt!); um jedoch erklären zu können, muß das Prinzip dem zu Erklärenden gerade heterogen (wenn auch wieder nicht *zu* heterogen) sein. Wesenheiten entsprechen Primitivsprachen, deren Vokabeln noch dicht über dem Sichtbaren abgeformt sind, oder auch Bilderschriften, die für jede Gestalt des Wirklichen ein eigenes Zeichen haben; Prinzipien zerlegen ein Komplexes gleichsam in »Atome« und entsprechen daher den analytischen Sprachen, die das Einzelne aus allgemeineren und daher wenigeren Begriffen zusammensetzen, auf der Ebene der Schrift dem Alphabetismus.

7. *Archä*. Der Begriff des Prinzips geht zurück auf den vor-

sokratischen Gedanken der archä, des Ursprungs, oder der vielen archai, des proton, des Ersten (das aber nur »von Natur«, in der ratio essendi, das Frühere, dagegen »für uns«, wie Aristoteles unterschied, in der ratio cognoscendi, das Spätere ist). Allein die Prinzipien des späten Platon und der sich auf ihn gründenden Tradition sind, wie seine Ideen, formal-immaterieller Natur. Sie sind zwar auch Momente der Realität, aber nur unser analysierender und verallgemeinernder Verstand hebt sie aus ihr heraus. Demgegenüber suchen die Vorsokratiker die archä als Realfaktor in den Dingen selbst, die nun nicht mehr übernatürlich-mythisch, sondern aus ihrer eigenen Physis erklärt werden sollen.

Im Begriff der archä liegt (vereinigt oder getrennt) viererlei: a) Sie ist Ursprung nicht im zeitlichen, sondern nur im metaphysischen Sinn als das dem Sein nach Stärkere, Grundlegende, Bedeutsame gegenüber dem, was neben ihm nur geringeres Seinsgewicht hat. Dieser rein metaphysische Sinn isoliert sich aber erst bei Platon, weil erst bei ihm die archä zu einer immateriellen wird (und doch läßt auch er sie noch – in einer freilich ungreifbaren, fast wieder »mythischen« Weise – auf das Reale wirksam sein: Wesensgrund und Bestimmungsgrund in einem). Philosophische Ursprungsfrage ist nicht wissenschaftliche Anfangsfrage, sondern Wesensfrage. Noch wenn Hobbes Gesellschaft und Staat aus einem Vertrag entstehen läßt, meint er es nicht historisch, sondern will so zeigen, welche Vernunfterwägungen ihnen zugrunde liegen oder liegen sollten. b) Die archä geht dem übrigen Seienden auch zeitlich vorher, trägt es nicht nur, sondern durchwaltet das aus ihr Derivierende. Sie wirkt hinter ihm entweder kausativ, als Ursache, oder c) genetisch, als »Urstoff«, aus dessen Umwandlungen es evolutiv entsteht, oder d) in Form mehrerer rhizomata panton = Wurzeln aller Dinge (Empedokles), kleinster Teilchen, Elemente (Anaxagoras, Demokrit), aus deren Durchmischung es zum Konkreten concresciert. Hier färbt der Ursprung auch als zeitlicher noch das Wesen, während die causa ein Ding nur determiniert, nicht charakterisiert.

Die Frage nach dem Ursprung war die der Vorsokratik, die nach der Idee die Platons gewesen, in deren beider Traditionen Aristoteles steht und die er daher etwas lässig koordiniert. Aber schon Platon hatte im »Phaidon« dem materiellen Woher und Woraus des Anaxagoras die Idee als das (dann auch den menschlichen Geist bestimmende) Weshalb gegenübergestellt. Ihm folgend, läßt auch Aristoteles die Form eine der von ihm unterschiedenen vier aitiai (Gründe) sein. In Wahrheit handelt es sich um zwei völlig heterogene Einsätze der Erkenntnis. Sie ringen in der Geschichte miteinander um die Vorherrschaft. Die Neuzeit löst das scholastische Essenzendenken durch das Kausalitätsprinzip ab, die Phänomenologie wiederum wirft der neuzeitlichen Wissenschaft vor, die Dinge aus Vorstufen und Elementen zu erklären statt ihren Wesensgehalt zu beschreiben und zu verstehen.

8. *Ziel.* Umkehrung der Frage nach dem Woher und Woraus ist die nach dem Wohin und Wozu, nach dem Worum-willen. Hat das Einzelne ein *Ziel*, haben Welt und Geschichte ein Ziel? Man kann das Ziel so fassen, daß bloß der Mensch es erdenkt und vielleicht versucht, die Dinge zu ihm hin zu gestalten, ohne Gewähr, es zu erreichen, oder religiös: Gott lenkt zum Ziel hin, oder metaphysisch-teleologisch wie bei Aristoteles: das Telos wirkt als Entelechie immer schon in allem, zieht es als »Endursache« an sich heran. Es war eine Arbeit der neuzeitlichen Naturwissenschaft, dieses teleologische Denken, das eine Projektion menschlichen Zwecksetzens in die Natur ist, durch das kausale zu brechen.

Es scheint im Begriff des Ziels zu liegen, daß es für den, dem es vorschwebt, ein »gutes Ziel« ist (obgleich es objektiv in Vernichtung und Verschlechterung bestehen kann). Die Frage nach dem Ziel ist keine rein ontologische, sondern zugleich ethisch gefärbt (vgl. oben 5). Mit der Umkehrung der Richtung bringt sie eine Dimensionsänderung. Sie unterstellt einen Vorgang dem Kriterium des Guten. Insofern bildet sie nur einen Teilaspekt der Betrachtung der Dinge – nicht nur der Vorgänge, sondern auch des in sich Beharrenden – sub specie boni, der Frage nach den »höchsten Gütern«. Nach Lotze und dem sog. Südwestdeutschen Neukantianismus befaßt sich die Wissenschaft mit dem Sein, die Philosophie mit dem Sinn. Sie muß »Wertphilosophie« sein.

Das »Wesen« der Dinge ist das immer Gleichbleibende an ihnen. Sie verändern sich zwar – und haben darin nach Platon e contrario zum aei on, zum Immerseienden, sogar ihre Definition –, aber verändern sich nicht in ihrem metaphysischen

Kern. Das eine vergeht, aber das andere realisiert wieder die gleiche unvergängliche Idee. Wer das Wesen sucht, versteht die Dinge aus dem, was sie immer schon waren: Wesen heißt Gewesenheit (Ernst Bloch). Erst der Nominalismus als Zerstörer der Essenzen im metaphysischen Sinn stellt daher, wie wir schon sahen, das Wirkliche radikal, bis in den Kern, unter das Schicksal der Zeit und der Veränderlichkeit. Jetzt können – ein für die Antike unvollziehbarer Gedanke – bei Darwin sogar Arten ihre Konstanz aufgeben und evolutiv auseinander hervorgehen. Erst wer ein Ziel setzt, schaut aber nicht nur die geschehende Veränderung, sondern bejaht sie als Aufstieg und tritt neben den, der sie selbst tätig in die Hand nehmen will. Jetzt wird die Idee nach vorn geworfen: sie ist nicht mehr nur das prius und damit das antiquius, das Ältere, sondern das ungeborene Novum. Die gesellschaftlich-kulturelle Welt – bei Ernst Bloch in gewagter neuer Metaphysik sogar die Materie – erscheint nicht mehr auf dem Hintergrund des Ewigen, das von ihr als »bewegtem Abbild« (Platon) bloß wiederholt wird, sondern von der Zukunft her als eine utopie-offene und ultimum-gerichtete.

9. *Bewußtsein.* Alle bis jetzt genannten Fragen, so sehr sie sich voneinander unterscheiden, gehören zusammen dadurch, daß sie auf Dimensionen innerhalb der Welt, im Sein selbst, zielen. Sie alle stammen schon aus der Philosophie der Antike. Ihnen gegenüber besteht der spezifisch neuzeitliche Einsatz (wenn auch Sophisten und Skeptiker ihn vorwegnahmen) darin, daß man sich seit Descartes klarmacht: alles Welthafte ist uns nur gegeben durch das Mittel des *Bewußtseins.*

Diese Einsicht wird vom Negativen her gewonnen. Ist nämlich unser Wissen wahr, dann verschwindet es selbst und die Wahrheit im Gewußten. Beide überdecken sich. Erst beim Irrtum, in dem eine inhaltliche Differenz zwischen dem Vermeintsein der Sache und der Sache selbst aufklafft, tritt die eigene Leistung des Bewußtseins gesondert hervor.

Für uns also, für unsere Erkenntnis, steht vor der Welt das Bewußtsein. Es ist das Erste, das vor allem andern liegt. Philosophie als Wissenschaft vom Ersten muß somit beginnen als Bewußtseinsphilosophie. In radikalerer Wendung: sie darf überhaupt nichts anderes sein als Bewußtseinsphilosophie.

10. *Erkenntnis und Wahrheit.* Damit hängt ein Zweites eng

zusammen. Daß wir die Dinge nur durch das Medium des Bewußtseins besitzen, das bedeutet: wir besitzen sie nur aufgrund unserer Erkenntnis, die von ihnen für uns das Erkenntnisgebilde der Wahrheit aufbaut. So werden Erkenntnis und Wahrheit hier die großen neuen Themen der Philosophie. Wie erkennen wir die Welt? Können wir sie überhaupt erkennen? Worin besteht Wahrheit?

Zur Erkenntnistheorie gesellt sich die Methodologie, mit doppelter Aufgabe. Einmal will sie das Erkennen so lenken, daß es den Irrtum vermeidet. Sie will der Wahrheit *Sicherheit* geben. Zum andern soll sie uns helfen, daß wir *neue* Wahrheit finden. Aus einem Urvertrauen in die Korrespondenz zwischen Welt und Mensch glaubte Aristoteles noch, das erreichbare Wissen sei jetzt schon gefunden. Das Mittelalter will nur den Wissensbesitz darstellen und ordnen. Jetzt dagegen sucht man das nach Umfang und Qualität des Wissens Noch-nicht-besessene. Aus der Umfangenheit von einem verwandten Kosmos geschleudert, traut man dem Gegebenen nicht mehr. Das Mißtrauen in die bisherigen Leistungen der Vernunft weckt andererseits die Hoffnung, sie durch eine emendatio intellectus (Spinoza) zu höherer Leistung zu befähigen. Grundgefühl ist jetzt: wir stehen am Anfang, der Ozean des Erkennbaren liegt noch vor uns (Newton). Der Fortschritt organisiert sich.

b) Die philosophische Denkbewegung

Von der Oberfläche zum Eigentlichen, vom Teil zum Ganzen, vom zufällig Einzelnen zu Allgemeinheit, Wesen, Muster und Prinzip, vom Nachträglichen zum Ursprung, vom in seinem Sosein Hingenommenen zur Frage nach Sinn und Ziel, von den Gegenständen zum sie präsentierenden und formenden Bewußtsein, von den Seinsproblemen zu den Wahrheitsproblemen – es sind immer andere und doch verwandte Bewegungen, ist eine einzige sich nur abwandelnde Bewegung. Sie wird durch die Struktur der Welt, die in diese Zweiheiten zerfällt, und durch das Gestelltsein des um ihre tiefere Erfassung bemühten Menschen in sie, notwendig gemacht. An dieser Notwendigkeit zerschellen alle Überflüssigerklärungen der Philosophie, aus welchem Lager sie auch kommen mögen. So ist

117

denn jene Bewegung auch keineswegs auf die Philosophie beschränkt: sie äußert sich auch ethisch in der Kraft, das Momentane, Nahe, Kleine und Zufällige nicht zu sehr an sich herankommen zu lassen, sich seinem Bedrängenden zu entziehen im Blick auf das Allgemeine und Größere. Sie äußert sich auch in den Wissenschaften: jeder Grammatik merkt man an, ob ein Pedant oder ein philosophischer Kopf sie schrieb. Auch der Historiker muß auf seinem Gebiet Unwesentliches und Wesentliches scheiden, muß viele Einzelheiten weglassen zugunsten des Zusammenhangs. Aber Philosophie drängt noch über die philosophisch betriebene Geschichte hinaus zur Geschichtsphilosophie, zu grundsätzlichelementaren Fragen wie denen, ob in der Geschichte sich wiederholende Zyklen, Fortschritt oder Verfall herrschen, ob es geschichtliche Gesetze gibt, welches ihre bewegenden Kräfte sind. Philosophie drängt auch über solche »regionalen Ontologien« (Husserl) zuletzt hinaus zur »Fundamentalontologie«.

Wir sagten: Philosophie vollzieht eine Bewegung vom Vordergrund zum Wesen. Aber sie könnte diese Bewegung nicht vollziehen, wenn sie nicht vom Wesen schon eine Vorwegnahme besäße. Der Mensch weiß immer bereits um eine größere Tiefe. Aber im präokkupierenden Verfolg praktischer Zwecke und partikulärer Aufgaben wird dieses Urwissen vom Alltag verscheucht. Er verscheucht es selbst absichtsvoll durch »Zerstreuung« (Pascal), weil er dem Anspruch, der aus der Tiefe an ihn ergeht, ausweichen will: stellte er sich ihm, so würde er zu vieles von seinem bisherigen Tun als Nichtigkeit erkennen – »Mensch werde wesentlich!«. So lebt er habituell in einem Versäumnis, in der Uneigentlichkeit (Heidegger). Philosophie ist beides: sie heißt uns, mit den Platonischen Metaphern zu sprechen, aufwachen, dreht uns das Gesicht herum in eine andere Richtung, läßt uns statt ins Dunkle ins Helle schauen, heilt den Unverstand; aber gleichzeitig läßt sie uns auch auf das uns besinnen, was wir verborgen schon in uns trugen, ist Anamnesis, Wiedererinnerung an das Verschüttete und Vergessene, das sie als Maieutik, Hebammenkunst, bloß entbindet. In die Heimat, in der wir noch nie waren, kehren wir durch sie gleichwohl zurück (Bloch). Ihre Erkenntnisbewegung ist in existentieller Dimension die Gegenbewegung zu unserer eigenen Verfallstendenz. Diese existentielle Bewegung läßt sich jedoch philosophisch nicht isolieren, sie gelingt nur eingebunden in die Erkenntnisbewegung.

III Implizite und explizite Philosophie

a) Das unbewußte »Vorverständnis« und seine Aufhellung

Philosophische Fragen, sagten wir, ergeben sich notwendig aus der Natur der Welt und des Menschen. Aber die Menschheit lebt seit Jahrhunderttausenden, verglichen mit ihr ist die Philosophie sehr jung, und auch seit ihrer Entstehung sind nur wenige von ihr berührt. Wie erklärt sich dieser Widerspruch?

Zu allem Leben, so zeigte Dilthey, gehört schon naturhaft-unbemüht eine Reflexivität. Und dies nicht nur äußerlich: es findet und entfaltet sich nur in einer Auslegung seiner selbst und der Welt. Schon diese gewachsene Interpretativität des Lebens ist mehr als nur »praktisch«, sie geht über das Einzelne und Nächste hinaus. Schon sie ordnet alles Begegnende in ein kategoriales System, hat Grundfragen verarbeitet und über sie Entscheidungen getroffen. Schon sie weiß etwas über das Sein im ganzen, über Wesen und Zusammenhang der Dinge, über Ursprung und Warum der Welt, über die Stellung des Menschen in ihr, seine Bestimmung, den Zweck seines Daseins. All dies weiß frühe Deutung nicht in Form eines Gedankengebäudes. Sie weiß es in einer vorbegrifflichen Weise, und sie weiß es nicht ausdrücklich. Aber allen Äußerungen einer Kultur, dem Sozialaufbau, der Technik und Wirtschaft, dem Kult und der Kunst, allen gegenständlichen Wissensgehalten liegt dieses übergegenständliche Wissen schon zugrunde. Es lenkt sie ebenso wie es sich in ihnen darstellt. Wie der Einzelne den gesamten Traditionsbesitz seiner Gemeinschaft in Frühzuständen unreflektiert übernimmt und weitergibt, so mit ihm auch den untrennbar in ihn verflochtenen Kategorialbesitz.

Kein Lebensvollzug ohne »Weltentwurf«. Wir stehen immer schon in einem »metaphysischen Horizont«. Lange vor Begründung der autonomen »Hochphilosophie« als eigenen geistigen Objektivbereichs lebt eine zu dieser noch nicht voll erwachte, keimhaft-implizite Philosophie, eine philosophie avant la lettre. Es folgt nicht, wie wir es von Aristoteles hörten, einer Phase nur praktischen Wissens eine zweite, in der erst nach dem Allgemeinen und den Ursachen gefragt wird, sondern beides ist gleichursprünglich. Jedes Denken basiert auf letzten metaphysischen Überzeugungen. Sie sind ihm unausweichlich, es kann aus ihnen gar nicht herausfallen.

Aber freilich pflegen ihm diese Überzeugungen nicht als solche bewußt zu sein. Einesteils bilden sie die Voraussetzungen nicht nur für das Denken, sondern für das gesamte Dasein und Verhalten, das durch und durch von ihnen imprägniert ist, von ihnen jeweils seinen »Stil« empfängt. Andernteils liegt es gerade in ihrer Natur als Voraussetzung, daß sie sich im Rücken des Geistes, nicht vor ihm befinden. Von ihrem Hintergrund her wendet er sich jeweils einzelnem zu, während sie selbst in ihrer Allgemeinheit ihm als selbstverständlich erscheinen, von ihm nicht ausdrücklich gemacht, nicht zu Begriffen und Sätzen erhoben werden. »Die größten Gedanken sind stumm.« Er weiß so wenig, daß er eine Philosophie in sich trägt, wie Molières Monsieur de Pourceaugnac weiß, daß er Prosa spricht. Der Primitive sagt nicht expressis verbis: Ich unterscheide zwei Formen der Ursache, die physische und die der participation mystique (Levy-Bruhl); — aber in all seinem Denken und Handeln rechnet er mit diesen beiden Formen der Ursache.

Immerhin kann das unbewußte Vorwissen sich in Graden zu höherer Ausdrücklichkeit erheben. Aus Voraussetzungen werden Überzeugungen. Einen Anstoß dazu kann neue Erfahrung bilden, die sich bisheriger Denkform nicht so leicht fügt, so daß sie sich präzisieren oder verbessern muß. Im Bereich des Sozialen bildet einen solchen Anstoß sehr oft die Bestreitung einer Institution oder eines Verhaltensmusters von außen oder durch eine jüngere Generation: indem sie sich verteidigen, müssen sie sich aussprechen, begründen, auf ihre Prinzipien besinnen, und werden sich dadurch — wir sahen es schon — ihrer bewußt. Neben den ungedachten, nur als »Strukturen« wirksamen, stehen die aus der Implizität schon zu einer gewissen Helligkeit geläuterten oder auf der Ebene früher Reflexivität sich neu begründenden »weltanschaulichen« Überzeugungen.

Der Terminus »Weltanschauung« wurde nicht zufällig in der

Goethezeit von Schleiermacher und Humboldt geprägt zur Bezeichnung noch vorbegrifflichen, am unmittelbaren Erleben haftenden und doch aufs Ganze zielenden Wissens. Weltanschauungen sind emotionaler, hängen noch dichter mit einem Ethos zusammen, erheben geringeren rationalen Anspruch als Philosophie und sind ihr doch in ihrer Universalität als Vor- und Nebenschößlinge verwandt. Alle Philosophie erwächst auf dem Boden einer Weltanschauung und behält eine weltanschauliche Komponente, wenn es auch falsch ist, sie, wie Dilthey das tat, auf Weltanschauung zu reduzieren.

Schon die gewachsene Sprache enthält zahlreiche sog. »protometaphysische Begriffe«, in denen als Begriffen bereits eine fundamentale These liegt: Raum, Zeit, Welt, Natur, Kraft, Ursache, Geist. Während der Benutzer glaubt, mit ihnen nur Vorfindliches zu benennen, bilden solche Begriffe in Wahrheit deutende Setzungen seitens der Kulturen. Der suggestive Schein ihrer Selbstverständlichkeit beruht nur auf ihrer sprachlichen Fixiertheit. Oft stammen sie aus der Religion oder sind religiös getönt. So etwa »Notwendigkeit«: noch Horaz spricht von der dira necessitas (kraterä anankä); aber auch »Seele«: sie ist ursprünglich im Gegensatz zum »Göttlichen außer uns« das »subjektiv Numinose«, ja es gibt einen ganzen Komplex religiöser Seelenbegriffe. Philosophie übernimmt später diese Begriffe, verwandelt und klärt sie, bleibt aber auch von ihnen abhängig: so wirkt der religiöse Seelenbegriff nicht nur bei Platon, sondern bis in Wolffs psychologia rationalis nach. – Umgekehrt wandern auch philosophische Termini, ohne daß man es zu wissen pflegt, in die Umgangssprache: Unendlichkeit (Anaximander), Kosmos (pythagoreisch), Substanz, Subjekt (Aristoteles), Allotria (stoisch), von vornherein (= a priori), alles mögliche (= Leibniz' omnia possibilia), an und für sich (Hegel).

In *allen* Begriffen einer Sprache aber, in der Art, wie sie sie bildet und verknüpft, liegt bereits eine Weltdurchdringung und -gliederung. In Hochkultursprachen ist gegenüber Primitivsprachen bereits eine enorme Verallgemeinerungsarbeit geleistet; die Worte sind anschauungsentlasteter, analytischer und daher vielseitiger verwendbar. Logische Beziehungen werden isoliert und verdeutlicht durch eigene Konjunktionen wie »weil, »obgleich«, »auf daß«: das sind Marksteine der Geistesentwicklung. So gibt uns schon die Sprache als solche, noch diesseits jeder inhaltlichen Aussage, ein Gliederungssystem, eine kategoriale Apparatur an die Hand.

Der Positivismus ging davon aus, es gebe in der Welt isolierte, nackte Tatsachen. Das ist ontologisch falsch, denn alles Einzelne ruht auf allgemeineren Grundlagen, steht in Zusammenhängen, empfängt Wirkungen, dient Zwecken. Unsere Erkenntnis, so fährt der Positivismus fort, ist primär sensuelle Erfahrung der Tatsachen. Diese Erfahrungen sind ihre Grundbausteine. Erst von ihnen schreitet der Geist fort zu umfassenderen Deutungen. Das ist erkenntnisdeskriptiv falsch: materia nuda, die nicht schon symbolisch geformt wäre, greifen wir nie (Cassirer). Alle Erfahrungen stehen für uns von vornherein im Kontext einer »Welt« (Kant, Husserl), eines »Horizonts«, eines »Entwurfs«. Wie wir im »Problembewußt-sein« schon über das »Gegebene« hinaus sind, so auch durch Rahmungen, in die wir es stellen. Wir nehmen das Einzelne immer schon unter dem »interpretierenden Vorgriff« einer Gesamtauffassung wahr. Nur im größeren Feld einer schon »vorgängigen Erschlossenheit« (Heidegger) wird es ausgelegt. Wir haben nicht erst fragmentarische Eindrücke, über die wir dann hinausgehen, indem wir sie nach Leitvorstellungen ordnen und ergänzen. Jeder Richter, der Zeugenaussagen, jeder Historiker, der Quellen zu prüfen hat, weiß dies. Schon der Eindruck selbst in seiner vermeintlichen Unmittelbarkeit wird durch ein umfassenderes »Vorverständnis« imprägniert. Das Gegebene wird zum Gegebenen erst in der Durchdrungenheit mit einem nichtgegebenen, von uns schon mitgebrachten, Kantisch gesprochen »transzendentalen« Schema (»Das Wort transcendental bedeutet nicht etwas, das über alle Erfahrung hinausgeht, sondern was vor ihr, a priori, zwar vorhergeht, aber doch zu nichts Mehrerem bestimmt ist, als lediglich Erfahrungserkenntnis möglich zu machen«: »Prolegomena«). – Neben dem »mitgebrachten« kann man aber das an der Sache selbst neu gewonnene, »antizipierende« Vorverständnis (Kümmel) unterscheiden (Schleiermachers »divinatorisches« Erfassen des Ganzen).

Auch der Positivismus weiß zwar: der Weg der Forschung geht nicht unmittelbar von der Tatsachenerfahrung zur über ihr zu errichtenden Theorie, sondern zunächst müssen die

immer schon getroffenen theoretischen, aber auch weltanschaulich und interesse-bedingten Vorentscheidungen durchschaut und sukzessive abgetragen, muß unter ihren Über-
wachsungen die reine Tatsache überhaupt erst entdeckt und
isoliert werden (Bayle). Die für sich stehende Tatsache ist ein
ebenso spätes Kulturprodukt wie das für sich stehende Individuum. Erst von ihr aus kann dann der Geist in einem zweiten Schritt weitergehen zu einer verbesserten Theorie. Hier
wiederholt sich eine Grundbewegung der Philosophie: schon
die Sokratische Methode beginnt mit einer Destruktion, mit
der Widerlegung (Elenktik) des »eitlen Scheinwissens«, das
das philosophie-entbindende Nichtwissen verhindert und so
den Raum für das mögliche wahre Wissen verlagert; das Denken
muß sich den Verwirrungen durch Sinne und Leidenschaften
entwinden: Platon im »Phaidon«; analog der nominalistische
Abbau, Bacons Sturz der Idole, der Cartesische Zweifel. Vermeintliche Sicherheiten und Selbstverständlichkeiten unterlau-
fend, ist Philosophie immer ein Sich-wieder-an-den-Anfang-Stel-
len (vgl. C II a). Aber der Positivismus kennt wie die Aufklärung,
in der er gründet, nicht das eröffnende, sondern nur das ver-
stellende Vorverständnis, das »Vorurteil«, das abgebaut werden soll. Wegen dieser rein negativ-kämpferischen Perspektive
entgeht ihm die grundsätzlich transzendentale Struktur unseres
Geistes. Sobald das Vorurteil beseitigt ist, kehrt der Positivismus zurück zur Naivität des natürlichen Menschen, der
glaubt, seine Erkenntnis sei reine »Erfahrung«. Er macht mit
seiner Kritik viel zu schnell Halt und nimmt nun bereits als
»Tatsache«, was in Wahrheit immer noch Produkt menschlicher Verarbeitung ist. Er vollzieht noch nicht die Wendung
von außen nach innen, von der Hingegebenheit an den Gegenstand zum stiftenden Bewußtsein. Erst durch diese Wendung
lernen wir, wieviel wir der Erkenntnis schon immer und unausweichlich aus dem Unsrigen hinzugeben.

Auch das Bewußtmachen der Aprioritäten erschüttert aber –
wie das Beispiel Kants lehren kann – als solches noch nicht
das Vertrauen in ihre Gültigkeit. Kant hält Anschauungsformen und Kategorien einesteils, im Gegensatz zu Aristoteles,
für nur subjektiv, dem Ding an sich unangemessen; andernteils hält auch er sie mit Aristoteles für urgegeben, für unab-
änderlich und daher im wenngleich eingeschränkten Rahmen

unserer irdischen Vernunft doch auch wieder für intersubjektiv verbindlich. Dem steht gegenüber die Einsicht, daß die Kategorien, bei Kant letzte formale Bedingungen, ihrerseits real geschichtlich bedingt sind; sind sie aber geschichtlich, so können wir selbst sie durch Fortsetzung des geschichtlichen Prozeßes zu höherer Seinsadäquatheit ummodeln. Zu solcher Einsicht bedarf es sie sprengender Erfahrungen, der Gedankenarbeit am Apriori selbst oder aber des Vergleichs mit den apriorischen Systemen anderer Völker und Zeiten, die die Historizität auch des eigenen offenbar machen.

Der Ethnologe Bastian sprach von den gemeinsamen »Elementargedanken« aller Völker. Aber schon die Weltbilder einfachster Völker sind unter sich äußerst different; erst die neuzeitliche Wissenschaft erlegt sich zwingend allen auf. Das sog. »natürliche Weltbild« ist auch schon ein geschichtliches Weltbild.

Immer erliegen auch noch wir der Selbsttäuschung, die Formen unserer Weltdurchdringung für schlechthin selbstverständlich zu halten. Wir können es uns nicht anders vorstellen, als daß Seele an einem organischen Körper haftet. Wir unterscheiden Traum und Wirklichkeit. Die Substanz bleibt sich gleich im Wechsel der Zustände. Es gibt nur eine Kausalität, einen Raum und eine unilineare Zeit. Aber für andere Kulturen ist Seele diffus in der Welt verteilt, für den Animismus auch Wasser und Feuer beseelt. Erzählt der Häuptling am Morgen seinen Traum, in dem er eine weite Reise gemacht hat, so beglückwünscht ihn der Stamm zu seiner gesunden Rückkehr. Ändert ein Ding eine Eigenschaft, so ist es für den ganzheitlich erlebenden Primitiven ein neues Ding und erhält einen neuen Namen. Wichtiger als die natürliche Ursache, die er nur als causa secunda gelten läßt, ist für ihn das Aufeinanderwirken der Dinge durch Ähnlichkeit und räumliche Nähe, und in dieses magische Geschehen greift auch er ein. Schon Humboldt hat, wie nach ihm Sapir und Whorf (»linguistisches Relativitätsprinzip«), anhand des Sprachbaus solche Unterschiede konstatiert, Levy-Bruhl baute auf sie sein (später von ihm widerrufenes) System. In unserm planetarischen Zeitalter kommt »intersozietärer Erkenntnistheorie« auch praktische Bedeutung zu.

Spengler hat gezeigt, daß physiognomische Formeinheit besteht zwischen dem antiken Wertvorrang für das Begrenzt-Nahe, das Ruhende, und der Aristotelischen Physik einerseits, und dem abendländischen Wertvorrang für das Unendliche, das, Bewegte, und der Galilei-Newtonschen Physik anderseits. Die Kulturen unterscheiden sich bereits in etwas scheinbar so Naturhaftem und Evidentem wie der Raumvorstellung. Daher dort euklidische Geometrie, hier Infinitesimalrechnung. So scheint selbst die Wissenschaft, obgleich sie mehr als Zeitausdruck ist, abhängig zu bleiben von vor ihr und unterhalb ihrer liegenden Grundlagen-Festlegungen der jeweiligen Kultur als ganzer, die, selbst unbewußt bleibend, alle ihre Manifestationen bestimmen. Entscheidende Veränderungen in der Einstellung des Menschen zur Welt vollziehen sich nach dieser Auffassung nicht durch das Denken, sondern erst neue Völker, neuer Glaube, eine neue geschichtliche Gesamtkonstellation verändern vom Elementareren her auch das nachkommende Denken.

b) Konsequenzen und Formen der Explikation

Philosophie, so sagten wir, vollzieht eine Umwendung des Blickes: aber nicht nur innerhalb der Welt nach einer andern Richtung, auf andere Dimensionen, sondern von der intentio recta überhaupt, die nach außen schaut, zur intentio obliqua, zum Schauen dessen, von wo her man schaut. Die Kategorialität, die sonst im Hintergrund des Bewußtseins liegt, macht sie sich zu einem Gegenüber. Was sonst Handwerkszeug des Erkennens ist, erhebt sie zum Erkenntnis*ziel*. Die Deutungsform, die sonst dem Einzelerkannten nur beigemengt, darin eingebunden ist, löst sie heraus.

Dabei wird aber, was bisher eine feste Form war, zur Frage. Die Form antwortete bereits auf ein Problem, das vielleicht noch niemand sich gestellt hatte. Jetzt wird hinter der Beantwortetheit das Problem sichtbar. Der Wissenschaftler etwa stellte schon Gesetze auf, der Philosoph fragt: Was ist ein Gesetz? Welche Formen von Gesetzen gibt es (moralisches und Naturgesetz)? Gibt es Gesetze »an sich«, oder bestehen sie nur im Denken?

Darin liegt bereits ein weiteres. Die Rückwendung dient nicht nur der Aufhellung, sie expliziert nicht nur das in der sich unbewußten Auffassungsweise schon Beschlossene. Sie ist nicht nur quaestio facti, sondern quaestio iuris: besteht diese Auffassungsweise zu Recht? Die Explikation stellt unter den Zwang der Legitimation. Philosophie ist Radikalität: sie baut in Gedanken das Etablierte und Instituierte wieder ab und läßt es nur bestehen, wenn es sich begründen kann.

Damit dreht sich der Blick, der soeben noch vom äußeren Einzelerkannten zurückging zum inneren Erkenntnisschema, wieder um nach außen, aber jetzt nicht wieder zum Einzelnen, sondern von den subjektiven Kategorien zu den objektiven Prinzipien, deren Fassungen sie sind, vom Apriori des Geistes zum Ideellen des Seins. An ihm prüft, korrigiert und erweitert er das Apriori. Er fragt schließlich überhaupt nicht mehr nach den bisherigen *Auffassungs*formen unseres Bewußtseins, sondern läßt sie als ein Empirisches und Historisches hinter sich und arbeitet rein systematisch nur noch am Material der »*ontischen* Form«.

Es bildet die Grenze der Philosophie des Aristoteles, daß er noch zu sehr auf die analogische Angemessenheit unseres Geistes an die Welt vertraute. Er nahm den griechischen Geist für den menschlichen Geist, rechnete weder mit der Variabilität noch der Perfektibilität des Geistes. Daher formalisierte er lediglich, wie die Dinge von uns gemeinhin vermeint werden, und gewann so seine Kategorien (Wolfgang Wieland). Erst die Neuzeit trat zu unserm Verstand in diejenige kritische Distanz, die sie ihn in seiner momentanen Vorfindlichkeit als einen Zufall ansehen und seine mitgebrachten Formen zum bloßen Material schöpferischer Formung, zu einer coniectura (Cusanus) werden ließ, die durch Wissenschaft progressiv erneuert und rektifiziert werden muß. Was bei Spengler durch den Wechsel der Kulturen ohne philosophisches Zutun die Geschichte leistet, das nimmt hier die Philosophie selbst in die Hand. Sie entdeckt nicht neue Denk*gegenstände*, sondern Denk*weisen*.

Dennoch bleibt eine erste Stufe immer die Reflexion auf die Formen des unmittelbaren Bewußtseins, klassisch nicht nur vorgedacht, sondern vorgelebt von Sokrates, als er die Generäle nach Tapferkeit, die Politiker nach Gerechtigkeit befragte. Noch Hegel gibt der Philosophie die Aufgabe, bloß »was man sonst für bekannt hält« logisch zu übersetzen, das, was eine Zeit in noch ungedachter Weise schon in sich trug, auf den Begriff zu bringen – was freilich, wenn es ein seiner Natur nach dem Begriff sich Entziehendes ist, nicht gelingt: das Vorbegriffliche kann das Wahrere sein, und Hegel selbst hat, wie wir sahen, den großen Gedanken seiner Zeit durch Verbegrifflichung entstellt. Husserls Phänomenologie ist transzendentale Egologie, die in einer unendlich minutiöseren Weise, als es je geschah, die Konstitution der Gegenstandswelt durch die sich vielfältig mischenden Akte des Bewußtseins ans Licht hebt. Dieser Einsatz bei den Konstitutionsleistungen des eigenen Bewußtseins erweist sich auch deshalb als notwendig, weil wir, solange wir auf sie nicht reflektieren, in ihrer Historizität befangen bleiben.

Bei Dilthey und in der Phänomenologie erhält die Kategorienforschung noch eine besondere Richtung: nicht nur den Kategorien der Wissenschaft, so sehen sie, kommt – wir sprachen schon davon – welterschließende Kraft zu, ja gerade ihnen in ihrer abstraktiven, quantifizierenden und analytischen Strenge entzieht sich vieles, was im natürlichen Weltbild, in der Sprache, in Religion und Kunst schon viel lebenswahrer gefaßt wurde: der Zweifel des Descartes schenkt uns Sicherheit und raubt uns mit der Fülle die Tiefe. Daher setzt jetzt die Erforschung der vor- und außerrationalen Weltbilder ein (so auch bei Ernst Cassirer). Eine philosophische Abhandlung beginnt jetzt damit, daß man der Begründung des Begriffs im ursprünglichen Lebenszusammenhang nachgeht, daß man den Gehalt der Worte und Wendungen auszuschöpfen sucht, mit denen schon die Sprache die Sache vorstrukturiert. Die einen akzentuieren den Bruch zwischen der Philosophie und allem andern geistigen Mühen, die andern suchen die Kontinuität.

IV Philosophie im Bann der Wissenschaft

a) Induktiv-hypothetische Metaphysik

Neben der erkenntnistheoretisch-methodologischen Aufgabe gab die zweite Hälfte des 19. Jahrhunderts der Philosophie die andere Aufgabe, auf der Basis der Wissenschaften, nachdem die ältere Metaphysik aus höchsten Begriffen deduziert hatte (»Welt als Wille«!), eine »induktiv-hypothetische Metaphysik«

zu sein. Weil sie fortschreitet, hat die Wissenschaft noch Lücken, und weil sie strenge Wissenschaft ist, wagt sie über letzte Fragen keine Entscheidung. Außerdem ist das Kontinuum der Wissenschaften nicht überall dicht: auch *zwischen* den einzelnen Wissenschaften liegen Lücken. Die Philosophie, wird nun gesagt, soll diese Lücken auf eine antizipierende Weise schließen. Behandelt Physiologie den Leib, Psychologie die Seele, so sie das Leib-Seele-Problem. Sie soll zugleich die vielfältig aufgespaltenen und nur sektoral nebeneinander liegenden, unter sich unverbundenen Wissenschaften zur Einheit fügen. Indem sie dies tut, ist sie mehr als Enzyklopädie: unter der nur von ihr gestellten Frage nach den Beiträgen der Wissenschaften zu einem Gesamtweltbild entsteht aus diesen eine »schöpferische Resultante« (Wundt). Die Synthese geht über das bisher schon in den Wissenschaften Liegende hinaus.

Aber so wie Taines historische Werke mehr halten, als seine Methodologie verspricht, weil er von Natur ein großer Erzähler ist, und so wie Rohdes »Psyche«, in der Gesinnung positivistisch, inhaltlich eine konstruktive religionsphilosophische Theorie, den Animismus, zugrunde legt, so analog auch hier. Diejenigen, die nur zur Ergänzung der bestehenden Wissenschaften zu philosophieren vorgeben, gehen in Wahrheit über ihr Programm hinaus. Den in seiner Soziologie positivistischen Spencer bringt sein allgemeiner Evolutionismus in die Nähe Schellings. Ebenso lebt in E. v. Hartmann und W. Wundt älteres metaphysisches Erbe, von dem her sie sogar die Wissenschaften umbauen: die Biologie Hartmanns ist eine nichtdarwinsche, vitalisierte, und aus seinem Prinzip des Schöpferischen überwindet schon Wundt die Assoziationspsychologie und wird zum Begründer des Gestaltbegriffs.

Die »Einheit des wissenschaftlichen Weltbildes« diskreditierte sich dadurch, daß in ihr die Wissenschaft mißbraucht wurde zur nur vorgeblichen Stütze für eine schon anderweitig feststehende Weltanschauung. Da gab es Panpsychismus, Panvitalismus und andere Ismen mehr. Auch die Philosophie der Synthese entartete zu einer »Begriffsdichtung«, »Philosophie der Gemütsbedürfnisse« (F. A. Lange). Heute sind die Wissenschaften derart komplex geworden, daß die Ableitung einer Gesamtauffassung aus ihnen vollends nur noch auf weltanschaulicher Ebene möglich scheint und daher von den wissenschaftlich Verantwortlichen gemieden wird. Mit dem Vertrauen in die Möglichkeit einer geschlossenen Ganzheitsdeutung geht bei ihnen das Verlangen nach ihr zurück. Einheit der Wissenschaften bahnt sich heute nicht im Inhaltlichen, sondern vom Methodischen her an: in der Sprache des Strukturalismus, mathematischer Modelle und der Kybernetik beginnen Disziplinen miteinander zu kommunizieren, die sich noch vor kurzem (wie Technik und Psychiatrie) fremd gegenüberstanden.

Die Einheitsallergie und -askese bildet aber realgeschichtlich eine schwere Gefahr: das Bedürfnis nach durchsichtigen Zusammenhängen, nach der Weltformel, läßt sich auch im Zeitalter des Spezialistentums nicht töten. Da es die unserer intellektuellen Verantwortlichkeitsstufe angemessene Stillung nicht findet, stillt es sich in einem »ungleichzeitigen« »Heilswissen«. Es liefert die Jugend dem Soziologismus und im nächsten Schritt dem Historischen Materialismus aus, führt sie von der Diktatur an den Universitäten zur politischen Diktatur und stürzt so die Welt in die ideologische Intoleranz eines zweiten Mittelalters, aus dem es im Unterschied zum ersten, weil es nicht mehr naives, sondern reflektiertes Mittelalter ist, nie mehr eine Befreiung gibt. Weil die Wissenschaft uns keine Totalität gab, erhalten wir sie durch den Totalitarismus. Während jedoch das erste Mittelalter aus dem Kulturzerfall der Völkerwanderung hervorging, fallen wir in das zweite aus der Höhe der Zivilisation durch den eschatologischen Wahn pseudolinker akademischer Torquemadas. Der ganze Planet wird rot zum Ersatz für die fehlende Metaphysik.

b) Philosophie als Wissenschaft

Der Deutsche Idealismus bekannte sich noch zum »spekulativen« Charakter der Philosophie. Im Zug der Entwicklung, die um 1850 zum »Zusammenbruch des Idealismus« führt, wird gerade dieses Moment zum Hauptvorwurf gegen sie, so wie auch »Metaphysik« damals zum Tadelsbegriff sank. Eine These ist spekulativ, das heißt jetzt: sie ist *nur gedacht*; und sie ist mit bestimmten weltanschaulichen Absichten gedacht, – ein zweckhaftes Phantasieprodukt. Demgegenüber soll im Zeitalter der Wissenschaften auch Philosophie »wissenschaftlich« werden. Das fordern nicht nur die Wissenschaften, nicht nur die Gegner. Schon Kant schreibt »Prolegomena zu einer jeden künftigen Metaphysik, die als Wissenschaft wird auftreten können«, und »Philosophie als strenge Wissenschaft« lautet der Titel eines berühmten Aufsatzes von Husserl. Auch sie soll jetzt endlich zu Nüchternheit und Redlichkeit finden, soll sich an eine feste Methode binden, arbeitsteilige Bescheidenheit lernen und ihre Aussagen am Gegenstand kontrollieren. Dann wird auch sie sicher, zwingend, allgemeingültig werden.

Philosophie hat es mit dem Allgemeinsten, dem Prinzipiellen zu tun. Ihre Thesen unterliegen weder der Bewährungsprobe durch die Praxis noch lassen sie sich überhaupt empirisch verifizieren. Deshalb ist Philosophie immer ein Freirevier auch für Dilettanten und Schwarmgeister. Deren verworrenes und haltloses Denken nimmt hier seine Chance wahr. Dieser üblen Mitprätendenten hat Philosophie sich stets zu erwehren. Der Anspruch auf größere Strenge wächst aus ihr selbst.

Sich verwissenschaftlichend, übernimmt Philosophie nicht nur eine höhere Zucht, sondern wird selbst zur Wissenschaft. Der Prozeß, in dem ehemalige Disziplinen der Philosophie sich als Wissenschaften gegen sie verselbständigen, könnte noch weiter fortschreiten: aus Geschichtsphilosophie wird Metahistorie, in die Ethik teilen sich Verhaltensforschung, Jurisprudenz und Psychologie usf.

Aber dieses Exaktwerden der Philosophie, so sehr es einen Gewinn bringt, ist doch für die Erkenntnis nicht *nur* ein Gewinn. Zur höchsten und unnachlaßlichen Forderung erhoben, läuft es nämlich darauf hinaus, daß überhaupt nur noch diejenigen Gebiete behandelt werden, auf denen sich solche Exaktheit erzielen läßt. Alle anderen Gebiete, auf denen sich die Aussagen dem unmittelbaren In-Kongruenz-bringen mit der Sache entziehen, werden dann als wissenschaftlich nicht angehbar von vornherein beiseite gelassen. Weil man in ihnen nicht exakt verfahren kann, kapituliert man hinsichtlich ganzer Seinsdimensionen: Wovon man nicht sprechen kann, darüber muß man schweigen (Wittgenstein). Die Kehrseite der Präzision ist also ein Verlust an Thematik, und zwar gerade an wesentlicher Thematik: in Fragen der Ganzheit, des Ziels und des Sinnes scheint es keine letzte Präzision, keinen unumstößlichen Beweis zu geben. Ein »Schulbegriff«, wie Kant unterschied, setzt sich an die Stelle des »Weltbegriffs« der Philosophie, die noch »um der Menschheit große Gegenstände« ringt. Die dem Vorbild der Wissenschaft nacheifernde Philosophie ist damit die sich bankrott erklärende Philosophie: sie reduziert sich selbst auf ein Minimum, spricht dort, wo man ihre Stimme erwartet, nicht mehr mit. Kant dachte noch über den ewigen Frieden nach, Jaspers über die Schuldfrage; Naturwissenschaftler reflektieren heute die politischen und moralischen Konsequenzen ihrer Entdeckungen. Wo dagegen der Philosoph Semantiker wird, befaßt sich sein Buch über Ethik nur damit, wie wir Ethisches sprachlich symbolisieren. Er stellt selbst keine Sätze auf, sondern klärt nur Sätze (Wittgenstein).

c) Über und unter der Wissenschaft

Durch die Furcht, nicht wissenschaftlich genug zu sein, darf Philosophie sich nicht so sehr verkleinern, daß sie schließlich an allen tieferen Problemen vorübergeht: diese Erwägung war es, die im Deutschland jener einmaligen 20er Jahre zu einer Wiederbelebung der schon totgesagten Metaphysik führte. Unser Geist erstreckt sich, wie Kant formulierte, problematisch weiter als assertorisch; er steht vor unlösbaren und doch unabweisbaren Fragen. Philosophie ist der Versuch, es mit diesen Fragen gleichwohl aufzunehmen. Deshalb erreicht sie zwar nie die zwingende Verläßlichkeit, die Eklatanz und Bewiesenheit verifizierbarer Wissenschaft. Sie behält immer etwas von einem Abenteuer, treibt gleichsam nicht Küstenschiffahrt, sondern wagt eine Wikingerfahrt aufs offene Meer. Aber weil sie im Ergebnis dem Maßstab der Wissenschaft nicht genügt, deshalb ist sie doch als Unternehmen nicht abzutun und bleibt im Gegenteil ewig notwendig. »Schön ist die Gefahr« (Platon). Jenseits der kleinen Gewißheiten hält sie uns wach für die großen Fragen. Um den Preis, daß ihre Resultate anfechtbar bleiben, bringt sie uns mit jenen Fragen immerhin in Berührung. Sie erschließt uns Bereiche, von denen wir sonst nicht einmal wüßten, daß sie existieren, an denen wir vorübergehen würden und an denen teilzuhaben doch für uns noch grundlegender ist als die Teilhabe an den Bereichen der Unanfechtbarkeit. Sie läßt uns über das nachdenken, worüber nachzudenken uns durch die Beschaffenheit der Welt und durch eigenes Bedürfnis aufgegeben ist. Sie stellt uns in letzte Sinnhorizonte. Dadurch aber verwandelt sie uns. Sie verhilft einer sonst ungeweckten Tiefe in uns zum Durchbruch, stellt uns in einen Raum zugleich größeren Ernstes wie größerer Weite und Helligkeit. Auch sie – wie Liebe, Religion und Kunst – dient der Erfüllung unseres wahren Anspruchs.

Aber freilich tut Philosophie das nicht bloß durch Exposition der Fragen als solcher, auch nicht nur durch Schlagen eines Ortsbogens, auf dem die möglichen Antworten liegen, sondern jeweils durch eine bestimmte Antwort. Was nur eine Lösungs*möglichkeit* ist, das führt sie, gerade *weil* sie es nicht erhärten kann, kompensatorisch auf höhere Wahrheitsquellen zurück und gibt es apodiktisch für das dauerhaft Gewisseste aus. Dadurch setzt sie sich – wenn es auch nur die Kehrseite ihres Rechts ist – ins Unrecht. Sie provoziert den Opponenten, der eine andere Lösung gibt, und sie provoziert den Skeptiker, der die Wahrheitsfähigkeit der Philosophie überhaupt bestreitet. Beide sind dialektisch notwendige Gegenfiguren.

Aber auch beim Skeptiker sind Recht und Unrecht gemischt. Denn der, der falsch antwortet, kann trotzdem richtig ein Problem gesehen haben (wenn er es auch durch seine Antwort als solches sogleich wieder zudeckt). In der Findung und Fassung schon allein des Problems kann eine Leistung liegen. Es war die Methode Nicolai Hartmanns, aus den *Systemen*, die Lösungen spekulativ vorwegnehmen und die er daher für das Unphilosophische in der Philosophie ansah, die perennierenden *Probleme* wieder herauszulösen, für die es nur partiell einen Erkenntnisfortschritt gibt, die mit einem andern Teil ins »Transintelligible« weisen. Und wie das Beste an der Philosophie nach Hartmann schon immer die »Aporetik« war, so soll sie vollends heute den Mut zur ungelösten Antinomie aufbringen und sich mit einem »metaphysischen Minimum« begnügen. Das eingestandene Nichtwissen steht höher als das vermeintliche Wissen. Wie Religion früher auch noch allgemeine Weltdeutung war, sich jedoch, nachdem Philosophie und Wissenschaft diese übernahmen, auf ihre innerste Keimzelle zurückzog, so soll sich analog Philosophie heute auf das letzte ihr Bleibende besinnen.

Weil sie Aussagen trifft, die z. T. nicht an der Sache abgelesen sind, deshalb schießt, wie wir schon sahen, in die Philosophie, die darin Verwandtschaft mit der Kunst hat, mehr als in die Wissenschaft immer auch Subjektivität ein: die der Individualität des Hervorbringers, seines Typus, aber auch der Sprache, des Volkes, der Kultur, der Zeit. Philosophie ist nie *nur*, wie ihre Verächter wie Carnap von ihr behaupten, Ausdruck: nur weil er Skeptiker war, konnte Montaigne sagen, der Gegenstand seines Buches sei er selbst. Sie ist aber *auch* Ausdruck, und darin liegt nicht, wie der Relativismus es sah, lediglich ein Negatives, das sie von Wahrheit fernhält: denn einmal ist auch das Subjekt ein Seiendes, dessen Wahrheit in einer Confessio gewonnen sein will, und sodann sind subjektive Voraussetzungen Beobachtungsposten auch für das Objektive. Ausdruckhaftigkeit der Philosophie verbaut also nicht nur ihre Sachlichkeit, sie kann diese auch wecken und erweitern.

Von da her auch die soziale Form der Philosophie (Scheler). Wissenschaft beruht auf Nachprüfbarkeit und nicht auf Autorität. Sie erlegt sich zwingend jedem Interessierten und Verständigen auf. Sie ist universell. Der Philosophie dagegen fehlt das Zwingende, zumindest ein Zwang derselben Art. Um einen Philosophen, der oft nicht frei ist von »Sendungsbewußtsein«, schart sich ein esoterischer Kreis von immer nur wenigen Schülern, oft könnte man sie auch Jünger nennen: manche Philosophenschulen haben in der Tat etwas von Sekten mit persönlicher Verehrung des Schulhaupts (autos epha, er hat es selbst gesagt! war Redeweise der Pythagoreer; gegen solche Tendenzen das Aristotelische amicus Plato, magis amica veritas). Innerhalb der Schule herrscht »Elitebewußtsein«. Wie unbeweisbar, ist Philosophie unwiderlegbar. Wissenschaftliche Theorien werden durch Argumente entkräftet, Philosophien treten ab, weil ihre Träger aussterben.

Für den Positivismus war Metaphysik nichts als abzutuender Irrtum. Dem hielt *Karl Jaspers* entgegen: sie irrte zwar insofern, als sie noch hoffte, das Übergegenständliche gegenständlich – und all unsere Erkenntnis ist gegenständlich –, wissenschaftsanalog, zu fassen. Weil wir heute wissen, daß dies nicht möglich ist, deshalb werden wir – darin hat der Positivismus recht – selbst keine Metaphysiker mehr sein. Als Ver-

133

fügbarmachen des »Umgreifenden« ist Metaphysik widerlegbar. Wohl dagegen sollen wir uns die früheren Metaphysiken, die prophetische und die sich wissenschaftlich dünkende, nachvollziehend »aneignen«. Die falsche Voraussetzung ließ etwas entstehen, was aufgrund unserer besseren Voraussetzungen nicht mehr entsteht und was uns doch unentbehrlich bleibt, wenn wir es nur richtig interpretieren. Wir werden die metaphysischen Aussagen nicht mehr, wie die Hervorbringer es taten, unmittelbar verbindlich, sondern als transparente Zeichen, symbolisch nehmen. Sie werden uns zu »Chiffren der Transzendenz«. Dann aber erweist sich gerade ihre Unwahrheit als tief. Ihr »Scheitern« läßt etwas aufleuchten. Sobald man sie von ihrem Selbstmißverständnis befreit, enthüllen sie einen bleibenden Kern. Im indirekten Spiegel fangen sie etwas von dem auf, was uns direkt zu wissen verwehrt ist. Damit aber appellieren sie zugleich an das »Übergegenständliche in uns«, das sonst in Weltdingen verloren ist und sich fälschlich (vgl. schon Bergson) von ihnen her auslegt: an die »Existenz«.

V Philosophie und Philosophiegeschichte

a) Notwendiger Geschichtsbezug der Philosophie

Wissenschaftlich gibt es von *einer* Sache nur *eine* Wahrheit. Philosophien dagegen, da sie immer (zwar, dem Anspruch nach, nicht über die *Sache*, aber) über das *Greif- und Sichtbare* hinausgehen, kann es neben- und nacheinander viele geben. Philosophie lebt wesensmäßig in einer Pluralität sich bestreitender Richtungen und Schulen. (Wenn sie trotzdem zuweilen kompatibel scheinen, so nur deshalb, weil sie nicht nur verschiedene Antworten erteilen, sondern auch verschiedene Fragen stellen.) Ihren Wahrheitsauftrag an dem der Wissenschaft messend, hat man ihr dies stets zum Vorwurf gemacht. Sie zeigt auch hier wieder Affinität zur Kunst mit ihrer Pluralität von Stilen.

Auf ihre eine, definitive Wahrheit hin befindet sich Wissenschaft im *Fortschritt*: korrektiv, indem sie früheren Irrtum bereinigt, und kumulativ, indem sie frühere Wahrheit übernimmt und durch neue ergänzt. Anders in der Philosophie.

Auch in der Philosophie gibt es zwar einen Fortgang in Sachnähe und Logizität: Anaxagoras trat »wie ein Nüchterner unter Trunkene« (Aristoteles). Sie partipiziert ferner am Fortschritt der Wissenschaften: vorsokratische Natur-, augustininische Geschichtsphilosophie wären heute ein Unding. Aber zwischen den Philosophien läuft keine Fortschrittslinie. Sie stehen unverbunden nebeneinander. Das einzelne System widerlegt weder die früheren noch vervollständigt es sie, wie wir das in der Wissenschaft sahen, sondern bildet einen neuen Anfang, greift in anderer Richtung. Wissenschaftliche Ergebnisse sind kooperativ, Philosophien einsam. Jene verstehen sich als Beitrag zum Ganzen der Wissenschaft, Philosophie dagegen prätendiert, selbst schon das Ganze, das Endgültige und Vollendete zu sein.

Weil aber eine Philosophie mit den andern Philosophien nicht durch Fortschritt *verbunden* ist, deswegen braucht sie nicht ohne *Bezug* auf sie zu sein, im Gegenteil. Gerade *weil* sie keinen Fortschritt kennt, ist Philosophie immer und wesenhaft auch Aufarbeitung ihrer eigenen Geschichte. Sie hat nicht Fortschritt, sondern Geschichte. Sie wird von ihr nicht nur faktisch bedingt und mitgeformt, sondern steht im Angesicht ihrer Geschichte.

Auch darin liegt ein Unterscheidungsmerkmal gegen die Wissenschaft. In der Wissenschaft gibt es einen Stand der Forschung. Sobald der Forschende diesen aufgenommen hat, wendet er sich der Sache zu. Früher gewonnene Ergebnisse sind entweder wahr: dann gehören sie zum noch gegenwärtigen Forschungsstand; oder sie sind falsch: dann besteht kein sinnvoller Grund, sich noch mit ihnen zu befassen. Wissenschaft nimmt also als solche kein Interesse an ihrer eigenen Vergangenheit. (Generell stehen Fortschrittsglaube und Geschichtsversenkung antinomisch: der Rationalist entwirft die Idee z. B. des besten Staates, die angestrebt werden soll, betrachtet dagegen nicht die Mannigfaltigkeit der empirisch realen Staaten, die für ihn alle nur Verdunklungen jener sind.) – Demgegenüber bildet die Gegenwartsphilosophie weder das Ganze noch die Spitze, sondern nur eine mögliche Ausprägung der Philosophie neben andern, früher hervorgetretenen. Die Gegenwart allein ist also arm. Nur indem sie auch die älteren Philosophien in sich einholt zur Kopräsenz, eignet sie sich den schon gewonnenen Reichtum und Differenziertheitsgrad der Philosophie an. Unsere Kraft zum Ersinnen eines Neuen ist proportional zum Erinnern des Gewesenen.

Der Philosoph kann sich nicht in gleicher Weise wie der Wissenschaftler an die »Sache« halten. Die Sache selbst läßt sich hier nicht demonstrieren, wir besitzen sie nur als eine vermittelte in den Fassungen durch die Philosophien selbst, in Fragen und Thesen. Wenn der Philosoph neben seiner eigenen These andere vorfindet, die denselben Anspruch erheben wie sie, so muß er sie daher als konkurrierende Denkmöglichkeiten ernst nehmen und sich mit ihnen auseinandersetzen. Nur im Horizont der eigenen Geschichte, die schon von andern durchgespielten Gestalten des Denkens vergegenwärtigend, sich gegen sie abgrenzend und an ihnen klärend, tritt ein neuer philosophischer Entwurf über die Relevanzschwelle. An die Stelle des Hineinwachsens in den Forschungsstand tritt also hier das Gespräch mit den Mitphilosophen. Wie die Natur reichere Formen erzeugt als die kühnste Phantasie, so wird die nur interne Dialektik der Gedanken übertroffen durch die geschichtliche Dialektik der Philosophien, an der daher jeder Philosophierende sich beteiligen muß. Alles geschichtsfremde bloße Drauflosphilosophieren bleibt dilettantisch.

Daß Philosophen sich mit ihren Vorgängern und Zeitgenossen in Relation setzen, das ist nicht nur und erst in alexandrinischen Zeitaltern so. Aus immanenter Notwendigkeit der Philosophie tun es schon Platon und Aristoteles. Theophrasts Geschichte der griechischen Philosophie hat bei ihnen ihre Wurzeln. Selbst ihrer Natur nach so unhistorisch veranlagte Denker wie Kant und Husserl werden durch das Gesetz der Philosophie in den geschichtlichen Raum hineingezwungen. Von Kant als einem der ersten stammt die bis heute geläufige Einteilung der Philosophie seit Descartes in Rationalismus und Empirismus.

Für den, der fremde Meinung unkritisch übernimmt, ist sie, als wahrgeglaubte, geschichtsunabhängig. Sie mag in einem bestimmten Zeitpunkt gefunden worden sein, aber ihre Gültigkeit herrscht zeitlos, in »ewiger Gegenwart«. Der Philosoph empfindet an früherer Meinung ein Ungenügen. Oft ist es dieses Ungenügen, das seine eigene Position aus Opposition entstehen läßt. Das entfernt ihn aber nicht nur von der Fremdmeinung: um sie bekämpfen zu können, muß er sie kennen, durchdenkt er sie besser als der Übernehmende. Mehr: weil er sie nicht für wahr hält, wird sie für ihn zu einer »nur geschichtlichen«, aus individuellen Bedingungen zu erklärenden. Philosophische Opposition ist eine der großen Geburtshelferinnen der späten Fähigkeit, die Dinge historisch zu sehen.

Der Philosoph wird aber gut tun, sich nicht nur mit denjenigen früheren Meinungen vertraut zu machen, denen er entgegentritt, sondern auch davon unabhängig mit der Geschichte des Denkens überhaupt. Denn erst dann erkennt er, wie viele von seinen eigenen Meinungen, die er unbesehen für selbstverständlich, für denknotwendig hielt, in Wahrheit aus der Geschichte übernommen sind. Erst indem sich ihm die gelebte Tradition in vergegenständlichte Geschichte verwandelt, macht er sich klar, daß sie in einmaligen Situationen aus oft lange hinfälligen Motivationen entstanden. »Wenn Worte ihre Flügel öffnen, so entfallen ihnen Jahrtausende« (Benn). Damit tritt er in eine neue Freiheit: entweder er behält das Ältere bei, aber jetzt nicht mehr nur als blind Übernommenes, sondern aus eigener Einsicht und Begründung; oder er stößt es, weil sein einstiger Sinn für uns nicht mehr trägt, ab.

So dient der historische Blick dazu, daß wir ein Erbe, das wir nur noch aus Gewohnheit mittrugen, abschütteln und zu Neuem frei werden. Er erweist sich damit als parallelgeordnet dem Cartesischen Zweifel: bei Descartes fällt das Erbe von uns ab wegen seiner Irrationalität, hier wegen seiner Historizität. Das gleiche Ergebnis wird auf verschiedenem Weg gewonnen. Descartes sagt, wir sollen an all unseren Meinungen zweifeln, aber von vielen Meinungen wüßten wir gar nicht, daß wir sie haben, weil sie uns viel zu eingefleischt sind (das Grundlegendste wird am spätesten bewußt), wenn nicht geschichtlicher Rückblick und Vergleich uns darüber belehrte. Geschichtliche Bewußtmachung – die im Unterschied zu konservativem Geschichtsenthusiasmus aufklärerischer Wurzel entspringt – und logische Analyse sind über Gegensätze hinweg verwandt und müssen kooperieren.

Es ist beim Erkennen im allgemeinen nicht so, daß wir von einem gesicherten Punkt aus, wie bei mathematischen Deduktionen, zum nächsten gesicherten Punkt fortschreiten, sondern in hermeneutischem Zugleich mit den ersten Detailerfahrungen entwirft der Geist ein noch ungesichertes Modell des Ganzen. Wenn dieses sich im weiteren Fortgang als nicht zulänglich erweist, nimmt er es sich wieder vor und baut es um. Er dringt also zunächst nicht weiter in die Sache ein, sondern kehrt in einer »schleifenförmigen« Bewegung zu seinem eigenen früheren Ansatz zurück, arbeitet an ihm, und wagt sich erst dann besser gerüstet wieder an die Sache (O. F. Bollnow verglich dies damit, daß wir auch im Psychischen und Ethischen nur weiterkommen durch Berichtigung begangener Fehler, durch reuige »Umkehr«). Dieses allgemeine Gesetz des Erkennens wiederholt sich in den Auseinandersetzungen der Philosophen mit den Entwürfen *früherer* Philosophen. –

Ältere Philosophie zu kennen und zu verstehen liegt also bereits im Baumuster der Philosophie selbst. Auf dieser Basis ruht und doch etwas ganz anderes ist die Philosophiegeschichte um ihrer selbst willen (schon Kant klagt über die, denen sich Philosophie in Philosophiegeschichte verwandelt). Hier wird die Geschichte nun nicht mehr kritisiert, um ihr das eigene Wahre entgegenzusetzen, sondern betrachtet. Dabei fallen gewiß, je nach dem Standort des Historikers, auch Wertakzente, aber Ziel ist das dem Werten vorgelagerte Verstehen.

Und doch gehört auch die so betriebene Philosophiegeschichte noch in die Philosophie und nicht nur in die Geschichtsforschung. Der Systematiker will seinen Gegner noch widerlegen; erst beim Historiker treten der Pluralismus und die Nichtfortschritthaftigkeit der Philosophie voll hervor. Alle Philosophen stehen bei ihm prinzipiell gleichberechtigt als Grundmöglichkeiten des Seinserfassens nebeneinander. In ihnen allen ist für ihn etwas, wofür es sie noch einmal nachzudenken lohnt. Vorhin sagten wir: man kann heute nicht mehr philosophieren wie ein Vorsokratiker. Aber deswegen ist er im zentralen Punkt nicht »überholt«, sowenig wie die vorperspektivische Malerei durch die technische Erfindung der perspektivischen aufhört, schön zu sein. Wenn der erste Philosoph, Thales von Milet, an der Wende vom 7. zum 6. Jahrhundert sagt, alles sei aus dem Wasser entstanden, so hat das zwar eine hocharchaische Form, sofern aber darin liegt, daß die Vielheit der Welt Einheit sei in einer sich evolutiv abwandelnden Grundsubstanz, bleibt es – ob man dies nun gutheiße oder nicht – ein unentbehrlicher Gedanke.

Deshalb ist Geschichtsschreibung ihrer selbst bereits ein Teil der Philosophie, während Geschichtsschreibung der Physik nicht ein Teil der Physik ist. Immerhin sind heute auch die Wissenschaften an ihrer eigenen Geschichte, die früher fast nur anekdotisch betrieben wurde, interessierter als früher. Denn viele von ihnen haben während und nach der Jahrhundertwende große Wandlungen durchgemacht. Diese Wandlungen beruhten auf einem Wandel im Prinzipiendenken. Und wie sie heute – wir sprachen schon davon – in Abhebung von ihrer positivistischen Phase dazu übergegangen sind, ihre eigenen Prinzipien zu erforschen, so daher auch zur Erforschung der *Geschichte* ihrer Prinzipien. Beides beweist, daß die Wissenschaften philosophischer geworden sind.

b) Hegels Identifikation von Geschichte und System der Philosophie

Alles geschichtlich Gewachsene ist in seiner Art sinnvoll, es ist gerade in seiner Vielförmigkeit weiser als unsere engen Idealkonstruktionen: auf diesen individualpantheistischen Glauben hatte Herder im Gegenschlag zur »kritisch zerbrechenden« Historie des Rationalismus die neue, zur Geschichte jasagende Historie gegründet, durch ihn den historischen Sinn erst entschränkt und intensiviert. Für den Historiker darf das Vergangene nie ein nur Vergangenes sein; sonst wäre nicht zu verstehen, weshalb er sich so sehr anstrengt, sich darein einzufühlen.

Allein daß viele gleichberechtigte Sprachen, Kunststile, Staatsformen, nebeneinander bestehen, darin liegt kein Anstoß, läge darin nur für einen Monomanen der Vernunft. Wie aber läßt sich dieses Prinzip nun auch auf das Gebiet der Philosophie übertragen? Wie können viele Wahrheiten gleichberechtigt sein, da doch Wahrheiten sich untereinander ausschließen?

Wie jede Monade in ihrer Individualität das Universum in einer andern Brechung spiegelt und doch jede dieser Brechungen es ganz enthält, so hat in der großen Konziliatorik von Leibniz auch jeder Philosoph darin recht, was er bejaht, und nur darin Unrecht, was er verneint. L'un et l'autre est vrai. Eigene Systematik und Gesamtgeschichte der Philosophie zu einem denkwürdigen geschichtsphilosophischen Märchen verschränkte dann Hegel. Hegel geht davon aus, daß Wahrheit vielgliedrig ist. Sie läßt sich nicht in einem einzigen Satz ausschöpfen. Jede geschichtlich hervorgetretene Metaphysik ist nun ein Baustein, ein Satz der Wahrheit, und auch umgekehrt ist jeder Satz der Wahrheit schon als eigene Metaphysik hervorgetreten, so daß wir für ihn ein geschichtliches Gegenstück besitzen. Jede Metaphysik prätendiert zwar zunächst, selbst schon die volle Wahrheit zu sein, hat aber darin unrecht. Es muß eine Antithese kommen, die sie korrigiert und ergänzt, und nach beiden eine die Gegensätze versöhnende Synthese, die dann wieder als These die Antithese ruft usf. Aber nachfolgende Metaphysik streicht die vorhergehende nicht völlig aus. Ein Moment an dieser bleibt immer bestehen. Sie ist in der späteren »aufgehoben« nicht nur im Sinn von »entkräftet«, sondern auch im Sinn von »aufbewahrt« (und »höher gehoben«). Erst in einer Vielzahl geschichtlicher Stufen baut sich so die Gesamtwahrheit auf. Es genügt nicht, sich wie in der Wissenschaft an die letzte Stufe zu halten: auch die früheren waren notwendig und bleiben immer unersetzlich. In nur scheinbar paradoxem Zugleich sind die Vorstufen ewige Stufen. »Die Wahrheit ist das Ganze.« Sie liegt nicht nur im letzten Schritt.

Es ist also nach Hegel nicht so, daß wir die geschichtlichen Seitenstücke der eigenen Wahrheit an zufälligen Stellen der Geschichte fänden, das eine hier, das andre dort. Vielmehr bezieht sich die geschichtliche Vorwegnahme der Wahrheit nicht nur auf ihre inhaltlichen Einzelthesen, sondern auch auf ihre innere Reihenfolge. »Die Aufeinanderfolge der Systeme in der Geschichte ist dieselbe wie die Aufeinanderfolge in der logischen Ableitung der Begriffsbestimmungen der Idee.« Nicht nur die Metaphysiken waren wahr, sondern auch der zeitliche Verlauf, in dem sie sich ablösten, war sinnvoll. Ihr reales Nacheinander-entstehen ist zugleich das notwendige Sich-auseinander-entwickeln der Gedanken. Die Stelle ihrer Entstehung bezeichnet zugleich ihren Stellenwert im Gesamtgedankengebäude. Die Geschichte der Philosophie fällt sonach zusammen mit dem sachlichen Aufbau des Systems der Philosophie. Wir können sowohl aus jener dieses gewinnen wie wir aus diesem, wenn wir sie nicht schon kennten, die Geschichte deduzieren könnten. Der Historiker ist als solcher schon, wenn er die Geschichte richtig versteht, Systematiker, und der Systematiker wird an die Geschichte verwiesen. Wie bei Hegel (und Schelling) die Geschichte als *ganze* das Buch des Geistes aufschlägt, der in ihr und in unserem Denken identisch ist, so gilt dies speziell für die *Philosophie*geschichte.

Ohne daß diese Identifikation in ihrer Konstruktivität geglaubt worden wäre, hat doch Hegel durch sie die Philosophiegeschichtsschreibung vertieft und erst eigentlich in Gang gebracht. Alle bedeutenden Philosophiehistoriker des 19. Jahrhunderts sind Rechtshegelianer: Rudolf Haym, Eduard Zeller (Philosophie der Griechen), Kuno Fischer (der die Philosophie der Neuzeit anfangs mit Descartes, später mit Bacon beginnen ließ, während erst dem sonst unoriginellen Falckenberg das Verdienst zukommt, Cusanus an den Anfang gesetzt zu haben), der verglichen mit Fischer exaktere Johann Eduard Erdmann, Albert Schwegler (der jedoch als Hegelianer zu viel Ordnung in die Geschichte hineinliest).

Im späteren 19. Jahrhundert ist dann der Gedanke Hegels genau umgedreht worden. Wie der Positivismus generell, wenngleich die Wendung des Zeitalters Goethes zur Geschichte übernehmend, in ihr nicht mehr den Sinn, sondern nur noch den Stoff erblickte, so wird jetzt die Philosophiegeschichte, bei Hegel eine Geschichte der Wahrheiten, zu einer Geschichte der Irrtümer. An die Stelle von Hegels Panlogismus tritt historischer Relativismus.

Dreierlei wird man grundsätzlich gegen Hegels Aufriß einwenden.

1. Obgleich bei Hegel jede »Stufe« ihr Recht behält, ist die nächste eben doch die »höhere«. Die frühere war zwar an ihrer historischen Stelle notwendig, aber bleibend an ihr ist doch nur, was von der weitergehenden Entwicklung übernommen wird. Damit verrät Hegel, wiewohl er auf ihm basiert, das historische Prinzip der Goethezeit, demzufolge die geschichtlichen Erscheinungen gerade in ihrer individuellen Eigenart vollwertig und untereinander gleichwertig sind, doch wieder an die Fortschrittstheorie. Er bildet zwischen den geschichtlichen Betrachtungsweisen des Aufklärungszeitalters und der Goethezeit die nicht gelingende Synthese (und desavouiert so durch sein eigenes Realbeispiel seine *Philosophie* der Synthese).

2. Indem Hegel die Philosophien in einer aufsteigenden Linie anordnet, werden sie für ihn zur Einheit. Sie setzen gemeinsam die Gesamtwahrheit zusammen, ja von vornherein bewegen sie sich in kontinuierlicher Notwendigkeit – weil in ihnen der Weltgeist sich selbst denkt und entfaltet – ihr als ihrem Ziel entgegen. Damit verkennt Hegel den insulären Charakter der Philosophien. Er legt in ihre Aufeinanderfolge zu viel und einen zu sehr systematisierten Sinn. Daß ein System aus dem älteren hervorgeht und es integriert, ist nur Oberfläche. Man mag solche Verbindungslinien innerhalb einzelner Epochen ziehen, obgleich auch hier Buchtitel und Vorlesungsankündigungen wie »Von Kant bis Hegel«, falsch sind; grundsätzlich und universalgeschichtlich sind die Systeme unverbunden und brechen neue Dimensionen auf. Sie entstehen wie Tiergattungen oder Kulturen in echt geschichtlicher Heterogenität und Kontingenz, verhalten sich nicht wie Glieder einer Schlußkette. Hegel logisiert, wie die Geschichte überhaupt, so auch die Philosophiegeschichte und raubt ihr dadurch die geschichtliche Faktizitätshärte.

3. Weil ein System an seiner geschichtlichen Stelle *sinnvoll* war, braucht es nicht bis heute – nachdem Antithesen und Synthesen ihm sämtliche Ecken abgeschlagen haben – übernehmbar *wahr* zu sein; und es braucht dies auch nicht zu sein, damit die Beschäftigung mit ihm *für uns* sinnvoll wird. Hegel gibt den früheren Systemen *zu wenig* Wahrheit, indem er einen Fortschritt sie überbieten läßt, und er gibt ihnen *zu viel* Wahrheit, indem sie alle zur Endgestalt der Philosophie ihren Beitrag liefern. Demgegenüber war es die Methode der Historischen Schule, das Fremde nicht an einem eigenen oder rationalen Maßstab zu messen, sondern es gerade in seiner Andersartigkeit ernst zu nehmen und zu versuchen, es aus seinem eigenen Zentrum im Geist zu rekonstruieren. Erst diese Einklammerung der fremden Maßstäbe entband subtileres Verstehen. Ebenso muß der Philosophiehistoriker die unmittelbare Frage nach Wahrheit und Nichtwahrheit eines Systems zunächst zurückstellen und wird es dann um so eher durchdringen.

Gerade dadurch aber, daß wir das Fremde nicht in ein Eigenes verwandeln, sondern es als ein Gegenüber-bleibendes im Geist umfassen, versieht es, wie Humboldt zeigte, seine Funktion an uns: weil es eine andere Ausprägung des Menschseins darstellt, führt es uns zu höherer Totalität; an seiner Gegenindividualität prägt unsere eigene Individualität sich aus und wird sich bewußt. So auch hier. Wir wachsen philosophisch im Gespräch auch und gerade mit den *nicht* wahren Philosophien. Dies um so mehr, als Wahrheit überhaupt nicht das letzte Kriterium der Philosophie bildet, deren Aufgabe es vielmehr ist, Denkmöglichkeiten zu finden. Hegel rückt uns die Philosophiegeschichte so nah wie ein Theologe den Bibeltext, den er auf unsern eigenen Augenblick anwendet; es gibt aber auch ein Elixier der Ferne.

Wie auf andern Gebieten lähmt uns das Wissen um die fremden Möglichkeiten nicht, wie Nietzsche fürchtete, im Gegenteil: indem es uns lehrt, daß geschichtlich verschieden gedacht werden mußte und also durfte, indem es uns dadurch von der immergültigen einen Norm befreit, ermutigt es uns zu unserer eigenen neuen Möglichkeit. Der historische Sinn »heilt selbst die Wunden, die er schlägt« (Dilthey). Das Bewußtsein der Geschichtlichkeit und des Schöpfertums gehören zusammen.

c) Typen und Stile

Einen Gegenschlag zu Hegels Auffassung bildeten in unserm Jahrhundert die Typologien. Ihnen zufolge arbeiten die Philosophien nicht einander in die Hand und münden ins selbe Ziel, vielmehr stehen irreduzibel und unversöhnbar sich ausschließende philosophische Grundpositionen ohne Berührung einander gegenüber. Ihrer kleinen Zahl ordnet die große Zahl der historisch vorliegenden Systeme sich ein. Die spätere setzt die frühere nicht voraus und fort, sie können zu jeder Zeit alle koexistieren. Eine Auseinandersetzung zwischen ihnen ist sinnlos – wie die Spenglerschen Kulturen können sie weder aufeinander wirken noch einander auch nur verstehen –, denn jede verwendet andere Begriffe oder dieselben Begriffe gewinnen in ihr andere Bedeutung.

Wir erwähnten schon die Weltanschauungstypologie *Diltheys*. Hans *Leisegang* unterschied »Denkformen«: die einen Denker bauen Begriffspyramiden, die andern ordnen alles, auch die Geschichte, in Kreisen an (die Entdeckung *dieser* Denkform bei Paulus bildete Leisegangs Ausgangspunkt), die dritten leiten wie die Mathematiker ein Ganzes aus wenigen Grundsätzen ab. Der Irrtum beginnt jeweils dort, wo das an einem bestimmten Gegenstandsbereich ausgebildete Denken auf Gegenstände anderer Struktur übertragen wird (vgl. N. Hartmanns »Schichtenverfehlung«). – Ohne daß er eine bestimmte Typologie aufgestellt hätte, bleiben auch nach *Georg Simmel,* wegen des Mißverhältnisses zwischen der Vieldeutigkeit der Welt und unseren beschränkten Deutungsmöglichkeiten, alle Philosophien einseitig. Objektiv unvereinbar, gehen sie jedoch im nachträglichen Betrachter eine Verbindung ein. Am Schluß seines Buches über »Schopenhauer und Nietzsche« heißt es, die Überzeugungen der beiden Denker ließen sich zwar nicht in einer höheren Einheit versöhnen, aber »der Wert dessen, was man ihre Synthese nennen mag, besteht gerade darin, daß die Menschheit es zu dieser Spannungsgröße ihrer Lebensgefühle gebracht hat. Darum kann eine Einheit ihrer nur nach einer ganz andern Dimension als nach der ihres objektiven Inhalts hin liegen: in dem Subjekt, das sie beide zusammenschaut. Indem wir die Schwingung des geistigen Daseins durch den ganzen Abstand dieser Gegnerschaften hin empfinden, dehnt sich die Seele – auch wenn und gerade wenn sie für keine der Parteien dogmatisch verpflichtet ist –, bis sie die Verzweiflung über das Leben und den Jubel über das Leben als die Pole ihrer eigenen Weite, ihrer eigenen Kraft, ihrer eigenen Formenfülle umfassen und genießen darf.« Ähnlich am Schluß von »Kant und Goethe«: »Vielleicht ist die Frage nach einem stabilen Gleichgewicht beider Weltanschauungen überhaupt falsch gestellt: vielleicht ist es der eigentliche Rhythmus und die Formel des modernen Lebens, daß die Grenzlinie zwischen der mechanistischen und der idealistischen Auffassung der Welt in fortwährendem Fließen bleibe, so daß die Bewegung zwischen ihnen, der Wechsel ihrer Ansprüche auf das Einzelne, die Entwicklung ihrer Gegenwirkungen ins Unendliche dem Leben den Reiz gewährt, den wir von der unauffindbaren definitiven Entscheidung zwischen ihnen (umsonst) erhofften. Das ist freilich Epigonentum; aber es ist auch die äußerste Ausgestaltung und Ausnützung der Gunst, die die Natur der Dinge den Epigonen gewährt, daß, wenn ihnen die *Größe* der Einseitigkeit entgeht, sie dafür der *Einseitigkeit* der Größe entgehen können.«

Ferner: Thema des Kunsthistorikers sind neben den Künstlern und ihren Werken die »Stile«, innerhalb deren die einzelnen Werke über den Wert hinaus, der sich bei isolierter Betrachtung zeigt, einen oft mit jenem nicht koinzidierenden »Stellenwert« haben (Wölfflins »Kunstgeschichte ohne Namen«). Ebenso wird auch der Philosophiehistoriker die Systeme größeren Entwicklungslinien einordnen. Er wird zeigen, wie von verschiedenen Denkern ein gemeinsames Problem angegangen, wie ein motivisch gemeinsamer Grundgedanke abgewandelt wird. Insofern gibt es hier doch wieder, wie bei Hegel, verbindende Linien; es ist jedoch nicht nur eine, sondern sind viele, und sie steigen nicht nur auf, sondern verästeln sich und sinken auch wieder ab.

Indirekt dient das Verfolgen von Linien auch wieder dem Verstehen des Individuellen. Es bildet die Grenze der »interpretativen Methode«, daß sie die Autoren zu sehr isoliert gegen die Zusammenhänge, in denen sie stehen. Der Autor selbst spricht seine eigenen Voraussetzungen oft nicht aus, weil sie ihm zu selbstverständlich, ja nicht voll bewußt sind. Er arbeitet mit ihnen nur »implizit« (s. o.), nicht intentionell. Daher muß man einen Autor »besser verstehen, als er sich selbst verstand« (darüber eine Abhandlung von Bollnow). Man muß die Ideen kennen, die die Zeit bewegten, muß wissen, welches die traditionelle, welches die oppositionelle Partei war usf. Kehrt man mit diesem Wissen ausgerüstet zum Autor zurück, dann wird er viel sprechender für einen als solange man glaubte, aus seinem Text alles herauszulesen. Die Textidolatrie, die zeitweise, von der Staigerschule in der Germanistik ausgehend, auch in der Philosophie Platz gegriffen hatte, war nur ein Gegenschlag gegen die Exzesse der auf Dilthey zurückgehenden ideengeschichtlichen Zusammenschau, die, ähnlich wie Wölfflins Stilgeschichte, das kontingent Einzelne, indem sie es als bloßes Beispiel der Kontinuität einer Entwicklung einfügte, im Notwendigen und Allgemeinen verdampfen ließ.

Endlich: Griechische Kunst wird nicht nur vom Kunsthistoriker behandelt als eine spezifische Gestaltung der universellen Möglichkeit *Kunst* neben ihren Gestaltungen bei andern Völkern, sondern auch vom Altertumswissenschaftler als Ausdruck des *Griechentums* neben dessen Ausdruck auch in Staat, Religion usf. Ebenso steht eine Philosophie außer in den Ver-

145

flechtungen mit andern Philosophien vor, neben und nach ihr auch in Verflechtungen mit nichtphilosophischen Mächten, mit dem »Zeitgeist«. So transponiert sich in Leibniz' Monade die Einsamkeit der calvinistischen Seele. Ebenso bestimmend, wie daß er Leibniz las, wurde für Kant, daß er aus pietistischem Elternhaus stammte und noch Zeitgenosse der Französischen Revolution war. Daher wird der Philosophiehistoriker die Philosophie nicht als isolierten Strang verstehen. Wie ein System in der *Sukzession* einen Zusammenhang mit andern Systemen bildet, so bildet es in der *Simultaneität* einen Zusammenhang mit dem gleichzeitigen Sozialen und Religiösen, von dem es getragen wird und auf das es interrelational zurückwirkt, mit der gleichzeitigen Kunst, die gleich ihm einen Ausdruck für die Zeitlage sucht. Es besteht Stilverwandtschaft zwischen gotischen Domen und hochscholastischen Summen (Worringer), zwischen der Tragödie Racines und der gleichzeitigen Mathematik und Physik (Duhem, Cassirer). Hegel selbst hat dies gewußt, und wenn es bei ihm so wirkt, als ob die Systeme sich nur am Faden des Begriffs fortspännen, so deshalb, weil sich im Begriff für ihn der gesamtweltgeschichtliche Fortgang kondensiert.

Anderseits darf man Philosophiegeschichte nicht in der allgemeinen Geistesgeschichte aufgehen lassen. Eine überepochale Kontinuität der Philosophie besteht fort, und auch wo Philosophie Zeitprobleme aufgreift, werden sie durch die Übersetzung in das konsubstantielle Medium des Begriffs verwandelt und in sich nur aus dem Gesetz der Begrifflichkeit ergebende Verwandtschaften und Entwicklungen hineingezogen. Ein Nurphilosoph wie Natorp interpretiert Platon falsch, weil er das historisch Bedingte an ihm nicht sieht; ein Nurphilologe wie Wilamowitz interpretiert ihn ebenfalls falsch, weil er das Philosophische an ihm nicht sieht. Aus Philosophiegeschichte wird hier Literaturgeschichte der Philosophie. Der Systematiker muß, wie wir sahen, auch geschichtsbezogen sein und bleibt sonst leer; entsprechend muß auch der Historiker der Philosophie systematische Ansätze haben und bleibt sonst blind. Die verschiedene Veranlagung gabelt sich erst oberhalb eines Gemeinsamen.

Wie aber seine Systematik die Kraft des Historikers bildet, so auch die Grenze: er findet auch in seinem Gegenstand nur die eigenen Probleme wieder. Bei Erkenntnistheoretikern des 19. Jahrhunderts war die Metaphysikgeschichte tot. Selbst die Vorsokratiker wurden (halb als primitive Physiker, halb), wie auch Platon, als Erkenntnistheoretiker verstanden. Auch Leibniz war für Russell, Couturat und Cassirer nur Logiker. Erst als in der Zeit selbst Metaphysisches neu reifte, entdeckten auch die Historiker – wie Heimsoeth in seinen »Sechs Themen« und Schmalenbach in seinem »Leibniz« – es in der Vergangenheit wieder.

Dritter Teil
Philosophische Disziplinen

Einleitung

Für Karl Jaspers, der damit für eine ganze Auffassung der
Philosophie repräsentativ steht, war ihre Aufgliederung nach
einzelnen Disziplinen etwas Äußerliches. Die Grundintention
eines Philosophen zeige sich auf allen von ihm behandelten
Gebieten, die er darum auch selbst oft nicht streng unterscheide. Philosophische Gedanken hingen immer unter sich zusammen, der eine setze den andern voraus und führe auf den
dritten. So steht hier die ursprüngliche Intuition eines Einzelnen und die durchgehende innere Einheit seines Systems gegen
die Vielheit der Aussagen, in die es sich erst sekundär aus-
fächert. Für Jaspers setzte sich die Philosophiegeschichte zusammen aus »Großen Denkern«. Ein Motiv für diese Sehweise
bildete bei ihm auch, daß er den objektiven Gehalt philosophischer Thesen psychologisch zurückbezog auf die Erlebnis-
wirklichkeit: was an ihnen zählt, ist letztlich nur der durch sie
vermittelte Aufschwung der Existenz zur Transzendenz, für
den es gleichgültig ist, anhand welchen Sachmaterials er sich
vollzieht.

Wenn Philosophie im folgenden nach ihren Disziplinen
dargestellt wird, so setzt dies nicht nur ein stärkeres Vertrauen in ihre Wahrheitskraft voraus, sondern auch ein wis-
senschaftsanalogeres Verständnis, das sich nicht allein von
ihren großen Konzeptionen bestricken läßt. Existentielle Objektivation, wenn sie Philosophie sein will, wird filtriert durch
die Arbeit an Sachproblemen. So besitzen auch innerhalb der
philosophischen Systeme die einzelnen Disziplinen etwas wie
Autonomie. Es gibt in ihnen perennierende Problem- und
Traditionszusammenhänge, die sich gegen das Formations-

gesetz des Systems, in das sie jeweils eingehen, stabil verhalten. Ein Beispiel: Plotinische Ästhetik, nach der Kunst die »Idee« darstellt, lebt noch bei Schelling und Schopenhauer, bei denen die Idee sonst keinen Raum mehr hat. Die Homogenität der Systeme ist also keine totale. Außerdem beteiligen sich an der Philosophie nicht nur die herausragenden Systematiker. Einzelforschung kann Einzelfragen weitertreiben.

Aristoteles faßte Physik, d. h. Naturweisheit, deren höchster Teil die Metaphysik ist, und Logik zusammen als theoretische Philosophie und konfrontierte ihr die praktische Philosophie, die er zerfallen läßt in Ökonomie und Politik, in denen die Ziele von Gemeinschaften, und Ethik i. e. S., in der die Ziele des Einzelnen behandelt werden. Dazu tritt bei ihm noch die poietische oder technische Philosophie, die es mit den menschlichen Hervorbringungen zu tun hat. Die Unterscheidung von theoretischer und praktischer Vernunft finden wir noch bei Kant. Der Physik und der Ethik, die dem Sein und dem Handeln zugeordnet sind, stellte die Stoa Logik und Dialektik, dem Denken zugeordnet, noch voran.

Diese Voranstellung ist aber selbst eine nur logische. Geschichtlich bilden Metaphysik und Ethik die beiden Wurzeln der Philosophie. Mit beiden Disziplinen greift sie Fragen auf, die die Menschheit schon früher auf andere Weise beantwortet hatte. Dagegen sind Logik und Erkenntnistheorie jünger. Hier entstehen die Fragen erst durch die Philosophie selbst.

Damit ist aber der Umkreis der Disziplinen lange nicht abgeschritten. Dem Wahren und Guten pflegt man seit Platon das Schöne zu koordinieren (die Scholastik stellte dann den falschen Satz auf, diese drei von ihr sog. Transzendentalien seien unter sich sowie mit dem ens und dem unum konvertibel). Damit ergibt sich als weitere Disziplin die Ästhetik. Man pflegt sie auf Plotin zurückzuführen, weil bei ihm Schönheits- und Kunsttheorie zusammenwachsen; beide sind aber sehr viel älter (pythagoreische Harmonielehre). Schon die Sophistik kannte Anthropologie und Kulturphilosophie. Erst die Platonische Ethik und Metaphysik drängten diese Disziplinen wieder in den Hintergrund. Schon das Klassische Altertum besaß ferner Geschichtsphilosophie (in fortschritts- und zyklentheoretischer Ausprägung); freilich ist aus dieser Disziplin erst durch das intensivere jüdisch-christliche Geschichtsdenken mehr und anderes geworden. Endlich kann man fast jeder Wissenschaft auch eine Philosophie beigesellen: Philosophie der Mathematik und der Natur, Rechts-, Staats-, Religions-Sprachphilosophie. Man kann innerhalb der Sonderphilosophien nochmals intern differenzieren: Geschichtsmetaphysik z. B. glaubt um Gesetze und Sinn der Geschichte zu wissen, Geschichtslogik fragt nach Möglichkeiten und Formen historischen Erkennens. Alle diese Und-philosophien befinden sich aber heute im Rückgang: ursprünglich waren sie mit den zugehörigen Wissenschaften noch eins, dann verselbständigten sich die Wissenschaften, waren aber zunächst positivistisch und ließen so einer parallelen Philosophie noch Raum; heute dagegen stellen sie sich selbst ihren Grundlagenproblemen und saugen so die jeweils zugehörige Philosophie auf.

Probleme welches Bereichs ihn vor allem bedrängen, das prägt den Typus eines Philosophen. Nietzsche etwa ist entscheidend Ethiker: indem wir uns dies klarmachen, haben wir bereits eine erste Näherung an ihn gewonnen; wir werden jetzt auch alle seine Äußerungen über Nichtethisches richtig einordnen, indem wir versuchen, sie auf sein Zentrum zu beziehen und aus ihm zu verstehen.

Es ist aber überhaupt nicht so, daß die Disziplinen der Philosophie friedlich nebeneinander lägen, daß sie die Sphäre der Prinzipien ebenso unter sich aufteilten wie die Wissenschaften die Sphäre der Gegenstände. Daß bei dem einen Philosophen diese, beim andern jene Disziplin vorherrscht, das ist nicht nur Arbeitsteilung, und man kann nicht aus den sektoral vorgehenden Disziplinen am Schluß das Ganze der Philosophie zusammensetzen. Da gibt es Antinomien: ein Einheitsmetaphysiker wie Heraklit kann nicht Ethiker sein, weil das Sein als ganzes für ihn gut ist und somit den Gegensatz von Gut und Böse relativiert; Erkenntnistheorie wiederum schließt sich mit der Metaphysik aus, weil es ihr mehr um die Sicherheit als um den Inhalt der Wahrheit geht und weil die Lehren der Metaphysik ihr nicht begründet genug sind. Deshalb laufen auch historisch die Disziplinen zwar einesteils nebeneinander her; aber wie die verschiedenen Künste gleichzeitig existieren und es trotzdem, wie Pinder zeigte, ein Zeitalter der Architektur (1200), eines der Malerei (1500) und eines der Musik (1800) gibt, so stehen oft auch einzelne philosophische Disziplinen im Vordergrund und erheben den Anspruch, selbst das Ganze der Philosophie oder jedenfalls die eigentliche Philosophie zu sein. Auch dieser Kampf der Disziplinen um die Vorherrschaft bildet einen Teil der Geschichte der Philosophie.

Die größte Würde beansprucht seit alters für sich die *Metaphysik*, weil sie es mit den prota, den ersten Gründen, dem Allgemeinsten zu tun hat. – Wenn, wie im Hellenismus, Metaphysik von *Ethik* verdrängt wird, dann nicht so sehr aus Gegnerschaft gegen sie (obgleich Ethik sich mit metaphysischer Skepsis verbinden kann), sondern mehr nur, weil die Menschen ihrer stärker bedürfen. Philosophie wird jetzt magistra vitae (Cicero), Kunst der richtigen Lebensführung (Seneca). Die ionische Metaphysik hatte den Mythos gebrochen, die stoische Ethik nähert sich wieder der Religion, und vieles von ihr ging später ins Christentum ein. – Dagegen beruht, wenn nun in der Neuzeit *Bewußtseinsanalyse* und *Erkenntnistheorie* dominant werden, dies auf einer ausdrücklichen Bestreitung der Metaphysik, auf der Überzeugung, daß die Philosophie völlig anders einsetzen müsse. Zwischen der Welt und uns nämlich stehe das Bewußtsein mit seinen immanenten Strukturen. Müht sich Philosophie immer ums Grundlegende, dann muß also ihre Sorge nicht der Welt, sondern dem Bewußtsein, muß der Sicherung und dem Fortschritt der Erkenntnis gelten. Hatte Aristoteles die Logik als Organon, als Werkzeug des Denkens, den andern Disziplinen nur methodisch vorangestellt, so setzt sich ihnen hier die Erkenntnistheorie auch sachlich voran, ja an ihre Stelle: »Der stolze Name einer Ontologie, welche sich anmaßt, von Dingen überhaupt synthetische Erkenntnisse a priori zu geben, muß dem bescheideneren einer bloßen Analytik des reinen Verstandes Platz machen« (Kant), dem Transzendentalismus. – Eine Disziplin, die fast immer an untergeordneter Stelle stand, ist die *Ästhetik*. Zweimal aber hatte auch sie ihre große Stunde. Zuerst in der Renaissance, als sie entgegen der antiken Imitationsästhetik dem Künstler die Kraft zuschrieb, gottgleich eine »zweite Welt« zu kreieren, und damit der modernen Wissenschaft und Technik das Stichwort gab. Sodann, als sie im 17./18. Jahrhundert nachwies, daß es zwischen dem Urteil aus allgemeinen Regeln und der »subjektiven Subjektivität« ein Drittes: ein treffendes subjektives Urteil gibt. Subjektivität, seit Descartes Ausgangspunkt der Philosophie, jedoch von ihm noch rationalistisch mißdeutet, gewinnt erst dadurch grundsätzlich ihre neuzeitliche Hebelkraft. – Es gibt nicht nur oder vielleicht überhaupt nicht gleichsam naturhaft mitgebrachte Formen des Bewußtseins, sondern es bewegt sich in den Kategorien, die ihm vorgebahnt sind durch die geschichtlich entstandenen und variierenden Sprachen. Es war die Vertiefung, die Humboldt an Kants Transzendentalismus vornahm, daß er ihn hineinzog ins Kulturelle und Geschichtliche. In seiner Nachfolge ist eine moderne Form des Transzendentalismus *Sprachanalyse* (language analysis). Denn alle Denkformen, die das uns Gegebene konstituieren, sind zugleich Sprachformen. Sprache filtert uns den Weltstoff schon vor. Während jedoch Humboldt noch an eine erschließende Kraft der Sprache glaubte, wird hier eher gezeigt, wie subjektiv und irrtumsuggerierend sie ist. – Eine andere moderne Variante des Transzendentalismus ist die philosophische *Anthropologie*. Denn zu einer philosophischen wird sie nicht dadurch, daß sie den Menschen als ein besonders interessantes Seiendes unter Seiendem erforscht. Vielmehr wird hier abermals, in anderer Weise, das prius unserer Welt erweitert, die für uns immer eine durch den Menschen gebrochene ist, so wie er zugleich für alles von ihm Geschaffene der letzte Bezugspol bleibt. Deshalb sagte Max Scheler, die moderne Fundamentaldisziplin sei Met-anthropologie. – In anderer Weise endlich wird eine Schlüsselposition auch beansprucht von der *Geschichtsphilosophie*. Denn alles Seiende sei im Wandel begriffen. Deshalb beruhen Ontologie und Anthropologie, die noch an feste Strukturen glauben, sogar schon als Disziplinen auf einem Vorurteil. Man müsse alles zeitlich, dialektisch, zielbezogen sehen. Anthropologie sei ein Naturalismus, der nur dort entstehe, wo Geschichtsphilosophie, die den Menschen auf eine vernunftgeprägte Zukunft bezieht, erlahmt (Odo Marquard).

Es steht mit dem Prioritätsanspruch der Disziplinen wie mit dem Wahrheitsanspruch der Systeme. Im mehrdimensionalen Gefüge der sich aus den Zwängen ihrer eigenen Einlinigkeit emanzipierenden Vernunft ist Bestreitung auch Ergänzung.

Im Unterschied zu anderen philosophischen Disziplinen traten nur die genannten mit dem Anspruch auf, Grundlagendisziplin zu sein. Auf sie bleibt unsere Darstellung beschränkt.

I Metaphysik

a) Die drei metaphysischen Dimensionen

Der Neuplatoniker Simplicius verstand in dem Titel der Aristotelischen Bücher »Ta meta ta physika« das meta im Sinne von trans: diese Bücher handelten von dem, was jenseits der physischen Welt liege, vom Transzendenten, dem auch die Neuplatoniker selbst zugewandt waren, vom Supranaturalen, mit dem verglichen dem Irdischen nur schwächeres Sein zukomme. Metaphysik sei »Übersinnenlehre«. Noch heute wird dies von manchen wiederholt, und sie pflegen dann erstaunt zu sein zu erfahren, auch die Leugnung jeder »Hinterwelt« (Nietzsche) und der Glaube, es existiere nur diese diesseitige Welt als die alleinige und wahre, sei eine – wenn auch vielleicht eine schlechte – Metaphysik. In Wahrheit bedeutet das meta hier nicht trans, sondern post: es sind diejenigen Bücher, die der erste Herausgeber des Aristoteles, Eudemos, *nach*, *hinter* den Büchern über die »Physik« einordnete und die, da Aristoteles selbst ihnen keinen Titel gegeben hatte, so zu dem Namen Metaphysik kamen.

Daß dies jedoch nur ein editorischer Zufall gewesen sei, ist ein zweites Mißverständnis, das sich, seit der Renaissance, an den Buchtitel geheftet hat. Was Aristoteles unter ihm behandelt, das ist hä peri tōn archōn theoria, Grundlagentheorie. Er selbst nennt die Metaphysik protä philosophia, erste Philosophie, und als solche »führendste der Wissenschaften«. Gerade aber weil sie es mit den prota, dem Ersten, den Prinzipien zu tun hat, kann sie nach genereller Überzeugung des Aristoteles, nach der das Allgemeinere in der Erkenntnis das Schwierigere und darum das Spätere ist, für den Schüler, für den Leser, *nicht* am Anfang, sondern muß sie am Schluß stehen, und dem entspricht im editorischen Aufbau ihre Stellung nach der spezielleren »Physik«. –

Drei Dimensionen der Disziplin Metaphysik lassen sich schematisch trennen, obwohl sie faktisch ineinander übergreifen.

1. (Horizontale) Sie hat es mit den *allgemeinsten Seinsbestimmungen* zu tun, die jeder speziellen Region bereits vorausliegen und in ihr wiederkehren. Hierher gehören bei

Aristoteles dynamis und energeia (potentia und actus, Möglichkeit und Wirklichkeit, wozu als weitere Modalform die Notwendigkeit tritt), hypokeimenon und symbebäkos (Substanz und Akzidens, das Ding nach seinem Wesen und die Eigenschaften), hylä und morphä (Stoff und Form, auch: Realität und Idealität), aber auch die Kategorien und die Formen der Ursache. – Man könnte eine Metaphysik so einteilen: Sein und Nichts, Sein und Werden, Sein und Erscheinung, Sein und Erkenntnis, Sein und Sollen, Sein und Sinn.

2. (Vertikale nach unten) To on hä on kai ta toutō hyparchonta kath hauto, das Seiende als Seiendes und das ihm an sich *Zugrundeliegende*: so definiert Aristoteles die beiden Themen der Metaphysik. Zu dem allgemein Charakterisierenden tritt hier das Konstituierende. Beides kann inhaltlich dasselbe sein, und nur der Gesichtspunkt ist dann ein anderer. Konstitutiva sind aber auch die intramateriellen Bausteine, wie schon die Vorsokratiker sie gesucht hatten. Insofern als das »Darunterliegende« auch ein »Dahinterliegendes« ist, behält Simplicius indirekt wieder recht.

Die Unterscheidung zwischen Fundierendem und Getragenem, Bestimmendem und Abhängigem, Prinzip und principiatum ist dabei nicht nur auf die Metaphysik beschränkt. Auch Wissenschaft stößt gegenüber der natürlichen Weltansicht auf Zugrundeliegendes vor. Daher können beide ineinander übergehen: Atomistik war bei Demokrit Metaphysik und wurde später Chemie und Physik. Aber Wissenschaft bringt wohl eine Vertiefung gegenüber dem Alltagswissen, ihr Zugrundeliegendes ist jedoch nur das einzelner Seinsregionen. Metaphysik fragt nach dem auch diesem Zugrundeliegenden seinerseits Zugrundeliegenden zweiten Grades, nach dem, was als Letztes das Ganze trägt.

Verglichen mit dem, was sich aus und über ihm aufbaut, ist das Tragende das stärkere, »eigentlichere« Sein. Das kann auf verschiedene Weise gefaßt werden.

2.1 Entweder der Unterschied verläuft innerhalb des Seins selbst. Das Eigentlichere ist dann nicht das Seiendere, sondern nur das, dem als prius gegenüber dem posterius das größere ontologische Gewicht zukommt. Man mag zwischen der »Oberfläche«, dem »Vordergrund«, an denen der gewöhnliche Blick haftet, und der »Tiefe« unterscheiden, die erst der Wissende freilegt; aber auch der Vordergrund *ist*. – Regelmäßig entsteht dann hier die Frage, wie der Zusammenhang zwischen den beiden zu denken sei. Determinieren die priora die posteriora als Simultanseiende, so wie bei Platon die Ideen die Realität durch ihre synousia (Anwesenheit) oder bei Demokrit die Atome alles durch ihre Zusammensetzung determinieren? Oder ist das prius auch zeitlich ein Früheres, und alles andere – so wird vor allem denken, wer nur ein einziges prius, einen »Weltgrund« annimmt – *entsteht* erst durch seine Evolution oder Emanation?

2.2 Oder aber das »Eigentlichere« wird so verstanden, als ob es allein wahrhaft sei. Das Uneigentlichere dagegen bilde nur eine Scheinwelt, die letztlich gar nicht besteht. Sie sei nur »Erscheinung« für das Subjekt. Auch diese Denkform ist ebenso metaphysisch wie wissenschaftlich: aus dem mechanischen Äquivalent der Wellenlängen werden in neuzeitlicher Physik erst durch unsere Umsetzung, als Reflex in uns, Sinnesqualitäten. Auch Physik bewegt sich zwar innerhalb der Erfahrungswelt, aber weitergreifend *neue* Erfahrung enthüllt die erste als bloß phänomenale. – Oft wird das Denkschema von 2.1 mit dem von 2.2, wird höhere »metaphysische Dignität« mit alleinigem »Ansichsein«, Sekundarität des Seins im metapysischen Sinne mit bloßer Phänomenalität verwechselt.

3. (Vertikale nach oben) Außerhalb der Aristotelischen Definition (s. o. 2, Anfang) steht neben dem Allgemeinen und dem Fundierenden als dritter Zielpunkt das *Unbedingte*, dem aber auch Aristoteles das erst zuletzt geschriebene 12. Buch seiner »Metaphysik« widmet. Verglichen mit dieser Metaphysik, klassischerweise des Gottes und der unsterblichen (seit der kausalistischen Neuzeit auch: der freien) Seele, rücken die beiden ersten Dimensionen der Metaphysik zusammen.

Man mag sie als Ontologie zusammenfassen und den Namen Metaphysik nur für die dritte reservieren oder ontologische und religiöse Metaphysik unterscheiden. Kant bekämpft beide Typen der Metaphysik, die noch bei Wolff nebeneinanderlagen, aber den Stimulus zur Bekämpfung gibt die Metaphysik des Unbedingten: nur ihretwegen darf auch die des »Dings an sich« nicht sein. Gegen jene steht die Autonomie des religiösen Gefühls, gegen diese die geschärfte Verantwortlichkeit der Vernunft.

155

b) Anspruch der Metaphysik und Skepsis gegen sie

Lange vor der Philosophie findet menschheitsgeschichtlich ein Abbau des naiven Alles-für-wahr-haltens statt. Auch der Monotheismus ist das Produkt eines solchen Abbaus. Metaphysik selbst beteiligt sich an ihm, indem sie das unmittelbar Erfahrene zur Oberfläche oder zur bloßen Erscheinungshaftigkeit herabdrückt. Aber sie ist immer nur semiskeptisch. Ihre Denunziation der Doxa (Meinung, Schein) quillt aus der Sicherheit einer Episteme (wahres Wissen). Sie bleibt getragen vom Vertrauen, daß Geist und Welt letztlich aufeinander abgestimmt sind. Sei es durch Identität wie bei den Vorsokratikern: »Gleiches wird durch Gleiches erkannt«, so wie noch bei Goethe Sonne und sonnenhaftes Auge oder in Schellings »Identitätsphilosophie« der unbewußte Geist in der Natur und der menschliche Geist sich entsprechen. Sei es im Sinne einer nur partiellen Überdeckung unserer Erkenntniskategorien mit den Prinzipien des Seins (N. Hartmann). Ordo et connexio rerum idem est ac ordo et connexio idearum (Spinoza). In der Zeit, in der dieses Vertrauen seit Descartes und noch unlängst durch Kant schon erschüttert war, hat Hegel es noch einmal in deshalb übersteigerter Weise erneuert. Sowohl inhaltlich wie in der Reihenfolge statuiert er eine Korrespondenz zwischen der denkdialektischen Entfaltung unserer Begriffe und der realdialektischen Entfaltung des Seins. »Von der Macht des Geistes kann der Mensch nicht groß genug denken. Das verschlossene Wesen des Universums hat keine Kraft in sich, welche dem Mut des Erkennens Widerstand leisten könnte. Es muß sich vor ihm auftun und seinen Reichtum und seine Tiefen ihm vor Augen legen und ihm zum Genusse bringen.« Er empfinde, sagt Hegel, »Mißtrauen gegen das Mißtrauen«: die angebliche Furcht vor dem Irrtum sei Furcht vor der Wahrheit.

Zu dem Gott Luthers kann der Gläubige, wenn er ihn auch nicht durch Vernunft fassen kann und soll, noch in einer fruitio dei zärtlich hinüberschmelzen. Er empfängt von ihm ein Gnadenerlebnis. Aus dieser Gefühlstradition entsprang später die deutsche Metaphysik. Der Gott Calvins dagegen ist Willensgott. Sein Wirken besteht in einzelnen spontanen Willensakten, seine Gnadenwahl richtet sich nicht nach rationalen Gründen, bleibt undurchschaubar. Das Gnaden*erlebnis* könnte Teufelsblendwerk sein. Er stößt in seiner unendlichen Majestät die nach ihm dürstende Seele in ihre Einsamkeit zurück. Daher bleibt in Ländern wie Holland und England, wo der Calvinismus gesiegt hat, das Absolute auch für die Philosophie unnahbar transzendent. Es entstehen Empirismus und Positivismus, die unter Verzicht auf Substanzeinheit, Kausalität und innere Notwendigkeit das Einzelne und Tatsächliche betonen (Troeltsch).

Im Calvinismus spiegelt sich der Analogieverlust zwischen der Welt und dem neuzeitlichen Menschen, der sich, durch kein gemeinsames Maß mehr mit ihr verbunden, in ihrer Unendlichkeit verloren und fremd fühlt. Philosophischen Ausdruck leiht dem Analogieverlust Descartes, einmal durch die Zweisubstanzenlehre: cogitatio ist von so inhomogen anderer Art, gehorcht so andern Gesetzen als extensio, daß beide sich nach ihm nicht einmal berühren können; sodann durch den Zweifel in der grundsätzlichen Form: sollte die Welt nur der Traum eines einzigen einsamen Ich sein? Auch der Fiebernde hält seine Gespinste für wirklich. Ein mauvais génie könnte uns mit Täuschungen zum Narren halten und uns im gleichen Augenblick das Gefühl der Evidenz eingeben (so wie – Descartes wagt es angesichts des Schicksals Galileis nicht auszusprechen – für uns die Erde unbeweglich ist und doch Kopernikus ihre Drehung bewies). Was gibt uns die Gewähr für die bewußtseinsunabhängige Existenz des zunächst nur Bewußtseinsimmanenten?

Descartes antwortet: Was wir mathematisch erkennen, ist wahr. Auf dem Feld der reinen Vernunft kann Gott kein Täuscher sein. Aber das ist nur ein theologischer Wahrheitsbeweis, und erst noch ein brüchiger: der Occamismus hatte, weil dies Gottes Transzendenz noch steigert, den deus deceptor so ernsthaft erwogen, daß es in ihm sogar schon zur spekulativen Vorwegnahme des Kopernikanismus kam. Bei Kant ist auch die Geometrie unmetaphysisch, weil sie unter der Anschauungsform des Raumes, die Arithmetik, weil sie unter der der Zeit steht. – Descartes vertraut ferner auf die unmittelbare Selbstgegebenheit wenigstens des Bewußtseins, der cogitatio selbst im Gegensatz zu den erscheinungshaften cogitata; hier knüpfte später, in Fichte-Schellings »intellektualer Anschauung« des inneren Schöpfertums und noch bei Bergson,

Ichmetaphysik an. Dagegen war der »Evidenzvorzug der inneren Wahrnehmung« (Brentano) bei Locke und den späteren Psychologen nicht mehr metaphysisch getönt. Aber auch er ist von vielen bestritten worden: zuerst durch den kritischen Kant, dessen »transzendentales Subjekt«, wegen seiner Nuhaftigkeit außerzeitlich, sich nur in seinem Daß, nicht in seinem Wie gegenständlich werden kann und uns nur einen Wechselbalg seiner selbst herüberwirft (vgl. noch die »Übergegenständlichkeit« von Schelers »Person«, von Jaspers' »Existenz«). Dagegen beruht nach andern das Sich-selbst-nicht-kennen auf unserm eigenen Verschulden, und entgegen dem Selbstbetrug und der Maskerade (Schopenhauer, vgl. Nietzsches »Jeder ist sich selbst der Fernste«), in denen wir dauernd leben, fordern sie daher eine »neue Wahrhaftigkeit«. Der Mensch soll sich selbst nackt sehen. Nach der Psychoanalyse (vgl. schon den französischen Moralismus) verdecken wir vor uns selbst unsere wahren Motivationen, weil sie im Widerspruch zu unserm moralischen Selbstbild stehen. Dieses Gegeninteresse an der Selbsterkenntnis muß aber (jedenfalls beim Neurotiker, der nur durch sie gesund wird) gebrochen werden. Umgekehrt ist es nach der Existenzphilosophie nicht unsere Immoralität, sondern gerade unser höchster moralischer Anspruch, vor dem innerlich fliehend wir an Fassaden und Konventionen »verfallen«, aus denen wir uns jedoch zur »Eigentlichkeit« aufschwingen sollen (vgl. den gleichzeitigen Expressionismus).

Als Parmenides erklärte, unsere Sinnenwelt sei Trug, ging ein Gelächter durch Hellas. »Der Skeptizismus begleitet die Metaphysik wie ihr Schatte« (Dilthey). Aber in verschiedener Weise. Positivismus stellt ihr entgegen die erfahrene Tatsachenwahrheit der Wissenschaft. Metaphysische Probleme sind nach ihm nicht nur für uns unlösbar, sondern sind schon als Probleme, z. T. durch Verführungen der Sprache, die daher kritisiert werden muß, falsch gestellt. Demgegenüber reicht bei Kant einesteils das Mißtrauen gegen die Erkenntnis tiefer. Für ihn ist auch die wissenschaftliche Wahrheit nur eine intersubjektiv gültige, keine ans »Ding an sich« heranreichende. Anderseits bleibt für Kant, obgleich Metaphysik »der Tummelplatz aller Streitigkeiten« ist, der metaphysische Trieb (vgl. Schopenhauers »animal metaphysicum«, »metaphysisches Bedürfnis«) eine »unausrottbare Wurzel« in uns. »Daß der Geist des Menschen metaphysische Untersuchungen einmal gänzlich aufgeben werde, ist ebensowenig zu erwarten, als daß wir, um nicht immer unreine Luft zu schöpfen, das Atemholen einmal lieber ganz und gar einstellen werden« ... »Metaphysik ist vielleicht mehr wie irgendeine andere Wissenschaft durch die Natur selbst ihren Grundzügen nach in uns gelegt und kann gar nicht als das Produkt einer beliebigen Wahl oder als zufällige Erweiterung beim Fortgange der Erfahrungen angesehen werden.« Die spekulativen Vernunftideen sind zwar für Kant nur Noumena, Gedankendinge, aber als unerfahrbare Regulative weisen sie der Erfahrung die Richtung; im »praktischen Vernunftglauben« kehren sie wieder als Postulate.

c) Einheit und Vielheit

Es gibt metaphysische *Dualismen*, die das Ganze des Seins auf das Wirken von Gegensätzen (pythagoreische »Gegensatztafel«, Aristoteles' Form-Stoff, die immer beieinander sind, Descartes' zwei Stubstanzen, die sich nie berühren), *Pluralismen*, die es auf eine Vielheit irreduzibel heterogener Prinzipien (etwa »vier Elemente«) zurückleiten. Bei näherem Zusehen erweisen sich jedoch Atomismus und Korpuskularismus sehr oft als sekundär gegenüber dem Glauben an ein homogen Eines, das sich in der Vielheit nur modal ausgliedert. Selbst die Einzelseele wird von Averroes bis Malebranche als Individuation der âme universelle unique gedacht (synechologischer Seelenbegriff; Antithese: Leibniz). Immer ist es eine Tendenz von Metaphysik, alle Mannigfaltigkeit auf einen *Einheitspunkt* zu beziehen. Das entspringt nicht nur dem subjektiven Bedürfnis nach möglichst einfacher Erklärung (simplex sigillum veri), nach einer »Weltformel«, sondern auch sachlich scheint Philosophie als Frage nach dem »Letzten« erst – worüber sich streiten läßt – am Ende zu sein, wenn sie ein *einziges* Letztes gefunden hat. (Parallele Grundimpulse führen in der Religion zum Monotheismus. Während jedoch für die Metaphysik das Einheitsverlangen zum Anlaß wird, vom Götterglauben zum Begriffsdenken überzugehen, ist der Monotheismus ein Nicht-mehr und ein Noch-nicht: theistisch ohne die Vorzüge des Polytheismus und monistisch ohne die Vorzüge der Begrifflichkeit).

Liegt auf dem Grunde der Vielfalt Einheit, dann ist die Wahrheit *ganz anders,* als sie sich dem Alltag zeigt. Was wir sehen, womit wir umgehen, unsere selbstverständliche Wirklichkeit, das ist nicht die wahre Welt. Wahrheit liegt in *verborgener Tiefe* und steht zu dem, was sonst für wahr genommen wird, gerade im Gegensatz. Dieses »ganz anders« ist aber nicht nur logische Konsequenz der Metaphysik, sondern kann auch selbst ein Motiv sein, das zu ihr führt: so wie sie sich gibt – so disharmonisch, so leidvoll – ist die Wirklichkeit nicht, kann sie nicht sein! Aus diesem ethisch-eudämonistischen Postulat folgt hier erst die metaphysische Überzeugung. Da nun die Negativität der Wirklichkeit auf ihrer Vielfalt beruht, die alles Gegeneinander erst ermöglicht, muß auch deshalb das Zugrundeliegende *Einheit* sein: es soll die Wirklichkeit nicht nur erklären, sondern erlösen. Metaphysik hat hier noch eine gemeinsame Wurzel mit dem Messianismus, bloß daß sie als ewig bestehende und schon jetzt findbare Wahrheit besitzen will, was der Messianismus in »schenkender Zeit« als Künftiges erhofft oder, in seinen säkularen Formen, zur Verwirklichung aufgibt.

Liegt *hinter* allem eine Einheit, dann liegt es nahe, sie auch *in* ihm zu suchen: metaphysische Einheit wird interpretiert als reale Einheitlichkeit. Zwischen dem Verschiedensten besteht ein gemeinsames Maß. Qualität ist nur wechselnde Quantität des immer wieder Selben. So geht aus der Einheitsmetaphysik Mechanistik hervor, und zwar nicht erst in der Renaissance, sondern schon in Milet bei Anaximenes: innere Notwendigkeit führt zu dieser typischen Abfolge. Bergson-Scheler und marxistische Ideologisierung auch der Wissenschaft leiten, wie wir sahen, die moderne Naturwissenschaft darauf zurück, daß, wer die Welt arbeitend beherrschen will, sie in meßbare Massenteilchen zerlegen muß. Diese Ableitung ist in ihrer Unmittelbarkeit falsch. Sie erhebt ein Sekundäres zum Primären. Zuerst mußte Mechanistik als Denkmöglichkeit aufgedämmert sein, und dies geschah in einer zunächst völlig theorie-internen Umbildung der Metaphysik. Erst als die Denkmöglichkeit bereitlag, konnte der Herrschaftswille sie für sich nutzen (vergl. A II a).

Jede der vier »Schichten« der realen Welt, die Hartmann im Anschluß an Aristoteles und Thomas unterschied, ist einmal durch »Schichtenüberschreitung« zum Weltumspannenden, Einheitbegründenden verabsolutiert worden.

1. *Materialismus* setzt beim Anorganischen ein. Er war ursprünglich noch nicht der »rohe Materialismus«, zu dem er erst wurde durch Platonischen, christlichen, Cartesischen Dualismus, der, indem er alles »Höhere« ihr konfrontierte, die Materie kahl und ungefüllt zurückließ. Der Materialismus der Vorsokratik war noch, wie Cudworth ihn nannte, Hylozoismus; er hätte ihn auch Hylozoopsychismus nennen können. Erst als nach Descartes die einen nur den Geist, die anderen nur den Stoff zurückbehielten unter Leugnung des Gegenprinzips, haben sich beide Parteien radikalisiert. Gedanken sind Bewegungsvorgänge der Atome der Großhirnrinde: so vertrat es mit Haeckel, den weiteren Begriff des Monismus für sich usurpierend, der »Monistenbund«. Es ist ein Verdienst Ernst Blochs, den philosophischen Begriff der Materie neu durchdacht, ihn von zeitbedingten Entstellungen gereinigt und so entgegen dem »dummen Materialismus« einen anderen Materialismus wieder sichtbar gemacht zu haben.

2. Vitalismus will nur das Leben aus sich, als eigene Schicht, nicht mechanisch, verstehen (Driesch). Er kehrt hinter Descartes zurück, der auch das Belebte den Gesetzen des Unbelebten unterwarf. Eine Form der Einheitsmetaphysik dagegen ist der *Panvitalismus*. Er erblickt im Leben ein Urprinzip und kehrt damit in gewisser Weise zur animistischen Stufe zurück, die in Unbelebtes noch das Belebte hineinsah. So nach gnostisch-neuplatonischen und mittelalterlichen (Gabirols fons vitae) Vorgängen Schopenhauer mit seiner Willensmetaphysik und noch Bergson: Materie als Erschlaffung des élan vital.

3. Verwandt und ebenfalls ein Rückgriff auf animistisch-anthropomorphes Denken ist der *Panpsychismus*. Sunt animae rerum (Thomas). Unberührt von der Mechanistik, an der er sich zwar selbst beteiligte, die er aber nur als système de belles méthodes und nicht als materialistische Metaphysik begriff, läßt Leibniz die Welt aus »Monaden« bestehen, die er ausdrücklich nach Analogie de ce que nous appellons moi en nous konzipiert. In der Monade befinden sich »Vorstellungen« unterschiedlichen Helligkeitsgrads. Wo ihnen, wie bei den »petites perceptions«, das Bewußtsein noch fehlt, sind sie »unbewußtes Seelisches«, dessen Entdecker Leibniz so wurde. Allerdings steht es bei ihm noch auf der negativen Seite: es soll bewußt werden. Der ganze innere Prozeß der Monaden

– die je nach dem, wie weit sie in ihm gediehen sind, eine Hierarchie bilden – zielt auf immer höhere Bewußtheit. Erst bei Herder und dem jungen Goethe begründet sich ein *positiver* Begriff des Unbewußten: »unbewußte Weisheit« der Natur, des Genies, steht über dem Verstandeswissen (derselbe Gegensatz zweier Begriffe des Unbewußten noch zwischen Freud und Jung). Nach Leibniz entstehen aus unbewußten »Perzeptionen« lediglich durch Häufung und Verstärkung bewußter »Apperzeptionen«; schon die einzelnen Wellenschläge drangen an unser Ohr, aber erst das Meeresbrausen hören wir (während bei Kant die Apperzeption ein »Akt« der Bewußtmachung ist).

Bei Fechner hat nicht nur die Pflanze ein Seelenleben, auch die Gestirnseelen des Platonischen »Timaios« und Keplers kehren bei ihm wieder: alles hat psychische Innen- und physische Außenseite, hat wie schon in romantischer Naturphilosophie (Ritter) eine Tages- und eine Nachtansicht. Schon Aristoteles und die Scholastik hatten aber den Pflanzen eine »vegetative«, den Tieren eine »sensitive« Seele zugeschrieben und diese beiden erste Stockwerke auch der menschlichen Seele, unterhalb des Geistes, sein lassen. Erst Descartes leugnete mechanistisch die »Lebensseele« der übrigen Wesen und auch in der Seele des Menschen. Er begründete den »Bewußtseinsseelenbegriff«, nach dem die, jetzt nur noch den Menschen auszeichnende, Seele nicht mehr, wie früher, Bewußtsein *hat*, sondern Bewußtsein *ist*. Über Descartes hinweg greift also Fechner zurück auf eine ältere Tradition. Der Bewußtseinsseelenbegriff beherrschte aber die akademische Psychologie bis Freud.

Schopenhauer wäre auch hier wieder zu nennen, aber während das Seelische bei Leibniz und in der Romantik geist- und sinnhaltig ist, faßt Schopenhauer seinen »Willen« betont irrationalistisch. Er übernimmt von der Goethezeit die Betonung, von der Aufklärung dagegen die Wertung oder vielmehr Geringwertung des nichtintellekthaften Seelischen. Der in seiner Unersättlichkeit und Blindheit einem Vorweltungeheuer gleichende Wille ist zwar das Wesen der Welt; zu bejahen aber ist nur die »Vorstellung«, und auch sie nur, wenn sie sich von ihm löst (und damit uns von ihm erlöst).

4. *Spiritualisten* (als Idealisten schlecht benannt) sind Fichte, in anderer Weise Schelling und Hegel. Hatte bei Kant das Sub-

jekt ein von ihm unabhängiges ›Ding an sich‹ nur gestaltet, so setzt bei Fichte das absolute Ich alles Nicht-Ich. Hier ist also Spiritualismus zugleich Subjektmonismus. Nicht so bei den beiden anderen: Geist steht schon hinter der Natur, Welt- und Geschichtsprozeß sind seine Entfaltung zu Bewußtheit und immer höheren Stufen der Bewußtheit. Natur ist »die Odyssee des Geistes« (Schelling). »Alles Wirkliche ist vernünftig« (Hegel).

5. Vereinzigt werden können aber nicht nur Schichten des realen Seins, sondern kann auch das *ideale Sein*: so der Tendenz nach bei Platon, für den das, worin es für uns erscheint, eigentlich ein »Nichtseiendes« ist (Avicebron: forma dat esse rei). Erst Aristoteles erhebt die Hyle, das »Bauholz«, zu einer selbständigen Gegenmacht, die zwar nicht mitdeterminiert, aber passiv to hou ouden aneu ist, das, ohne was nichts sein kann. Deshalb steigt bei Aristoteles die Empirie im Rang. Beim späten Platon entsteht die Realität durch die Komplexion der sich in ihr mischenden höchsten Gattungen des Eidos. Immaterialistisch ist auch wieder Plotin. An ihn knüpft daher, indem an die Stelle der Idee der Geist tritt, Hegels Panlogismus an. Der Deutsche Idealismus ist Neoplotinismus (Ziegler). Wirklichkeit verdampft zu Geist.

6. Diejenigen Monismen (Einheitslehren), die die höheren Stufen der Realität oder die Idealität verabsolutieren, haben auch Verwandtschaft mit dem *Pantheismus*. Aber im Pantheismus bleibt doch immer, stärker als in den rein philosophischen Theorien, ein dualistisches Moment erhalten: das All ist göttlich, Gott wirkt in ihm, aber es ist nicht Gott. Mit seinem im Neuplatonismus gründenden Begriff der natura naturans konkurrenziert der Pantheismus (wenn auch sein Name erst von Toland stammt) seit dem Altertum den Theismus des transzendenten Gottes.

7. Es braucht aber nicht etwas, was man aus der Welt schon kennt, herausgegriffen und allem anderen zugrunde gelegt zu werden. Der Gedanke kann das Fundament auch als *Urstoff*, *Urgrund*, der sich in seiner Beschaffenheit so nirgends zeigt, erst durch Analyse aus dem Gegebenen gewinnen.

8. Endlich kann er auch auf jede inhaltliche Festlegung des Einheitsbewirkenden verzichten. So taten es schon Platon und Plotin, indem sie es schlechtweg to hen, das *Eine*, nannten.

Spinoza bezeichnet es als die Natur oder die Substanz, an der die beiden inhaltlichen Substanzen des Descartes nur Attribute neben unendlichen anderen sind. Heidegger spricht vom »Sein«, Jaspers von der »Transzendenz«. Während jedoch das Eine Platons und Plotins Endglied der Abstraktion ist, erinnern diese Begriffe an die gleichzeitige »Neue Sachlichkeit«, die sich aus Scheu vor jedem dezidierten Stil auf das Einfachste und Notwendige beschränkt.

d) Primäres und sekundäres Sein

Wie verhält sich die behauptete Einheit zur sichtbaren Vielheit? In welcher Weise umspannt das Eine die Vielheit? Denn umspannte es sie nicht, dann fiele ja die Vielheit aus ihm heraus und Einheit bestünde gar nicht.

1. *Entwicklungslehre.* Eine häufige Antwort lautet: Vielheit *entsteht* – ob zeitlich real oder nur in Sinnabhängigkeit wird zu fragen sein – durch *Transformationen* des Einen, es setzt sich in sie um, *entwickelt* sich zu ihr, oder, wenn das Eine nicht »unten«, sondern »oben« angesetzt wird: es strahlt sie aus, es entläßt sie aus sich im Plotinischen Prohodos, Hervorgang (und nimmt sie im Anhodos, Rückgang, auch wieder in sich auf). So begründet sich hier der Evolutionsgedanke als Konsequenz des einheitsmetaphysischen Ansatzes.

Im Rückspiegel von dem, was aus ihm wird, wachsen damit zugleich dem zugrunde liegend Einen selbst neue Qualitäten zu. Im Vergleich zu jenem ist es einmal (1) nicht nur die Basis, auf der alles sich erhebt, nicht nur das Stärkere und Bestimmende; vielmehr folgt aus der ontischen Priorität auch eine zeitliche: es ist auch das vorhergehend Ältere, das Erste, aber nicht in dem Sinn, daß unabhängig von ihm ein Zweites hinzu träte, sondern im Sinne des *Ursprungs*, aus dem alles ist und ohne den es nicht wäre. In Relation zu dem aus ihm Werdenden ist es aber sodann (2) auch das *ungeworden Immerseiende*. (Diese Gegenüberstellung kann auch dort statuiert werden, wo das Viele nicht aus einer »Grundsubstanz« wird, sondern wo man es generell als »Reich des Werdens« auffaßt. Ihm gegenüber kann das Verlangen nach dem »Ewigen« sogar primär sein, das dann erst die Qualität des Zugrundeliegenden gewinnt.)

Aber die Evolution im Rahmen der Einheitsmetaphysik ist eine gebundene. Es darf aus ihr nie etwas hervorgehen, was nicht in der ursprünglichen Einheit schon beschlossen lag. Denn sonst gäbe es ja etwas *neben* der Einheit, und sie wäre nicht mehr die Einheit. Die Evolution ist also hier gar keine echte Evolution. Sie »entwickelt«, wie es im Wort liegt, entfaltet nur von jeher vorhandene Keime. Nur dann hält sich das Eine im Vielen durch. Dann aber könnte man fragen, ob das Eine nicht nur formal und dem Namen nach ein Eines war. Die Vielheit, wenn auch erst Evolution sie manifest macht, war ja schon in ihm impliziert. Die Evolution holt sie nur aus ihm heraus. Die nur äußerlich zeitliche Entwicklung erweist sich wesenhaft als ontische Explikation. – Der einheitsmetaphysische Evolutionsbegriff stimmt darin mit dem Aristotelischen überein, der das Resultat der Entwicklung zwar nur ideell als Telos präformiert sein läßt. Indem sie aber lediglich dieses Telos in die andere Sprache der Wirklichkeit übersetzt, kommt ihr auch hier keine selbständige Autorschaft zu. Wie dort eine explizierende, ist Entwicklung hier nur eine realisierende.

Erst im 18. Jahrhundert beginnt man Entwicklung als eine nur noch kausale und damit produktive zu fassen, aus der unpräformiert Neues hervorgeht. Die Zeit wird jetzt zu einer vermehrenden, steigernden. Das Gewordene enthält etwas qualitativ über den Ursprung Hinausragendes, ein »kategoriales Novum«. Damit ist die Einheitsmetaphysik gebrochen. Obgleich sie von Evolution sprach, statisierte sie: alles war immer schon da. Jetzt tritt an die Stelle von Einheitsmetaphysik Geschichte, die Natur und Menschenwelt als eine sich wandelnde sieht. Früher kamen die Differenzen des Seienden noch nicht voll auf gegenüber dem substantielleren Verbindenden; jetzt tritt das Verbindende als ein bloßes Substrat zurück gegen die realeren Unterschiedenheiten. Ihre Vielheit ist kein wertloseres Sein zweiten Grades, sie enthält selbst »letzte Wahrheit«.

Es gibt nicht nur den absoluten Ursprung, sondern Fundierendes und Bestimmendes in jedem Seinsbereich, und es war falscher Rigorismus der Metaphysik, sich auf jenen zu beschränken. Obgleich Leben aus Anorganischem entstand, wirken in ihm trotzdem völlig andere, nur ihm inhärente Gesetze. Ebenso im Seelischen: es ist kein bloßer Innenraum, in dem sich Vorstellungen nach Assoziationsgesetzen ebenso mechanisch verbinden (Herbart) wie sich im Außenraum die Atome anziehen und abstoßen, oder in dem sie sich wegen der »Enge des Bewußtseins« unter die »Schwelle« »verdrängen«, sondern es ist von Haus aus sich selbst verstehender Zusammenhang und Sinnstruktur (Dilthey); das Verhältnis Gegenstand-Wahrnehmung ist kein naturales Ursache-Wirkung-Verhältnis, sondern ein seelenspezifisches, nicht auf »Reiz« und »Empfindung« reduzierbares, »intentionales« (Brentano). So besinnen sich hier überall die einzelnen Seinsschichten auf ihre schichteneigenen Prinzipien. Über Einheitsmetaphysik siegt Differenzenontologie, über den reduzierenden Naturalismus des 19. Jahrhunderts (der nicht wußte, daß er eine Metaphysik war) in unserem Jahrhundert phänomenologischer Antireduktionismus. Damit wird nicht bestritten, daß Höheres aus Niederem, Sinngeschehen aus Naturprozessen hervorgeht. Aber weil man es hervorgehen sieht, muß man es nicht in sein Woraus einebnen. Entwicklung ist »emergent evolution« (Morgan).

2. *Erscheinungslehre.* Eine andere Lösung des durch die Metaphysik heraufbeschworenen Einheit-Vielheit-Problems neben der evolutionistischen ist die phänomenalistische. Die Vielheit, so wird hier gesagt, *ist* in Wahrheit gar nicht, vielmehr umgibt uns in ihr lediglich Schein resp. *Erscheinung.* Das Verhältnis zwischen dem ens metaphysicum und dem davon Abhängigen ist nicht das zwischen erstem und zweitem Sein, seienderem und schwächerem, sondern das von Sein überhaupt und nur vermeintlichem Sein. Wie das Zugrundeliegende sich in der Entgegensetzung zum aus ihm Entstehenden als Ursprung und Ewiges zeigt, so wächst ihm hier in der Entgegensetzung zum Erscheinenden abermals eine Qualität zu: die des *Ansichseins.*

Die Erscheinung kann als gleichsam »objektiver Schein« gefaßt werden. Religiös: ein tückischer Dämon gaukelt uns Trug vor. Oder wie bei Platon, wenn er die Idee sich uns im Medium der Wirklichkeit zurückspiegeln läßt, der aber dann doch etwas wie ein »zweites Sein« zukommen muß.

Der häufigere Denkweg aber ist der, daß erklärt wird: Nur wir mit unserer unvollkommenen Erkenntnisausstattung sind es, die die Erscheinung hervorrufen. Ohne uns Erkennende wäre nur das Ansich, die Erscheinung ist subjektiv bedingt. Indem es in unsere ihm nicht angemessenen Sinne fällt, wird es verfälscht. Sie setzen es um in ein nur auf uns Relatives (sophistisch). Nach Kant tragen unsere Sinne wie unser Verstand apriorische Formen in sich, in denen allein sie es auffassen und die mit dem wahren Sein – jedenfalls kennen wir es nicht – nicht übereinstimmen. Indem sie ihm unbewußt diese Formen aufprägen, konstituieren sie die Erscheinung. Kant denkt dies noch religiös: menschliche Schwäche bleibt hinter dem Sein, so gern wir es erreichten, zurück. Spätere sehen, daß hier Interessen am Werke sind: sie formen es willentlich um nach Maßgabe von Lebenszwecken.

Da anderseits der Metaphysiker vom Ansichsein doch zu wissen glaubt, gelangt er meist zu einer Theorie der Zweiteilung unserer Erkenntniskräfte in irrtumverfallende, ja eigentlich irrtumerzeugende, und wahrheitsfähige. In der Regel gelten dann die Sinne als irrend, das Denken als »metaphysisches Organ«, das uns der noetischen Sphäre, dem mundus intelligibilis zuführt, aber Sensualismus und Positivismus konnten dies auch umkehren: die Empfindung hält sich an die Tatsachen, nur das Begriffsdenken geht über sie hinaus. Demgegenüber sah Kant das Subjektivierende in *beiden* Kräften.

Das Subjekt ist aber nur der eine Faktor der Erscheinung, die als Produkt aus zwei Faktoren entsteht. Der andere Faktor ist das Ansichsein selbst, sind die »Gegenstände, die unsere Sinne rühren« (Kant). Partiell treffen wir an ihm vorbei: deshalb resultieren nur Phänomene; partiell aber geht es in das Phänomen auch ein, das daher immer »phaenomenon bene fundatum« (Leibniz) ist, ein fundamentum in re hat. Die Erscheinung ist nicht nur phantasmagorischer Schein. Sie empfängt von uns Irrigkeit, von der Sache her dagegen Wahrheit. Daher nennt Platon die Welt der Doxa »ein Mittleres zwischen Sein und Nichtsein«. Kein Denker, sagt Aristoteles, kann die Wahrheit völlig erreichen, aber keiner kann sie auch völlig verfehlen.

Wie bei dem innerrealen Verhältnis von »Oberfläche« und »Tiefe«, so können auch beim analogen Verhältnis von Erscheinung und Ansich die gleichen Grade von Nähe und Ferne herrschen. Die Erscheinungswelt kann für der wahren Welt völlig unähnlich erklärt werden wie bei Parmenides: hier Einheit und Ruhe, dort Vielheit und Bewegung. Es gibt dann keinen Transzensus von jener zu dieser, es sei denn durch

Umkehrung. – Verglichen mit dieser verhüllenden ist die Erscheinung Platons hindeutende: sie hat immerhin eine gewisse Nähe zur Idee, bleibt zwar hinter ihr zurück und verdunkelt sie, nimmt aber trotz dieser Unvollkommenheit abbildlich an ihr teil. Unser Normalbild der Welt führt nicht völlig in die Irre, wir können von ihm trotz des »Schnittes« zwischen den beiden zur Idee aufsteigen. – Bei Hegel (in anderer Weise auch bei Goethe) ist die Erscheinung manifestierendoffenbarende, ist Epiphanie, Logophanie. »Phänomenologie des Geistes!« Das Absolute steht nicht hinter der Erscheinung, sondern erscheint in ihr. Die Erscheinung muß bei Hegel nicht als eigener Bereich erklärt werden. (Die gleiche Ambivalenz wie im Erscheinungsbegriff auch im Symbolbegriff: »nur« Symbol oder aufschließendes Symbol.)

Die Determination, die von seiten des erkennenden Subjekts auf die Erscheinung ausgeht, steht in umgekehrt proportionalem Verhältnis zur Determination von seiten des Ansichseins. Ist die Prägung der Erscheinung durch das Ansichsein gering, dann beruht fast alles Inhaltliche der Erscheinung auf der Verwandlung des Ansich in der Erkenntnis. Besteht dagegen zwischen Ansich und Erscheinung Verwandtschaft, dann muß das Subjekt entsprechend weniger für die Erscheinung aufkommen.

Billigt man, wie die neuzeitliche Mechanistik, letztes, wahres Sein nur der atomaren Materie zu, dann wandert alles, was Struktur und Zusammenhang in der Welt ist und was man bisher noch *in* ihr *schaute*, hinüber in das Subjekt, das dies selbst erst in die Welt hineinlegt. Dann stehen wir, wie bei Kant, in einem reinen Phänomengehäuse, in dem unser Verstand es ist, der der Natur ihre Gesetze »vorschreibt«. War Platonisch die Form das Ansichseiende, durch Teilhabe an dem auch die Wirklichkeit erst voll seiend wurde und von dessen prius her man sie in ihrem metaphysischen Kern erkannte – darin bestand der Sinn von »Erkenntnis a priori« im Mittelalter –, so ist die Form jetzt nur noch eine Funktion in uns, an die gebunden unser Erkennen der an sich ganz anderen Wirklichkeit gerade fernbleibt. – Da andererseits die subjektgestiftete Welt die einzige ist, die wir besitzen, so kommt die Rolle des metaphysisch »Zugrundeliegenden«, das man früher in der Tiefe der Welt suchte, jetzt dem (daher mit dem alten metaphysischen Begriff so genannten) »Subjekt« zu. Dieser Gedanke bleibt bei Kant selbst noch unter der Oberfläche, da bei ihm das Subjekt noch einen Konkurrenten im »Ding an sich« hat, das von ihm nur geformt wird. Schon Maimon und Fichte aber bestreiten das »Ding an sich«. Was bei Kant noch ein Formen war, steigt daher bei ihnen zu einem totalen Schaffen. Aus subjektivistischer Erkenntnistheorie wird wieder Metaphysik: Metaphysik des schöpferischen Subjekts. Durch sie wirkt Fichte auf die Romantiker und noch auf die Symbolisten.

Darauf, daß die Mechanistik alles, was sich aus ihr nicht erklären läßt, zur bloßen Erscheinung herabdrückt, die dann zu Lasten des Subjekts fällt, beruht auch noch der Psychologismus des 19. Jahrhunderts. Er bildet das Pendant der Mechanistik, schließt die von dieser gelassenen Lücken. Nur psychisch ist jetzt alles Allgemeine (wie z. B. auch ein Gesetz), denn im Physischen gibt es nur Individuelles; auch die Gesellschaft besteht nur im Bewußtsein der Individuen, die sie tragen. Psychisch sind die Bedeutungen und Institutionen des »objektiven Geistes«, sind die Werte; Schönheit beruht nur auf unserem Schönheits*erleben*. Deshalb haben sich im 19. Jahrhundert so viele Wissenschaften, so wie sie sich heute soziologisieren, psychologisiert: Sprachpsychologie, Religionspsychologie usf. (vgl. die auf die Gesamtgeschichte zielende »Völkerpsychologie« W. Wundts).

Erst die Kritik an der metaphysischen Tragweite der Mechanistik durch die Phänomenologie ermöglichte zugleich eine Kritik sowohl am Kantischen Transzendentalismus wie am Psychologismus, die beide Reaktionen auf den mechanistischen Rigorismus gewesen waren. Neben extensio und cogitatio, Physischem und Psychischem wird wieder das »dritte Reich« des Sinnes sichtbar. Deshalb nimmt jetzt die bisher in kausalistischer Einflußforschung und Biographismus befangene Geisteswissenschaft einen solchen Aufschwung.

II. Erkenntnislehre

a) Ihre Entstehung

Logisch steht Erkenntnislehre vor Metaphysik: erst wenn sie bejaht, daß wir, erst nachdem sie gelehrt hat, wie wir erkennen können, ist die Straße zur Metaphysik freigegeben. Deshalb war es die Überzeugung der Neukantianer, Philosophie habe auch historisch als Erkenntnistheorie begonnen. Faktisch aber steht die Metaphysik am Anfang.

Normalerweise vertrauen wir uns dem gewachsenen Richtungssinn des Erkennens an: lassen uns von ihm zur Welt hintragen, leben in und mit den Dingen und finden keinen Anlaß, auf das Erkennen selbst zurückzureflektieren. Dieser Anlaß ergibt sich erst bei Meinungsunterschiedenheit, Erkenntnisstörung, erkanntem Irrtum. Schon der Alltag macht Täuschungserfahrungen und korrigiert sie: das näher kommende Schiff wird nicht größer, sondern wir wissen, daß nur die Entfernung es klein scheinen ließ. Erst Metaphysik aber erklärt die Täuschung, die hier nur eine sich aufdrängende Einzelerfahrung ist, von ihrer neuen Weltdeutung her grundsätzlich für das Übliche: das meiste, was wir gemeinhin für wahr halten, ist Vordergrund oder Schein, die Wahrheit ist ganz anders (vgl. B II a 1 und B III a).

Daraus folgt zweierlei: Erstens muß der Metaphysiker seine Lehre vom wahren Sein, um sie gegen die Scheinplausibilität des allgemeinen Irrtums abzuheben und zu festigen, nicht nur verkünden, sondern – wie als erster Parmenides es tut – *beweisen*. Zweitens muß er, wie die Wahrheit beweisen, so die Nichtwahrheit *erklären*: Weshalb, so fragt er, zeigt sich uns die Welt in der Regel nicht so, wie sie in der Tiefe und an sich ist? Wie kommt es zu unserem Irrtum? Wie entsteht die Erscheinungswelt, die ja letztlich vom Ansich mitgetragen sein muß? Die Antwort, die meist gegeben wird, lautet (die Argumente stehen in Platons »Theätet«, werden später zusammengefaßt bei Sextus Empiricus): Unsere Wahrnehmung trügt, sie ist nur subjektrelativ. So wird der Metaphysiker aus eigener immanenter Notwendigkeit – wie wir sahen, daß er auch »Historiker« wird – Erkenntnistheoretiker. Wie der Theologe auch die Welt zum Thema hat, so jener auch die Erscheinung.

Der Anstoß zur Erkenntnislehre, der in der Antike von der Metaphysik kam, kommt in der Neuzeit von der Physik. Deshalb erforscht sie vorzugsweise die Erkenntnis des physischen Körpers, nicht die des – obschon uns früher als dieser gegebenen – Du (Feuerbach, Buber, Dialogik) oder des Kulturgebildes (Dilthey). Auch die mechanistische Physik aber erhebt ursprünglich metaphysischen Anspruch, der erst durch Kirchhoff und Hertz aufgegeben wird (aber schon Newton erwägt: Vielleicht ist das, was wir Bewegung nennen, bei Gott Kraft). Wieder also geht Metaphysik vorher, und wieder ist es auch hier die Aussage der Sinne, die bestritten wird. Schon Galilei stellt im Saggiatore (1623) das Programm auf: Was wir als Qualitäten wahrnehmen, das muß sich auf verschiedene Quantitäten der homogenen Materie zurückführen lassen, auf ihr graduelles Mehr und Weniger oder ihre schnellere und langsamere Bewegung (in späterer Sprache: das mechanische Äquivalent von Violett sind Schwingungen von 400 Millionstel μμ). Wie vor ihm Demokrit, nach ihm Locke, unterscheidet Galilei naturangemessene primäre (Größe, Gestalt, Lage, Bewegung) und nur subjektiv sekundäre, nichttaktile Qualitäten (subjektiv heißt hier nicht: *nur* psychisch, sondern lediglich: psychisch *mitbedingt*).

Auch später sind sehr oft Physiker zugleich Erkenntnistheoretiker gewesen: Helmholtz, Mach, Heisenberg. Das ist nicht nur Doppelspurigkeit der Begabung, sondern von ihrer eigenen Wissenschaft her, die eine generelle These über das Sein einschließt, werden sie dahin geführt. Helmholtz stellte sogar die (falsche) These auf, auch Kant sei von der Physik her (er schrieb ja eine »Theorie des Himmels«) zur Erkenntnistheorie gekommen. Um die Mitte des 19. Jahrhunderts bildet solcher naturwissenschaftliche Positivismus mit Neukantianismus noch eine Einheit, auch bei Liebmann und F. A. Lange (Wissenschaft muß materialistisch sein, ist damit aber nicht wahr, sondern eine praktische Setzung), in dem Cohen und Nietzsche als Pragmatist eine gemeinsame Wurzel haben. Erst Ernst Laas bringt in seinem Buch »Idealismus und Positivismus« – durch das er das Wort Positivismus in Deutschland heimisch macht – die Gabelung, wobei er eine Linie Platon-Kant und eine Protagoras-Hume unterscheidet.

b) Empirismus und Transzendentalismus

Daß unsere Sinne das Ansich verfälschen, so führt Kant die alte Lehre aus, beruht darauf, daß sie nur durch innere Formen hindurch tätig werden. Die Hoffnung der Naturwissenschaft, durch feinere Beobachtung zuletzt doch die Natur einzuholen, muß also scheitern. In einem System innerer Formen gefangen ist aber auch der Verstand. Daher müssen auch die Philosophen ihren alten Traum begraben, die durch die Sinne verstellte Wahrheit im reinen Denken zu erfliegen.

Kant kommt partiell mit Hume überein. Hume sagte: was wir erfahren, ist immer nur das post hoc, nicht das propter hoc, das Weil fügen wir selbst hinzu. Aber deswegen, so wendet dies Kant, kann und darf Wissenschaft auf Kausalität sowie die übrigen Kategorien nicht verzichten. Daß sie sie anwendet, ist legitim, bloß daß, wozu sie so gelangt, immer nur intersubjektive Gültigkeit, nicht letzte Wahrheit ist. – Später hat Dilthey gegen beide eingewandt, Ursache lasse sich sehr wohl erfahren, dann nämlich, wenn das Verursachende oder einer Wirkung Ausgesetzte unser eigenes Subjekt ist.

Kant unterscheidet sich ferner von Hume (dessen Linie sich in der physiologisch-psychologischen Erkenntnistheorie von Helmholtz u. a. fortsetzt) dadurch, daß er nicht introspektiv die realen Erkenntniserlebnisse des Subjekts zergliedert, sondern daß er vom »Faktum der Wissenschaft«, ihren als gültig anerkannten Resultaten ausgeht und von hier aus nach den allgemeinen und notwendigen »Bedingungen ihrer Möglichkeit« fragt. Kants Methode ist die des »transzendentalen Regresses« vom erkannten Gegenstand zu unseren Begriffen und Regeln a priori, nach denen das »Bewußtsein überhaupt« als Subjekt der Wissenschaft ihn in der »Synthesis der Apperzeption« immer schon geformt hat. Diese Begriffe müssen sich daher aus dem Gegenstand wie aus einem Spiegel zurückgewinnen lassen. Das Spezifische dieser Methode ist Kant selbst erst allmählich bewußter geworden, deshalb trägt er in der 2. Auflage der »Kritik der reinen Vernunft« nach, daß der Raum die Geometrie, die Zeit die Bewegungslehre ermöglicht, und fragt in den drei Teilen der »Prolegomena«, wie Mathematik, Naturwissenschaft und Metaphysik »möglich« sind. Deshalb beriefen sich auf die »Prolegomena« für ihre Frage nach der logischen »Geltung« (Lotze) der Wissenschaften die Neukantianer (Cohen, Natorp), bei denen aber der Regreß zu einem unendlichen wird, in dem das Gegebene – in Wahrheit ein uns Aufgegebenes – immer mehr auf Denkbestimmungen zurückgeführt und schließlich (wie schon bei Maimon und Fichte) in sie verwandelt werden soll. Philosophie arbeitet nach ihnen nicht nur heraus, was der Geist starr immer schon besitzt: a priori heißt nicht »angeboren«.

Transzendentale Methode im weiteren, nicht nur erkenntnistheoretischen Sinn ist es auch, wenn Feuerbach, da Gott eine unbewußte Projektion unser selbst war, seine Eigenschaften dem Menschen zurückgeben will; wenn bei Dilthey die gesamte kulturelle Ausdruckswelt, die mehr ans Licht hebt als die Selbstbeobachtung, zum »Organon der Anthropologie« wird – was der Mensch sei, sagt ihm seine Geschichte –; wenn Spengler hinter jeder Kultur eine »Kulturseele« entdeckt, aus der er dann wieder die Kultur deutet; wenn Gundolf vom Werk ausgehend die Prinzipien findet, nach denen ein Dichter – aber nicht sein empirisches Individuum, dessen Biographie gleichgültig ist, sondern sein »transzendentales Subjekt« – gestaltet.

Nach Demokrit beschriften die Atome, die das Alphabet der Welt sind (daher nennt er sie auch stoicheia = Buchstaben; auch »Element« hat ursprünglich diesen Sinn) die Wachstafel unserer Seele. Dieses Bild übernimmt aus Platons »Theätet« Locke (tabula rasa). Der sinnliche Ein-druck (im-pression, die typosis der Stoiker) entspricht noch unmittelbar und unverfälscht der Welt draußen, die »Empfindung« – um es mit dem späteren Begriffspaar Albrecht von Hallers zu sagen, das Herder und Kant aufnehmen – dem »Reiz«. Nach Locke beginnt nicht nur alle Erkenntnis mit den Sinnen (Thomas), sondern sie stammt auch aus ihnen. Nihil est in intellectu, quod non prius fuerit in sensu. Das allgemeine Dreieck der Geometrie ist nur Abblassung aus Erinnerungsbildern individueller Dreiecke, die wir sahen. Es gibt keine »eingeborenen Ideen« (auch nicht die Gottes: Locke ist der Vater wie des Empirismus so auch der religiösen Aufklärung). – Entgegen diesem Empirismus läßt der Rationalismus (Descartes, Leibniz) das Wahrnehmen, ja auch das Fühlen und Wollen, nur ein verworren-dunkles Denken sein (deshalb bezeichnet bei Descartes cogitatio nicht nur das Denken, sondern das ganze Bewußtsein). Dort ist das Denken defizientes Wahrnehmen, hier das Wahrnehmen defizientes Denken.

Aber Lockes Herauspräparierung einer der physischen Wirklichkeit korrespondierenden, sie ebenbildlich spiegelnden reinen Sinnlichkeit ist Naturalismus. Noch Kant (wie schon Leibniz, der dem Lockeschen Satz nur additiv hinzufügte: nisi intellectus ipse, und von ihm zu wenig Gebrauch macht) kommt diesem Naturalismus zu weit entgegen, wenn er zwar keine Anschauung ohne Begriff sein läßt, aber doch nur, weil zu ihr als ein Zweites, »begleitend«, ein »Ich denke« hinzutritt. Damit kritisiert er zwar den Sensualismus, setzt aber mit seiner Kritik erst zu spät ein. Er läßt ihn (wie schon Platon den analogen Sensualismus der Sophisten) auf beschränktem Feld, als ein Fundament, gelten. Erst das »Ich denke« bringt nach ihm in dreifacher Leistung ins »Gewühle der Empfindungen« Form, macht sie bewußt (was bei Leibniz mechanisch durch Häufung, nicht durch einen eigenen Akt geschah) und vergegenständlicht sie. In Wahrheit ist alle Sinnlichkeit als solche, unausweichlich und ohne Anleihe beim »Denken«, schon von Kategorialität durchflutet. Kant selbst hat es in einer – wenngleich konstruktiv verengenden – Weise gewußt mit seiner »transzendentalen Ästhetik«, der Lehre von den »Anschauungsformen«, die er ausdrücklich (worin ihm später die Neukantianer nicht folgten) von den »Verstandesbegriffen« unterscheidet. Die »Spontaneität«, die er der »passiven« »Rezeptivität« der Sinne gegenüberstellt, ist nicht nur eine solche der Denkverknüpfungen.

Wahrnehmungsanalyse unseres Jahrhunderts hat dies vollends deutlich gemacht. »Etwas« meinen heißt immer, es »als etwas« meinen: das ist der vollere, von Husserl aktualisierte Sinn der Brentanoschen »Intentionalität«. Auch die Gestalttheorie zeigte: die Sinne haben es nie mit ungeordneter Materie zu tun; jede »Empfindung« steht bereits im Kontext, ist getragen von einer Interpretation. Wie wir ein Ding einem erwartenden inneren Bild von ihm einordnen, so sehen wir das Einzelne als Element eines Gefüges, daher auch je nach dem Gefüge als ein anderes. Umgekehrt sehen wir innerhalb analogen Gefüges, wenn es in ihm dieselbe Funktion versieht, Verschiedenes als dasselbe. Die in andere Tonart übersetzte Melodie wirkt, auch wenn alle Einzeltöne jetzt andere sind, als dieselbe. Auch Tiere erleben Relationen, ordnen etwa dieselbe Reaktion nicht einer bestimmten Farbe, sondern der bei wechselnden Anordnungen jeweils helleren Farbe zu. Geistdiesseitig isolierte Sinnlichkeit erkennende Materie, ist nur Konstrukt und leeres Postulat der Naturalisten.

174

c) Wahrheitstheorien

Erkenntnislehre (die ebenso wie »Theorie« auch Deskription ist) befaßt sich nicht nur mit dem Erkennen als Vorgang (das tut auch die nichtphilosophische Erkenntnis*psychologie*). Sie stellt sein Ergebnis, die Erkennt*nis*, unter das Kriterium der Wahrheit: Erkenntnis soll Erkenntnis im mehr als neutralen Sinn, nicht Irrtum sein. Als Methodologie gibt sie an, wie Wahrheit gesichert und gefunden werden kann. Dem vorgängig bestimmt sie als Wahrheitslehre (Alethik) das Wesen von Wahrheit.

Wahrheit haftet nicht an der Sache selbst. Die mag »unverborgen« sein, aber das *wird* sie erst, weil wir eine Wahrheit von ihr besitzen. Der »ontologische« Wahrheitsbegriff Heideggers ist erstens kein Wahrheitsbegriff und zweitens vom logischen bereits abkünftig. Wahrheit haftet an unserm Meinen von der Sache, am Erkenntnis»bild«, Erkenntnis»gebilde«, dessen wir uns jedoch im allgemeinen nicht bewußt sind, weil ja seine Aufgabe darin besteht, uns die Sache zu erschließen: es überdeckt sich mit ihr und verschwindet so in ihr. So wenig wir im allgemeinen daran denken, daß wir die Welt nur durch die Vermittlung des Bewußtseins besitzen, so wenig denken wir auch an die Vermittlungsfunktion der Wahrheit. Wir leben durch sie hindurch in den Dingen (vgl. B II a9); nur im mißlingenden Fall, beim Irrtum, zieht das Erkenntnisgebilde eine eigene Aufmerksamkeit auf sich. Auf dem Umweg über den Irrtum entdecken wir erst die Funktion der Wahrheit. – So wenig wie an der Sache haftet Wahrheit aber auch am erkennenden Subjekt. Ein sprachlich niedergelegtes Urteil ist wahr, auch wenn im Augenblick niemand es denkt (Bolzanos »Satz an sich«, auf den Husserl für seinen Antipsychologismus in der Logik zurückgriff).

Wahr wird ein Auffassen dadurch, daß es einem von ihm Unabhängigen (Transzendenten) und ihm Vorbestehenden entspricht, mit ihm übereinstimmt: adaequatio rei ac intellectus. Wie diese adaequatio zu fassen sei, gibt ein Problem auf, immer aber ist das Verhältnis dies, daß das Sein die Priorität hat; Erkenntnis sucht sich ihm zu nähern, während es selbst unbewegt bleibt; sie trifft es (genauer oder ungenauer) und gewinnt so eine Wahrheit über es, die sie dann evtl. sprachlich (aber auch in anderer Form: jede Gestaltung umschließt Wahrheit) wiedergibt. Der Pythagoreische Lehrsatz mußte zwar einmal *entdeckt* werden, aber die Seinsverhältnisse, die er ausspricht, bestanden schon immer. Allerdings kann, und nicht nur in der Mikrophysik, sondern bei allem Lebendigen, Erkennen die Sache auch verändern. Sie ist nicht so »gleichgültig« gegen das Erkanntwerden, wie Hartmann wollte.

Immanentistische Wahrheitsbegriffe versuchen, Wahrheit nicht von ihrer Relation zur Sache her zu definieren. Für den Pragmatismus ist Wahrheit, was sich im Leben bewährt (oft zerstört aber die Wahrheit und die Illusion bewährt sich: Machiavelli, Leopardi, Nietzsche, Sorel, vgl. Ibsens »Lebenslüge«). Auch im Marburger Neukantianismus, der darin Verwandtschaft zum Pragmatismus hat, ist Wahrheit das, was sich bewährt, nämlich im System der Wissenschaft, dem sie sich widerspruchsfrei einfügen muß (da die Wissenschaft fortschreitet, verifiziert sich in ihr zunehmend auch die Einzelwahrheit und gewinnt so eine Zukunftsdimension). Das erinnert an Hume, der als Kriterium – aber nicht als Definition – der Wahrheit angab, sie müsse verträglich sein mit dem Kontext der Erfahrung. Für den Südwestdeutschen Neukantianismus ist Wahrheit ein »Wert«, das wissenschaftlich »Gültige«. Alle diese Wahrheitsbegriffe klammern sich aber an Sekundäres. Sie setzen, auch wenn sie sie bestreiten, die adaequatio schon voraus. Außerhalb steht der mathematische Konventionalismus (c'est ni vrai ni faux, c'est commode: Poincaré, vgl. Hilbert).

Ursprünglich wird die adaequatio als ein Verhältnis der *Abbildung* gefaßt. Aber dabei darf man die Vollkommenheit des Abbildes nicht darein setzen, daß es möglichst viele Elemente des Abzubildenden enthält. Vollinhaltliche deckungsgleiche Abbildung ist weder möglich: schon Hegel sagte, wollte ich das Holz meines Tisches bis ins kleinste Fäserchen beschreiben, so wäre das eine Arbeit bis zum Lebensende; noch ist sie anzustreben, vielmehr kann im Gegenteil die Erkenntnis ihre Leistung nur vollbringen durch eine Vereinfachung, durch eine Reduktion. Sie verdoppelt das Seiende nicht, sondern hebt Umriß, Struktur, Elemente heraus. Nur so macht sie es übersichtlich und verständlich. (Dasselbe Problem stellt sich auch dem Künstler bei der Wiedergabe seines Gegenstandes: vgl. Balzacs Chef d'œuvre inconnu.) – Den schwersten Stoß aber erfuhr die Abbildtheorie durch den Nachweis der Subjektivität des Erkenntnisbildes seit der Sophistik. Die Qualitäten, die wir unbefangenerweise von den Dingen abzulesen glauben, sind von uns, durch unsere zufällige, von Lebewesen zu Lebewesen und auch innerhalb der Menschenwelt variierende Erkenntnisausstattung, »gesetzt«, sind ein bloßes »für uns«.

Daher verbesserte sich die Abbildtheorie zur *Korrespondenztheorie*. Das, was für uns die Sache repräsentiert und womit wir auf sie bezogen sind, wird jetzt nicht mehr als – sei es auch nur partiell – ähnliches Bild, sondern als verweisendes Zeichen gefaßt. An sich nur Materie in Schwingungen, wahrgenommen eine rote Nelke. Inhaltlich ist das Rot den Schwingungen völlig heterogen, aber immerhin herrscht ein eindeutiger Zuordnungszusammenhang. Trotz seiner Ungleichartigkeit ist es von ihnen hervorgerufen, und auf eine andere Wellenlänge reagieren wir mit einer anderen Nuance des Rotempfindens. Deshalb ist das Rot eben doch zwar nicht *die*, aber *eine* Wahrheit über die Schwingungen. Sie ist zwar relativ, aber auf den Menschen als solchen, nicht auf das Einzelsubjekt, und kann von ihm auch nicht willkürlich geändert werden. Wir besitzen das Sein, das wir nicht kennen – wenn nicht Metaphysik oder Wissenschaft es uns auf andere Weise doch erschließt –, gleichsam nur in der Übersetzung in unsere Sprache, die, ganz anders lautend, dennoch den Sinn festhält (so wie die Schrift die Sprache nicht abbildet, aber sie ebenfalls durch eindeutige – hier von uns gestiftete – Zuordnung wiedergibt).

Das Bild imitiert die Sache, das Zeichen weist auf sie hin oder bedeutet sie. Das Erkennen aber *meint* sie. Das partiell Richtige beider Theorien muß integriert werden in die *Intentionalitätslehre*. Alles Erkennen ist – darin behält Platon recht – Identifikation eines Gegebenen mit dem allgemeinen inneren Bild, das wir schon von ihm in uns tragen, mit den Kategorien im weitesten Sinne. Das kann jeder an sich selbst beobachten bei Fällen, in denen die Kategorie das Gegebene nicht simultan überdeckt: etwa bei etwas sich aus der Ferne Näherndem, zunächst Undeutlichem, müssen wir zunächst die richtige Kategorie *suchen*, wir schwanken, unter welche der möglichen Leerformen wir es einordnen sollen. Dagegen irrten Platon wie Kant, als sie Erkenntnisschemata als mitgeboren und ewig ansahen. Das mag für die weitesten von ihnen zutreffen, die meisten aber haben sich erst durch Erfahrung (des Einzelnen wie der Generationen, die sie dann weiterreichen) gebildet. Daher sind sie auch durch neue Erfahrung erweiterbar und modifizierbar.

Es war deshalb falsch, wenn Philosophie so oft einen »archimedischen Punkt« (Bollnow), eine unerschütterlich gesicherte Grundlage suchte, von der aus sie gradlinig weiterzuschreiten gedachte. Eine solche Grundlage bildet weder die Evidenz, die nur Evidenz*erlebnis* ist; in den nichteuklidischen Geometrien sind Axiome Setzungen, über deren Verwendbarkeit erst von den Folgerungen her entschieden wird. Noch die Empfindung, die, wie wir sahen, bereits durch ihre Funktion in der wahrgenommenen Gesamtgestalt vorinterpretiert ist. Das Finden eines inconcussum als Ausgang ist aber nicht nur nicht möglich, sondern nicht vonnöten. Es widerspräche dem Prozeß des Erkennens, der ganz anders verläuft. Sein Paradox ist es, daß wir, um zu verstehen, schon verstanden haben müssen (Humboldt). Es ist Interpretation einer Interpretation. Der »hermeneutische Zirkel« (berühmt durch Dilthey) kennzeichnet nicht nur das interpretierende Verstehen, sondern alle Erkenntnis. Der erste Schritt ist jeweils ein vorlaufendes Vorverständnis, die Herstellung eines Horizonts. Der zweite Schritt prüft am Gegebenen, ob das Vorverständnis ihm genügt. Genügt es ihm nicht, so kehrt der dritte Schritt zum Vorverständnis zurück und berichtigt es. Die Bewegung ist also keine einfach fortschreitende, sei es induktiv oder deduktiv, sondern eine zickzackartige oder besser, modern gesprochen, regelkreisartig zirkuläre. Daß der erste Entwurf nur hypothetisch war, spricht nicht gegen ihn, denn wir sind ihm ja nicht ausgeliefert. Durch seine Voraussetzungen bringt er den Prozeß in Gang, der ihn nötigenfalls selbst wieder aufhebt. Theologisch: Sünde ist nicht der error, sondern die pertinacia, das Beharren auf dem Irrtum.

Bildet solcherweise Reflexion auf die eigene Kategorialität, bildet Arbeit an ihr ein proprium *allen* Erkennens, so ist es darüber hinausgehend Aufgabe der Philosophie, die bei dieser Reflexion stets noch unbefragt gelassene, weil für selbstverständlich gehaltene, elementarste Grundschicht unseres Begreifens ins Bewußtsein zu heben. Begnügt Philosophie sich aber, wie – wir sahen es (B III b) – Aristoteles dies tut, damit, diese Grundschicht anamnestisch zu explizieren, so nimmt sie für ewig und endgültig, was doch auch ein Gewordenes und Veränderbares ist. Statt die Ursprünge unseres Begreifens, auf die sich zurückzubesinnen ihre Leistung ist, in eine Schwebe zu bringen und es so zu verjüngen, verdinglicht sie sie. Neben ihrem Verdienst, für die allgemeinen Implikate der »natürlichen Weltansicht« eine philosophische Sprache zu finden, war es der »Sündenfall« (Plessner) der Phänomenologie, die Sinnanalyse der natürlichen Weltansicht zu verwechseln mit ihrer Rechtfertigung. Positivistische Nichtphilosophie überspringt das Transzendentale; es zu wissen, aber zu verfestigen, ist die immanente retrograde Gefahr der Philosophie selbst.

Es liegt aber auch in ihrer Kraft, gegen diese Gefahr anzugehen. Nachdem schon der Alltag Verschiedenartiges auf gleichbleibende Elemente zurückgeführt und der Aristotelismus dieses Weltbild rationalisiert hatte, war es – nach antiken Vorstufen – das Wagnis der Neuzeit, eine noch größere Zahl von Phänomenen aus einheitlichem Gesichtspunkt zu verstehen dadurch, daß sie nicht abstraktive, sondern konstruktive Begriffe bildet. Euklid geht vom *vorhandenen* Kreis aus und definiert ihn durch den gleichmäßigen Abstand seiner Punkte vom Zentrum; die Neuzeit läßt den Kreis *entstehen* durch Bewegung eines Punktes in gleichem Abstand um das Zentrum. Den nur vernunftgeborenen Begriffen braucht in der Natur nichts mehr zu entsprechen: imaginäre Zahlen, nichteuklidische Geometrien. Durch ihre höhere Allgemeinheit bilden aber solche Begriffe dann auch neue Weisen, die Wirklichkeit zu denken: Galileis allgemeine Theorie der Bewegung, die nicht Bewegung einer bestimmten Art von Körpern ist; Relationslogik statt der an Dingen haftenden Aristotelischen Klassenlogik. In der Mathematik sind die drei Stufen: Rechnen mit Zahlen, Algebra, Mengenlehre. –

Noch diesseits des Inhaltlichen sucht die Neuzeit Erkenntnis weiterzutreiben durch *Methode*. Der vorphilosophische Mensch mochte noch glauben, die Welt schenke sie ihm, ohne daß er sich dafür anstrengen müsse. Liegt dagegen, wie schon griechische Metaphysik zeigt, die Wahrheit unterhalb des gewöhnlichen Aspekts der Dinge, dann kann sie nur auf bestimmten Zugangswegen und durch innere Zurüstungen erreicht werden. Erkenntnis wird zu einer Arbeit, zu einem Prozeß. Dieses

Wissen um die Notwendigkeit von Methodik verstärkt sich noch durch die neuzeitliche »Entfremdung« des Menschen vom Sein (die als nur gesellschaftliche Entfremdung zu eng und vom Sekundären her begriffen wird). Durch Methode, so führt Bacon aus, bedarf es zur Wissenschaft nicht mehr exzeptioneller Begabung; sie ist eine breite Heerstraße für alle. Durch sie ergeben sich Resultate fast wie von selbst, veluti per machinas. Anderseits muß man sich bei ihr Geduld lassen: veritas filia temporis. Methode hat qualitativen Sinn: sie soll uns echte Wahrheit, im Gegensatz zum Irrtum, verbürgen; und quantitativen: sie soll den Umfang der Wahrheit erweitern.

d) Erkenntnissubjekt und Lebenssubjekt

Alles Sein, sahen wir (B II a 9), ist uns nach dem auf Descartes zurückgehenden Bewußtseinssatz nur gegeben durch das Mittel des Bewußtseins. Mag ontologisch das Sein vorhergehen, in der Gegebenheit für uns geht das Bewußtsein vorher. Alle Philosophie, so wird daher von hier aus erklärt, müsse beginnen mit den »Bewußtseinsinhalten«, und ihre erste Frage müsse lauten: Woher nehmen wir die Gewißheit, daß das, worauf sie sich beziehen, auch außerhalb des Bewußtseins und unabhängig von ihm existiert? Wie gelangen wir aus ihm heraus, wie sprengen wir den Ring des Bewußtseins? Seit Descartes, spottete Dilthey, ist man am Brückenschlagen.

Nach Schopenhauer und Helmholtz geht unser Glaube an die bewußtseinsunabhängige Realität der Außenwelt zurück auf einen unbewußten Kausalschluß von unseren Empfindungen, die wir als Wirkungen interpretieren, auf eine sie erregende Ursache: das Ding an sich. Aber schon Jacobi wandte gegen Kant, dem er denselben Schluß unterstellte, mit Kant ein, Kausalität sei ja selbst nur eine subjektive Kategorie. Nach Hume soll, neben der schon erwähnten (C II c) Einordenbarkeit in den Kontext der Erfahrung, die *Intensität,* mit der wir etwas vorstellen, nach Maine de Biran und Dilthey seine *Widerständigkeit* im taktilen Erleben seine Realität verbürgen.

Schließlich stellte sich die *Phänomenologie,* des unaufhörlichen Stimmens der Instrumente, bei dem es nie zum Konzert kommt (Lotze), müde, außerhalb dieser ganzen erkenntnistheoretischen Fragestellung. Ausgehend von Franz Brentanos Lehre von der »Intentionalität des Bewußtseins«, das somit nicht primär »Inhalte« hat, vollzog sie eine »Wende zum Objekt«, dessen Realität sie »einklammerte«. Aus ihr wurde im nächsten Schritt eine »Wende zur Ontologie«, bei N. Hartmann noch mit zahlreichen erkenntnistheoretischen Argumenten. Unter ihnen ragt hervor sein Hinweis auf die den Bewußtseinssatz gegenbalancierende von ihm sog. »Phänomentranszendenz«, d. h. den Index bereits des Phänomens selbst auf sein Nicht-nur-Phänomen-Sein. Dagegen ist Heidegger zufolge die Frage nach der Realität der Außenwelt schon als Frage falsch gestellt. Sie geht aus von einem nach dem Muster allgemein neuzeitlichen Atomisierens weltlos isolierten Subjekt, das sich Welt erst nachträglich zueignet. Demgegenüber ist nach Heidegger das In-der-Welt-Sein, das schon Husserl als zur natürlichen Einstellung gehörig beschrieben hatte (von dem er trotzdem zum Cartesischen Isolationismus zurückkehrte), das Sein-bei und Sein-in, das »Wohnen«, von vornherein ein Existential des Daseins, ohne das es nicht Dasein wäre. Im »Besorgen« von »Zeug« kann ihm die Realität nie zweifelhaft werden. Das wird sie nur dem reinen Erkenntnissubjekt, das jedoch ein sekundäres und uneigentliches Subjekt ist.

Schon lebensphilosophisches und pragmatistisches Gut wird damit übernommen. Beide Richtungen brauchen, daß Erkennen zur Welt dringt, nicht erst zu beweisen, weil sie es schon seiner Natur nach als einen innerweltlichen Vorgang fassen. Daß es eines solchen Beweises bedürfe, war ebenso scharfsinnig wie engstirnig gedacht. Erkenntnis kann überhaupt nur richtig begriffen werden als Glied zweier Totalitäten. Einmal sind ihre sämtlichen Kräfte Organe eines Lebensganzen, von dem sie getragen werden; sodann ist ihre Relation zur Welt eingebaut in die breiteren Relationen, durch die sich das Lebensganze mit der Welt abermals zu einer höheren Ganzheit zusammenschließt. Erkenntnis ist nichts Autonomes. Sie wird nicht nur zufällig und nachträglich in die Praxis hineingezogen. Sie sucht ursprünglich Wahrheit nicht um des Wahrheitswertes willen. Interessen eines Lebewesens sind es, die ihr ihren Auftrag erteilen. Am Wollen und Handeln hat sie ihre Funktion zu versehen. Ihnen muß die gefundene Wahrheit eine Orientierung

bieten. Deshalb erkennt Leben nur das für es Relevante (Rothackers »Satz der Bedeutsamkeit«), deshalb lebt jedes Wesen
je nach seiner »Wirkwelt« in einer anderen »Merkwelt« (Uexküll), die sich erst beim »weltoffenen« Menschen zur nicht
unmittelbar vitalbezogenen »Welt« entschränkt (Scheler). Und
auch noch für den Menschen gilt zwar nicht primär, wie der
Pragmatismus wähnt, aber doch sekundär, daß Dinge nicht
betrachtete reine Gegenstände, sondern »etwas zum Handeln«
sind: what a thing means is simply what habits it involves
(Peirce).

Durch die Hineinnahme des Erkennens in die Lebensverläufe
wird auch deutlich, daß es nicht immer und nicht einmal seiner
höchsten Idee nach ein nüchtern-unbeteiligtes Konstatieren
durch »kalte« Vernunft ist. Interessen geben dem Strahl des
Erkennens in die Welt Richtung, Intensität, Erschließungskraft
(vgl. A II a); das Erkannte wird von Emotionalität mitum-
griffen. Das bindet sich mit Franz Brentanos Einsicht, daß auch
Gefühle, die von der älteren Tradition zu bloßen »Zuständen«
des Subjekts, zu »Färbungen« an den aus Intellektualismus
bevorzugten »Vorstellungen« (Herbart) deklariert worden waren, intentional sein können (nicht, wie er behauptete, es
durchweg sind: es gibt auch die Gefühls»zustände«). »Stim-
mungen« eröffnen nach Dilthey, Heidegger und Bollnow unseren Weltzugang, ihnen bleibt er eingelagert. Emotional (Meinong), in liebender Intuition (Scheler), sind uns die *Werte*
gegeben. Altes Wissen schon Augustins und Pascals lebt hier
wieder auf. Erkenntnis, die einerseits ein Sich-zurücknehmen
aus der Realverflochtenheit ins kontemplative Gegenüberste-
hen voraussetzt, die Distanz, in der, wie die ethische Freiheit,
so die schauende Freiheit des Überblicks gründet, reift andererseits im »Engagement«, im gemeinsamen Leben mit Dingen
und Menschen.

Von wissenschaftlicher Erkenntnis als der eigentlichen ausgehend, ließ man Wahrheit eine Qualität des logischen »Urteils« sein. Aber wir besitzen Wahrheit schon wahrnehmend
und reagierend. Schon wer sich fester in die Decke hüllt
(Rothackers Beispiel) hat »erkannt«, nicht erst wer sagt »es ist
kalt«. Viele Wahrheiten lassen sich überhaupt nicht *sagen*:
was ein Hammer ist, weiß nicht, wer ihn anstarrt und beschreibt,
sondern der Hämmernde (Heidegger). Auch nichtsprachliche

Kunst sagt in ihrer Weise etwas aus, und schon allein im Stil des Tuns und Gestaltens liegt eine Weltinterpretation. Es gibt satzlos nichtapophantische, vorprädikative Wahrheit (Heidegger).

Indem man jedoch einesteils die Lebenseingehaftetheit des Erkennens zunehmend entdeckte, blieb andernteils das antike Vorurteil gegen Praxis und »Leidenschaften«, die es nur verwirren, zunächst noch erhalten. Das in ihrem Bann stehende Erkennen erschien eo ipso als das nur einem Ausschnitt der Welt zugewandte, vergröbernde, nur subjektrelative. Allein wie wir schon sahen, macht Not, im weiteren Sinne das Bedürfnis, nicht nur erfinderisch, sie macht auch entdeckerisch. Und wie könnten wir uns in der Welt sinnvoll und erfolgreich bewegen, wenn das Bild von ihr, das Gefühl, Wille und Handlung in uns eintragen, ein völlig verzerrtes wäre? Bacon, der die Definition aufstellte: scientia est potentia (knowledge is power: Hobbes), hat zugleich gewußt: natura non vincitur nisi parendo. Gerade der Handelnde muß sich der Wahrheit unterordnen, so wie vice versa Verwendbarkeit für das Handeln ein Indiz für Wahrheit ist. Sie bildet eine Kontrolle, deren der Nur-erkennende ermangelt: daher verirrt er sich so leicht ins Spekulative.

e) Der Ideologiebegriff

Nicht ein Interesse im Sinn der Alltagspraxis, aber ebenfalls ein Interesse, nämlich das an der Aufrechterhaltung ihrer Macht, bewegt nach Marx, in soziologischer Wendung des Gedankens, die herrschende Klasse. Nur »Sublimate« dieser Interessen, teils ihr »apologetisierender« Ausdruck, teils aber auch ihre absichtliche Verhüllung, sind nach ihm Religion, Recht, Moral. Unter dem Schein der Objektivität dienen sie in Wahrheit der Aufrechterhaltung der bestehenden Herrschaftsverhältnisse. Schon die Aufklärung sah: jeder Stand hat sein »Vorurteil«. Dafür verwendet Marx, der über Hegel hinweg, an den er nur äußerlich anknüpft, auf die Aufklärung zurückgreift, den von Destutt de Tracy stammenden, bei ihm jedoch anders gemeinten, zuerst von Napoleon ins Negative gewendeten Begriff der »Ideologie«. Aber die Aufklärung vertraute noch darauf, daß wir Vernunftwesen sind: das durchschaute

Vorurteil ist das halb schon aufgehobene. Nach Marx dagegen hat das Bürgertum, weil es unterdrückt und ausbeutet, unausweichlich ein »falsches Bewußtsein«. Aufgrund seiner Existenzbedingungen und seiner Interessenlage kann es gar kein anderes haben: in Umkehrung Hegels bestimmt das Sein das Bewußtsein. Sind aber die Gedanken nur Ausfluß von Realverhältnissen, dann muß Philosophie einmünden in Gewalt: sie darf nicht im Reich des Gedankens bleiben, sie muß revolutionär die Realverhältnisse ändern. Nachdem dies jedoch geschehen ist, wird reine Wahrheitserkenntnis einsetzen. Der Geist war durch das Klasseninteresse von seiner wahren Bestimmung nur abgelenkt und kehrt jetzt zu ihr zurück (vgl. A II a).

Marx hat nur einen partikularen Ideologiebegriff: das Proletariat, da es das »richtige« Interesse hat, durch das es sich in Übereinstimmung mit dem Richtungssinn der Geschichte befindet, ist schon jetzt in der Wahrheit. Ebenso werden es alle Menschen sein nach Errichtung der klassenlosen Gesellschaft. Sein Begriff der Ideologie ist polemisch: er will sie entlarven und destruieren. Demgegenüber entwickelt Karl Mannheim in seiner »Wissenssoziologie«, Marx mit der Linie des Historismus verbindend, einen totalen Ideologiebegriff. Alles Denken ist nach ihm unüberspringbar geschichtlich und gesellschaftlich verankert, ist »seinsgebunden«. Neben die logisch-zeitlosen Transzendentalien Kants treten hier reale und geschichtlich variierende Transzendentalien. Glaubten Marx und Schopenhauer noch, das Erkennen könne vom Interesse letztlich doch loskommen, so kann es dies nach Mannheim ebensowenig wie nach Kant von den Kategorien. Und zwar hat die Standortgebundenheit bei Mannheim nicht wie bei Scheler, der gleichfalls eine Wissenssoziologie entwarf, nur *selektive* Relevanz für eine gleichwohl an sich vorbestehende Wahrheit, die sich bloß nicht von überall aus zeigt (so Scheler und N. Hartmann auch in der Ethik). Der Standort hat nach Mannheim *konstitutive* Relevanz für den *Gehalt* des Wissens. Es wird hier völlig in die Geschichte hineingesogen. Es gibt kein wahr und falsch, Meinungen sind nicht objektadäquat, sie sind nur situsadäquat. Das ist nach Mannheim nicht Relativismus, der immer noch an der Idee einer absoluten Wahrheit mißt, sondern, da diese Idee fallengelassen wird, Relationismus. Was uns bleibt, ist nur, wissenssoziologisch »den Zusammenhang zwischen Seinslage und Sicht herauszuarbeiten«.

Ähnlich weiß sich auch in der Frankfurter Schule die Theorie, die das Ganze ins Auge faßt, selbst als Glied dieses Ganzen: ihr »Gegenstand« ist kein reines »Gegenüber«, sie muß mit ihm sich selbst mitreflektieren, oder es ist gewissermaßen er selbst, der sich in der Theorie reflektiert. Dadurch unterscheidet sie sich von der sich außerhalb stellenden griechischen Theoria. Sie weiß sich, da das Ganze sich geschichtlich bewegt, selbst als geschichtlich, d. h. nicht nur geschichtlich bedingt (das wäre noch im Sinn Schelers interpretierbar), sondern als »nur geschichtlich« und mit der Geschichte wandelbar. Das braucht sie aber nicht zu hindern, an ihrem Ort für ihre Wahrheit – denn eine andere gibt es nicht, oder nur in Mathematik und Naturwissenschaft – militant zu werden.

So begegnen uns auch hier wieder immanentistische Wahrheitsbegriffe, diesmal nicht die Wahrheit auf Gültigkeit oder auf Bewährung in System oder Praxis reduzierende, sondern historistisch-soziologistische, von Soziologen aufgestellt. Philosophie wird den Nachweis der Verwobenheit der Wahrheit mit subjektiver Wirklichkeit aufnehmen, jedoch ihren Bezug auf objektive Wirklichkeit nicht preisgeben.

III. Ethik

a) Metaphysische Ethik

Der älteste und stets wiederholte Wurf philosophischer Ethik, ein Traum der Menschheit, ist die metaphysische Ethik. Mit dem Weltgrund, so sagt sie, besitzen wir zugleich das Prinzip des rechten Handelns; aus dem, was *ist,* muß sich ableiten lassen, was sein *soll,* aus dem Sein der Sinn. In der Tat: das »eigentlich Seiende« ist selbst letzte Instanz, es gibt keine noch höhere Instanz, von der her es negativ bewertet werden könnte. Insofern gilt die Gleichung ens sive bonum. Als Schopenhauer den Willen zum ens metaphysicum erklärte, ihn gleichzeitig jedoch verneinte und empfahl, ihm ästhetisch auszuweichen oder ihn asketisch zu brechen, da tat er dies nicht aus metaphysischer Konsequenz – die zog erst Nietzsche mit seiner Bejahung des Willens auch in seiner Furchtbarkeit –, sondern nur, weil wir unter dem Willen *leiden*. Durch sein System geht ein Bruch, sein Pessimismus ist, wie schon Eduard von Hartmann sah, nur eudämonistischer, nicht metaphysischer Pessimismus, den es nicht gibt.

Indessen: einheitsmetaphysisch ist das wahrhaft Seiende nicht nur Weltgrund, sondern es umspannt das Ganze, nichts fällt aus ihm heraus. Dann aber gilt: »Alles ist gut«. »Für Gott ist alles schön und gut und gerecht, nur die Menschen nennen einiges gut, einiges böse« (Heraklit). Man könnte die Ausflucht des Evolutionismus versuchen: das Gute setzt sich erst langsam durch, ja seine Forderung selbst ist keine inhaltliche, sondern nur die nach Entwicklung (Spencer); aber auch das Noch-nicht-erreichte, ja das Hemmende müßte dann als gut gelten (Nietzsches Bejahung der Ewigen Wiederkehr). Im Mittelalter gab es Sekten, die die Paradiesschlange und den Verräter Judas eigens verehrten, weil sie durch ihr nur ethisch böses Tun metaphysisch zu Werkzeugen der Erlösung wurden, ja andere wollten selbst das Jüngste Gericht herbeisündigen.

Metaphysische Ethik bestreitet also, ohne was keine Ethik auskommen kann: den Gegensatz von Gut und Böse, das »Wertgesetz der Bipolarität«. Für sie ist alles schon vollendet. Damit es zu tragfähiger philosophischer Ethik kommt, bedarf es eines neuen Einsatzes, der sie auf sich selbst stellt. Auch geschichtlich entsteht sie nicht zufällig erst in der »nachmetaphysischen« Sophistik der zweiten Hälfte des 5. Jahrhunderts. Philosophische Ethik darf sich aber nicht damit begnügen, ethische Phänomene zu beschreiben, sie muß das Ethische auch rechtfertigen (justification). Da sie dieses Problem der Rechtfertigung nie ganz löst, erlebt metaphysische Ethik in Abständen und in veränderten Formen immer wieder ein Comeback.

b) Sitte und Sittlichkeit

Ursprünglich wird das Verhalten des Menschen gelenkt durch die gelebte Sitte. Die im Dabeisein mitangesehene wiederholt er. Vorgeprägte Handlungsmuster machen das Gemeinschaftsleben reibungsloser. Sie entlasten den Geist von neuer Formfindung und Entscheidung. Daß er sich den Sitten so fraglos unterordnet und daß die Gesellschaft so sehr, jede Abweichung mit Sanktionen ahndend, über ihrer Einhaltung wacht, liegt aber in Frühzeiten auch daran, daß sie sich bannend bewährt haben und daß die in einer Welt der Zauberwirkungen stets latente Urangst sich daher an sie klammert. Das ganze Leben des Primitiven ist ein permanentes Abspulen von Traditionen, wie er sie auch für das scheinbar Unbedeutendste in seinem Stamm immer schon vorfindet: es gibt da noch nicht die später sog. Sphäre der Adiaphorie »zwischen Tugend und Laster« (kynisch), bei der es keinen Unterschied macht, ob man sich so oder anders verhält.

Da ursprünglich *alles* Verhalten ein Ritual ist, liegen in der Sitte noch ungesondert nebeneinander die sich erst später differenzierenden Bereiche des Praktischen, Kultischen, Rechtlichen, nur Konventionellen und »Sittlichen« i. e. S. Diese erst nachträgliche Herauslösung des Sittlichen zeigt sich auch daran, daß alle es bezeichnenden Ausdrücke aus einer noch vorethischen Sprachschicht hervorwachsen (z. B. ›Tugend‹ aus dem allgemeineren ›taugen‹). Daß wir von »Sittlichkeit« sprechen, liegt daran, daß schon die Römer am griechischen äthos nur die Bedeutung ›Sitte‹, ›Gewohnheit‹ aktualisierten; es bedeutet aber auch ›inneres Wesen, Charakter‹, also nicht das, was sichtbar getan wird, sondern Gesamthaltung, Gesinnung, Grundhabitus (Aristoteles' hexis) eines Menschen (etwa: ärztliches Ethos), woraus das Einzeltun erst folgt. Das Entscheidende am Sittlichen ist entgegen dem Wort gerade nicht die Sittegemäßheit, sondern dieses Hervorgehen aus einem gründenden Inneren.

Erst in der pädagogischen Situation, bei Abweichungen, beim Aufeinanderprall verschiedener Sitten oder bei unabhängig davon sich hebender Reflexivität wird aus der gelebten Sitte die ausdrücklich formulierte Moral, entstehen die Forderungen und Verbote. Den Sieben Weisen werden Moralsprüche zugeschrieben, die aber auch Sprichwörter sein können, wie etwa »Nichts zu sehr« (Solon).

Im Unterschied zur Moral gibt philosophische Ethik nicht kasuistisch Einzelanweisungen für den konkreten Fall. Ihre Aufgabe ist es, Moral aus allgemeineren Prinzipien zu *begründen*. Indem sie sie aus diesen ableitet, legitimiert sie zugleich die Verbindlichkeit der Moral. Die eingesehene Moral ist die gerechtfertigte. Aus den Prinzipien kann sich aber auch ergeben, daß die bestehende Moral ungerechtfertigt ist, daß eine andere, neue an ihre Stelle treten sollte. Philosophische Ethik kann also konservativ sein, so wie Kant bloß die von ihm nicht angezweifelte christlich-bürgerliche Moral – ebenso wie im Theoretischen das Newtonsche Weltbild – auf das Apriori zurückführen wollte. Oder sie kann aufklärerisch analog der Religionskritik (aber nicht wie diese die Religion überhaupt, sondern nur die herrschende) Moral kritisieren, kann sie, wie die sophistische Naturrechtslehre, wie Nietzsche dies tun, revolutionieren wollen. Sie gewinnt dadurch Verwandtschaft mit dem Typus der (nichtphilosophischen) prophetischen Ethik.

Sittlichkeit schneidet nicht nur aus dem Gesamt der Sitte einen engeren Sektor heraus (und fügt ihm weitere, erst auf ihrer Stufe sichtbar werdende Inhalte hinzu). Sie bringt auch eine »Verinnerlichung« der Sitte, zu deren »objektiv Gutem« jetzt noch subjektive Momente treten. Solange das Gute nur äußerlich befolgt, seine Form eingehalten wird, liegt, in der Sprache Kants, nur »Legalität« vor. Zur »Moralität« gehört eine Beteiligung der Person, das, was er das Vernehmen des »Du sollst«, der »Pflicht« nennt, so daß also, »wenn vom moralischen Wert die Rede ist, es nicht auf die Handlungen ankommt, die man sieht, sondern auf jene innere Prinzipien derselben, die man nicht sieht«. Legalität handelt gut nur aus Gewohnheit, oder auch: um Anerkennung zu finden, um nicht der Ächtung zu verfallen. Demgegenüber handelt Moralität aus sittlichem Motiv, Kantisch: aus erfahrungsunabhängigem Vernunftapriori, und würde, wenn die herrschende Sitte schlecht ist (wie im Dritten Reich), sie auch verletzen.

Wie wir sahen (B I d), setzt Philosophie das eigenständige, nicht mehr nur Traditionen gehorchende, sondern sich selbst das Gesetz gebende, *autonome* Individuum voraus. Dieses gleiche *Individuum* ist es, aus dem, wie im Theoretischen Philosophie, so im Ethischen Moralität hervorgeht. Zwar verhält es sich vielleicht nach wie vor mit der Sitte übereinstimmend, hebt sie aber dadurch auf eine höhere Stufe, daß es sie sich *angeeignet* hat: das wiewohl übernommene Tun quillt jetzt in Wahrheit aus ihm. – Zur approbierenden tritt ferner die schöpferische Autonomie, die ein neues Gutes findet. Bestehende Sitte, die nach Autonomie des Individuums nicht fragt, billigt sie ihm immerhin zu, solange er sie nur benutzt, um die Tradition zu bejahen. Sobald es sie dagegen verneint und überfliegt, stellt sich Sitte gegen Autonomie. – Nicht auf allen Gebieten freilich wird das Individuum autonom sein können; auf manchen wird es nach wie vor heteronom Vorgeformtes bloß nachvollziehen. Moralität des sittlich »heroischen Individuums« erhebt sich nur als Spitze über weiterbestehender Verhaftetheit in der Sitte.

c) Die subjektiven Momente des Ethischen

Moralität beginnt, wo das Gute nicht nur habituell getan wird, weil Sitte es nicht anders kennt, oder aus Gehorsam gegen die Autorität eines Gottes, der es befiehlt, sondern aufgrund eines aus dem Innern dazu gegebenen *Ja*, aufgrund eigener *Verantwortung*. – Es gibt ein solches Ja schon intratraditional und intra-religiös. Ein volles Ja stellt sich erst dort ein, wo es auf *Einsicht* in den *Sinn* beruht, wo es für das zu tuende Gute (so wie die Philosophie für das zu vertretende Wahre) *Gründe* angeben kann. Hier eklatiert der Zusammenhang zwischen Moralität und philosophischer Ethik. Anspruch der Moralität ist es, das Gute *nur* aufgrund der es erkennenden Vernunft zu tun. Es bedarf also jetzt zu ihm keiner göttlichen Gebote mehr (weil er in einer Rede auf die nicht religiös begründete hohe Sittenlehre des Konfuzius hingewiesen hatte, mußte Wolff 1723 die preußischen Lande binnen 48 Stunden verlassen!). Ja, solche Gebote stehen der Moralität entgegen (Schelers »postulatorischer Atheismus«).

Beruht aber Moralität auf einem Wissen, dann liegt darin für sie folgende Gefahr: wie ein Handwerk nur von Wenigen beherrscht wird, während die vielen Unwissenden es ihnen vertrauensvoll überlassen, so müßte es nach Sokrates auch auf dem Gebiet der Ethik (und, was hier noch nicht getrennt wird, der Politik!) Techniten, »Fachleute« geben, deren höherer Einsicht die andern sich freiwillig unterordnen. Damit wäre Moralität nur für Wenige reserviert, während für die Mehrheit gerade aus dem Prinzip der Autonomie wieder Heteronomie folgen würde.

Unter der Alleinherrschaft der Sitte wird danach, ob man sie in den eigenen Willen aufgenommen hat, nicht gefragt. Daher ihre so oft beklagte Formalität und Äußerlichkeit, auch in der Religion: eingehaltene Regeln ohne empfundene Religiosität. Daß nur diese zählt, war ein Hauptpunkt der Lehre Jesu: Reinheit des Herzens steht über kultischer Reinheit, und der Heller, den die arme Witwe aus Frömmigkeit in den Gotteskasten legt, ist vor Gott mehr als die nur aus Gesetzesobservanz gegebene größere Einlage des Reichen. Ist das Handeln vom »guten Willen« getragen, dann war es nach Kant bereits gut, auch wenn es ihm nicht gelingt, sich in »gute Tat« umzusetzen. In magnis voluisse sat (Properz). Ut desint vires, tamen est laudanda voluntas. Demgegenüber betonte Hegel wieder die sittliche Qualität auch der realen Tat: was ihre Taten sind, sind die Völker.

Auch im Recht hat man noch im Mittelalter nur die Tat, die Gesetzesübertretung als solche bestraft und nicht auf das Motiv geschaut. Ödipus war schuldig (aitia ist noch Ursache und Schuld in einem), weil er seinen Vater getötet *hatte*, auch wenn er ihn nicht hatte töten *wollen*. Aber schon Drakon hatte unterschieden zwischen vorsätzlichem Mord und unbeabsichtigtem Totschlag. Lag keine böse Absicht vor, so mindert dies das Strafmaß, handelte der Töter aus Notwehr, so geht er frei aus. Die symmetrische Konsequenz wäre, daß auch schon allein die verbrecherische Absicht, selbst wenn sie nicht bis zur Tat vordringt, einer Strafe verfällt. Diese Konsequenz zieht das Recht nicht mit gleicher Skrupulosität: es haftet am sichtbar Geschehenen. Wohl dagegen kennt Religion die »Gedankensünde« und ebenso Ethik die Schuld des bösen Willens, Scham, Gewissensnot und Reue über ihn.

Psychologisch ist von den französischen Moralisten bis zu Nietzsche und Freud oft gezeigt worden, daß die *wahren* Motive auch des äußerlich ethischen Handelns häufig nicht ethische sind, sondern Eigenliebe, Geltungssucht, Machthunger. Wer nur wohltut, um in den Augen der anderen als Wohltäter dazustehen, ist ein Pharisäer. Aber auch wer gut handelt, um gut zu handeln, verfehlt das Gute. Es soll zwar nicht aus anderen Motiven geschehen, aber dennoch nicht selbst in der Intention liegen. Es gilt, in der gegebenen Situation um der Sache willen das Richtige zu tun. Der sittliche Akt darf nicht selbstreflexiv sein, er trägt »das Gute auf dem Rücken« (Scheler).

Zur Moralität gehört ferner die *Freiheit*. Man darf das Gute nicht nur aus Zwang oder aus Furcht vor Strafe tun. Man müßte es, mit Platons Beispiel, auch tun im Besitz des unsichtbarmachenden Rings des Gyges, der es erlaubt, unentdeckt jedes Verbrechen zu begehen. Deshalb bestehen nach Schiller mit Recht für höhere Tugenden wie Treue, Großmut, Dankbarkeit keine sie befehlenden Gesetze, sonst würden wir sie nur noch aus Legalität ausüben statt »aus unentweihter sittlicher Grazie«. – Spiegelbildlich tut Moralität das Gute, wie nicht aus Furcht vor Strafe, so auch nicht in Erwartung von Belohnungen (obgleich sowohl Platon wie Kant sekundär wieder solche einführen), sondern um seiner selbst willen. Das Gute ist des Guten Lohn (Spinoza). Zum Glück hätte der Instinkt leichter geführt als die Freiheit (Kant).

Der Gedanke der ethischen Freiheit kann aber auch so gewandt werden: wir müssen zwischen Gut und Böse vor einer *Wahl* gestanden, müssen uns gegen die gesehene, lockende und ergreifbare Möglichkeit des Bösen für das Gute *entschieden* haben. Nur wenn wir uns auch anders hätten entscheiden können, wenn das Tun des Guten auf einer *Überwindung* beruht, kommt ihm moralisches *Verdienst* zu. Nur dann können wir selbst etwas dafür. Wer dagegen aus naturhafter Anlage, unbemüht, geschenkhaft, lustvoll, ohne es sich abringen zu müssen, gut handelt, wer keine entgegenwirkenden Strebungen kennt, wer mutig ist, weil er keine Angst fühlt, nicht stiehlt, weil er nicht in Not ist, dem können wir sein Handeln nicht in gleicher Weise als Verdienst anrechnen.

Dem Guten entgegen steht die *Emotion*, stehen Interessen und Triebimpulse, die ihrerseits das Handeln bestimmen wollen. Seit der Stoa gibt es einen ganzen Typus der – z. T. aus Pädagogik sich so verengenden – Ethik, für die die ethische Grundsituation im Konflikt zwischen höherer »Vernunft« und niedrigen »Begierden« und für die die »Tugend« darin besteht, daß sie diesen hemmend entgegentritt: du sollst *nicht*. Sie wird überhaupt erst zur Tugend als ihnen abgerungene: Sanftmut ist gut, weil wir zum Zorn, Gerechtigkeit, weil wir zu Parteilichkeit neigen. Noch bei Kant kehrt das Gegensatzpaar Vernunft-Begierde als Pflicht-Neigung wieder (wenn er es auch nicht so meint, daß Neigung immer in anderer Richtung zöge: sie könnte grundsätzlich dasselbe anraten wie die Pflicht, ethisch aber handeln wir nur, wenn nicht sie, sondern jene zum »Bestimmungsgrund des Willens« wird: wir müssen nicht, wie man Kant mißverstand, *gegen* die Neigung, sollen aber nicht *aus* Neigung handeln).

d) Zwei ethische Paradoxe

An die subjektiven Bedingungen der Moralität knüpfen sich zwei *Paradoxe*. Moralität stellt den sich frei Entscheidenden über den, der unreflektiert bloß die Sitte übernimmt. Aber nun entscheidet sich einer frei für das Böse. Steht er, der »wissentlich Unrechttuende« in der Sprache des Sokrates, den es aber nach ihm nicht gibt, wegen des höheren Prinzips, das er verkörpert, über dem unwissentlich Rechttuenden? Augustin sagt: Damit wir das Gute aus Freiheit tun können, mußte Gott auch das Böse zulassen; das ist Augustins Theodizee. Die Versuchung, die Gefahr, hat eine das Ethische steigernde Funktion. Der Böse, der ihr erliegt, hat durch Freiheit immerhin dem gebundenen Guten etwas voraus. In diabolischer Perversion liegt bei ihm das größere ethische Potential; daher strahlt er auch ein Faszinosum aus. – Hier wird offenbar, daß sich das Ethische nicht *nur* vom Subjektiven her, als das, was aus Freiheit geschieht, definieren läßt, vielmehr muß zum »subjektiv Guten« das »objektiv Gute« hinzutreten. Beides sind gleichwertige Faktoren, analog wie in der Kunst Form und Gehalt. Dem freien Bösen fehlt ebenso etwas wie dem unfreien Guten.

Sodann: Anfänglich mag es einem Menschen schwerfallen, sich zur Pflicht zu überwinden; dann aber wird die Pflicht zur Gewohnheit, er vollbringt sie gern, ja jetzt würde es ihm umgekehrt schwerfallen, von ihr abzustehen. Ebenso kulturgeschichtlich: Was einst ein Aufschwung war, gegen barbarische Sitte erkämpft werden mußte, instituiert sich zu verfeinerter, jetzt allverbreiteter Sitte. Welchem Zustand soll man den Vorzug geben, dem, in dem das Gute noch aus Überwindung hervorgeht, oder dem, in dem es sich schon habitualisiert hat? Jener ist subjektiv der ethischere, dieser objektiv der höhere. Das subjektiv Ethische war hier nur eine Übergangsleistung, die eine neue Selbstverständlichkeit schuf, die jener nicht mehr bedarf, so wie immer die creatio verschlungen wird vom creatum, Genialität von Kultur. Gegen die nur spontane Sittlichkeit Kants verteidigte Hegel die objektivierte Sittlichkeit von Einrichtungen wie Ehe, Staat, Recht, deren Ethos sich rückwirkend dem von ihnen gehaltenen Einzelnen wieder mitteilt.

Generell beurteilen wir Eigenschaften der Menschen nicht nur nach dem subjektiv ethischen Kriterium des »Dafürkönnens«. Das gilt zumal für die außerethischen Eigenschaften: wir bewundern Kraft, Schönheit, Ideenfülle, Genie, Charisma, die ihrem Träger verdienstlos in den Schoß fallen. Es gilt aber auch für die ethischen: sind wirklich Mut, Beharrlichkeit, Willensstärke, solange wir sie nur als Naturanlagen und Charaktereigenschaften besitzen, wie Kant wollte, sittlich indifferent? Diese Grenzziehung zwischen Psychologie und Ethik ist künstlich. Die Bewertung läßt sich sogar umkehren: nach Schiller verdient gegen Kant die »schöne Seele«, bei der, wie bei der anima naturaliter christiana, das Gute von selbst aus ihrem Wesen quillt, den Vorzug vor dem sittlichen Menschen, der es in inneren Kämpfen erstreben muß. Ähnlich hat Nietzsche gedacht: ein Verdienst haben wir am Wenigsten und nicht am Besten in uns, »alles Gute ist Erbschaft«. Die Ethik der Moralität ist die Ethik des freien Individuums: eben deshalb überschätzt sie die Leistungskraft des Individuums. Sie hebt hervor, was es durch eigene Anstrengung erreichen kann, sie appelliert an es, diese Anstrengung immer mehr zu leisten, und läßt dabei ins Dunkel fallen, was es nach wie vor all dem verdankt, woraus es hervorwuchs und wovon es getragen wird.

Solche Überlegungen können zu grundsätzlicher Skepsis gegen die Ethik führen. Ethik isoliert das Individuum zu sehr, sie lebt von der Fiktion, seine Entscheidung zwischen Gut und Böse sei völlig frei. Denn nur dann kann ihm Verdienst und Schuld zugerechnet werden. In Wahrheit fällt es seine Entscheidung je nach dem, wozu seine Überlieferung, seine soziale und ökonomische Lage es zuvor geformt haben. Es empfängt von ihnen auch die Tendenz zum Bösen, das allein zu besiegen ihm die Kraft fehlt. Statt mit drakonischer Gerechtigkeit gegen das Verbrechen vorzugehen, so fordert daher Morus, täte die Gesellschaft besser, die Quellen des Verbrechens zu verstopfen. Ebenso Helvetius und Rousseau: nicht der Einzelne, die Gesellschaft gehört auf die Anklagebank; was sie ihm zur Last legt, fällt ursprünglicher ihr zur Last. Sie war es, die ihn in Unterdrückung und Armut aufwachsen ließ und so seine Tat provozierte.

Denselben Antiethizismus vertritt spät noch Marx: sittliches Bewußtsein der Menschen wird nicht, wie der Philosoph glaubt, zustande gebracht durch moralische Forderungen, die ohnmächtig sind, sondern nur durch veränderte empirische Verhältnisse. Wie kann man zu Ausgebeuteten vom kategorischen Imperativ sprechen! Die Verhältnisse also gilt es zuerst zu ändern, und nicht der Gedanke allein ändert sie. Die Revolution ist die grundlegende sittliche Tat. Denn erst sie stößt alle Verhältnisse um, in denen der Mensch ein ausgebeutetes und geknechtetes Wesen ist. Sie steht weit über der Güte von Mensch zu Mensch, die die Schlechtigkeit des institutionellen Gesamtrahmens beim alten läßt. In einem besseren ökonomischen und sozialen System werden von selbst auch die Menschen besser sein (wenn auch, wie der späte Marx korrigiert, nicht von heut auf morgen). Der Egoismus, der bisher die notwendige Form der Durchsetzung des Individuums war, wird zurückgehen. Hilfs- und Opferbereitschaft werden natürliche Neigungen sein, werden keiner solchen moralischen Anstrengung mehr bedürfen wie jetzt, weil sie mit dem, was der Einzelne für sich selbst erstrebt, zusammenfallen. Sie werden aber auch nicht mehr so notwendig sein in einer als ganzer glücklicheren Gesellschaft. – Dagegen heute aus dem kommunistischen Lager selbst Roger Garaudy: Immer wieder wird gegen die allgemeinen Normen der konstituierten Moral die konstituierende Moral des Einzelnen stehen. Keine Gesellschaft nimmt ihm seine Verantwortung ab. Ja mehr: die Gesellschaft hat auf die Verantwortung des Individuums, das sich gerade darin als ihr Teil erweist, einen Anspruch, denn sie könnte moralisch irren und erst das Individuum kontrolliert sie dann und führt sie zur wahren Moralität zurück (Adam Schaff).

e) Die drei Typen der Ethik

Wir haben Pflichten gegen den Mitmenschen, gegen uns selbst und gegen objektive Ordnungen. Demgemäß gibt es drei notwendige, sich ergänzende und begrenzende, Formen der Ethik: Gemeinschaftsethik, Ethik des Individuums und Wertethik.

1. Gemeinschaftsethik. Gemeinschaftsethik richtet sich gleichmäßig an alle. Sie fordert diejenigen wechselseitigen Verhaltensweisen, ohne die ein Zusammenleben nicht gelänge: Was du nicht willst, das man dir tu' . . . Das Individuum, so erklärt Durkheim, weil er keine andere als diese Ethik kennt, hat für sich allein keine Moral: Moral entsteht in der und für die Gesellschaft. In kraß modellhafter Weise hat diesen Ansatz Hobbes durchgeführt, an den wir uns hier anlehnen, ohne ihn im Einzelnen zu referieren. Das Wesen des Ethischen und der Gesellschaft erhellen sich bei ihm gegenseitig. In begreiflichmachendem Als-ob geht er davon aus, daß ursprünglich nur die Einzelnen existieren, die von ihren Egoismen beherrscht werden. Es waltet rücksichtsloser Kampf aller gegen alle (der Mensch kennt ja nicht wie das Tier instinktive innerartliche »Tötungshemmungen«: Konrad Lorenz). Damit nicht jeder beständig unter dem Egoismus des andern leiden muß, beschließen sie nun in einem Vertrag, den Egoismus einzudämmen und nicht mehr gegen-, sondern miteinander zu leben. Sie geben ihre Rechte an die Gesellschaft ab, von der sie nur wenige zurückerhalten, und handeln jetzt so, daß Gesellschaft bestehen kann, d. h. moralisch. Moral ist die Bedingung der Möglichkeit der Gesellschaft. Sie tun das aber nicht etwa um der Gesellschaft willen, nicht zum Wohl auch des andern. Selbstsucht diktiert die Begrenzung der Selbstsucht. Sie bleiben innerlich die alten Egoisten. Nur äußerlich verhalten sie sich moralisch, weil dies in ihrem wohlverstandenen Eigeninteresse liegt. Das Gesellschaftsdienliche ist ja indirekt auch das Eigendienliche. Gesellschaft und Moral sind zweckmäßige Produkte eines klug gewordenen Egoismus.

Es stehen sich also gegenüber der Einzelne, der liebend gern morden, stehlen und ehebrechen würde, und die Gesellschaft, die es ihm verbietet. So hart ihn dieses Verbot ankommt, fügt er sich ihm doch um der Vorteile willen, die er auf der anderen Seite durch die Gesellschaft genießt. Der Einzelne ist also in sich selbst gespalten: mit einem Teil seines Wesens verneint er die Gesellschaft, die ihn so sehr beschneidet, mit einem anderen Teil bejaht er diese Beschneidung als letztlich auch für ihn zuträglich. In ihm selbst bekämpfen sich das, womit er nur Einzelner, und das, womit er bewußt und willentlich Glied der Gesellschaft ist. Seine Spannung zum Sozialen setzt sich so um in eine intrapsychische Spannung. Als psychische Repräsentanz seiner Einzelhaftigkeit erscheint jetzt die »Begierde«, als Repräsentanz seiner Sozialität die »Vernunft«. Noch Kant nennt die »Neigung« (Rousseaus penchant) »eigensüchtig«, während man die »Pflicht« daran erkennt, daß sie »Prinzip einer allgemeinen Gesetzgebung« werden könnte.

Nun aber setzt ein Interiorisierungsvorgang ein, wie Mill, Darwin und Spencer ihn beschrieben haben. Nachdem lange genug Diebstahl schwer bestraft wurde, schlägt dem Dieb bei seiner Tat und schon beim Gedanken an sie das »Gewissen«, ohne daß er sich dabei den verwickelten Zusammenhang noch klarmachte, daß Diebstahl nur deshalb böse ist, weil mit ihm Gesellschaft nicht bestünde, und daß kraft Gegenseitigkeit von dieser Verpönung auch er profitiert. Er hält ihn jetzt »an sich« für böse. Was an sich nur ein Nützliches ist, das Nützliche für die Gesellschaft, wird inthronisiert als das »Gute«. Aus der Furcht vor Rache wird durch Verinnerlichung die »Evidenz« dieses Guten.

Auf dieser Stufe der Interiorisierung setzt dann die herkömmliche, nichtsoziologische, philosophische Ethik ein. Die Vernunft als das höhere Selbst, so sagt sie, fordert von uns das glanzumflossen Gute als das aus sich selbst einsichtige Bessere. *Warum* es aber das Bessere ist, warum wir unserem unmittelbaren Triebimpuls zuwiderhandeln sollen, erklärt sie nicht. Entsprechend erkennt sie auch nicht das relative, wenngleich nicht zu realisierende, Recht des Triebes an, sondern verketzert ihn schlechthin. Aus einem Konflikt beider Instanzen, von denen zwar die eine siegen soll, aber auch die andere Gründe für sich anführen kann, wird bei ihr ein manichäischer Kampf zwischen Licht und Finsternis. Indem sie sich auf Vernunft beruft, verfährt sie in Wahrheit irrational. Die durchschaubare Motivationskette wird von ihr nicht mehr aktualisiert, wird zurückgedrängt. Die wirkliche Motivation wäre ihr zu rational nüchtern, mit ihrem Aufbau auf dem Interesse zu naturalistisch. –

Gegen Hobbes hat Locke den natürlichen Kampf der Egoismen partiell, etwa (wie dann auch Adam Smith es tut) als wirtschaftlichen Konkurrenzkampf, bejaht (so wie er auch erkenntnistheoretisch Anwalt der Natur, der Sinne ist, denen bei ihm das Denken nicht wie bei Descartes entgegentritt). Deshalb geben bei ihm die Individuen im Vertrag nur einen *Teil* ihrer Rechte, das Gewaltrecht, an den Staat ab. Wie Hobbes den Absolutismus, begründet Locke den Liberalismus. In harmonistischem Glauben – der uns heute zerbrochen ist – soll aus dem Konkurrenzkampf, aus dem Egoismus der Einzelnen (den noch Hegel sogar die geschichtlichen Zwecke des Weltgeistes befördern läßt) das Wohl des Ganzen resultieren. Bei Locke meldet sich schon wieder der pelagianische Glaube an eine eingeborene Güte der nicht erst zu brechenden menschlichen Natur, der dann auch aus den bisherigen »Wilden« »Naturvölker« (Lafiteau) machte, für die sich sogar schwärmen ließ (Rousseau), und der die bisher repressive Pädagogik zu einer Pädagogik des Sich-entfalten-lassens wandelte. Aus demselben Glauben heraus haben gegen Hobbes andere (Grotius, Shaftesbury, Hutcheson, Hume, die »Sympathieethiker«) von einem ursprünglichen und echten appetitus sociabilis gesprochen. Moralische Handlungen gehen also nicht nur durch Zwang aus verfeinertem Egoismus hervor, sondern haben eine eigene Wurzel in genuinem Altruismus. Zu unterscheiden sind aber Altruismus für den Nächsten und Rücksicht auf die Gemeinschaft als ganze. Beides kann kollidieren: ist Ziel das »größte Glück der größten Zahl« (Benthams Utilitarismus), so schränkt dies das Glück des Einzelnen ein. – Die Romantik verwirft die ganze Vertragsethik: nicht atomistisch vom Einzelnen ist auszugehen, die Gemeinschaft besteht ihm immer schon vorher, trägt und prägt ihn.

Gemeinschaftsmoral ist zunächst »Binnenmoral«: außerhalb der Gruppe herrscht zwischen den Einzelnen sowie von Gruppe zu Gruppe »Jagdverhältnis«. Ius gentium (Grotius) sucht es zu mildern, Universalismus will die société close wandeln zur société ouverte und damit fortschreiten zu humanitärer Solidarität (Bergson).

2. *Ethik des Individuums.* Das Individuum schützend, muß Gemeinschaftsmoral es anderseits beengen. Sie beengt es ihrer Natur nach, oft aber auch über das Notwendige hinaus, und bringt es so um einen Teil seiner Selbstverwirklichung. Daher kommt es im Gegenschlag zu einem Aufbegehren des Individuums. Anarchismus fordert größeren Spielraum für alle;

er glaubt an ein naturhaftes Aufeinander-abgestimmt-sein der im Kern gutgesinnten Menschen ohne Zwang. Titanismus fordert Selbstdurchsetzung nur für die »Kraftnatur«, für den »Ausnahmemenschen«, auch um den Preis der Immoralität. Da die Gesellschaft die Bestreitung ihrer selbst in der Realität nicht hinnehmen kann, erschöpft die Parteinahme für das Individuum sich zumeist, wie in der Renaissance, im Sturm und Drang und seiner Nachfolge, im geschlossenen Kreis libertinistischer Sekten sowie im Freirevier der Philosophie und mehr noch der Kunst (vgl. C IV e 2). Ungehemmtes Sichvorwagen des Eigenstrebens bleibt beschränkt auf den »reflektierten Verbrecher«, der für den großen Augenblick der Freiheit den Untergang in Kauf nimmt, und auf die Wenigen, denen ökonomische oder politische Macht es erlaubt, sich außerhalb des Gesetzes zu stellen.

Das geltende Recht, sagt der sophistische Thrasymachos bei Platon, wird festgesetzt von den Gewalthabenden. Auch die Unterworfenen glauben dann leicht, es gelte »von Natur«. Da dies aber nur ein Schein ist, darf man dem eigenen Tatwillen unbekümmert folgen und das Gesetz verletzen. Es steht damit nicht Gewalt gegen Recht, sondern nur Gewalt gegen Gewalt. Anders argumentiert eine etwas spätere Dialogfigur Platons, Kallikles. Bei ihm wird zugleich deutlich, daß das, was vom Individuum angegriffen wird, sehr oft nicht die Moral als solche ist, sondern nur die demokratische Gleichheit. Das Gesetz stammt nach ihm gerade nicht von den Starken, es stammt von den vielen Schwachen, die sich durch ihren Zusammenschluß vor den wenigen Starken schützen und sie durch willkürliche Setzungen von Jugend an einzwängen und einschüchtern. Sie nennen es böse, daß der Stärkere über den Schwächeren herrsche und daß er mehr habe als andere. In Wahrheit ist dies gerade, wie man bei Tieren und am Verhalten von Staaten untereinander sieht, das Recht der Natur.

Eine gewisse Verwandtschaft damit hat noch Nietzsches »Genealogie der Moral«: auch er liest Moral demaskierend als etwas Geschichtliches, als soziales »Symptom«, und auch für ihn ist die herrschende Moral, die er die platonisch-christliche nennt, eine Erfindung der Schwachen. Um das Joch der Herren leichter zu ertragen, verlangen sie von sich selbst Unterwürfigkeit und Geduld, um es zu mildern, predigen sie jenen Gerechtigkeit und Gleichheit. »Ressentiment«geladen setzen sie in einer großen »Umwertung«, die aber mehr als nur eine Umdrehung ist, die Werte der Herren herab und stellen nur die ihnen selbst vorteilbietenden als die wahren Werte hin. Das Geheimnis der europäischen Geschichte ist es nun, daß diese »Sklavenmoral« sich durchgesetzt hat. Die Mächtigen selbst werden an ihrer angestammten »Herrenmoral« irre, lassen sich die Moral der Unterworfenen als *die* Moral suggerieren und sind damit hinterrücks entthront. Ihr Instinkt des Herrschens degeneriert. Die Menschen werden tatsächlich gleich. Die Pseudomoral der Herde, die nun allgemein wird, ist eine »Gegenbewegung gegen die Bestrebungen der Natur, es zu einem höheren Typus Mensch zu bringen«. Man lebt mit ihr ungefährlicher, aber in kleinerem Stil. Das Gewürm Mensch wimmelt, der zahme Mensch fühlt sich als Sinn der Geschichte.

Im Unterschied zu den Herren des Kallikles ist aber das Ethos derjenigen Nietzsches nicht nur ein solches der Macht und Gewalt. Auf ihrer Seite sind die Werte des Edlen, der Höhe, der aufsteigenden Kraft und Produktivität des Lebens. Nietzsche verteidigt nicht die Nichtmoral, sondern eine andere Moral.

In der platonisch-christlichen Umwertung setzen sich aber nach Nietzsche nicht nur falche Werte anstelle der wahren, es setzten sich auch niedere Werte anstelle der höheren. Schon älterer Vorwurf gegen die Gemeinschaftsmoral lautet, sie umspanne nur ein ethisches Minimum. Sie verbietet den Diebstahl, aber hält nicht an zur Großmut. Wo ist, über die Restriktion des elementarsten Bösen hinaus, so fragt schon Herder, das Positive der Moral, für das es lohnte sich einzusetzen? Nicht daß sie verschwinden solle, um einem tyrannischen Individuum Platz zu machen, wird hier verlangt. An ihrer Stelle, für das Gröbste, hat sie ihre Funktion. Sie ist aber nur »niedere Moralität« (Fichte), und sie soll sich deshalb nicht verabsolutieren, denn sonst besetzt sie den Platz, der der »höheren Moralität« gebührt. Wie das Ziel jener die Ermöglichung des Gemeinschaftslebens ist, so das Ziel dieser Selbstverwirklichung des Individuums – vielleicht spräche man besser von der »Person« –. Erst bei Humboldt blaßt die hier vorschwebende Lebenssteigerung ab zu einer bloß noch inneren Entfaltung durch Bildung.

Dabei kann das befreite Individuum der sich damit durchringenden neuen Ethik im Einzelfall zwar mit der allgemeinen Moral in Gegensatz geraten, aber darauf liegt nicht wie bei Kallikles der Akzent. Es kann durchaus auch mit ihr harmonieren, stellt sich nicht seinem Wesen nach außerhalb ihrer. Das Verhältnis der beiden Moralitäten ist nicht das einer Alternative, sondern das zweier Schichten. In der »höheren Moralität« bekundet sich das Individuum der dahin noch gesteigerten Autonomie, daß es nicht nur zu bestehendem Gesetz ja sagt, auch nicht eine von Philosophie schon vorerkannte allgemeine Norm bloß nacherkennt (womit es im gleichen Moment, in dem es sich verselbständigt, auch schon wieder unselbständig wird), sondern daß es neues, noch unvorgeprägtes Gutes aus sich selbst hebt. Ein nicht mehr allgemeines Gutes und das dennoch ein Gutes ist! Sartre hat dies später dahin gewandt, daß es überhaupt keine vorgeformt-musterhaften »Essenzen« des Guten gibt, daß wir immer »Schöpfer« unseres Guten sind, und hat aus dieser Antithese den »Existenzialismus« neu definiert. Damit springt aber die Ethik des Individuums, wie schon bei Heidegger und Ernst Jünger, um in leeren »Dezisionismus«, der das Gute in der freie Entscheidung des Einzelnen *gesetzt* werden läßt, während ursprünglich nicht dies gemeint war, sondern nur, daß er frei sein soll, sein *eigenes* Gutes zu *finden.*

Es war die individualpantheistisch-monadologische Überzeugung der Goethezeit, das Göttliche gieße sich in die Fülle des »Sondertümlichen« aus (Hamann). Wie die Goethezeit über den Kulturen und Gestaltungen kein gleichbleibendes Ideal kennt, an dem sie sie mißt, sondern kraft historischen Sinns gerade das Einmalige und immer wieder Andere bewundert, so stellt sie ein solches Ideal auch in der Ethik nicht über den Handelnden. Alte religiöse Gedanken erscheinen hier verweltlicht. Bei Paulus ist der Starke, der das pneuma hat, nur noch Gott, nicht mehr dem Gesetz verantwortlich. Ama deum et fac quod vis (Augustin): du kannst dann nicht mehr fehlen, ja selbst wenn du fehlst bleibst du bei Gott. Das erneuert sich, wenn für den Sturm und Drang jeder, und nicht nur in der Dichtform, aus seinem wahren Seinsgrund (nicht aus privater Willkür) eine autogene Verhaltensweise herausstellen darf. Will Gemeinschaftsmoral dem Individuum durch Bindung an allgemeine Regeln seine Schlechtigkeit austreiben, so soll hier durch Befreiung von solchen Regeln seine Güte erst offenbar werden. »Die erste Lebensregel ist: anerkenne dich selbst. Werde der Form inne, die in dir liegt, und drücke sie aus«: Herder. Wie nach Kant das künstlerische Genie nicht nach ästhetischen Regeln schafft und diese vielmehr erst nachträglich von seinem Werk abstrahiert werden, so werden es nach Jacobi auch die sittlichen Regeln. »Erhaltung und Erhöhung seiner besonderen Natur ist das Objekt des absoluten Triebes des Individuums.« Jedes Individuum ist nach Fichte (was später Ranke ähnlich auch von den Völkern sagte) ein »Gedanke der Gottheit«, es schwebt über ihm ein je anderes Urbild. »Jeder soll das, was schlechthin nur Er soll und nur Er kann... nur Er und schlechthin kein anderer.« Nach Schleiermacher repräsentiert jeder Mensch die Menschheit auf eigene Art. Durch die Verschiedenartigkeit ihrer Glieder wird die Gemeinschaft nicht bedroht, sie wird durch sie noch lebensfähiger. »Das einzige Gesetz lautet: stelle deine Eigentümlichkeit, deine Einzigkeit dar; erkenne dich selbst und handle dich.« Man darf (in Variation Heraklits) nicht zweimal nach demselben Gebot handeln (Kierkegaard). Zeitlos gleichbleibend, macht es uns taub gegen die Anforderungen der immer anderen »Gegenwart« (Grisebach).

Den von Schleiermacher geprägten Begriff des »individuellen Gesetzes« hat später Georg Simmel aufgegriffen. Aus der Wurzel jedes Lebens, das mehr als nur empirische Vorfindlichkeit ist, steigt nach ihm jeweils auch ein Bild der höchsten Möglichkeiten seines Wesens, wächst seine eigene Norm. Obgleich sie individuell ist, bindet sie es nicht minder streng als eine allgemeine Norm, ja strenger, weil hier die Ausflucht wegfällt, die Durchschnittsregel müsse je nach dem besonderen Fall abgewandelt werden. Nur aus dieser mit einem Leben mitgegebenen Norm kann und soll das Einzelhandeln verstanden werden. Beurteilt man es äußerlich nach einem von außen herangetragenen und deshalb allgemeinen Gesetz, so ist das mehr juristisch als ethisch. Vom individuellen Gesetz her tragen die phänomenal gleichen Handlungsweisen verschiedener Menschen voneinander abweichende Bedeutung. Sie sind unter sich als Teilmomente im Ganzen eines immer anderen Lebens unvergleichbar. – Simmel wollte das individuelle Gesetz auch in der Kunst, so bei Rembrandt wiederfinden, bei dem Form nichts vorbestehend Starres, sondern nur ein Moment des sich nach außen kehrenden Lebens selbst sei. Er hat sogar versucht, es mit Kants »kategorischem Imperativ« in Einklang zu bringen, der in seiner Formalität für das Unwiederholbare der Personen und Situationen Raum biete; mit fraglichem Recht, denn nach Kant handeln wir ethisch gerade aus der Schicht, in der wir als Vernunftwesen alle gleich sind. Kant vertritt noch den quantitativen Individualismus, der zu den »Menschenrechten« der Französischen Revolution, nicht den qualitativen Individualismus, der zur Persönlichkeitskultur des 19. Jahrhunderts führte.

3. *Wertethik.* Rücksicht auf den Mitmenschen und Entfaltung der eigenen Person schreiten, auch zusammengenommen, den Kreis der Sittlichkeit noch lange nicht aus. Auch *Dinge* fordern von uns ein bestimmtes Verhalten. Der Schaffende hat eine Pflicht gegen sein *Werk. Institutionen* machen ihren Anspruch an uns geltend: nachdem die Firma zum Verdienen gegründet worden war, arbeitet der Kaufmann schließlich – dieser »Umschlag« ist oft beschrieben worden – »für die Firma«, als ob sie selbst der Zweck wäre. Das Autonomwerden des kapitalistischen Systems als ganzen machte Marx für die Entfremdung des modernen Menschen verantwortlich. Gehlen verteidigte die Institutionen: sie entlasten, geben Halt, heben den Einzelnen über sich hinaus.

Vor allem aber stehen wir unter der »axiologischen Determination« der etwa seit Nietzsche sog. »*Werte*«. Wählen wir als Beispiel einen Wert wie Ordnung oder die Wahrheit. Von ihr ergeht an uns der Appell, nicht gegen sie zu verstoßen, »wahrhaftig« zu sein, auf höherer Stufe: ihr noch mehr auf den Grund zu gehen. Mit all dem dienen wir weder dem Nächsten noch uns selbst, oder nur indirekt. Wir gehorchen der rein objektiven Forderung eines Wertes. Der Rang »sittlicher Haltungen« bemißt sich nicht nur nach dem Ausschlag für andere. Geiz bleibt negativ, auch wenn niemand durch ihn zu Schaden kommt. Wertethik ist auf Sozialethik unreduzierbar. Anderseits gibt es Werte, die inhaltlich mit den Forderungen der Sozial- und Individualethik übereinstimmen. Die drei »Ethiken« sind nicht so sehr Inhaltsregionen als Motivationen.

Nach Kant besteht das »Sittengesetz« lediglich in der *Form* des »Du sollst«. Eine von ihr unabhängige inhaltliche Bestimmtheit des Willens wäre für ihn, in schlechter Disjunktion, heteronome Naturbestimmtheit. Aus der Form des Ethischen will er seinen Inhalt ableiten: das ist Kants »Formalismus«. Gegen ihn stellt Max Scheler nicht etwa, wie sein Begriff der »materialen Wertethik« glauben lassen könnte, eine materiale Ethik: jede philosophische Ethik ist als philosophische formal. Wohl dagegen stellt er gegen ihn eine nicht formalistische Ethik materialer (besser hätte er gesagt: inhaltlicher) Werte. Der Fundierungszusammenhang verläuft, wie er richtig sah, genau umgekehrt: aus den Werten folgt erst das Sollen. Wie in Husserls Antipsychologismus die logischen Gesetze zunächst Seinsverhältnisse aussprechen und erst deshalb, sekundär, auch »Denkgesetze« werden, so bilden nach Scheler die Werte einen ideellen Seinsbereich, und daraus *folgt* erst ihre Normativität für uns, folgt, daß wir sie in »Gütern« »verwirklichen« sollen. Scheler geht damit hinter Kant auf die aristotelisch-scholastische Tugendlehre zurück. Das von Franz Brentano wieder rehabilitierte Organ der »Wertschau« ist das Gefühl (»emotionaler Intuitionismus«). Nach naturwissenschaftlichem Vorbild forderte man damals von aller Wissenschaft »Wertfreiheit« (berühmt geworden durch Max Weber). Aber neben der »Natur« stehen die »Werte«, unter denen der Südwestdeutsche Neukantianismus nicht nur die ethischen Werte erfaßt. Erkenntnis des Wertes soll ihn zwar nicht ihrerseits bewerten (Rickert). Sie darf jedoch nicht blind sein für seine objektive Farbe und Werthöhe (Scheler). Neid impliziert Minderwertigkeit; wollte man daran vorbeigehen, so würde man seine Qualität verfehlen. Zum sittlichen Urteil gehört neben dem »phrastischen« das zustimmende resp. ablehnende Moment (Hare).

Man muß unterscheiden zwischen idealem und realem Gesolltsein. Jeder positive Wert soll auch wirklich sein. Aber daraus folgt noch kein Imperativ der Verwirklichung an jeden Einzelnen. Die Tugend, um die der eine sich müht, die sein moralisches Verdienst ist, so sahen wir bereits, besitzt der andere als Naturanlage. So erfährt er kein Sollen. Gratiae naturales bleiben mit allem Mühen unerreichbar: eine Freundschaft, die man pflegen muß, steht nie so hoch wie eine spontane. Definitorisch kann man eine »schöne Seele« nicht sein wollen: man ist es oder ist es nicht. Die verlorene Unschuld bringt nichts zurück. Der eine Mensch in seiner Situation mag erstreben, was für den anderen in der seinen außer Reichweite liegt. Vom Todkranken erwartet niemand Rettung fremden Lebens (Broads principium executionis). Nur aber was wollbar ist, ist konkret sollbar. So ergibt sich hier überall aus dem – wie sehr auch gesehenen und geschätzten – Wert nicht auch schon eine Pflicht. Es gibt auch einen bloßen »kategorischen Optativ des Ideals« (Fries), eine nur horizontgebende Verpflichtung durch das Unerreichbare, ein »Fernziel« im Unterschied zum »Nahziel« (Ernst Bloch), in dem freilich jenes stets wirksam sein soll.

Aber auch wo wir Gutes als uns fordernd erfahren, bedarf es neben seiner Erkenntnis und Begründung immer noch zusätzlich der inneren Aneignung, der existentiellen Bejahung (Broads principium dijudicationis und principium complacentiae). Sokrates definierte Tugend als Wissen. Dagegen wandte schon Euripides in seiner »Medea« ein, daß Leidenschaft gegen besseres Wissen siegen kann (video meliora proboque, deteriora sequor: Ovid). Wogegen Sokrates: dann war es eben noch nicht das wirkliche, auf Gründen ruhende Wissen, das wir noch suchen müssen. Zukünftiges besseres Wissen wird Tugend sein. Die Vernunft, fordert Spinoza später, muß selbst zum Affekt werden. Dagegen bleibt sie für die Frommen, wie schon für Paulus, stets ohnmächtig ohne Gnade: ohne sie stellt einem der Teufel doch noch ein Bein.

Folgt aber auch aus dem Wissen nicht die Tugend, so muß es ihr doch vorhergehen: in diesem Sinn behält nach Scheler und N. Hartmann Sokrates recht. Nach beiden besteht eine erste sittliche Aufgabe bereits darin, die Enge des Wertblicks zu überwinden, ihn zu schulen und zu differenzieren. Wir sollen an der Fülle des ethisch Bedeutsamen nicht vorübergehen, sollen verstehend daran teilhaben, uns für immer neue Werte empfänglich machen. Das wirkt dann auch (aber nicht nur deshalb wird es gefordert) auf unser Urteil über Menschen und Begebnisse und aufs Handeln: erst jetzt treffen wir unsere Wahl nicht mehr nur aus Zufall und Gewohnheit, treffen sie – die durch Überschau erschwerte – aus voller Freiheit und Verantwortung. Philosophische Ethik als Erkenntnis der Werte wird hier zum Ingrediens des sittlichen Daseins selbst. Die Gegner freilich wandten ein, solche allseitige Ein-

fühlung stehe mehr dem Geisteshistoriker, der allen geschichtlich hervorgetretenen Werthaltungen gerecht werden will, als
dem Ethiker an, und warfen der Wertethik Ästhetizismus vor.

Zu jedem Wert gehört ein Unwert, und zwar ist der Abstand
zwischen ihnen immer etwa gleich. Da es, vom Indifferenzniveau an gemessen, hohe und niedrige Werte gibt, so folgt
daraus, daß bei den hohen der zugehörige Unwert nur wenig,
daß er dagegen bei den niedrigen tief unter der Indifferenzlinie
liegt, da bei ihnen fast die ganze Skala sich abwärts von ihr
erstreckt. Je höher ein Wert, um so weniger schlimm der Unwert, und umgekehrt. Bei den hohen Werten liegt unsere Wertreaktion auf der positiven Seite, denn sie werden selten verwirklicht: Heroismus verdient Bewunderung, Unheroismus
dagegen keine Verachtung. Die Erfüllung ist ein Verdienst
– ein um so größeres, je höher der Wert stand – und wird gebilligt. Bei den niedrigen Werten dagegen liegt die Wertreaktion auf der negativen Seite, denn man erwartet die Erfüllung
dieser Werte von jedem: Redlichkeit fällt nicht weiter auf,
Unredlichkeit dagegen empört. Die Nichterfüllung ist ein Vergehen – ein um so schwereres, je niedriger der Wert war – und
wird mißbilligt. An den hohen Werten – Edelmut, Treue,
Liebe (3. Mos. 19, 18) – haften Gebote: wir sollen sie realisieren, anderseits läßt es sich von keinem bindend verlangen.
An den niederen Werten haften Verbote: wir sollen sie nicht
verletzen, und wer es tut, wird verfolgt.

Die niederen Werte sind nach N. Hartmann, dem wir uns
hier anschließen, zugleich die »starken«, die hohen die »schwachen«. Denn nur auf dem Fundament jener erheben sich diese.
Der Sinn der Existenz erfüllt sich zwar nicht in Gesundheit
und nacktem Leben, hat sie aber zur Voraussetzung. Sind die
niederen Werte bedroht, dann mit ihnen auch alle höheren.
Deshalb erwarten die niederen Werte die unbedingtere Erfüllung, ist der Verstoß gegen sie der empfindlichere Verstoß.
Um diesen Verstoß kümmert sich im schweren Fall auch das
Recht mit seinen Strafen, über deren Funktion es mehrere
Theorien gibt (Sühne, Vergeltung, Erziehung, Abschreckung).

Da sich nur an die niederen Werte allgemein zu respektierende Forderungen knüpfen lassen, hat Moral eine Tendenz,
sich auf sie zu beschränken, und daher dann die Geringschätzung für die »bloße Moral«. Vollständige Ethik schließt auch

die steileren Forderungen ein. Wer sich gegen sie versündigt, begeht zwar kein Verbrechen und wird vom Recht nicht belangt, lädt aber dennoch Schuld auf sich, die das Gewissen nicht minder belasten kann und für die die Sühne nicht in Strafe, sondern nur in Reue und innerer Umkehr (der biblischen teschuba) liegt.

Scheler suchte Kriterien der Werthöhe anzugeben, aus denen sich dann »Vorzugsregeln« ergeben. Ethische Wahl (Aristoteles' prohairesis, am eindrucksvollsten vorgeführt in Kierkegaards »Entweder-Oder«) findet im komplexen Fall nicht zwischen Gut und Böse statt, sondern zwischen Höher und Niedriger. Da auch der niedrige Wert immerhin ein Wert ist, so kann in seiner »Nachsetzung«, wie berechtigt sie auch sei, Schuld liegen. Dies um so mehr bei Gleichstufigkeit der Werte. Es gibt nicht nur »das Gute«, sondern eine Pluralität höchster Werte, Wertantinomien wie die zwischen Gerechtigkeit und Liebe, Reinheit und Fülle (Hartmann). Hier kommt der »Konflikt der Pflichten«, den Philosophie meist verkannt, ja geleugnet, aber das Drama (Aischylos) dargestellt hat, auf seine Höhe. Jede Entscheidung für den einen Wert, wie die Lebenssituation sie notwendig macht, ist Unrecht am andern und damit von unausweichlicher Tragik. Die Rechnung der Ethik geht nie glatt auf. Sie kann uns weder die subjektive Entscheidung noch die Melancholie über die nicht ins Leben gerufenen Möglichkeiten abnehmen.

Zu unterscheiden sind ferner Selbstwerte und diesen als Mittel dienende Werte. Auch Selbstwerte können aber mediatisiert werden. Eine Person nie als Mittel zu behandeln, war die Forderung Kants. Tugenden können in den Dienst des Verbrechens treten: sind sie dann noch Tugenden? Heiligt der gute Zweck das für sich allein genommen schlechte Mittel (jesuitisch)? –

Verschiedene Völker leben in verschiedenen Moralsystemen, von denen jedes sich für »natürlich« hält und dogmatisch nimmt. Daraus folgerte schon die Sophistik ethischen Relativismus. Andere folgern: eine der bestehenden Moralen könnte trotzdem die wahre sein, oder: dann muß diese noch gefunden werden, oder: »Naturrecht« steht hinter dem es nie ganz einlösenden »positiven«, d. h. mit dem schon sophistischen Ausdruck »gesetzten« Recht. Das historische spätere 19. Jahrhundert wollte normative Ethik, die jeweils eine bestimmte Moral verabsolutiert, ablösen durch deskriptive »Moralwissenschaft« (Guyau), die die Vielheit der Moralen ebenso als ein Letztes hinnimmt, wie es die Vielheit der Sprachen, Religionen usf. ist. Die Frage nach Kriterien »ethischen Fortschritts« bleibt aber bestehen. Die alten Germanen kannten noch keine Achtung vor fremdem Menschenleben als solchem, anders der Dekalog. Weil die Moralen viele sind, sind sie noch nicht »gleichberechtigt«.

Das Erbe der »Moralwissenschaft« lebt noch in der Wertethik. Nacheinander beschreibt Hartmann antike, christliche und neuzeitliche Werte, nimmt also die Geschichte zum Gliederungsprinzip. Bollnow unterscheidet soziologisch aristokratische und bürgerliche Tugenden. Anders als Moralwissenschaft folgert jedoch Wertethik aus dem Pluralismus keinen Relativismus. Das Wertreich ist groß, menschlicher Wertblick im allgemeinen eng. Je nach Volk und Zeit schneidet er wieder andere Sektoren aus ihm heraus. Indem er so geschichtlich wandert, faßt und realisiert er zwar wechselnde, immer aber echte, ewige, absolute Werte. Unserem allverstehenden Zeitalter blieb es vorbehalten, sie in gleichmäßiger Gerechtigkeit zu umspannen. – Diese allzu platonisierende Theorie blieb aber nicht unbestritten. Sie addiert bloß, und oft Unvereinbares. Sie erblickt in den geschichtlichen Standorten nur Erkenntnis-, nicht auch Gestaltungsbedingungen der Werte.

Nach Bollnow eignet Geschichtlichkeit nur dem »Hochethos«, wie eine kirchliche, politische oder geistige Elite es prägt: Reinheit, Demut und Selbstverleugnung sind christliche, Fleiß und Sparsamkeit bürgerliche, harmonische Persönlichkeit ist eine humanistische Tugend. Unter diesen Gipfeln liegt als Basis die relativ konstante Schicht der »einfachen Sittlichkeit«: Rücksicht, Kameradschaftlichkeit, Zuverlässigkeit, Fairneß. Doch kehren wir damit zurück zur Gemeinschaftsethik, deren Grenzen gezeigt zu haben gerade eins der Verdienste der Wertethik war.

IV. Ästhetik

a) Das ästhetische Urteil

Wir wir im Ethischen sahen, daß Erkennen und Tun des Guten allein nicht genügen ohne das Hinzutreten innerer Momente, so gilt dies analog und noch ungleich stärker auch im Bereich des Ästhetischen. Entgegen seinem Lehrer Sokrates, der von jedem Handeln verlangte, daß es für sich »Gründe angeben« kann, sah schon der junge Platon im »Ion«, daß der Dichter unter einem anderen Gesetz steht: er übt seine Kunst nicht aufgrund eines Wissens aus, sondern durch »göttliches Geschenk« (theia moira). Zu einem Gegengewicht gegen den herrschenden Vernunftglauben wird aber diese frühe Einsicht erst seit dem 17. Jahrhundert. Es gibt, so entdeckt man, eine Fähigkeit in uns, die nicht nach Vernunftgründen urteilt, aber dennoch mehr als Willkür ist und auf ihre Weise das Richtige trifft. Nach dem Vorgang Quintilians spricht Balthasar Gracian vom »Geschmack« (auch Takt, Fingerspitzengefühl), den niemand lehren noch lernen kann und nach dem der Weltmann in jeder Lebenssituation das Angemessene tut. Dem beweisenden esprit géométrique konfrontiert Pascal den esprit de finesse. Man beweist nicht, warum man einen Menschen liebt; es beruht auf einem »je ne sais quoi«. Ähnlich weiß im 18. Jahrhundert Shaftesbury vom· »moralischen Sinn« als einem Instinkt für die rechte Ordnung und Proportion und entdecken Mendelssohn, Sulzer u. a. das »Gefühl« als Quelle nicht rational motivierter und dennoch gültiger Urteile. Alle diese Begriffe sind umfassender als nur ästhetisch, sind auch ethisch und nicht nur ethisch intendiert, konsolidieren sich jedoch als ästhetische Begriffe. Das Schöne »gefällt ohne Begriff«, heißt es noch spät in Kants »Kritik der Urteilskraft«, die ursprünglich »Kritik des Geschmacks« heißen sollte. – Eine Synthese mit dem Rationalismus hatte Leibniz angestrebt. Er führte das »je ne sais quoi« (das »non so che« schon der italienischen Barockästhetik), aufgrund dessen wir, ohne dies erklären zu können, ein Kunstwerk rühmen oder verwerfen, darauf zurück, daß wir unbewußt die Harmonien zählen, aus denen es gebaut ist und die letztlich aus mathematischen Maßverhältnissen bestehen (vgl. die »Informationsästhetik« Max Benses u. a.).

Wie auf der Seite des Empfangenden der »Geschmack« sein Warum nicht vernunftmäßig angeben kann, so kann dies auch auf der Seite des Schaffenden nicht das »Genie«, das der komplementäre Begriff ist, den die Barockästhetik einführt, die englische Präromantik dem Kontinent zurückvermittelt. Sind es nämlich nicht erkennbare und als ewig demonstrierbare Maßstäbe des Schönen, durch die das Kunstwerk schön wird, dann folgt daraus für den Künstler selbst, daß er sich nicht mehr an die herkömmlichen Regeln, etwa die »Gesetze der Tragödie«, zu binden braucht. Es gibt in der Kunst keine klassischen Muster, auch keine Gattungsmuster, die nachzuahmen wären. Im Gegenteil, durch »Phantasie« soll er »schöpferisch« etwas »Originales« (Young), ein »Charakteristisches« (Goethe) erfinden. Es gilt nicht, ein »zweiter« Pindar oder Anakreon zu sein – wobei sich dann in der querelle des anciens et des modernes die Frage erhob, welcher der größere sei –. Eine solche Wiederholung kann und soll es nicht geben. Kunst – wie jede Kulturhervorbringung – muß aus neuer geschichtlicher Situation jeweils neu erwachsen. Daher ist Shakespeare größer als die Seneca nachahmenden Franzosen.

Kunst, seit der Antike als Nachahmung begriffen, wird jetzt zum spontanen »Ausdruck« eines Innern, wenn dieses letztlich auch in sie nicht eingeht – »jede Form, auch die gefühlteste, hat etwas Unwahres« (Goethe). Man greift auf Pseudolongins Schrift »Über das Erhabene« zurück, der den hohen Stil »Widerhall der großen Seele« genannt hatte. Subjektivität ist es, die sich im Werk darstellt, in ihm aber auch selbst erst findet, profiliert, steigert (das gilt analog dann auch für den Betrachtenden). Anderseits ist diese Subjektivität dem Anspruch nach mehr als eine nur private. Sie dient als Sprachrohr für ein Volk und eine Zeit, für tieferes Menschliches. Daher schafft sie nicht etwa willkürlich. Gerade weil aus ihr etwas nicht nur ihr Gehöriges ans Licht drängt, sind ihr jedoch die Prinzipien ihres Schaffens nicht bewußt. Sie werden immer erst *nachträglich* herausgelöst (Lessing, Kant). Formeln, die die Zeit dafür findet, sind: nicht der Dichter selbst, »es« (der saecularisierte, mystisch aus der Tiefe der Seele selbst wirkende intellectus divinus) müsse im Dichter dichten. Nur dann ahme er nicht *die* Natur, die geschaffene natura naturata, nach, sondern *der* Natur, der schaffenden natura naturans. Aus dem Gefühl, nicht aus dem Verstand müsse er schöpfen. Sobald dagegen das Von-selbst der Inspiration nachläßt und Bewußtsein und Wille das Gedicht »machen« wollen, läßt auch – wie Coleridge an seinem »Palast des Kublai Khan« zeigt – die Qualität nach. – Nach-drücklich trat dieser Theorie Valéry entgegen, und vollends heute will der Dichter wieder ein »poeta doctus« sein.

Wie das 18. Jahrhundert vom Künstler erwartet, daß er aus den Voraussetzungen seiner Zeit und seiner Person ein Eigenes schafft, so wächst komplementär dem Verstehenden die Fähig-keit zu, aus »historischer Distanz« jene Voraussetzungen in sein Urteil miteinbeziehend, sich auch in frühere Stile in ihrer Besonderheit einzufühlen. Die Vielheit der Stile beweist nicht ihre Relativität; es gibt eine Pluralität der Absoluta. Wie die alten Poetiken mit ihren kanonischen Anweisungen für den Dichter außer Kraft gesetzt sind durch Kreativität, so für den Leser durch allgerechten »historischen Sinn«: dies sind die beiden zusammengehörigen Flügel der »historistischen Revo-lution«.

Geschmack und Genie über die Vernunft stellend, artiku-liert aber die Ästhetik des 18. Jahrhunderts – die daher vor-übergehend zu einer avantgardistischen Disziplin aufrückt – ein mehr als nur ästhetisches Prinzip. Im auf die Griechen zurückgehenden Aufriß überherrscht der objektive Pol der Ver-nunft, die von ihr geschaute allgemeine Norm, den subjek-tiven Ausgangspol. Vernunft ist findendes Organ einer ihr vorbestehenden allgemeinen Wahrheit, der das Subjekt dann auch als handelndes, sie realisierend, sich fügen muß. Erst nach dem Zurücktreten der Normen entdeckt und kräftigt sich das jetzt nicht mehr überspringbare *Subjekt* in seiner Einmalig-keit und Konkretheit als Letztinstanz. Im »Gefühl« konstituiert sich die selbständige, sich zu ihrem Richter- und Schöpferamt bekennende Subjektivität. Persönlichkeit wird zur verantwort-lich bestimmenden geistigen Kraft, wird zum transzendentalen Ursprung. Aus sich selbst und gerade aus ihrem Sondersein schöpft sie die ihr gemäßen und dennoch mehr als nur empirisch-zufälligen, über sie hinausweisenden Kriterien. Die Renaissance hatte Individualität nur *gelebt*, erst das 17. und 18. Jahrhundert begründen sie in ihrem *philosophischen* Rang und finden die Sprache des qualitativen Individualismus der Neuzeit.

Der exemplarische, protagonistische Charakter der modernen Ästhetik wäre jedoch dadurch, daß sie eine neue, subjektzentrierte Form der *Wahrheitserkenntnis* entdeckt habe, nur unzulänglich beschrieben. Dies ruht als Sekundäres auf einem Elementareren. Führte die Antike noch Kunst auf Erkenntnis und Nachahmung zurück, so ist dem das Konzept von Kunst seit der Renaissance, das jetzt erst, auf den Hintergrund der Gottesvorstellung der biblischen Genesis, möglich wurde, radikal entgegengesetzt. Hier hat der Künstler nicht nur die gottgeschaffene Welt zum Thema, die er nach dem Ideal hin stilisieren oder persönlich färben mag. Als ein »zweiter Gott« vollzieht er selbst *Weltschöpfung*, stellt in seinem Werk eine autonome Welt unabhängigen Sinnes und gleichen Ranges *neben* die Welt. Wie neuzeitliche Wissenschaft nicht mehr danach trachtet, die Welt, die sie sich transzendent weiß, abzubilden, und statt dessen eigene Zeichensysteme immanenter Konsistenz aufbaut, so ist jetzt das Kunstwerk eine Sphäre für sich, die wohl Elemente aus der Wirklichkeit borgt, sie aber nach ganz andrem Gesetz komponiert. Das Genie erfindet nicht nur neue Fabeln und Formen; das ist nur das künstlerische Vehikel. Entscheidend ist die Konkurrenz mit dem schon Vorhandenen, die Stiftung des noch nicht Gewesenen, einer materia nova. Kunst wird hier zur Schwester der modernen Technik mit ihrer Erzeugung »künstlicher« Stoffe, ihrer wieder in den Schmelztiegel geworfenen und aus Vernunft besser konstruierten Welt. Kants Erkenntnistheorie, Fichtes Ichmetaphysik sind bereits Übersetzungen dieser neuzeitlichen Ästhetik (und konnten darum auch von der Künstlergeneration der Romantik ins Ästhetische zurückübersetzt werden). Für das allgemeine Bewußtsein setzte sich das kreationistische Kunstprinzip freilich erst durch seit seiner Verabsolutierung im Expressionismus.

b) Formal- und Gehaltsästhetik

Nach dem Untergang der normativen Ästhetik entstand in England die psychologische. Hartley, Hutcheson, Home, Burke, Shaftesbury zergliederten das subjektive Schönheitserleben und suchten seine Gesetze. Ihre Fortsetzung im 19. Jahrhundert bildet, entgegen der »Gehaltsästhetik« Schellings, Hegels, Schopenhauers, die »Formalästhetik«: Wohlgefälligkeit beruht auf Raumgliederungen und Takten, sie hängt ab von der Anordnung der Elemente und ihrem Verhältnis zum Ganzen (Herbart, R. Zimmermann). Fechner begründete dann die »experimentelle Ästhetik«, die zugleich eine naturalistische Ästhetik »von unten« sein will, indem er seinen Versuchspersonen einfachste akustische und geometrische Gebilde wie Wellenlinien und verschieden gelagerte Kreise vorlegte. Er fand: Einheitlichkeit gefällt, Einförmigkeit mißfällt; was als schön imponieren soll, muß von der strengen mathematischen Regelmäßigkeit abweichen (so schon im Kanon Polyklets); in einem komplexen Gebilde wie einer Melodie summieren sich Töne und Takte nicht nur, sondern potenzieren sich: Prinzip der »ästhetischen Steigerung« (vgl. Wundts »schöpferische Resultante«). Auch die Primitiven halten sich an dieselben Grundregeln – Eurhythmie, Symmetrie, Spannung – wie wir: offenbar gibt es also nicht nur geschichts- und stilbedingte, gibt es allgemeingültige »Naturgesetze« der ästhetischen Sphäre.

Schon die Pythagoreer hatten Musikalisches auf Mathematisches zurückgeführt (in ihrer Tradition steht noch Keplers »Weltharmonie«). Nach Polyklet ist der Körper, nach Vitruv ein Bauwerk schön durch Zahlenproportionen. Demgegenüber erklärte Plotin in seiner Abhandlung »Über das Schöne«, die Schönheit bestehe nicht in der Symmetrie, sondern in dem, was »aus ihr hervorleuchtet«. Analog fand auch in der neuen Zeit die Formalästhetik (noch Külpes und Lipps') ihre Bestreitung (bei Croce, Dilthey, Dessoir): wegen ihres Elementarismus, der das höhere Ganze aus den Teilen doch nicht erklären kann; wegen ihrer Ungeschichtlichkeit, die den Wandel des Stilempfindens in seiner Radikalität nicht ernst genug nimmt; vor allem aber, weil Form auf höheren Stufen nicht nur als Form wirkt, sondern als Ausdruck von Geistigem und Seelischem: der himmelstrebende gotische Pfeiler als Symbol der Transzendenzsehnsucht. Le style est à lui-meme une manière de voir les choses (Flaubert).

Zu Beginn unseres Jahrhunderts standen (sich gemeinsam von positivistischem Biographismus und kausalistischer Einflußforschung abhebend) einander gegenüber die formgeschichtliche Methode Wölfflins, die den Stilwandel aus einer »Selbstbewegung der Form« herleitete: auf linear-tektonisch-geschlossene folgt malerisch-atektonisch-offene Form; und die ideengeschichtliche Methode Diltheys, für den Kunst »Organ des Lebensverständnisses« ist und aus Stilen (wie schon bei Schiller und Hegel) Weltanschauungen sprechen. Diltheys Schüler Nohl schrieb über die »Weltanschauungen der Malerei« und sprach von der »schweigenden intellektuellen Arbeit des Auges«. Der spätere Wölfflin hat selbst anerkannt: man muß die Formengeschichte zusammen sehen mit Geistes- und Religionsgeschichte. Manierismus ist nicht nur immanent ästhetische Antwort auf die vorhergehenden Malerschulen, sondern Gebärde der Gegenreformation (Dvořak).

Kindliches und ungebildetes Interesse am Kunstwerk bleibt aufs Stoffliche beschränkt. Für den Aufklärer ist es nur Aussprache und Illustration von Ideen. Nicht in ihrer Schönheit und unserer Benommenheit von ihr liegt für ihn die Rechtfertigung der Kunst, sondern nur darin, daß sie unser Wirklichkeitsverständnis erweitert. Demgegenüber geht reiferes ästhetisches Urteil auf die Form. Geht es aber nur auf die Form, so wird dieser Ästhetizismus dem Werk ebenfalls nicht gerecht. Extremer Formalismus fordert sogar, der Maler solle sich ein möglichst belangloses Sujet – ein Schuhholz – wählen, damit das Wie, sein Können, um so mehr hervortritt und einzig die Aufmerksamkeit auf sich lenkt. Aber Artistik, die nichts zu sagen hat und nur Virtuosität brillieren läßt, ist leer. Umgekehrt bleibt die bedeutsamste inhaltliche Aussage ästhetisch nichtssagend bei roher oder nur konventioneller, gleichgültig lassender Gestaltung. Nur wiedergebend-erzählender oder gedanklicher Kunst fehlt nach der anderen Seite ebenso etwas wie der nur artistischen. Was und Wie, »Gehalt und Gestalt« (Walzel), müssen zusammenkommen, müssen uns beide fesseln, und auch hier ergibt sich dann eine »ästhetische Steigerung«: die Verschränkung wird zu einem Dritten, das sehr viel mehr enthält, als in den Bausteinen Gehalt und Form schon lag. Sehr instruktiv konfrontiert Johannes Pfeiffer ein gelungenes, aber flaches Gedicht Liliencrons und ein tief gefühltes Gedicht Morgensterns, bei dem aber »die Sprache nicht ja gesagt hat«, einem Gedicht Goethes, das, indem es die Vorzüge beider vereint, nach objektiven ästhetischen Kriterien das bessere ist.

Die Trennung der beiden Elemente besteht aber nur gedanklich, nicht real. Während man in der Wissenschaft den

Inhalt immer auch noch anders, vielleicht besser formulieren und in jede Sprache übersetzen kann, ohne daß er etwas verliert, bildet es ein Kriterium der Kunst, daß hier das Gesagte unablösbar an der Art seines Gesagtseins haftet: es existiert nur durch sie, wird nur durch sie zugänglich. Der Künstler selbst besitzt es nicht zuerst und macht es dann im Gebilde sichtbar, sondern erst durch das Gebilde erschließt es sich auch ihm. Jede Verschiebung des Bedeutenden verschiebt daher das Bedeutete mit. Es ist wie im archaischen Sprachverständnis, das noch das Wort der Sache wesensverwandt glaubt.

Durch ihren Gehalt ist Kunst mehr als Schmuck und Spiel, sie hat eine (nicht nur im eng moralischen Sinn) »sittliche« Bedeutung: dies brachte gegen eine ornamentalistische Auffassung, wie sie noch bei Kant nachwirkt, Shaftesbury wieder zur Geltung. Gerade durch ihr gleichgewichtiges Ineinander erlöst sie den Menschen vom Auseinanderfall der beiden Faktoren »Stofftrieb« und »Formtrieb« in ihm selbst: neben der moralischen bedarf er einer »ästhetischen Erziehung«, die erst seine *Totalität* wieder herstellt, ihn aus seiner Ganzheit leben lehrt (Schiller).

c) Der ästhetische Gegenstand (Realität und Bild)

Ästhetisch kann uns jedes Wirkliche berühren, sobald es nicht sein andringlicher Wirklichkeitscharakter ist, der von uns aktualisiert wird, sondern wir es nur in seiner erscheinenden Bildhaftigkeit betrachten. Solch ästhetisches Zurücktreten von der banal-brutal-lastenden Wirklichkeit setzt eine Suspension des unmittelbar täglichen Lebensernstes voraus, wie sie am leichtesten – aber nicht nur – in außerpraktischen Situationen gelingt. Praktizität impliziert Realität. Was Mittel oder Zweck unserer Arbeit ist, dessen Faktizität läßt sich schwer einklammern. Aus der Vollwirklichkeit herausgenommen wirkt um so mehr, womit uns keine gradlinigen Lebensbezüge verbinden; nicht das, dem unsere Sorge gilt, sondern das, was an uns nur vorüberzieht, daher auch der Mythos, die nicht mehr geglaubte und daher sentimentalisch distanzierte untergegangene Wahrheit, das zeitlich weit hinter uns Liegende, das räumlich Abgerückte: »gelobtes land im duft der sagenferne« (George). Sizilien, wo Theokrit die Hirtenlandschaft lokalisiert hatte, lag für den Römer Vergil zu kraß nahe, und er mußte sie daher ins für ihn ferne Arkadien verpflanzen: erst so gewann sie wieder Irrealitätszauber. Auch mitten im Alltag aber kann es geschehen, daß uns ein Ding plötzlich bildhaft anmutet, daß wir seinen Nutzsinn vergessen und in seiner Phänomenalität versinken, und es bedarf dann eines inneren Rukkes, um wieder in die fordernde Wirklichkeit aufzutauchen.

Im Anschluß an Home, der 1762 zwischen in ein Begehren auslaufenden und gestauten Gemütsbewegungen unterschied, bestimmt Kant das Wohlgefallen als »interesselos« (im Sinne des eigensüchtig zweckhaft materiellen Interesses). Daher ist das ästhetische Urteil nach ihm auch »indifferent in Ansehung des *Daseins* eines Gegenstandes«: da wir das Schöne nur anschauen und sonst von ihm nichts erwarten, kann es auch ein bloß erinnertes oder vorgestelltes, ja kann Täuschung sein, während anders das »Angenehme« Realität voraussetzt, als Nichtreales nicht angenehm sein kann. Ästhetisch, sagt Kant ausdrücklich, dürfen wir den Untergang der Sonne genießen, obgleich wir wissen, daß sie realiter nicht »untergeht«; wie sich die logische Wahrheit mit der ästhetischen verbinde, habe noch kein Gelehrter festgelegt. Von Kant ausgehend, charakterisiert auch Schopenhauer die ästhetische Haltung als die, in der der Wille schweigt. Er schweigt aber, da wir Willenswesen sind, immer nur vorübergehend. Daher vollzieht sich nach Richard Hamanns Formulierung ästhetisches Erleben wesenhaft »in der Pause«. Sich auch dort, wo wir uns real einstellen sollten, in der Ernstsituation, ästhetisch zu verhalten, ist hypertropher »Ästhetizismus«.

Außerhalb der praktischen Zusammenhänge steht (im Gegensatz zur »Gebrauchskunst«) »autonome« Kunst. Müssen wir beim »Naturschönen« durch eine Entwirklichung des Gegenstandes die ästhetische Einstellung selbst erst herstellen, so fordert das »Kunstschöne« uns von sich aus zu ihr auf. Soweit es sich dabei um wirklichkeitsdarstellende Kunst handelt, die, wie Malerei, Plastik, Theater, den »Schein« einer Wirklichkeit erzeugt, sorgt sie daher durch »isolierende Faktoren« (Richard Hamann) selbst dafür, daß wir dem Schein nicht erliegen, daß wir ihn nicht mit wahrer Wirklichkeit verwechseln. Solche Faktoren sind äußerlich Rahmen, Sockel, Bühne, aber auch inhaltlich eine sonst nicht vorkommende und daher aus den

Tagesbezügen herauslösende Stilisierung und Konzentration. (Demgegenüber ist es ein Prinzip des Barock und dann wieder des Surrealismus, Elemente der Wirklichkeit in die Kunst – Kaiser Leopold I. von Österreich als Schauspieler seiner selbst; die »Collagen« – übergehen zu lassen und umgekehrt.) Die ästhetische Illusion ist »aufrichtig« (Schiller), sie will uns gar nicht – oder nur sekundenweise und sich dann selbst wieder zerstörend (Konrad Lange) – täuschen. Will sie es, so ist die »ästhetische Spielsituation« ebenso verlassen wie auf der Seite des Aufnehmenden bei dem, der die Illusion vergaß und auf die Bühne rief: »Lauf fort, Desdemona, er will dich umbringen!«

Weil wir das Dargestellte als dem geschlossen-autonomen, seine unvergleichbar eigene Wahrheit in sich tragenden »Bedeutungsgefüge« (Roman Ingarden) der Kunst immanent wissen, weckt es nur wirklichkeits-entlastete »Scheingefühle« (E. v. Hartmann). Deshalb betrachten wir, was uns im Leben entsetzen würde – Medeas Mord an ihren Kindern – auf der Bühne mit größerer Gelassenheit (Plutarch). Im Spiegel der Kunst, der sie uns ohne Eigenerfahrung zugänglich macht, fremde Schicksale mitzuerleben, erlöst surrogathaft aus der Enge des eigenen Daseins.

d) Die ästhetische Wahrheit

Ästhetisches und theoretisches Verhalten haben darin, daß bei ihnen beiden das Betrachten nicht nur künftigem Handeln dient, sondern zum Selbstzweck wird, eine gemeinsame Wurzel. Aber Theorie ist objekt- und wahrheitbezogen nüchtern, noch als Rausch ein »kalter Rausch«, Ästhese dagegen lustvoll (Burke, Sulzer u. a.). Sie wird von ihrem Gegenstand bewegt und ergriffen. Sie kehrt, auch wenn sie schon »weiß«, um ihn in diesen Gefühlen zu genießen, immer wieder zu ihm zurück. Theorie zielt auf das Wirkliche selbst, von dem Ästhese nur das Bild ablöst. Theorie ist Erkenntnis*arbeit*: sie bildet neue Begriffe, zergliedert, geht den Dingen auf den Grund; Ästhese verharrt im Anschauen des *Erscheinenden* und wirkt daher zunächst vordergründiger. »Wahres Wort unschön, schönes Wort unwahr« (Taoteking).

Anderseits geht auch Kunst über das Normalgegebene hinaus, bloß nach anderer Richtung. Ihre Subjektzentriertheit und Emotionalität, vermöge deren sie Natur »durch ein Temperament« sieht (Zola), dienen nicht nur dem Selbstausdruck. Was wir von uns hinzufügen – darin kommen moderne Ästhetik und Erkenntnistheorie überein – erschließt auch etwas an der *Sache*, legt sonst Verdecktes frei, schürft unter der Oberfläche Wesenhafteres. Denn normalerweise ist für uns Natur in – zumal praktische – Vorinterpretationen eingehüllt. Um sie diesen Interpretationen zu entreißen, muß Kunst sie in neue Ordnungen stellen, muß sie aus fremder Distanz zeigen. Diesseits der politisch gezielten Brechts ist »Verfremdung« ein Gesetz *aller* Kunst. Sie bewirkt eine »Unterbrechung«, »Störung« des vertrauten Verweisungszusammenhangs, stellt (darin der Metaphysik verwandt) das scheinbar Selbstverständliche als ein anderes dar. Diese Transformation der Dinge dient aber der Freilegung ihres Selbstseins, die nur scheinbare Subjektivität der Objektivität. Wie Marx die Dinge aus ihrer ökonomistischen Verfälschung zu Waren, die Phänomenologie sie aus ihrer physikalistischen Verfälschung zu Quantitäten erlösen will, so erlöst schon immer die Kunst sie aus ihrer Alltagsverfälschung. Durch Dichtung wird »der Stein wieder steinig« (russische Formalisten). Lange vor der Entstehung von Theorie erinnert damit Kunst, und hat darin anthropologisch eine ihrer Funktionen, den Menschen wieder an seine autochthone Fähigkeit, die Dinge nicht nur unter Zwecken zu betrachten. Die zu Orientierungsmarken abgeblaßten läßt sie neu erstehen in ihrer Gegenüberhaftigkeit und Eigenbeschaffenheit. Damit befreit sie zugleich unsere eigene verstümmelte Sinnlichkeit, wird Werkzeug allseitiger Sensibilisierung. Mehr: eine ursprüngliche Tiefe der Welt entschleiernd, appelliert sie an die Tiefe in uns: »Du mußt dein Leben ändern« (Rilke). Insofern enthält Kunst in esoterischer Verkleidung ein revolutionäres Moment, während »Banalität Konterrevolution« ist (Isaak Babel).

Ähnliches meinte man früher, wenn man – mit heute so nicht mehr übernehmbaren Begriffen – sagte, Kunst ahme nicht nach, was *ist*, sondern was sein *soll* (Aristoteles), sie stelle die »Idee« dar. Platon selbst hatte sie zwar noch der bloßen Wirklichkeit zugeordnet und daher verworfen. Wie Rhetorik spricht sie von Dingen, über die sie von innen nichts weiß. Schon bald aber wurde die Platonische Idee zur Waffe gegen die Platonische Kunstauffassung (Panofsky). Nach Plotin trägt der Künstler die Idee der Dinge reiner, als sie in den Dingen verwirklicht sind, in seiner Seele (vgl. A IV e). Er kennt die Natur besser als sie sich selbst kennt, und darf daher im Werk ihre Mängel ausgleichen (so wie nach Novalis der Historiker eine Epoche nicht so verstehen soll, wie sie *war*, sondern wie sie sich selbst *wollte*). Der Künstler schafft nach Plotin wie das lebendige göttliche Prinzip in der Natur selbst. Kunst steht dem Metaphysischen eine Stufe näher als die Wirklichkeit. Vielleicht trug zu dieser veränderten Stellungnahme Plotins auch bei, daß er nicht mehr, wie Platon, eine zum Realismus neigende, sondern religiöse Kunst um sich sah. Wenn nach Kant »unser Verstand der Natur ihre Gesetze vorschreibt«, so wird bei ihm aus Plotinischer Ästhetik Erkenntnistheorie (die darum auch von der Romantik in Ästhetik zurückübersetzt werden konnte, vgl. C I d 2).

Den ästhetischen Plotinismus wiederholen noch Hegel (Kunst als das »sinnliche Scheinen der Idee«) und Schopenhauer (»daß der Genius gleichsam die Natur auf halbem Worte versteht und nun rein ausspricht, was sie nur stammelt«). Schon Baumgarten hat aber am Plotinismus die Korrektur angebracht, im Unterschied zur philosophisch-mathematischen habe historisch-poetische Wahrheit es mit Individuellem zu tun, das darum der Dichter *determinatissime* darzustellen habe. Die *perfectio* der *coginitio sensitiva* ist eine andere als die der abstrakten Erkenntnis. – Ein weiterer Einwand ist, daß es auch eine atypische Schönheit gibt (die ephebenhafte Frau).

Bildet aber überhaupt den Maßstab der Kunst die in ihr erkannte Wahrheit, dann mag man zwar gegen Platon ihre Wahrheit in Schutz nehmen und wird doch mit Platon höhere Wahrheit nicht in ihr, sondern in der Philosophie finden. Aus der in dunkler Materie erscheinenden Schönheit leuchtet nach Plotin eine nichterscheinende, poetisch-reinere, daher muß man letztlich mit der Materie auch die Kunst fliehen. Geschichtsphilosophisch entspricht nach Hegel Kunst nur der sinnlich-anschaulichen Frühstufe der Wahrheit. Das innere, die Subjektivität, wird schon von christlicher Religion, zuletzt von Philosophie besser ausgedrückt. Reflexion überflügelt die Kunst, die nun aufhört, das höchste Bedürfnis des Geistes zu sein. Sie gehört damit – auch wenn sie als subjektiv-romantische Kunst sogar jetzt erst ihren Gipfel erreicht – grundsätzlich der Vergangenheit an. Wie wir schon sahen, daß Hegels Philosophismus den Eigenrang der geschichtlich eingebundenen Wahrheit verkennt, so verkennt er auch den der künstlerisch gebundenen. Er will sie beide im Begriff hinter sich lassen. Dagegen ist es nach Schelling gerade die Kunst, die in der Anschauung die verlorene Einheit und Totalität des Absoluten bewahrt; daher wird Philosophie wieder »in den Ozean der Poesie zurückfließen«. – In der modernen Skepsis gegen die Reichweite von Philosophie und Wissenschaft bleibt die Wahrheit der Kunst, gerade weil sie undogmatisch ist und geringere Verbindlichkeitsprätention erhebt, unerschütterter und tritt daher neu hervor (Benn). Philosophen (Guardini, Heidegger, Bollnow, Adorno) interpretieren metaphysische Dichter wie Hölderlin und Rilke.

Marx erblickt, wie in Religion und Metaphysik, auch in der bisherigen Kunst nur Ideologie: als falsches Bewußtsein verschönt sie das schlechte Vorhandene und will mit ihm versöhnen. Er steht daher vor dem Problem, weshalb dieser Überbau uns auch nach dem Zurücksinken seiner gesellschaftlichen Grundlagen – Homer nach dem Feudalismus – noch etwas zu sagen hat, weshalb wir die Grundlagen verdammen und uns dennoch an der ihnen zugeordneten Kunst entzücken können. Diesem Problem entgeht innerhalb des Marxismus selbst Ernst Bloch dadurch, daß nach ihm alle Ideologie immer schon einen transideologischen Überschuß enthält, der aus der utopischen Funktion stammt. Wenn Kunst das Gegenwärtige verschönt, so ist dies nur sekundär und sie kann auch dies nur, weil sie primär »ungleichzeitiger« »Vor-schein« eines gelungenen Kommenden, Antizipation einer besseren Welt ist (vgl. Benjamin: vorweggenommene Freiheit). Weil sie durch Vollkommenheitssymbole das jeweils Erreichte übersteigt, deshalb bleibt noch im Endreich ihr »Erbe« zu bewahren. Sie entreißt den Dingen selbst ihr ihnen unbewußtes utopisches Geheimnis: dies bildet bei Bloch die Rechtfertigung für alle nichtimitative Kunst von den Primitiven bis zum Blauen Reiter und für die nichtgegenständliche Kunst (schon des Ornaments), die viel mehr ist als nur subjektiver Ausdruck. Entstammt Blochs Utopiebegriff dieser Kunsttheorie?

Auch für Adorno ist Kunst mehr als Überbau, bildet als Widerspruch und Widerstand gegen die herrschende Praxis eine kritische Alternative zu ihr. Nachdem Philosophie verwissenschaftlicht ist, bewahrt Kunst ihre Antriebe und wird zum letzten Zufluchtsort der Aufklärung. Indem sie gegen die »höllische Welt« der verdinglichten Wirklichkeit protestiert, enthält ihre – wenn auch vor starren Verhältnissen ohnmächtige – Negation die Chiffre eines humanen Lebens ohne Zwang. Durch Antithese hält sie der falschen Welt den Spiegel vor. Deshalb verteidigt Adorno gegen Lukács, nach dem Kunst die Totalität der Zeittendenzen widerspiegeln soll, Kafka, weil er die bestehende Ordnung als Nichtordnung entlarvt. Erst durch die Haft 1956 belehrt, gab Lukács den Realismus auch Kafkas zu.

e) Ästhetische Autonomie

1. Kunst und Religion. Künstlerische Handlungen und Gebilde haben zuerst magischen und religiösen Sinn. Schon früh kommt es aber auch zu einem Antagonismus zwischen Religion und Kunst (darüber Jacob Burckhardt in seiner Lehre von den »drei Potenzen«). Und dies nicht nur, weil *außer*religiöse Kunst – ebenso wie Theorie – für fromme Eiferer weltlich-sündig, nur eine Form der Zerstreutheit ist (Bildersturm, Savonarola, vgl. Kierkegaard, Tolstoi), sondern weil auch innerhalb der *religiösen* Kunst die Tendenz der Künstler darauf geht, ihr Geschaffenes nach immanenten Kriterien der Schönheit möglichst zu vollenden. Die Symbole, deren die Religion bedarf, die aber für sie den Sinn haben, Überirdisches transparent werden zu lassen, verwandeln sich unter den Händen der Künstler zu aus eigenem Wert leuchtenden ästhetischen Kostbarkeiten. Den Parthenon bauten die Athener nicht mehr nur als Tempel, sondern als agalma täs poleōs (Zierde der Stadt). Das Heiligenbild ist schließlich nur noch ein vollkommenes Gemälde. Damit wird die religiöse Wertigkeit durch die ästhetische zurückgedrängt (so wie ähnlich auch auf profaner Ebene Aristoteles den Rhetoren vorwirft, eine zu leuchtende Sagweise verhülle den Gedanken). Die Aufmerksamkeit des Betenden gabelt sich, statt der Andacht weckt das Bild seinen Schönheitssinn (Schleiermacher). Den Maler Christi vergleicht Kierkegaard mit einem Mörder. Ästhetisierung der Religion ist ebenso ihr Tod wie ihre Ethisierung oder Intellektualisierung. Daher haben frühe Kultbilder oft etwas schmucklos Undurchgebildetes (»Er betet, heißts, vor einem rohen stein«): nicht aus künstlerischem Unvermögen, sondern weil ihnen gerade dies angemessen ist, weil sie so transzendenzoffener sind und um so mehr das Gefühl für das unsichtbar Heilige wecken. (Analog ist bei Ernst Bloch das Urtümliche und das Fragmentarische dafür das Fragende und noch Zukunftsoffene.) In Franziskanerkirchen wird das Fenster über dem Portal absichtlich asymmetrisch verschoben: das Ungefälligere ist das Gott Wohlgefälligere.

In einer Zeit zurückgehender Glaubensexklusivität entdekken Lowth und Herder die Bibel als auch (geschichtliches und) dichterisches Dokument, und sie wird ihnen gerade als solches liebenswert. Umgekehrt sucht schon wieder die nächste Generation (Creuzer) hinter Homer, der mit seiner dichterischen Geschwätzigkeit den Mythos bereits zerredet, das noch unverfälschte Urreligiöse bei den Pelasgern, den Skythen und im Orient.

Wie Religion hinter dem Profanen ein Numinoses, so läßt auch große Kunst hinter dem Alltäglichen ein Tieferes, Geheimnisvolles aufscheinen. Zumal das oft dem »Schönen« konfrontierte »Erhabene« ist gleichsam ein Numinoses auf ästhetischem Gebiet. Aber der religiöse Mensch ist seinem Gott in »Furcht und Zittern« preisgegeben. Aus dem Bann des Ästhetischen dagegen können wir uns jederzeit wieder herausreißen. Es macht uns zwar ernst, aber gleichzeitig entzückt es uns auch. Wir sind von ihm ergriffen, und doch ist diese Ergriffenheit verglichen mit der religiösen eine gedämpfte, durch kontemplative Distanz gefilterte. Ähnlich sahen wir es schon im Verhältnis des Religiösen zum Theoretischen (A I c). Ästhetische und theoretische Haltung durchwachsen die religiöse und lösen sie schließlich ab, wobei ihr jedoch die ästhetische durch ihre Emotionalität noch nähersteht. Wegen dieser relativen Verwandtschaft kommt es in Zeiten der durch Aufklärung entthronten Religion zur »Kunstreligion«: etwa bei Wagner, oder wenn bei Rilke Gedichte Gebete werden. Aber dies ist ebenso sehr verlorenes Rückzugsgefecht der Religion wie Selbstverkennung der Kunst.

2. Kunst und Praxis. Wie religiösen, so hat Kunst ursprünglich auch praktischen Sinn. Sie ist »Gebrauchskunst«: Haus, Gerät, Kleidung sind »schön«, und auch die Magie von Ornament und Zauberspruch erfüllt durch Bannung praktische Absicht. Ebenso das »Arbeitslied« (Karl Büchner): Demokrit war im Unrecht, als er die Musik eine überflüssige und daher späte Kunst nannte. Noch *die* Kunst, die nicht mehr unmittelbar selbst ein Teil der Praxis ist, versieht meist nach wie vor Lebensaufgaben: Dichtung dient auch der Belehrung, ein Porträt der sozialen Repräsentation. Weil Kunst nicht »Reinkultur des Schönen« ist, deshalb forderte Max Dessoir neben der Ästhetik eine »allgemeine Kunstwissenschaft«, die die außerästhetischen Funktionen der Kunst behandelt, und er wies darauf hin, daß auch historisch Metaphysik des Schönen und Kunsttheorie getrennt waren und erst in der Renaissance, die die Schönheit zum Inhalt der Kunst erhob, zusammenwuchsen.

Am Ende des 19. Jahrhunderts wurde auch real die Forderung laut: Kunst soll kein isoliertes Reich sein, gehört nicht nur ins Museum und in den Konzertsaal, sie soll unser tägliches Leben, soll, wie der Sozialismus hinzufügte, das Leben aller begleiten. Das aber tut sie nur, wenn auch jeder Gebrauchsgegenstand, und nicht nur durch äußere Zierat, sondern in seinem Gebrauchssinn, künstlerisch ist. Häßliche Fabrikware hatte das noch auch-künstlerische Handwerkserzeugnis verdrängt, daher entstand jetzt »Kunstgewerbe«.

Vorangegangen war schon Semper, der, entgegen autark ästhetischem Kunstverständnis betont naturalistisch, das Kunstwerk determiniert sein ließ durch Material, Technik und Zweck. Die griechische Amphora wird auch für den Betrachtenden erst schön, wenn er weiß, daß sie im Keller in Sand gesteckt und der Wein mit einer Ölschicht gegen die Luft abgeschlossen wurde: daher der kleine Fuß und der schmale Hals. Auf den Wandel von Technik und Zweck führte Semper auch den Stilwandel zurück. Dagegen wandte sich dann Riegl mit seinem Begriff des »Kunstwollens«, das sich aus geistigen Motiven auch dann ändern kann, wenn die äußeren Faktoren gleichbleiben. Außerdem vergaß Semper, was schon Montesquieu und (nach zahlreichen anderen) auch Spencer gewußt hatten, daß Schönes und Nützliches zwar eine Strecke weit zusammengehen, daß aber der Zweck nicht aufdringlich sein darf: um das Schöne zu aktualisieren, muß man ihn vergessen können (ein Spalierbaum ist nicht so schön wie ein Baum in der Natur).

Es ist eine regelmäßig wiederkehrende Tendenz der Kunst, daß sie sich von Realaufgaben befreien, daß sie autonom, »Kunst für die Kunst« sein will: so schon bei den Griechen, im Abendland wieder seit Giotto. Erst durch diese Loslösung vom praktisch-existentiellen Ernst tritt das Ästhetische in seinem Selbstsein ganz hervor. So wird die Lyrik erst 1770 liedhaft, weil sie jetzt keine soziale Funktion mehr hat (Kommerell). Aber mit diesem Höhepunkt beginnt auch schon der Abstieg. Dem Maler, der gleich schon fürs Museum malt, dem poet-poet, der für andere Dichter dichtet, droht die Gefahr des Leeren, Unverbindlichen und nur noch Artistischen. Wie immer, rächt sich das Fehlen eines challenge. Jetzt entdeckt man wieder, daß der nicht kunstinterne Zweck die Kunstqualität erhöht, daß der Dom um so schöner ist, weil er gar nicht nur schön, sondern ein Gotteshaus sein will. Der Weg der Kunst, sagt Winckelmann, führt von der Notwendigkeit über das Schöne zum Überflüssigen. Er ist der Begründer des modernen Stilbegriffs, nach dem nicht wie für die antike Rhetorik Stile zur Auswahl bereitliegen, sondern jeder Stil historisch gebunden ist. Für Winckelmann und zumal für Herder sind die drei Stile gleichzeitig drei Stilepochen: Frühstil geht aufs Erhabene und Überspannte, in der Mitte steht die ästhetische Stufe, zuletzt, im Zeitalter des bloßen Geschmacks, wird die Kunst zwischen Routine, Sensation und Kunstgeschwätz zerrieben.

Mit der Befreiung der Kunst vom Praktischen geht seit der Renaissance auch eine vom Moralischen einher. Ästhetisches Urteil, das vielleicht immer moralisch mitgetönt ist, wird durch moralischen Rigorismus ungerecht. Weil zwischen Tonweisen und Gesetzen ein Zusammenhang besteht (Damon, aber auch die Chinesen wußten es), wollte Platon in seinem Staat die verweichlichenden und zuviel Leidenschaft erzeugenden Tonarten verbieten; er verbannte die Dichter, denn wer Inzest und Mord auf der Bühne mitansieht, wird sie selbst vollbringen. Demgegenüber war es Aristoteles, der mit einer Theorie, in der sich schon der affektfeindliche Hellenismus ankündigt, die Tragödie rettet: sie zieht die Affekte ins Irreale ab und bewirkt so kompensatorisch ihre *Katharsis*. Wir ahmen das Gesehene

nicht nach, im Gegenteil, wir werden durch es von ihnen
»gereinigt«. Statt handelnd, leben sie sich schauend aus (so
wie es auch eine Katharsis durch das künstlerische *Schaffen*
gibt: Werther, sagte Goethe, sei für ihn gestorben; überhaupt
dient das Sichausdrücken sehr oft auch dem Wiederfinden des
Gleichgewichts). Allein dies ist moralische Entkräftung moralischen Vorwurfs. Immanent ästhetisch hat man oft beobachtet,
daß die negativen Charaktere die individuelleren, kräftigeren,
freieren und dadurch anziehenderen sind. Dantes Inferno ist
farbiger als das Paradiso, Miltons Satan geprägter als Gottvater.
Schiller las Pitaval und sprach vom »erhabenen Verbrecher«.
Deshalb, aber nicht nur deshalb, sondern um die Autonomie
der Kunst, die sich keinem von außen kommenden Anspruch
zu beugen hat, provokativ zu beweisen, kommt es zum »ästhetischen Immoralismus« bei Boccaccio, Heinse, Baudelaire
(»fleurs du mal«: tu marches sur de morts, Beauté...), Wilde,
Huysmans.

Das Autonomwerden der Kunst hat auch eine soziale Folge.
Der Künstler, der das Notwendige schafft, ist noch ein Handwerker. Er hat seinen festen Ort im sozialen Gefüge. Dadurch,
daß sich in der Renaissance die Kunst als eigenes Wertgebiet
entdeckt, wollen nun die Künstler ein eigener, angesehenerer
Stand sein. – Aber der Künstler»stand« hält sich nur einen
Übergangsaugenblick. Denn solange der Kunstwert im Gebrauchswert verankert war, genügte es, die bestehenden Stil-
normen zu erfüllen; eine originelle Nuance konnte krönend
hinzutreten. Sobald dagegen der Gebrauchswert sekundär, zum
nur noch äußeren Anlaß wird oder ganz wegfällt, steigt Ori-
ginalität mehr und mehr zum einzigen Rangkriterium. Persönliche Handschrift, früher naturhaft sich einstellend, wird jetzt
erstrebt und forciert. Der Künstler muß ein Genie, sein Werk
ein Außerordentliches sein, sonst zählt es nicht. Damit aber
sind die Künstler kein Stand mehr, sondern außerhalb des
sozialen Rahmens stehende Einzelne und Einsame. Die Gesellschaft braucht keinen Schönheitspriester. Sie kann ihn in
Einzelfällen als Großen auf seinem Gebiet bewundern und
dann mit Aufträgen und Ehren überhäufen. Trifft er aber nicht
den Zeitgeschmack oder ist er keiner der Größten, so kümmert
sie sich nicht um ihn, und es bleibt ihm dann nur seine
»Gemeinde«.

Vorgegebene Stoffe und Stiltraditionen entlasten den Künstler. Alles aus sich selbst schöpfen zu müssen, weil nur noch die eigene Erfindung gilt, erfordert von ihm nicht nur zusätzliche Kraft, sondern bringt ihn auch in die Gefahr der willkürlichen und nur subjektiven Erfindung. Kunst wird zum »Experiment«. Es fehlt dann die Notwendigkeit, die »Geste des Unbedingten« (Jaspers), wie als Individuen nur Seltene, oft Zerbrechende, ja Wahnsinnsnahe (Hölderlin, Nietzsche, van Gogh), sie aufbringen.

Auch der unmittelbaren Praxis enthobene, autonome Kunst kann indirekt wieder eine soziale Funktion gewinnen als engagierte, als Tendenzkunst. Aufklärung, Fortschritt, Sozialismus, Revolution erwarten von der Kunst, auch sie solle an ihnen mitarbeiten, solle Kapitalismus und Krieg anprangern, eine neue und bessere Zeit verherrlichen. Dieser von einer nichtkünstlerischen Welt, die die Kunst nur als Instrument für eigene Zwecke einsetzen will, an sie herangetragenen Forderung entsprechen viele Künstler trotzdem gern, nicht nur, weil sie selbst von den Zeitimpulsen erfaßt sind, sondern auch, weil sie ihnen wieder Elemente vorgibt, weil sie sie von der Isolation in der Kunst erlöst und sie in eine größere Wert- und Sozialganzheit einbaut. Aber es ist mit der politischen Tendenz wie mit jeder Zwecksetzung, daß zwischen ihr und dem Ästhetischen eine Dialektik stattfinden muß. Die Tendenz kann der Kunst ein Fundament und eine Richtung geben, kann aber das Ästhetische nie ersetzen und muß es als dominierende erschlagen.

V. Sprachphilosophie

a) Zeichen und Bedeutung

Der Laut (flatus vocis) wird zum Wort als Träger einer Bedeutung. Er ist jetzt Zeichen, das über sich hinaus auf etwas anderes verweist. Und zwar nicht nur so, wie von naturhaften Ganzheiten das eine Glied für uns zum »Anzeichen« (Husserl, Morris' »Index«) für das andere wird: Rauch zeigt Feuer, die Fußspur im Sand einen Gänger an. Durch seine Bedeutung vielmehr *repräsentiert* das Zeichen das Bedeutete. Der Mensch baut sich in der Sprache neben der Welt ein Repräsentationssystem für sie. Da es die Funktion der Wörter ist, für ein anderes zu stehen (stat aliquid pro aliquo), achten wir normalerweise nicht auf sie als solche, sondern werden durch sie im Geist zum Repräsentierten hingetragen. Weil der Zusammenhang zwischen Zeichen und Bedeutung in einer Sprachgemeinschaft festliegt, kann man objektiv sagen, was man subjektiv nicht meint: mit der Sprache entsteht die Möglichkeit der Lüge.

Magisches Sprachverstehen glaubt an eine innere Zusammengehörigkeit zwischen der Sache und dem Wort, das daher, ausgesprochen, diese herbeizieht. Um dieser Wirkung zu entgehen, bildet der Primitive neue, künstliche Wörter, kennt also bereits die Kategorie der künstlichen Sprachschöpfung, bloß daß er daneben daran festhält, es gebe die »wahren« Wörter. Auch auf nicht mehr magischer Stufe kehrt der Glaube an eine Verwandtschaft zwischen Sache und Wort wieder in der (z. T. noch stoischen) Ähnlichkeitstheorie: nach ihr besteht eine »Richtigkeit« (orthotäs) der Wörter dadurch, daß sie, ganz oder durch einzelne Laute (vgl. Platons »Kratylos«), das Bezeichnete abbilden. Die Sprache belehrt uns über die Dinge. Daß Worte »von Natur« (physei) sind, bleibt aber auf die wenigen lautmalenden Onomatopoetica (Morris' »Ikone«) beschränkt und bildet selbst bei ihnen nur ein Teilelement.

Schon die Sophisten und Demokrit stellten die Konventionstheorie auf: Wörter entsprechen den Dingen nur durch Setzung (thesei), sie sind von Menschen als »Werkzeuge« zum Zweck der Mitteilung geschaffen und können beliebig auch anders geschaffen werden. Selbst wenn bei ihrer Schöpfung ein Vertrauen in Ähnlichkeit zugrunde lag, so ist doch eine solche objektiv nicht vorhanden, wie schon allein aus der Vielheit der Sprachen hervorgeht, von denen keine »richtiger« ist als die andere. Eine gottgewollte, eine vollkommene Natursprache (lingua adamica, wie man später sagte) kann es gar nicht geben. Wie Erkenntnistheorie entdeckt, daß die Wahrnehmung die Sache nicht abbildet, sie uns aber dennoch kraft fester Zuordnung vermittelt, so entdeckt Sprachtheorie das Analoge für das Wort (bei dem die Zuordnung jedoch eine durch Menschen selbst gestiftete ist). Da für das Verständnis die feste Zuordnung genügt, werden immer wieder ehemals »motivierte« Wörter (wobei jedoch die Motiviertheit nicht auf Sachähnlichkeit, sondern auf Zusammengesetztheit aus bekannten Elementen beruht) zu unmotivierten abgeschliffen (»progressive Verzeichlichung« der Sprache).

Eine häufige Redeweise nennt das Zeichen ein »Symbol« des Bezeichneten. Diese Redeweise ist jedoch zu vermeiden, da es noch einen gefüllteren Symbolbegriff gibt. Wie neben den bloß konventionellen, willkürlichen Zeichen die abbildenden stehen, so anderseits die Symbole, die nicht bloß eine auch an sich bestehende und für sich betrachtbare Sache wiedergeben, sondern bei denen wir die »Sache« nur im darstellenden Zeichen selbst besitzen, das daher durch kein anderes ersetzt werden kann. Die Zeichen»materie« gewinnt (geschichtlich würde man besser sagen: behält) hier Eigenwert, so wie in einem Gedicht die Aussage an dieser und gerade nur dieser Sprachfügung hängt.

Obgleich das Wort nur ein Verweis auf das sachlich allein zählende Bezeichnete ist, gibt es eine eigene »Verbindlichkeit der Sprache«, eine »Potenz des Wortes« (Hans Lipps): habe ich z. B. mein Wort gegeben, so bin ich dadurch festgelegt, kann beim Wort genommen werden, und breche ich es, so ist dies mehr, als wenn ich nur meinen Willen ändere. Worte sind eigene Wirklichkeiten, sie können nicht nur Glieder in Handlungsabläufen, sondern, etwa wenn wir uns bedanken oder jemandem gratulieren, selbst Handlungen sein (Austins elocutionary act).

Eigennamen beziehen sich unmittelbar auf eine Wirklichkeit. Bei den Worten dagegen, die nicht Namen sind, liegt zwischen ihnen und der Wirklichkeit, wie im Gegensatz zu Aristoteles schon Zenon sah, noch das sämainomenon, der Wortinhalt: zwischen dem Lautgebilde Pferd und dem realen Pferd das »Gesagte« (lektón) der Bedeutung. Das Zeichen steht zunächst nicht für ein sprachunabhängiges Ding, sondern für einen sprachgebundenen Begriff. Erst durch ihn hindurch, mittels des Begriffs, wird es dann auf das Einzelne angewandt. Alle Theorien, nach denen das Wort in uns assoziativ die Vorstellung einer Sache weckt oder, behavioristisch (Morris), uns so reagieren läßt, wie wir auf die Sache selbst reagieren würden, geben das damals schon richtig gesehene Logische naturalistisch wieder preis. Die Bedeutung ist bereits ein Allgemeines, sie geht auf Gattungsmerkmale, auf eine Struktur. Das konkrete

Begegnende wird unter sie subsumiert. Darum konnte gesagt werden, die Entdeckung des Begriffs durch Sokrates sei nur eine logische Herausschälung dessen, was die Sprache – an die er deshalb unmittelbar anknüpft – mit ihren Worten schon immer leistete.

Man hat drei sog. semantische Funktionen unterschieden (»Bühlersches Dreieck«).

1. Ein und derselbe Satz kann einmal *Ausdruck* des inneren Zustandes des Sendenden sein. Dieser »Kundgabe« des Emittenten entspricht auf der Seite des Rezipienten die »Kundnahme«. Kundgabe braucht aber nicht auf empfangende Kundnahme gerichtet zu sein, sondern kann auch der bloßen Entladung eines Affekts dienen, der so zu seinem Höhepunkt gelangt und dann abklingend wieder unter Kontrolle gerät (vgl. C IV e 2).

2. Der Satz kann sodann adressierter Appell an einen Angesprochenen sein, um imperativisch etwas bei ihm auszulösen und von ihm zu erreichen. Zum Symptom tritt das Signal, zur expressiven monologischen (lyrischen) die impressive dialogische (dramatische) Funktion.

3. Endlich tritt zu diesen beiden die symbolische (epische) Leistung, die Darstellung und Mitteilung eines objektiven Sachverhalts. Sie ist im allgemeinen noch »empraktisch« gebunden, so daß der Gesamtsachverhalt aus der Situation des Sprechenden ergänzt werden muß, und ist mit Ausdruck und Appell verknüpft. Sie bildet nach Wittgenstein Glied eines »Sprachspiels«, dessen Regeln man kennen muß, um sie zu verstehen. Sie kann aber auch zur situationsenthobenen Darstellung, zur Information auch für den außerhalb der perzeptiven Situation Stehenden kultiviert werden, die alles zum Verständnis Erforderliche auf Sprache bringt, und sich von den übrigen Funktionen emanzipieren. Komplexe Sachverhalte nicht nur für einen schon Wissenden anzudeuten, sondern für den Außenstehenden aufzugliedern und zur Evidenz zu bringen, ist eine menschheitsgeschichtlich späte, individualgeschichtlich immer erst zu erlernende Kunst.

Diesseits solcher Autonomisierung liegt aber ein darstellendes Moment in aller menschlichen Sprache beschlossen. Man mag wie der späte Morris noch einen »Interpretanten« einführen, durch den das Zeichen erst Bedeutung gewinnt, indem er es auf die Sache bezieht, der also für Signification logisch konstitutiv ist. Dagegen sind behavioristische Versuche (auch Wittgensteins), Darstellung auf »bloße Praxis« zu reduzieren, zum Scheitern verurteilt. Ausdruck und Appell gibt es schon im Tierreich, während Darstellung auf den Menschen beschränkt bleibt, dem daher Susanne Langer ein nicht urkommunikatives, sondern ursymbolisches Verhalten zuspricht: er ist animal symbolicum. An der Universität Bremen sind Sprachen und Literaturen in einem Fachbereich »*Kommunikation* und Ästhetik« zusammengefaßt. Diese Namengebung beruht auf soziologistischer sprachphilosophischer Irregeleitetheit, die ganzheitsblind über einer Funktion, zu der man die Sprache dann benutzen kann, ihre dies erst ermöglichende Fundamentalleistung, die Symbolisierung, nicht mehr sieht, aus ideologischer Vorentschiedenheit nicht mehr sehen *will*.

Weil der Mensch stiftend für Bedeutungen Zeichen einführen kann, deshalb sind bei ihm auch Ausdruck und Appell vielgestaltiger. – *Genetisch* begründet sich die Kategorie »Zeichen mit Bedeutung« beim Kind vom Verstehenden her, sie mag sich auch historisch so begründet haben: der ursprünglich spontane Ausdrucksreflex wird von der Mitwelt als signifikativ verstanden, und das wirkt auf den Initiator zurück, der sich nun, um verstanden zu werden, immer derselben Zeichen bedient. So wird der Naturlaut intellektualisiert, wird zum Signal und schließlich zur Darstellung. Nachdem diese Entwicklung aber geschah, ist das zeitlich Gewordene trotzdem logisch das Fundierende.

b) Satz und Sinn

Wir sprechen aber nicht Worte, sondern Sätze. Zur semantischen Dimension, durch die ein Zeichen sich auf das außersprachlich Seiende bezieht, zur pragmatischen, durch die es den Benutzern dient (womit Ausdruck und Appell zusammengefaßt sind), tritt nach der Einteilung von Ch. Morris in der vollständigen Semiosis (Zeichengeschehen) noch die syntaktische Dimension, das Verhältnis zu anderen Zeichen (sowie, zuletzt, zum Gesamtzusammenhang, dem universe of discourse). Worte sind nicht isolierte Individuen, sie sind schon von Haus aus darauf angelegt, mit Mitworten in Verbindung zu treten und größere Einheiten zu bilden. Die Verbindung stellt sich her 1. durch den Stellenwert eines Wortes im Satz, 2. durch die Flexion, mit der Wörter an sich selbst gleichsam Gemeinschaftsorgane tragen, 3. durch die sog. Form- (Funktions-, Satz-) wörter, die in den entwickelteren »analytischen« Sprachen die Beziehungen der Wörter untereinander mehr und mehr durch selbständige Sinneinheiten hervortreten lassen und so die Flexion zurückdrängen, ja untergehen lassen. Man hat sie als syntaktische Wörter von den semantischen, als Synsemantika (Brentano) oder Synkategorematika (Husserl) von den autosemantischen Nennwörtern unterschieden. Schon Poseidonios verfaßte über diese syndesmoi (= Konjunktionen) eine eigene Schrift, in der er gegen Aristoteles nachwies, daß auch sie einen Bedeutungsgegenstand haben. Dieser ist freilich bei einem Begriff wie etwa »und« unanschaulich, rein logisch.

Ein Satz ist mehr als die Summe der Bedeutungen der ihn zusammensetzenden Worte. Er ist ein höheres Strukturganzes, das die Worte funktionalisiert. Worte bedeuten, ein Satz hat Sinn (Frege). Worte benennen Einzelseiendes oder Einzellogisches, ein Satz gibt einen »Sachverhalt« wieder (nicht »den blauen Himmel«, sondern »daß der Himmel blau ist«: Meinong). Nur er kann wahr oder falsch sein (Aristoteles). Sprachphilosophie orientierte sich fälschlich allzulang am Einzelwort. Das Wort mit seiner Bedeutung ist aber nur da, um den Sinn von Sätzen mit aufzubauen. Ja, im realen Satz ist das Bedeutungsverstehen der Worte, wenn wir sie auch lexikalisch schon vorher kennen müssen, immer bereits umgriffen und getragen vom Satzverstehen: beides geht sich gegenseitig vorher. Das Verstehen ergibt sich nicht durch Husserlschen Rekurs auf die zugrundeliegenden Anschauungen von Gegenständlichkeiten, es gilt einem überanschaulichen logischen Gefüge. Wahrheitsmeinen überragt das einzelbezogene »Vorstellen«. Analog ordnete Erkenntnistheorie die Erkenntnis jeweils einem Einzelgegenstand (als dem Korrelat eines Wortes) zu; das Erkennen solcher Gegenstände ist aber entsprechend nur eine Teil- und Hilfsleistung der Vernunft, deren Kraft und Aufgabe es vielmehr bildet, Sinnzusammenhänge zu verstehen und zu konstituieren. Ontologie muß statt am Modell des Wortes an dem des Satzes anknüpfen (Tugendhat). Durch Vernunft leben wir nicht in einer Welt von Dingen und ihren Beziehungen, die wir anschauen und denken, sondern von geistgeprägten »institutional facts« (Searle), in die wir auch handelnd selbst einbezogen sind.

Unter dem Einfluß der Sprache, die in Aussagesätzen »etwas von etwas« (ti kata tinos) aussagt, bildete Aristoteles sowohl seine Metaphysik, die man daher apophantische Metaphysik nennen könnte, des Dings als Trägers seiner Eigenschaften: der Substanz (hypostasis) kommen Akzidenzien zu; wie seine ebenfalls apophantische, der Metaphysik parallele Logik: das logische (seit der Stoa sog.) »Urteil« ist die Reduktion des Aussagesatzes auf sein Schema, indem es einem hypokeimenon (Zugrundeliegenden, gleichbedeutend mit hypostasis) ein katágoroumenon (Ausgesagtes) zuspricht. Diese Begriffe übersetzte Boethius später mit subiectum und praedicatum. Daher in der Logik die Abkürzung S ist P. Dagegen stammt der Begriff der copula für das dazwischenstehende »ist« erst von Abaelard. (Bei Aristoteles war es nicht nur ein »verknüpfendes« Moment, sondern machte die Aussage zu einer solchen über Sein oder Nichtsein. Das wurde nach der elementaristischen Logik des 19. Jahrhunderts, die den Wahrheitsbezug des Urteils psychologisierte und am liebsten weggelassen hätte, erst von Brentano und seiner Schule wiedergewonnen.)

Das Mittelalter überträgt dann die aus der Logik geläufigen Termini auch auf die Grammatik: da sie vom Satz abgezogen waren, konnten sie leicht auch wieder auf ihn angewandt werden. Das logische Subjekt wird also jetzt auch zum grammatischen. Es behält in diesen beiden Wissenschaften bis heute seine ursprüngliche sachliche Bedeutung. Nicht so in der allgemeinen Metaphysik: in ihr macht es als Parallelbegriff zur Substanz mit dem Untergang des Aristotelismus einen Bedeutungswandel durch und wird jetzt zur Bezeichnung für das *menschliche*, für das erkennende (weil erkenntnistheoretisch »zugrundeliegende«) Subjekt. Dagegen versteht die Grammatik unter dem Prädikat nicht mehr das Ausgesagte, sondern das (logisch nur in der Verkürzung der Copula repräsentierte) Verbum. Für das, was in der Logik Prädikat heißt, verwendet sie den erst mittelalterlichen, ursprünglich ebenfalls metaphysischen Begriff des Objekts. – Der logisch-grammatische Parallelismus hat beide Disziplinen eingeengt und wurde daher in unserem Jahrhundert verlassen. Die klassische französische

Grammatik hielt noch die logischere Ausdrucksmöglichkeit für die bessere. Dagegen Steinthal: Worte sind nicht Begriffe, Sätze keine Urteile!

Nach sensualistischer Theorie verstehen wir Worte deshalb, weil sie assoziativ die anschaulichen Vorstellungen der bezeichneten Gegenstände in uns hervorrufen. Dieser Visualismus, der auch für anschauungsbezogene Worte falsch ist, läßt sich für Abstrakta, Zahlen, Verhältnis- und Beziehungswörter nicht mehr durchführen und versagt angesichts komplexen, gedachten Satzsinnes vollends. Schon Franz Brentano wußte von »signitiven«, sich mehr aufs Wort als auf begleitende Vorstellungen stützenden Intentionen. Die Würzburger psychologische Schule beschrieb dann auch experimentell das unanschauliche reine »Bedeutungsbewußtsein«. Wie wir als Verstehende nicht Anschauungen aktualisieren, so zeichnen wir sie auch als Sprechende nicht nach: selbst ein deskriptiver Satz wie »Er tötete ihn mit gezücktem Schwert« beweist durch sprachlich-diskursive Umdrehung der Realreihenfolge (»Er zückte das Schwert und tötete ihn«) die Unabhängigkeit des Sinngebildes vom Sichtbaren. Auch in der Dichtung beruht das »Sprachästhetische« (Th. A. Meyer) nicht, wie trotz seiner Polemik gegen Haller noch Lessing glaubte, auf der Bildhaftigkeit. Indem die Sprache die Vorstellungen entstaltet und intellektualisiert, entlastet sie uns von ihrer vollsinnlichen Realitätsandringlichkeit, rückt sie für das Erleben in nüchterne und überblickbare Distanz. Dadurch werden sie zugleich beweglicher, disponibler. Am Leitfaden der Worte können wir sie leichter kombinieren und weiterbilden (z. B. aus der Erfahrung »warm« das nomen abstractum »Wärme« gewinnen). Kehrseite freilich ist hierbei der Verlust der Unmittelbarkeit; Aphatiker erleben die Dinge noch konkreter. Weil wir, nur noch in Wortbedeutungen lebend, uns zu sehr von der Kontrolle durch die Sache entfernen, forderte Husserl in Gegenwendung gegen die natürliche Tendenz des sprachvertrauenden Geistes vom Philosophen gerade den Vollzug »bedeutungserfüllender Akte«.

c) Parole und Langue

Noch in eine andere, höhere Ganzheit als in den Satz wurde das Einzelwort gestellt durch Ferdinand de Saussure. Die psychologisch und naturalistisch bestimmte Sprachwissenschaft seiner Zeit verstand unter Sprache einesteils die subjektive Sprachfähigkeit, die Fähigkeit, eine Sprache zu schaffen oder zu lernen (langage oder faculté du langage), andernteils das reale Sprechen, den Sprechakt und sein Ergebnis (parole oder discours, vgl. heute Chomsky: »Kompetenz« und »Performanz«). Demgegenüber lenkt de Saussure die Aufmerksamkeit auf die Sprache an sich als objektives Regelsystem einer Sprachgemeinschaft, das logisch betrachtet werden muß (langue, vgl. englisch language und speech, lat. lingua und sermo). Das reale Sprechen ist nur aktualisierende Anwendung, wie der Sprachfähigkeit, so dieses ihr vorgeordneten objektiven Spielregelgefüges einer Sprache. Wie antipsychologistisch, so ist de Saussure antihistoristisch. Neben der bisher vorwiegend geübten *diachronischen* Erforschung der Sprach*entwicklung* begründet er die ahistorisch *synchronische* – heute würde man sagen: strukturalistische – des Sprach*systems*.

Schon Humboldt hatte gesagt, daß jedes Einzelwort das im Geist lebendige Ganze der Sprache, die »innere Sprachform«, bereits voraussetzt, aus der eine Sprache sich allmählich organisch entwickelt. Wie man beim Schachspiel, so führt de Saussure aus, Felder und Figuren nicht durch ihre äußere Form versteht, sondern nur durch die Spielregeln, die ihnen ihre Funktion anweisen, so auch die Sprachelemente nur aus dem Zusammenhang, als »terme« im System. Jedes Zeichen gewinnt seine Bedeutung durch das, wodurch es sich von benachbarten Zeichen differentiell abgrenzt, durch seinen diakritischen Stellenwert (phonologische Opposition wie reiten-leiten, semantische wie rot-violett). So bedingen die Zeichen sich gegenseitig, jedes hat Stellenwert in Relation zu anderen. Zur am Äußeren haftenden Wortlehre, Onomasiologie, muß Bedeutungslehre, Semasiologie treten. Neben den syntagmatischen Beziehungen eines Wortes im Satz (z. B. des Subjekts zum Prädikat) stehen die paratagmatischen Beziehungen zu konkurrierenden Begriffen.

Auch geschichtlich darf daher die Sprachwissenschaft, wie von hier aus vor allem J. Trier an Beispielen zeigte, nicht atomistisch den Veränderungen eines Einzelwortes nachgehen, sondern nur in Synopsis mit der Veränderung all der Wörter, mit denen es einen Sinnbezirk, ein assoziatives »Wortfeld« bildet.

Wechselt ein Wort seine Bedeutung, so gerät das ganze Milieu in Bewegung. Auch verschiedene Entwicklungsstufen einer Gesamtsprache werden durch synchrone Schnitte vergleichbar.

An de Saussure hat später der Strukturalismus angeknüpft, der unterhalb der Worte noch die kleineren linguistischen Einheiten lauthaft der Phoneme, sinnhaft der Morpheme unterschied. Aus der immer neuen Kombination einiger tausend Morpheme entsteht alles Sagbare. Neben der lexikalischen wirkt in jeder Realsprache die syntaktische Organisationsebene. Sie enthält die allgemeinsten, diesseits der Einzelbedeutungen liegenden Strukturschemata möglicher Morphemsequenzen. Beim Sprechen werden diese Schemata mental zu action-patterns (v. Alleschs »Impulsfiguren«), von denen als Steuerungsstellen ordnende und selektive Kommandos ausgehen. Unter dem Vorgriff einer Leitidee werden die einen Verbindungen verworfen, andere gesucht und vollzogen. Dieser Strukturalismus wurde durch Chomsky erweitert, indem er unterhalb nicht nur einzelner Sätze, sondern ganzer Satzgruppen eine »Tiefenstruktur«, eine Taxinomie der Taxinomien entdeckte, aus der durch Transformationsregeln die verschiedenen Formulierungen hervorgehen (»generative Grammatik«). Im Maße, in dem solche Regeln sich formalisieren lassen, wird Linguistik »mathematische Geisteswissenschaft«.

d) Sprache und Vernunft

1. Sprache als Apriori. Neben Sprachphilosophie i. e. S. tritt »Sigmatik« (Klaus), die Frage nach der Funktion sprachlicher und nicht nur sprachlicher Zeichen für die Erkenntnis. Die Griechen vertrauten noch auf eine unmittelbare Korrelation zwischen dem Aufbau der Sprache und dem der Welt. Wie die Sprache mit ihrer Grammatik die Dinge *faßt,* dadurch läßt Aristoteles sich darauf führen, wie sie wirklich *sind.* Erst in der Scholastik aber wurde daraus sprachimmanentes Denken, das ohne Hinschauen auf die Sache, lediglich begriffsverknüpfend, Erkenntnis zu gewinnen hofft oder vielmehr bloß die in den Begriffen schon enthaltene Erkenntnis expliziert. Entgegen dieser Begriffsgläubigkeit forderte Ockham einen direkten Weltzugang, forderte das Erkennen eines nicht schon sprachlich vor-ausgelegten Seins durch sprachfreie Vernunft des Einzelnen, die sich der Worte (oder womöglich konventionalistisch selbstgeschaffener Zeichen) nur im zweiten Schritt zur Mitteilung bedient (so wie schon bei den Griechen aus Mythos Logos wurde: Lohmann).

Aber das Erkennen, so entdecken dann Hamann und Herder, streift die Sprachabhängigkeit nicht durch einen Willensentschluß ab. Worte sind nichts nur Äußerliches, worein wir unser Erkennen kleiden. Ohne daß wir es wissen und wollen, haben sie es immer schon bis in seine letzten Strukturen durchprägt. Indem der Geist sich von ihnen als gegenüberseienden zu befreien sucht, halten sie ihn von hinten her bereits im Griff und lenken ihn in der von ihnen vorgezeichneten Richtung. »Vernunft ist Sprache« (Hamann). Ehe der Einzelne zu erkennen beginnt, hat Sprache Welt schon erschlossen und artikuliert, hat sie in Auffassungsweisen sowie Gegenstandsabgrenzungen durchdrungen und übersichtlich gemacht. Das Erkennen des Einzelnen beginnt nie von vorn, es verdankt seine Kraft und sein Rüstzeug bereits dieser sprachlichen Vorarbeit. Der scheinbar, auf ockhamistischer Stufe der Absicht nach, naturhaft beginnlich unvermittelte Kontakt mit unberührter Wirklichkeit vollzieht sich in Wahrheit im Medium und in den Bahnungen sprachlichen Weltvorverständnisses.

Gießen wir nach Kant alle Erfahrung in die Formen unseres Verstandes als solchen, so zeigt sich hier: neben diesem Apriori, vielleicht elementarer als es, vielleicht statt seiner, wirkt das »nachgeburtliche Sozialapriori« (Schmidt-Rohr) der Sprache. Auch sie enthält, wie Herder in seiner »Metakritik« Kant entgegenhielt, formende Ordnung, »Bedingungen der Möglichkeit« der Erkenntnis. Die ehemalige Sprache-Welt-Korrelation kehrt so auf reflektierterer – nicht mehr ontologischer, sondern transzendentaler – Stufe wieder. Sprache bildet nicht ab, sie produziert. Die beiden Formen transzendentaler Gegenstandskonstitution, die Kopernikanische Wende Kants und die Herders und Humboldts, fließen jedoch geschichtlich erst spät, bei Ernst Cassirer, zusammen. Objektivierte Schöpfungen des Geistes wie die Sprache, und nicht nur sie, sind zugleich Auffassungsformen, durch die er nach Cassirer das als solches Unbekannte der Wirklichkeit symbolisiert.

Indem, so fächert Humboldt den Gedanken aus, unser Geist die Sprache aus sich herausspinnt, spinnt er sich selbst in sie hinein. Indem er sie zwischen sich und die Welt setzt, dient sie ihm einesteils (1) als Organon, durch das er die Welt bearbeitet, durch das sie für ihn erst zur Gegenständlichkeit wird. Nur durch Sprache gelingt »das Umschaffen der Welt in das Eigentum des Geistes«. Sie ist also mehr als nur ein Mittel des Kenntlichmachens und der Verständigung. Sie ist auch mehr als nur ein Ergon, unser Werk, vielmehr entfaltet sie eine eigene Energeia, Wirksamkeit. – Wie sie dies nach der Seite der Welt hin tut, so tut sie es nun aber andererseits (2) auch nach der Seite des Subjekts selbst. Wie sie für die Dinge Formen findet, so teilt sie in einer Doppelbewegung diese Formen gleichzeitig unserm Geist mit, der sich so in der sprachgeleiteten Begegnung mit der Welt selbst ausbildet. Vernunft und Sprache, Mensch und Sprache sind gleichursprünglich, konstituieren sich wechselseitig (Herders »Kreisel«). Liegt unser kategoriales Gefüge bei Kant gleichbleibend ewig fest, so ist es bei Humboldt ebenso wie die Gegenstandswelt ein Gestiftetes. Und zwar ist es dies, gleichfalls wie die Gegenstände, durch die Sprache, die Welt und Mensch derart vermittelt, daß beide miteinander und durcheinander werden, was sie sind. Vom Menschen gebildet, ist Sprache reziprok Ursache der Bildung des Menschen (vgl. schon Abaelard: sermo generatur ab intellectu et generat intellectum). Das von uns selbst Geprägte – was Humboldt hier freilegt, gilt für *alles* objektiv Kulturelle – prägt uns seinerseits zurück.

Nur durch die »sprachliche Zwischenschicht« hindurch, so hat Weisgerber Humboldt noch einmal verdeutlicht, besitzen wir die von uns »gewortete« Welt. Wir sehen den Orion als Sternbild, weil unsere Kultur – anders als andere Kulturen – den Begriff Orion bildete. Ein Ziel sprachlicher Erziehung ist die Befreiung vom »naiven Sprachrealismus«. Sie soll uns bewußt machen, was wir der Sprache in müheloser Erbschaft verdanken, soll uns aber gleichzeitig, indem sie den Schein ihrer Selbstverständlichkeit aufhebt, in kritische Distanz zu ihr bringen, soll unsern Geist gegen sie verselbständigen.

2. *Die Geschichtlichkeit des Apriori.* Es gibt aber nicht die Sprache, sondern Sprachen. Und jede Sprache zerlegt, verknüpft, wertet die Wirklichkeit wieder anders. Enthält Sprache, wie man gesagt hat, eine »unbewußte Ontologie«, eine »Präphilosophie«, so gibt es also so viele solcher Ontologien wie Spra-

chen. (Berühmt ist die verschiedene Aufgliederung des Farb-spektrums, z. B. griech. chloros entspricht weder unserem Grün noch unserem Gelb.) Die Verschiedenheit der Sprachen, schreibt wieder Humboldt, ist »nicht eine von Schällen und Zeichen, sondern eine Verschiedenheit der Weltansichten selbst«. An-stelle von Philosophien, die nur eine begrifflich verdünnte Wahrheit und trotzdem nicht die *eine* Wahrheit geben, soll der junge Mensch daher nach Humboldt Sprachen lernen: sie sind »die Weltgeschichte der Gedanken und Empfindungen der Menschheit« (vgl. A IV, Exkurs).

Da aber, wie wir sahen, die »Weltansicht« der Sprache sich zugleich als Apriori unserem Geist mitteilt, dem je nach dem, in welcher Sprache er aufwuchs, die Wirklichkeit anders be-gegnet, so folgt daraus: es gibt nicht nur – wenn überhaupt – ein ahistorisches, für alle Menschen gleichbleibendes Apriori eines zeitlos-logischen Erkenntnissubjekts wie bei Kant. Auch das Apriori erweist sich als in die Geschichtlichkeit alles Menschlichen hineingezogen. Die Abhängigkeit des Erkennens von der Vorleistung der Sprache, durch die es sich immer schon in einem Sinnhorizont vorfindet, involviert Geschichtsabhän-gigkeit bis in die Transzendentalschicht. Diese Entdeckung wurde freilich durch Bruno Snell u. a. wieder relativiert, heute durch Chomskys These von einer den Systemen aller Einzel-sprachen ermöglichend zugrundeliegenden, dem Menschen als Menschen angeborenen linguistic competence.

Schon 1759 stellte die Berliner Akademie die Preisaufgabe »Wiefern haben Sprachen einen Einfluß auf Meinungen und Meinungen auf Sprachen?« Was für ein Volk von praktischem Interesse ist, dafür hat es ein reicheres Vokabular, aber auch Auffassungsweisen spiegeln sich in der Sprache, so wie um-gekehrt nach Stenzel, Snell, Lohmann ihre Sprache die Grie-chen dazu prädisponierte, Entdecker der Philosophie zu werden (die schon entdeckte läßt sich dann aber auch in anderen Spra-chen wiedergeben). – Besser als beim Vergleich nur zwischen Hochkultursprachen läßt sich der Unterschied der sprachimma-nenten Weltdeutungen durch den Vergleich von Hochkultur-mit Primitivsprachen darlegen. In Primitivsprachen hat sich mehr Beobachtungs- als Verarbeitungsintelligenz niedergeschla-gen. Die verschiedenen Nuancen einer Sache drücken sie durch immer neue Vokabeln aus (für den Pfeil aus Holz oder Rohr, im Köcher, auf der Sehne, in der Luft, am Ziel je ein eigenes Wort; die berühmten 5744 Worte des Arabischen für »Kamel«; kein Wort für Arm, sondern nur für mein Arm, dein Arm usf.). Dadurch sind sie zwar farbig und prägnant, aber schwerfällig. Erst die abstrakteren Hochkultursprachen bilden einheitliche Begriffe, lösen Eigenschaften und Relationen, die dort noch als Modifikationen der Sache selbst zugeschlagen wurden, in eigenen Worten heraus und setzen aus diesen handlich allgemeinen, überall wiederkehrenden Elementen das jeweils Individuelle viel müheloser wieder zusammen. Anhand der Syntax von Primitivsprachen können wir noch die Entstehung philosophisch-wissenschaftlicher Kategorien verfolgen (Cassirer). Berühmt ist Whorfs Beschreibung der Hopi-Sprache: Welle und Flamme sind hier, weil nur von kurzer Dauer, Verben, das Subjekt ist nicht der Urheber der Aktion u. a. m. Der daraus gefolgerte »linguistische Determinismus« verkürzt aber Humboldt, bei dem nicht nur wie bei Whorf die Sprache auf den Geist, sondern auch der Geist auf die Sprache wirkt.

Neben den ethnologischen tritt heute der soziologische Sprachvergleich. Defizitäres Sprachverhalten und damit verbundene defizitäre kognitive Leistungen von Angehörigen der Unterschicht beruhen nach B. Bernstein u. a. nicht auf Intelligenzmangel, sondern auf restringiertem linguistischen Code (partikulare, kontextgebundene Bedeutungsstruktur) gegenüber dem elaborierten Code (differenziertes und kontextunabhängiges Bedeutungssystem) der Mittelschicht.

3. Sprache als Fördernis und Hemmnis des Denkens. Das Wort ist nach Humboldt nicht bloß auswechselbare äußere Hülle des auch ohne es zustande kommenden Gedankens, sondern dessen »bildendes Organ«. Erst zusammen mit dem Sprachlaut gewinnt er Gliederung und Deutlichkeit. Humboldt weiß, »daß die Sprachen nicht eigentlich Mittel sind, die schon erkannte Wahrheit darzustellen, sondern weit mehr, die vorher unerkannte zu entdecken«. Das gilt generell für die ursprüngliche Genesis: ohne Wort kein Begriff, das Wort fügt diesem »bedeutend von dem seinigen hinzu« (vgl. de Saussure: sie verhalten sich wie Vorder- und Rückseite eines Blattes). Es gilt ebenso für den, der Worte schon vorfindet, und deshalb ist Sprechen noch diesseits der Mitteilung »eine notwendige Bedingung des Denkens des Einzelnen in abgeschlossener Einsamkeit«. Das Wort versetzt die Vorstellung in Objektivität, gibt der Idee »Bestimmtheit«, gliedert komplexe Sachverhalte auf und macht sie uns solcherweise selbst erst klar, wie leicht deutlich wird im Vergleich mit dem primitiveren mentalen Niveau von Aphatikern und Kindern.

Humboldt nimmt damit einen Gedanken von Leibniz wieder auf: wie wir mit Zahlen schneller rechnen als anhand der gezählten Dinge, wie wir Geldgeschäfte mit Wechselzetteln rascher abwickeln als mit dem realen Geld, so sind nach Leibniz auch Worte gleichsam »Wechselzettel des Verstandes«: statt mit den Wirklichkeiten selbst operieren wir nur noch mit einem abkürzend-handlicheren Repräsentationssystem und können dadurch leichter denken. Die Unanschaulichkeit der Sprache, die wir schon berührten (b Schluß), wirkt nach Leibniz, wie entlastend, so auch erkenntnisbegünstigend. Wie nur wenige Zahlen das System der Mathematik aufbauen, mit wenigen Buchstaben alle Worte geschrieben werden können, so schwebt Leibniz ein »Gedankenalphabet« vor, die mathematisierende Kunstsprache einer characteristica universalis, durch die zunächst allen vorhandenen Grundwahrheiten ein Zeichen zugeordnet würde. Nach dem Vorbild der ars magna schon des Raimundus Lullus würden wir von diesen Zeichen aus, sie durch eine ars combinatoria, die zugleich ars inveniendi ist, nach allgemeingültigen Regeln verknüpfend, also nicht durch »intuitives« sachbezogenes Denken, vielmehr »blind«, lediglich durch formales Operieren, zu »allen möglichen« Denkinhalten und so zur mathesis universalis gelangen. Die Symbole der Gegenstände sind der Weg zum Finden neuer Gegenstände.

Mit Leibniz finden wir den Übergang in eine Humboldt entgegengesetzte Linie. Der Interpretationscharakter der Sprache ist ursprünglich nicht von der positiven Seite, nicht in Humboldtschem Vertrauen auf ihre welterschließende Kraft entdeckt worden, sondern in der nominalistischen *Kritik* an ihren *falschen* Interpretationen. Es ist mit der Sprache wie mit dem Mythos, die einen rühmen den Tiefsinn, die anderen sehen nur den Irrtum. Die Konstruktion neuer Zeichensysteme, einzelwissenschaftlicher Präzisionssprachen (einer »Orthosprache«, in der jeder Begriff definiert wäre: Lorenzen) und formalisierter Kalkülsprachen ist der Versuch, die Irrtümer der gewachsenen Sprache zu vermeiden und mit einem apriorischen Modell ebenso gegen den Anschauungsschein der Welt vorzugehen, wie neuzeitliche Wissenschaft dies generell tut (Apel). Neben Sprachforschung tritt formale Semantik.

»Götzen des Marktes« nannte die Worte Bacon. In ihnen hat sich der niedere Wissensstand des Volkes verfestigt. Wenn in der Sprache »der Wind weht«, so liegt darin nach Spencer eine animistische Personifikation der Natur, an die wir nicht mehr glauben. Ähnlich Mauthner: Sprache substantialisiert, wo unsere Wissenschaft funktionalisiert. Nicht weil es Substanzen, Eigenschaften und Tätigkeiten gibt, haben wir nach Mauthner Substantiv, Adjektiv und Verb, sondern weil Sprache das Komplexe in Elemente zerlegen muß und deshalb diese Wortklassen schafft, entstehen »drei Bilder der Welt«, die wir sprechend übernehmen, ohne daß sie uns noch gemäß wären.

Das leitet schon über zur neopositivistischen Sprachkritik und zur »linguistischen Revolution« der »semantischen Philosophie«. Whitehead und Russell fragten zunächst nur, nach welcher »logischen Syntax« (wie später Carnap sie nannte) in Philosophie und Wissenschaft Zeichen verknüpft werden. Die logische Struktur einer Sprache kann nicht in ihr selbst, sondern nur in einer »Metasprache« (Russell) formuliert werden. Von hier aus wollten Sprachkonstruktionisten wie Carnap und Quine wieder eine eigene Wissenschaftssprache aufbauen. Nach Wittgenstein muß »logische Semantik« das in der Umgangssprache (vgl. Ayer und die Ordinary Language Philosophy resp. Descriptive Analytic Philosophy) liegende Seinsverständnis freilegen und kann damit zeigen, daß die Sätze der Metaphysik, die sie auf denkerischem Weg gefunden zu haben glaubt, in Wahrheit nur tautologische Entfaltung sprachimmanenter Definitionen sind.

Der späte Wittgenstein läßt dann das Kriterium der Übereinstimmung von Wort und Welt fallen. Sprache wird ihm behavioristisch zu einem Moment im Handlungszusammenhang (vgl. Peirce, Bloomfield, Watson, Bridgmans Operationalismus). Man versteht ein Wort, ja, einen bloßen Zuruf, aus der für Mensch und Ding kontextuellen Gesamtsituation, in der gesprochen wird, und den in ihr herrschenden Spielregeln (s. o.): unter anderen Spielregeln mag dasselbe Wort andere Bedeutung haben. »Die Bedeutung eines Wortes ist sein Gebrauch in der Sprache« (ähnlich trotz seines Logischen

Positivismus auch der späte Carnap), sie bestimmt sich nicht durch Logik, sondern durch Situationsgerechtheit und Gewohnheit, danach, unter welchen Bedingungen seine Verwendung möglich und richtig ist. – Die Formel »Bedeutung gleich Gebrauch« widerlegte erst Searle.

Nicht nur auf Sprache bezieht sich, aber auch für sie, wie wir sahen (a und b), als fruchtbar erweist sich die (mit einem Terminus schon Lockes sog.) Semiotik, die »allgemeine Zeichentheorie«. Das Zeichen ist nach Morris für die Wissenschaft vom Menschen, was für die Physik das Atom und für die Biologie die Zelle. Zu seiner Definition tragen alle drei semiotischen Richtungen (die semantische, die syntaktische und die pragmatische) gleichermaßen bei. Bei einem Begriff wie »Pegasus« oder bei den Zeichen der Kunst fällt zwar die »denotative« Referenz auf die Realität aus, doch fehlt auch hier nicht die für jedes Zeichen unerläßliche »designative« Funktion. Das kognitive Moment der Bedeutung und die nichtkognitiven Momente, durch die das Zeichen im Handlungszusammenhang steht, überkreuzen sich.

VI. Geschichtsphilosophie

a) Ihre Fragen

Selbstverständlich gewordene Traditionen lassen die Menschen glauben, so wie heute sei es immer gewesen und müsse es in unendlicher Horizontale immer bleiben. Weiß man, daß Zeiten sich qualitativ unterscheiden, so wird meist ein Wertvergleich der Gegenwart mit der Vergangenheit, dann auch mit der Zukunft angestellt. Die ersten Geschichtsphilosophien sind Zeitenbewertungen: Zeiten gliedern sich in bessere oder schlechtere, die Bewegung der Geschichte zwischen ihnen besteht im Steigen und Sinken. Durch Kombination der Typiken ergeben sich zahlreiche mögliche Bewegungskurven. Gegenwart deutet sich, indem sie in diesen Geschichtslinien sich selbst einen Platz zuweist.

Wo Geschichtsschreibung entsteht, wird sie regelmäßig von meist unreflektierten geschichtsmetaphysischen Überzeugungen getragen. Diese sind dem Historiker oft schon durch seine

Funktion vorgezeichnet: für den priesterlichen Annalisten wirken in allem Geschehen die Götter, für den Höfling sind geschichtsbewegend die militärischen und politischen Taten des Herrschers, die er zu seinem Ruhm festhält. Implizite »heimliche Geschichtsphilosophie« auch noch später, ja sich positivistisch gerierender Geschichtswissenschaft – sich etwa darin dokumentierend, ob die Monographie über einen Dichter mit einer Lebensgeschichte oder einer Geschichte der von ihm benützten literarischen Gattung beginnt – ist nach Erich Rothakker, der jene daher aus den Historikern selbst herauszuheben unternahm, sachnäher und daher aufschließender als die ausdrückliche Geschichtsphilosophie der Philosophen.

Diese entsteht oft erst in Umbrüchen, Krisen: die aus dem vertrauten Rahmen springende Geschichte macht geschichts*bewußt*. Man glaubte an die Roma aeterna, nun wird Rom durch die Goten zerstört: diese Erfahrung steht hinter Augustins »De Civitate Dei«. Die Aufklärung ersetzte gelebte Tradition durch rationale Weltgestaltung: damit wurde ihr die Tradition erst als Geschichte sichtbar. Aufklärerische Geschichtsphilosophie bestimmt zugleich ihren eigenen Standort als den des von jetzt an steiler ansteigenden und bewußt vorangetriebenen »Fortschritts« (so noch bei Comte, während bei Hegel die Vollendung schon erreicht ist). Sie ist jetzt mehr als Betrachtung des auch ohne unser Zutun Geschehenden, bildet vor der Französischen Revolution wie bei Marx Hintergrund und Stimulans für geplante Geschichts*veränderung*. Geschichtsphilosophie beseelt hier die Handelnden selbst.

Geschichtsphilosophie (hier als Ontologie geschichtlichen Seins selbst, nicht als Logik des Geschichts*verstehens* genommen) geht in Orient und klassischer Antike von einer Vielheit unabhängiger Geschichtskörper oder, im Gegensatz dazu, in Prophetismus und Christentum von der menschheitlichen Einheit der Geschichte aus, läßt sie sich in den Verlaufsformen von Aufstieg und Verfall oder auf ein Ziel hin bewegen. Nicht jedes behauptete *Ende* der Geschichte hat aber den Rang eines *Ziels*: die Menschheit könnte im Orwellschen »1984« münden. Nur durch ein *Ziel* gewinnt die Geschichte in ihrem Verlauf *Sinn*. Geschichtsphilosophie fragt: Gibt es in der Geschichte typische Abfolgen, naturanaloge Gesetze? Wie verhält sich zu diesen der Spielraum menschlicher Freiheit? Welches sind die

Ursachen und bestimmenden Faktoren der Geschichte, sind sie ideeller (Romantik, Hegel) oder materieller (Morgan, Marx) Natur oder legen die großen Einzelnen »ihre Hand auf Jahrtausende« (Nietzsche)?

Ohne in die Spekulativität älterer Geschichtsphilosophie verfallen zu wollen, fordert heute Geschichtswissenschaft selbst eine »analytische Geschichte«, eine »Metahistorie«, die unterhalb der Wellen der manifesten Ereignisse nach verborgenen Triebkräften und Unwandelbarkeiten forscht und die sich zur herkömmlichen Geschichtswissenschaft verhielte wie Physiologie zu klinischer Medizin. Histoire structurelle will aus den mannigfaltigen Gegebenheiten den sich durchhaltenden Code von Invarianten, die logische Architektur der Entwicklung dechiffrieren, an die der Handelnde gebunden bleibt: er muß immer aus einer begrenzten Zahl von Möglichkeiten wählen, kann nur, nach ihm unbewußten Regeln, Elemente kombinieren. Weder seiner Individualität, die nur scheinbar ein geschichtsverändernder Letztpunkt ist, noch dem zeitlichen Nacheinander, in dem ja nur ein Überzeitliches sich variiert, kommt daher hier Bestimmungskraft zu, die vielmehr in einem unbewußten Mechanismus des Geistes und in objektiven Strukturgesetzlichkeiten liegt. Man beobachtet Wenndann-Verläufe: Ackerbauer neigen zu Polytheismus, Nomaden zu Monotheismus; zu jedem Absolutismus gehören Beamtenapparat und stehendes Heer. Man fragt: Unter welchen Bedingungen kommt es zu Evolution, unter welchen zu Revolution? Wie überträgt sich Kultur auf andere Areale? – Die Sehweise der Griechen, die hinter dem Werdenden auch der Geschichte tragende Konstanzen und wiederkehrende Gleichförmigkeiten über Räume und Zeiten hinweg suchten (Polybios' »Kreislauf der Verfassungen«! und denen man daher in neuer Zeit oft Geschichtsfremdheit vorwarf, kommt hier wieder zu Ehren. Zu »Meta«historie wird sie aber nur durch Antithese zu einer sich eng verstehenden reinen Tatsachenhistorie. Thukydides erkennt als Historiker selbst das Machtstreben als gleichbleibende politische Determinante. Wo Marx den Geschichtsdarstellungen seiner Zeit vorwarf, sie verdeckten die ökonomischen Beweggründe, sähen nicht die Klassenkämpfe – die wahre römische Geheimgeschichte sei die des Grundeigentums –, da ist dieser Fehler heute längst korrigiert (Rostovtzeff u. a.), nicht

nur in der das Ökonomische verabsolutierenden »materialisti-
schen« Geschichtswissenschaft. Konspektive Betrachtungsweise,
früher von der Geschichtszunft (etwa in der Polemik gegen
Lamprecht) als unwissenschaftlich verunglimpft, hält heute in
sie selbst Einzug.

b) Die »historische Schwelle«

Im Lauf der letzten sechs Generationen hat sich der Ge-
schichtsumkreis immens erweitert:

a) räumlich. Das Christentum bezog alle Geschichte auf den
Hauptstrang der jüdisch-christlichen Heilsgeschichte: Bossuet läßt
den ersten chinesischen Kaiser einen Sohn Noahs sein. Noch bei
Hegel bildet die »orientalische Welt« nur eine Vorstufe der
griechisch-römischen. Erst nach dem Abbau dieses »Europozen-
trismus« (Spengler) wurde fremde Geschichte zum eigen-
zentrierten gleichwertigen Gegenstand.

b) Verlassen ist ferner die *zeitliche* Beschränkung auf zunächst
3000 Jahre seit den Griechen und der Bibel, dann 6000 Jahre
seit den frühen Hochkulturen. Auch die zu Unrecht sog. »Vorgeschichte«, obgleich die Methoden ihrer Erforschung andere
sind, zählt in gleicher Weise zur Geschichte. Ebenso tun es die
sog. Primitiven: sie sind keine »Naturvölker«. Auch bei ihnen
spielen sich geschichtliche Vorgänge ab. Gegen den »Ubiquis-
mus«, der gleiche Einrichtungen an verschiedenen Punkten
der Erde spontan entstehen läßt, setzte sich der »Diffusionis-
mus« durch, der die Gleichheit aus Wanderungen erklärt.
Geschichte ist, wo Menschen sind.

c) Im eigenen Kulturkreis fällt nur das sich Ereignende und
Verändernde auf, und dies ist sehr oft das Politische (das auch
am allgemeinsten interessiert). Deshalb usurpiert ungerecht-
fertigterweise bis heute die *politische Geschichte* den Begriff der
»Geschichte« überhaupt. Erst aus größerer zeitlicher Distanz
oder angesichts eines fremden Kulturkreises verlieren auch die
über längere Zeit stabilen kulturellen *Zustände* den Charakter
selbstverständlicher Voraussetzungen und werden als eigenes
Geschichtliches sichtbar. Für den Ägyptologen ist der Staat nur
eine, und nicht einmal die interessanteste, Domäne neben
Religion, Gesellschaft, Wirtschaft, Technik. Kant und Hegel (dieser entgegen seiner eigenen kulturgeschichtlichen Konzeption

eines Fortgangs des Geistes von Kunst zu Religion und Philosophie) vertraten den geschichtlichen Vorrang des Staates. *Kulturgeschichte*, schon von Montesquieu und Voltaire begründet, führte zumal in Deutschland eine Randexistenz (Burckhardt, Lamprecht, Breysig, Spengler) und wurde vielfach in Sonderdisziplinen (Nationalökonomie, Volkskunde) abgedrängt. Immerhin haben sich diese Disziplinen im Lauf des 19. Jahrhunderts verselbständigt und machten deutlich, daß Geschichte nicht nur, wie es bei der Staatengeschichte noch scheinen mag, den Menschen, Einzelnen oder Völkern, zukommt. Geschichte hat auch der menschen*geschaffene* »objektive Geist«: ein ganzer Bereich wie die Sprache, ein Stil wie der Barock, eine literarische Gattung wie das Drama.

Oberhalb der Sondergeschichten entdeckte man dann aber auch den Consensus (Comte) aller Gebiete einer Kultur in einer *Epoche*, den »Zeitgeist«, die »Einheit des Stils« (Nietzsche) und die umspannend-zusammenhaltende value-orientation ganzer Kulturen (Ruth Benedict, vgl. Spengler). Als geschichtliche Subjekte erweisen sich damit neben dem Staat auch Epochen und Kulturen. Jede Kultursphäre, jede Einzelleistung bewegt sich jeweils bereits in der »Rahmung« (Rothacker) ihrer großen Vorentschiedenheiten. Sie wird, indem sie sie in neues Material prägt und damit auch abwandelt, ebenso von ihnen begrenzt wie entlastend gehoben. Die Erziehung durch beharrende Verhaltensstile, durch übernommene Vorbahnungen steht der Freiheit, der Produktivität nicht entgegen und wird darum im allgemeinen auch nicht als ihr entgegenstehend empfunden.

Den Primat des Staates für die Geschichtsschreibung begründete noch E. Meyer dadurch, daß er auf die Frage, wodurch bloßes »Geschehen« – das nur da war »um wegzusinken« (Hofmannsthal) – die »historische Schwelle« überschreitet und »Geschichte« (Simmel nach Droysen) wird, antwortete: durch *Wirksamkeit*. Aber einmal: wirksam sind auch Klima und Rasse, Wirtschaft, Sprache, ist die Religion, deren Erneuerung auch die Kunst erneut (wie unter Echnaton) und die nach Max Weber sogar in die Wirtschaft ausstrahlt (aus Calvinismus wird Kapitalismus), ja nach Hegel bildet »das Innerste der Weltgeschichte« die Philosophie: »Selbstbewegung der Idee« zieht die geschichtliche Bewegung nach sich (vgl. A III d). Sodann: geschichtlich denkwürdig ist nicht nur das Wirkende, sondern das *Wertvolle*, selbst wenn es nie wirkte (eine neu ausgegrabene griechische Statue). Ferner setzt die Geschichte eine Prämie auf das *Neue*, auch wenn es negativwertig ist, auf die ersten Druchbrüche, selbst wenn sie noch tastend und ungelenk sind. Hervorragende Spätimpressionisten wurden kaum mehr beachtet seit dem Auftreten der ersten Expressionisten.

Aus all diesen Gründen hat die politische Geschichtsschreibung ihre Vorrangstellung mit Recht und endgültig verloren. Als Gegengewicht gegen sie zeichnet sich »allgemeine Kulturgeschichte« ab, die jedoch wegen der Zersplitterung der Kulturgeschichte in zahlreiche Disziplinen bis heute darum ringt, über populäre oder weltanschaulich gebundene Ansätze hinauszukommen.

c) Die menschliche Geschichtlichkeit

Nach alter Auffassung hat nur der Mensch Geschichte, während sich in der Natur stets dasselbe wiederholt. Allein das beruht auf optischer Täuschung. Biologische Gattungen, Mineralien, Sonnensysteme bleiben sich zwar über Jahrmillionen hinweg gleich, aber auch sie sind einmalig, entstehen, vergehen und kehren nicht wieder. Indem C. F. von Weizsäcker mit Recht auf die Geschichtlichkeit auch der Natur hinlenkt, läßt er jedoch zu Unrecht den Menschen von ihr nur dadurch unterschieden sein, daß der Mensch um seine Geschichte *weiß*. Der Unterschied liegt viel grundlegender darin, daß der Mensch seinem Wesen nach nicht festgelegt, nicht instinktgelenkt, nicht für eine und nur eine Lebensweise bestimmt, daß er in weit höherem Maß als alle sonstige Natur in sich offen, variabel ist. Aus dieser formalen Variabilität wird faktische variatio 1. durch seine Geschichts*mächtigkeit*: in *Freiheit* erfindet er sich in Technik, Wirtschaft, Sozialaufbau, Kunststil etc. jeweils neue Lebensverlaufsformen; 2. durch seine Geschichts*abhängigkeit*: plastisch-bildsam eignet er sich diese schon früher geschaffenen Formen an, die ihm durch Tradition übermittelt werden. Zu diesen beiden Geschichtlichkeiten ersten und zweiten Grades tritt die Geschichts*bewußtheit* als Geschichtlichkeit dritten Grades erst sekundär hinzu.

Früher konstatierte man nur die Mannigfaltigkeit des Kulturellen, wenn auch schon die Sophisten aus ihr folgerten, daß es auf menschlicher thesis (Satzung) beruhe: objektive Pluralität indiziert subjektive Produktivität. Weil sie kulturphilosophisch dachten, entdeckten sie die anthropologische Verankertheit der Geschichte, die dem politischen Historiker, der es mit Einzelereignissen zu tun hat, entgeht. Geschichte ist der Inbegriff dessen, was vom Menschen – wenn auch oft aufgrund objektiver »Sachzwänge«, ungewollt und oft auch unbewußt – gestiftet wird. Sie gründet in einer Seinsbeschaffenheit ihres Trägers. Objektive Geschichte gibt es, weil der Mensch das geschichtliche Wesen ist. Was wir in ihr als ein Gegenüber betrachten, ist explicatio unserer selbst.

Der Mensch ist geschichtlich in doppelter Weise. Zunächst gilt Sartres Formulierung, er sei »zur Freiheit gezwungen«, wie ethisch, so auch kulturell. Selbst die elementarsten Tätigkeiten, ohne die er nicht überleben würde, sind bei ihm in ihrem *Wie* bereits mutabel und jeweils geschichtlich geprägt. Über diesem Kondominium von Notwendigkeit und Freiheit erhebt sich sodann das Reich der »freien Freiheit«, in dem er auch über das *Ob* von Tätigkeiten und ganzen Kultursphären entscheidet.

Zu intensiveren Graden wird Geschichtsmächtigkeit in der Regel nur mobilisiert durch äußere Provokation. Ohne eine solche wirkt sie nur in kleinen Schritten und erreicht dann auch kein Bewußtsein ihrer selbst. Ihren Nullpunkt hat sie in Zuständen, die nur noch eine von Früheren gefundene Lebensweise bewahren und weitergeben. Schelling spricht von einer »Zeit der vollkommenen geschichtlichen Unbeweglichkeit«, in der die Menschen nur gleichförmig wiederholen, was schon ihre Väter taten, von einer »im Grunde zeitlosen Zeit«. Die Romantik hat die geschichtliche Inaktivität, für die exemplarisch von Creuzer bis Bachofen und Klages die sog. »Pelasger« stehen (die »kalten Gesellschaften« von Lévi-Strauss), als organische Einbettung des Menschen in den kosmischen Kreislauf gerühmt, während Spengler seine vorkulturelle Pflanzenhaftigkeit ebenso wie das nachkulturelle Fellachentum gering wertet.

Schelling weiß aber auch, daß geschichtsverändernde und fortganglos-zirkuläre Daseinsweise nicht bloß zwei sich ablösende Phasen sind; auch kreative Zeiten und Menschen verhalten sich in weiten Bereichen des Lebens, in denen die überkommenen Muster sich bewähren und einer Abwandlung nicht

247

bedürfen, nach wie vor reiterativ. Wir leben also beständig auf zwei sich pyramidal überschichtenden Ebenen der Geschichtlichkeit (die ihrerseits auf der Naturschicht in uns aufruhen). Oft herrscht zwischen Stabilitäts- und Neuerungstendenz ein Antagonismus. Bald ist Neuerung neben jener nur ein schmaler Streifen (insbesondere die Kunst bietet sich zum »Stilwandel« an), bald erstreckt sie sich auf breitere und elementarere Lebensbereiche. Nach Pareto gibt es immer nur geschichtragende *Eliten*, während die Mehrzahl die einmal angenommene Form nicht verläßt (oder sie nimmt die neue Form spät ebenfalls an und hält dann noch an ihr fest, wenn in den Zentren längst wieder eine andere herrscht: »gesunkenes Kulturgut«). Geschichtliches Schöpfertum setzt aber auf der objektiven Seite neues noch Schaffbares voraus; sind die Möglichkeiten erschöpft, so tritt eine Kultur in die Erstarrungsphase. Nach Gehlen u. a. bricht heute für die Menschheit als ganze das posthistoire an.

Auch beharrende Frühzustände zeigen unter sich unendliche Vielfalt, sind nicht, wie die Romantik glaubte, »natürliche Kultur«, die es nicht gibt. Auch sie gehen, obgleich sie sich selbst naturhaft zu interpretieren pflegen, auf eine thesis zurück, können also logisch nicht am »Anfang« stehen und sind ebenfalls geschichtlich im Sinn der Geschichts*abhängigkeit*, der Bestimmtheit durch ehemalige Findungen. Generell gilt: »Ebenso wie Natur bin ich Geschichte« (Dilthey).

Wie die Geschichts*mächtigkeit* bei ihrer Bewußtwerdung mit Stolz empfunden zu werden pflegt, so umgekehrt die Geschichts*abhängigkeit* als Demütigung, ja als eine der großen Demütigungen neben der Kopernikanischen, Darwinistischen und Freudischen: das für absolut und ewig Gehaltene der eigenen Sitte und Wertung ist »nur geschichtlich«, durch zufällige Realität bedingt, selbst zufällig und gleich ihr dem Wandel des Irdischen unterworfen! Es mag auch diese Gefühlssperrung gewesen sein, die menschliches Selbstverständnis die längste Zeit davon zurückhielt, Geschichtsbestimmtheit bis in die letzte Tiefe greifen zu lassen. Der Mensch zerfiel demnach in zwei Hälften: in der Innenzone überzeitlich, außergeschichtlich, sich immer gleichbleibend, wird er nur in der Außenzone, per accidens, in die Geschichte hineingezogen. Sie bildet für das Wesenhafte an ihm nur den äußeren, indifferenten Rahmen.

Dasselbe gilt für die Kultursphären: auch der Staat hat in dieser Auffassung, sei es eine unwandelbare Natur, die sich durch alle Veränderung der geschichtlichen Staaten durchhält, sei es eine Norm, an der jeder reale Staat zu messen ist. Collingwood hat nachgewiesen, wie sehr der »Substantialismus« der antiken Historiker ihr Verstehen begrenzt: für Livius ist Rom von Anfang an, was es bis zum Schluß bleibt, und für Tacitus ändert sich der Charakter des alten Tiberius nicht, sondern es werden nur Eigenschaften sichtbar, die er bisher in sich verschloß. Die Entwicklung ist wie bei Aristoteles nur Entfaltung, nicht Umformung.

Demgegenüber ist für das Christentum der Mensch ein anderer je nachdem, ob er sub lege oder sub gratia, vor oder nach Christus lebt. Sein geschichtlicher Standort bestimmt sein innerstes Sein. Noch Dante verbannt die höchsten Figuren des Altertums, weil sie Heiden waren, (mit zwei Ausnahmen) in die Hölle. Auch der Einzelne selbst muß sich zu seinem eigenen Seinsverständnis aus dem Ganzen der Geschichte, das nicht nur vergängliches Beiwerk, sondern »soteriologisch relevant« ist, verstehen und aus ihm leben; er wird, was er ist, auch durch Erinnerung und Erwartung. Ohne die Wertung, ohne die Beschränkung auf bestimmte Zeiträume, kehrt diese Geschichtsanthropologie wieder in der goethezeitlichen »historistischen Revolution« – nach Meinecke der zweiten großen deutschen Geistestat nach der Reformation –. Geschichte wird hier zum radikalen Schicksal: der Mensch steht nicht mit einem Kern noch diesseits ihrer, er *hat* nicht Geschichte, er *ist* Geschichte, ist ganz von ihr durchwachsen. Nur im Rahmen von Kultur, Volk und Epoche, von ihnen her, werden wir ihm erkennend gerecht. Selbst Gefühle wie Freude und Liebe sind nur partiell »natürlich«, sie werden zu verschiedenen Zeiten verschieden gelebt, Begriffe wie Vernunft und Tugend verschieden gedacht. Auch hier erweist sich, was suprahistorisch schien, als zeitlich-individuell.

d) Die drei Typen der Geschichtsphilosophie

1. Zyklentheorie. Nach der orientalisch-antiken Zyklentheorie besteht die Geschichte aus einer Vielzahl untereinander inkohärenter, nach-, aber auch nebeneinander liegender Geschichtskörper, von denen jeder naturanalog wie Sonne und Mond einen Kreisbogen, wie ein Lebewesen Blüte und Verfall durchläuft, um sich dann entweder selbst zu erneuern oder einem andern Raum zu geben. In Gegenwendung gegen die jüdisch-christliche Auffassung von einer einheitlichen Gesamtgeschichte der Menschheit ist für Spengler, der jene Theorie in unserem Jahrhundert erneuerte – bei dem aber die Geschichtsakteure nicht mehr nur Völker und Staaten, sondern die umspannenden acht großen »Kulturen« sind – »die Menschheit ein leeres Wort«. Bilden bei Hegel Völker und Kulturen Akte eines einzigen Dramas, von denen der frühere den späteren vorbereitet, so müßte man Spengler zufolge umgekehrt die Jahre jeder Kultur, statt sie auf der durchgehend-universellen, ihr äußerlichen Zeitskala einzutragen, nach ihrer geschichtlichen »Eigenzeit« zählen (wie physikalisch sein Zeitgenosse Einstein eine solche den Himmelskörpern zuschrieb, weil Zeit immer auf eine Bewegung bezogen ist). Kulturen sind einander bei Spengler im tiefsten Grund so fremd, daß sie weder etwas voneinander übernehmen (so nur in der »Merowingerzeit« und in der synkretistischen Spätperiode, während sie es sonst ins eigene Gesetz umschmelzen) noch sich auch nur (womit er aber irrt) verstehen können. Es kann vorkommen, daß sich eine unentfaltetere Kultur der »Sprache« einer reiferen, mächtigeren bedient, aber hinter dieser »Pseudomorphose« gilt es, ihren wahren Seelenton herauszulesen.

Wie keine Einheit, so hat die Geschichte nach Spengler auch weder intrakulturell noch, geschweige denn, als ganze ein Ziel. Sie erreicht wohl Höhepunkte, aber diese liegen jeweils in der Mitte eines Kreises, nicht am Ende. Sie verläuft »in erhabener Zwecklosigkeit«. (Auf demselben Grundkanevas entstehen, nach dem Zusammenbruch des Fortschrittsglaubens des 19. Jahrhunderts, nach dem Verlust der Zukunft, in den 20er Jahren die geisteswissenschaftlichen Typologien, verabsolutiert sich bei Heidegger die je eigene Existenz, wird bei Kafka die Welt zum ausweglosen Labyrinth). Alle typischen Stationen ihres Lebenslaufs von etwa tausend Jahren sind einer Kultur nach Spengler (nicht so nach Toynbee, der der Geschichte mehr Spontaneität zubilligt) wie einem Organismus vorgezeichnet, und dazu gehört auch ihr Tod. Sobald sie ihre schöpferischen Möglichkeiten ausgeblüht hat, tritt sie in die nur noch zivilisatorische Erstarrungsphase ein, in der sie entweder noch Jahrhunderte stagniert oder – denn mit dem Erlahmen der Phantasie versagt auch die politische Lebenskraft – sich von innen zersetzt und von außen zerstört wird. Zivilisation ist die Endphase jeder Kultur (während nach Alfred Weber Kultur- und Zivilisationsprozeß zwei ständig nebeneinander herlaufende Prozesse sind). Die bevorstehenden Phasen einer Kultur getraut sich Spengler – wie in der Antike schon Polybios – durch Vergleich mit anderen vorherzusagen (Geschichtsvorhersage ist aber nicht an Zyklentheorie gebunden, sie kann auch bloß die »Tendenz« der Gegenwart in die Zukunft verlängern: Marx, Nietzsche).

In jeder Zyklentheorie ergeben sich von Geschichtseinheit zu Geschichtseinheit formale Entsprechungen der Erscheinungen und Stadien, kategoriale »Gleichzeitigkeiten«. Sie alle können funktional richtig sein und der Nahrückung eines Fremden, auch der »wechselseitigen Erhellung« dienen, sind aber substantial, weil sie von der Spezifität absehen, falsch. Mit Korrespondsionen arbeiten schon Patristik und Scholastik: Gestalten des Alten Testaments, auch solche der Antike, »präfigurieren« solche des Neuen Testaments und des christlichen Zeitraums, und auch im tertium imperium wird sich diese Typik nach Joachim von Floris noch einmal wiederholen. In der Romantik parallelisierte man Homer und Nibelungenlied. Bei Mommsen ist Mithridates ein »Sultan«, Rohde fand »Bakchen« auch bei den Primitiven. Aus historisch individualisierenden Begriffen werden dabei Typenbegriffe: es gibt jetzt auch antikes Mittelalter, antiken Barock (Leo, Burckhardt, Lamprechts zwölf »sozialpsychische« Entwicklungsstufen selbst in China, Breysig).

Spengler kehrt zwar auf der einen Seite hervor, daß jede Kultur eine andere Hauptprämisse macht, die eine durchgehende morphologische Verwandtschaft all ihrer Einzeläußerungen bis hinein in Kriegstechnik und Wirtschaftsform begründet (vgl. die value-orientation einer Gesamt»konfiguration« in der amerikanischen Kulturanthropologie). Spengler individualisiert also die Kulturen. Dies ist seine nichtantike, neuzeitliche Komponente. Aber wie er ein Meister darin ist, Formübereinstimmungen auf den verschiedenen Gebieten *innerhalb* einer Kultur zu finden, so auf der anderen Seite auch darin, sie von Kultur zu Kultur herzustellen. Er exzelliert in

Gleichsetzungen wie denen Descartes' mit Pythagoras, Polygnots mit Rembrandt, Napoleons mit Alexander (richtiger wäre: mit Caesar – während Alexander dann eher einem Condottiere gliche – und des Ersten Weltkriegs nicht mit Actium, sondern mit der frühen Kaiserzeit). Spengler verbessert die Schematik noch durch die aus der Biologie genommene Unterscheidung von Homologie (morphologische Gleichwertigkeit von Organen wie der Lunge der Landtiere und der Schwimmblase der Fische) und Analogie (funktionale Gleichwertigkeit wie Lunge und Kiemen). »Homolog sind dionysische Strömungen und Renaissance, analog (weil in beiden eine religiöse Verinnerlichung stattfindet) dionysische Strömungen und Reformation.«

2. *Die zielgerichtet-eine Geschichte.* Denken die Griechen synchronisch, so Juden und Christen diachronisch. Gibt es nur Einen Gott, und ist er es, der auch die Geschichte lenkt, dann gibt es auch 1. nur Eine der Menschheit gemeinsame Gesamtgeschichte. So folgt für die Propheten aus Monotheismus Monolinearismus. Während bisher die Griechen ihre Geschichte nach Olympiaden, die Römer ab urbe condita rechneten usf., schuf auf dieser monolinearen Voraussetzung später Eusebius eine einheitliche *Zählung* der »Weltgeschichte« (die aber bei uns nur noch ein formales Gerüst ohne religiöse Aussage ist und von Spengler, wie wir sahen, ironisiert wird). 2. Auf der *einen* Geschichtslinie kehrt keine Figur und kein Ereignis, wie in den Zyklen, wieder. Jede Stelle ist einmalig. Weltschöpfung, Sintflut, Messias, in den orientalischen Vorlagen »typische« Vorkommnisse, werden in der Bibel singularisiert. Erst sekundär, zur Versöhnung der drei Geschichtswelten Antike-Judentum-Christentum, kommt es zur »Typologie« der vorbereitenden und erfüllenden Gleichläufe (s. o.). 3. Die Geschichte lenkend, verfolgt Gott laut den Propheten einen Plan: sie soll ins messianische Reich münden. Sie ist also nicht nur Linie, sondern gerichtete Linie. Sie bewegt sich auf ein Ziel zu. Dem widerspricht es nicht, wenn Augustin aus der Zyklentheorie das Lebensaltergleichnis übernimmt, für das eigentlich der Höhepunkt in der Mitte, in der Zeit der vollsten Lebenskraft liegt: nicht das Greisenalter, in das die Menschheit mündet, ist das Ziel, sondern der nach ihrem Tod anhebende »Sabbat der Sabbate«. 4. Darin, daß die Geschichte ein Ziel hat, liegt der Gedanke einer von der Gegenwart toto genere unter-

schiedenen Zukunft. Zukunft als Raum des völlig Anderen und Neuen ist hier allererst erschlossen. Nachdem das Christentum das Irdische mit dem Erscheinen Christi schon vollendet sein läßt und letzte Erlösung erst vom Reich Gottes erwartet, halten Chiliasmus und später Joachim von Floris sowie seine täuferischen Nachfolger am Versprechen einer auch irdisch höheren Zukunft fest. Darauf, daß seine Eschatologie so verstanden wird, und nicht auf seiner Ethik, beruht die missionarische Kraft des Christentums bis heute bei Völkern, die noch den Gedanken einer erneuernden Zukunft nicht besaßen.

5. Durch das gemeinsame Ziel wird die Geschichte nicht nur abermals und in noch greifbarerer Weise zur Einheit, sondern auch als ganze sinnvoll. Diese Sinndurchwaltetheit, die sie der Geschichte verleiht, ist es vor allem, die die sinndurstige Seele der Menschen für die prophetisch-christliche Geschichtsphilosophie eingenommen und bei vielen die Meinung erzeugt hat, gegenüber der noch mit Natur analogisierenden Zyklentheorie sei erst sie Geschichtsphilosophie im eigentlichen Verstande. Aber andererseits ist ihr Geschichtssinn nur ein geglaubter, wissenschaftlich gesehen eine Konstruktion; ein Grieche wäre auf ihn nie verfallen, nicht aus Mangel an Tiefsinn, sondern wegen seines nüchtern-kritischen Geistes (immer und auch heute noch wuchern weltschlüsselhafte, spekulative bis paranoische Metahistorien, kompensatorische Besserwissereien der Nichtwisser, von denen der Gebildete sich fernhält und deren Anhänger er bemitleidet). Das Christentum kann von einem Geschichtssinn um so leichter künden, als von den drei Angelpunkten, in die es die Gesamtgeschichte einhängt: Weltschöpfung, Erscheinen Christi, Jüngstes Gericht, der erste und der letzte außerhalb der Realgeschichte liegen und es sich um das zwischen den drei Punkten Liegende, da dieses zum Erlösungsweg der Menschheit nichts beiträgt, nicht zu kümmern braucht. Zwischen Geschichtstheologie des Heilsgeschehens und Geschichtsphilosophie der wirklichen Geschichte klafft ein Hiatus.

Neuzeitliche *Fortschritts*theorie knüpft insofern an Prophetismus und Christentum an, als auch sie die Geschichte auf ein Ziel zugehen läßt. Aber das Ziel der beiden Religionen besteht darin, daß durch göttliche Verwandlung mit einem Schlag »alles neu« wird, das Ziel der Fortschrittstheorie ist immanentes Telos der Welt selbst, das von Menschen in sukzessiver

Annäherung realisiert werden kann und soll. Dort steht das Ziel schon fest (ja in ihm kehrt nur das Anfangsparadies wieder), hier ist es ein unendliches, offenes, schöpferisch anreicherbares. Dort besteht das Ziel im »Ende der Geschichte«, die als ganzes nur ein Zwischenspiel, ja eine Strafe für Sünde ist, hier soll durch die Zielgebung die bejahte Geschichte im Gegenteil in Bewegung und zu Produktivität gebracht werden. Daher ist Fortschrittsglaube nicht nur »Säkularisation« christlichen Endbereichglaubens (Blumenberg).

Zu unterscheiden sind Metaphysik eines sich unausweichlich vollziehenden Fortschritts von Fortschrittswillen und -programm. Die Antike (Xenophanes, Epikur) konstatierte schon (gegenüber Verfallstheorien: Hesiod, Kyniker, Stoa) geschehenen Aufstieg, verlängerte seine Linie jedoch nicht in die Zukunft. Nicht immer vollzieht sich Fortschritt auf allen Gebieten einer Kultur synchron (»Mittelalter mit Elektrizität«; der »cultural lag« der Ethnologen). Nach Rousseau wirkt der Fortschritt auf *einem* Gebiet, in Wissenschaften und Künsten, in *anderer* Hinsicht, auf die ursprüngliche Güte des Herzens, zerstörend, ist also nur relativ ein Fortschritt, aufs Wesentliche gesehen Rückschritt. »Bei der Kunst ist bekannt, daß bestimmte Blütezeiten derselben keineswegs im Verhältnis zur allgemeinen Entwicklung der Gesellschaft, der materiellen Grundlage, stehn« (Marx): sie gedeiht auf unentwickelterer Stufe. Nach Alfred Weber kommt von den drei Bereichen Kultur, Zivilisation und Gesellschaft nur den beiden letzteren Fortschritt zu (aber gibt es nicht Fortschritte in Gerechtigkeit und Freiheit, und gehören sie nicht zur Kultur?).

Während christliche Geschichtsphilosophie dem Anspruch nach universell ist, beschränkt sie sich faktisch auf den Heilsstrang der gesta dei in der jüdisch-christlichen Geschichte. Um sie als Bezugslinie wird die übrige, heilsirrelevante Geschichte nur herumgruppiert. Ähnlich Hegel: erwähnt werden nur Völker, die zum Fortgang in Freiheit und Vergeistigung beitrugen, alle anderen, auch sie selbst in ihren nicht mehr geschichtsbewegenden Epochen, also etwa die *heutigen* Griechen, sind nur »faule Existenz«. Umgekehrt haben die antiken Historiker zumeist nur ihren eigenen Geschichtskreis im Auge (ein Schema, das freilich schon Herodot sprengt). Universell wird die Zyklentheorie erst unter (stoischem und) christlichem Einfluß. Dann aber ist sie gerechter als die Heilsplangeschichte, umfaßt wirklich, zumindest der Absicht nach, die *ganze* Menschheit, von der sie jedem Glied Selbständigkeit zubilligt und keines ausläßt. Der Preis für diese Vollständigkeit liegt freilich darin, daß die so entstehende Universalgeschichte nur noch auf Additivität beruht. Die Menschheit ist hier nicht mehr unum substantiale, sondern nur noch unum per accidens ohne gemeinsames Wollen oder Schicksal.

Beide Theorien, die zyklische und die monolineare, werden von der faktischen Geschichte versöhnt. Der neolithische Übergang von konsumptiven Jägern und Sammlern zu produktiven Hirten und seßhaften Ackerbauern vollzog sich fast überall, war also ein Ereignis der Menschheit als ganzer. Auf der Basis dieser Großmutation entstanden die einzelnen Hochkulturen, die gegeneinander relativ abgeschlossen waren und für die die Zyklentheorie recht behält. Innerhalb ihrer unterscheidet Jaspers (nach von Lasaulx und Th. Lessing) noch die verinnerlichende von ihm sog. »Achsenzeit«, die sich jedoch auf einige Hochkulturen beschränkt und trotz relativer Gleichzeitigkeit nur intern in jeder von ihnen abspielt. Ein planetares Ereignis ist erst wieder die »industrielle Revolution« seit dem 18. Jahrhundert. Erst durch sie wird, während die neolithische Revolution zwar ein ähnliches Wirtschaftsniveau erzeugte, aber die Völker getrennt ließ, die Menschheit allmählich zu einem einheitlichen Subjekt. In diesem Sinn beginnt »Weltgeschichte« nicht früher als mit unserem eigenen Jahrhundert. Die Zyklentheorie gibt also ein Nahbild, während makroskopisch der Monolinearismus gilt.

3. Eigenwertlehre. Solange sich der Mensch nicht als verantwortlichen Geschichtsfaktor entdeckt hat, mag er noch an gottgeplante oder gesetzhafte, vorbestehende Geschichtslinien glauben, an die er gebunden bleibt und die er bloß ausfüllt. Sobald er dagegen seit der Aufklärung beginnt, Geschichte selbst in die Hand zu nehmen, will er sich – so wenig wie als Künstler noch durch ästhetische, als Handelnder durch ethische Regeln – durch vorgezeichnet-determinierende Bewegungszwänge nicht mehr beengen lassen. Nicht zufällig bricht dieselbe Zeit, die politisch die Französische Revolution sieht, mit den alten Geschichtsphilosophien, die dem neuerwachten Gefühl für Freiheit und Geschichtsmächtigkeit widersprechen.

In Gegenwendung gegen das Geschichtsbild des Christentums und des unverbrüchlichen Menschheitsfortschritts kehrt die Goethezeit zum Nebeneinander der vielen unter sich unverbundenen Geschichtskörper zurück. Und auch innerhalb dieser läßt sie weder, hierin auch von der Zyklentheorie sich unterscheidend, Aufstieg und Verfall, noch einen internen Fortschritt stattfinden, so wie sie überhaupt nicht vernunftgesetzte Höchstformen annimmt, die wir verwirklichen sollen (so wenig wie Höchstzeiten, von denen wir abgesunken sind). Die Pluralität alles Geschichtlichen ist hier nicht nur eine konstatierte, sondern eine bejahte, denn gerade und nur in ihr bekundet sich die geschichtsschöpferische menschliche Kraft. Man hat den dritten Typus der Geschichtsphilosophie, der in der Goethezeit entsteht, »Eigenwertlehre« genannt (Thyssen): eigener, nicht an einer allverbindlichen Zielidee zu messender Wert kommt für den jungen (nicht den wieder fortschrittsgläubigen späten) Herder, der gleichzeitig gegen die Fortschrittstheorie und gegen Rousseau kämpft, sowohl den verschiedenen Kulturen zu wie innerhalb ihrer den sonst degradierten frühen (von der Romantik sogar über alle andern gestellten) und späten Zeiten. Der Wert von Kulturen und Epochen liegt gerade in ihrer Individualität, in der immer wieder anderen lebendigen Gestalt. Wie die Goethezeit die Pluralität der Geschichtskörper ohne Zyklentheorie vertritt, so vertritt sie (und darum in noch gesteigerter Weise) ihre Individualität ohne Monolineartheorie.

Alles Organische, Gewachsene, ist für die Goethezeit an seiner Stelle sinnvoll. In Christentum und Fortschrittstheorie hieß »Sinn« der Geschichte, daß sie in ihrem *Gesamtablauf* ein Sinngeschehen sei. Hier dagegen wird das In-sich-sinnvoll-sein des *Einzelgeschichtlichen* entdeckt, das durch den Sinn der *ganzen* Geschichte gerade verdeckt worden war. Vom Gesamtsinn her wird der Sinn der jeweiligen Leistung nur darin gesehen – besser: dahin konstruiert –, daß sie zu jenem, über sie hinausliegenden Sinn, einen Baustein lieferte, oder gar nur: daß sie ein Schritt zum höheren Endzustand war. Gegen solche (noch Hegelsche) Mediatisierung und damit Entwertung der Geschichtsepochen richtet sich Rankes Wort, jede von ihnen sei »unmittelbar zu Gott« (es liegt darin nicht, wie man es mißverstand, die These ihrer Gleichrangigkeit). Auch bei Sinnlosigkeit der Geschichte im großen könnte immanent-sporadischer Sinn in Lebensläufen, Taten und Gebilden liegen. Nach dem jungen Herder hat der Fortgang der Geschichte nur den Sinn, daß er, während jede Gestaltung notwendig einseitig und begrenzt ist, neue (nicht höhere) Gestaltungen ermöglicht und so den inneren Reichtum der Menschheit, ihre Fähigkeit, immer wieder andere Formen zu finden, entfaltet.

Von vernunfterdachten Idealgestaltungen der einzelnen Kulturbereiche aus war der Rationalismus *kritisch* an die Geschichte herangetreten. Um für einen besseren Zustand Raum zu schaffen, wollte er sie zerbrechen. Weil sie auf das eine Normziel zugunsten der in jeder konkreten Situation neu und anders zu schaffenden Gestaltungen verzichtet, tritt demgegenüber die Goethezeit 1. *lernend,* ja bewundernd an die Geschichte heran: in ihr offenbart sich etwas, was Vernunft aus sich allein nicht findet. Zuwendung zur Geschichte dient jetzt der Ergänzung eigener Bruchstückhaftigkeit (Humboldt); sie bewahrt in vernunftbestimmtem Zeitalter, das sich von seiner eigenen Vergangenheit emanzipiert, das dem *Sein* nach geschichtslos ist (J. Ritter), die nicht mehr als Tradition gelebte, nicht mehr als Vorbild verbindliche Geschichte wenigstens im *Wissen.* Rationalistische und goethezeitliche Motivation der Geschichtszuwendung verbinden sich in der heute vielfach proklamierten »dialogischen« Historie. – Weil sie Geschichtliches nicht an einem ihm fremden Normziel mißt, weil sie im Umgang mit ihm den (früher naiv an alles Begegnende angelegten) eigenen Wertglauben suspendiert, deshalb dringt die aus der Goethezeit in der »Historischen Schule« hervorgehende Geschichtswissenschaft 2. auch im *Verstehen* tiefer als man bisher drang. In das Individuellebendige, das weder in Begriffe auflösbar noch aus Bedingungen erklärbar ist, fühlt sie sich von innen her ein. Dilthey konfrontierte (mit begrenztem Recht) verstehbare Geschichte und nur erklärbare Natur.

Oft ist behauptet worden, die damals gewonnene Fähigkeit historischen Allverstehens wirke *lähmend,* weil sie eine Vielheit gleichwertiger Möglichkeiten aneinander reihe und damit auch die eigene nur als beliebige unter anderen hinstelle. Historismus sei Relativismus. Allein die vielen Möglichkeiten stehen ja nicht allgültig – insofern dann doch wieder geschichtsenthoben – zu dezisionistischer Auswahl. Jede von ihnen ist spezifischen, geschichtlich wechselnden Lebensvoraussetzungen zugeordnet, läßt sich auf andere Voraussetzungen nur mit Gewaltsamkeit, nur um den Preis des Unechtwerdens übertragen. Aus diesen müssen vielmehr eigene, neue, in ihrer und nur ihrer Einbettung notwendige kulturelle Formen hervorgehen. Noch Milton und Klopstock schrieben nach dem Vorbild Homers oder Vergils »Epen«, erst später sah man, daß das Epos kein ewiges Paradigma ist, sondern einer Frühzeit entspricht, in der wir nicht mehr leben. Indem der historische Sinn lehrt, jede Form mit ihren Bedingungen, mit ihrem Lebensgrund zusammen zu schauen, baut er die Normativität der Formen ab und trägt damit im Gegenteil dazu bei, in gewandelter Situation die Erzeugung jetzt angemessenen, individuellen Ausdrucks zu *entbinden* (Dilthey, vgl. Sartre). Nur die halbhistorische Isolation der Formen also verwirrt. Die ganz zu Ende gedachte und ernstgenommene Geschichtlichkeit macht wieder kreativ (vgl. B V b).

e) Faktoren und Gesetze der Geschichte

Ist Geschichte auch nicht an prästabilierte Kurven gebunden, so verläuft sie doch nicht in völliger Freiheit. Ihr wechselnder Verlauf wird bestimmt durch konstante *Faktoren*. Bis heute geht ein Streit darum, ob spirituelle oder materielle Instanzen die wirksameren seien. Nach Comte und Buckle ist es der Wissens-, nach Morgan der technische Fortschritt, der den übrigen Fortschritt nach sich zieht. Entgegengesetzte Grundvorstellungen von Raum und Zeit durchprägen bei Spengler sämtliche Bereiche einer Kultur, Religiöses bestimmt bei Max Weber sogar das Wirtschaftliche. Eine Zwischenstellung nimmt Hegel ein: einesteils läßt er Geschichte auf Dialektik der Ideen beruhen, andererseits handeln die »welthistorischen Individuen« nur nach ihren »Interessen und Leidenschaften«, aber eine »List der Vernunft« hat es so eingerichtet, daß sie mit ihrer »partikularen« Selbstsucht, es nicht wissend und wollend, »Marionetten des Weltgeistes« sind und jeweils die notwendige nächste Stufe des großen Prozesses heraufführen. Aus dieser allzu sinnreichen Verklammerung behält Marx nur die Interessen – für ihn die ökonomischen – als auch für den »Überbau« bestimmend übrig (bemerkt jedoch ausdrücklich, die hochdeutsche Lautverschiebung sei aus ihnen, durch »historischen Materialismus«, nicht erklärbar!). Eine ältere, schon auf die griechischen Ärzte zurückgehende, von Montesquieu erneuerte naturalistische Theorie ist die vom Einfluß des Klimas. Taine ließ Milieu, Rasse und Moment zusammenwirken. Nietzsche erneuerte Thukydides' Lehre vom Machtstreben als (bei ihm nicht nur politischem) Agens. Heute neigt man zur Annahme einer »Interdependenz« der Faktoren.

Je »monokausaler« man denkt, um so eher wird man zur Annahme geschichtlicher *Gesetze* gelangen. Taine will solche Gesetze aus psychologischen, Wundt aus »völkerpsychologischen« (wie schon Comte in seiner »physique sociale« aus sozialen) Gesetzen ableiten. Leichter als für die Geschichte als ganze lassen sich Gesetze einzelner Bereiche aufstellen (z. B. in jeder wirtschaftlichen Entwicklung herrscht erst der Boden, dann die Arbeit, dann das Kapital vor: Roscher). Je mehr Faktoren man sich mannigfach mischen und begrenzen sieht, um so größer wird die Vorsicht vor den Gesetzen. Gesetze können völlig formal sein (Hegels dialektischer Dreischritt, die geistesgeschichtliche Generationentheorie der 20er Jahre). Sie können auch ohne Angabe von Faktoren rein äußerlich konstatiert werden, etwa: die Geschichte bewegt sich von Osten nach Westen (Varro, noch Hegel).

Geschichtsphilosophische Reflexion bewirkt zunächst eine transzendentale Wende. Die Optik des Individuums, das seinen Freiheitsspielraum überschätzt, das sich frei wähnt, weil es frei sein will, wird korrigiert durch geschichtliche Optik, die ihm nachweist, wie sehr es, ohne daß es dies wußte, durch elementarere, überpersönliche Kräfte bedingt ist. Was vom Einzelnen psychisch und ethisch als seine Entscheidung erlebt wird, enthüllt sich aus dieser Optik als bereits vorentschieden. Extrem wird die Bedingtheit als Determination gefaßt. Auf das Individuum kommt es nun gar nicht mehr an: wäre Napoleon bei Marengo gefallen, so wäre seine geschichtliche Leistung durch andere Figuranten vollbracht worden; frei sind wir wie in der Stoa nur darin, ob wir unser Schicksal akzeptieren oder uns – erfolglos – gegen es sträuben (Spengler). Solches Wissen mag fatalistisch lähmen, es kann aber auch Ansporn werden, selbst den Auftrag zu vollstrecken, das Eintreten des Bevorstehenden zu beschleunigen. Manche Sekten wollten durch bestimmte Praktiken »Christus treiben«, d. h. die Voraussetzungen schaffen, daß er bald wiederkehrt.

Was die Geschichte uns vorgibt, sind aber meist nur Möglichkeiten: welche wir ergreifen, was wir aus ihnen machen, ob aus dem Lateinischen ein Vulgärjargon der Soldaten oder das subtile Instrument scholastischer Distinktionen wird, wie und auf welcher Stufe wir den Rahmen ausfüllen, steht doch wieder bei uns. Oft entsteht Neues gegen die Erwartbarkeit: das 18. Jahrhundert war mit Rokoko und Skepsis schon saeculum senescens, von heute aus gesehen ein Anfang. Was retrospektiv als notwendige Linie erscheinen mag, war prospektiv noch offen, war auf Initiative, Begabung, Glück angewiesen.

VII Anthropologie

a) Unspezialisiertheit, Kreativität, Bewußtheit, Freiheit, Individualität

Dem Tier wird sein Verhalten durch arttypisch vererbte Instinkte vorgezeichnet. Durch sie sowie durch seine Organe ist es für eine bestimmte Lebensweise in einer bestimmten Umwelt (Uexküll) spezialisiert und insofern ein fertiges Wesen. Demgegenüber ist der Mensch in beiden Hinsichten, durch »Instinktabbau« und »archaisch« gebliebene Organe (Bolks »Foetalisation« durch »Retardation«), 1. *»unspezialisiert«.* Verglichen mit dem Tier wirkt er zunächst unvollendet, gleichsam nicht zu Ende geschaffen. Durch seine »anthropine Lücke« ist er das »nicht festgestellte Tier« (Nietzsche), eine »offene Frage« (Plessner). Von den dreiundzwanzig Anthropina, die wir zu unterscheiden haben werden, ist dieses das grundlegende.

2. Aber als Lücke eines »Mängelwesens« (Gehlen) erscheint die Unspezialisiertheit nur, wenn man das Tier als Maßstab setzt. Von der Ganzheit des Menschen her gesehen erweist sie sich im Gegenteil als ein Positivum, nämlich als das notwendige Korrelat der *Kreativität*. Er darf und muß unspezialisiert sein, weil er zugleich Auftrag und Kraft erhielt, die Verlaufsformen seines Lebens selbst zu gestalten. Wäre er in allem schon festgelegt, so böte er ja keine Offenheit mehr für sein eigenes Sich-zuende-schaffen. Schon das elementarste, dem bloßen

Überleben – noch diesseits des »guten Lebens« – dienende Verrichten ist bei ihm nicht, wie beim Tier, durch die Gattung mitgegeben, sondern ersonnen, geschichtlich geworden. »Die Natur hat gewollt, daß der Mensch alles, was über die mechanische Anordnung seines Daseins hinausgeht, gänzlich aus sich selbst herausbringe« (Kant). Er ist homo hominans, der den homo hominatus jeweils erst aus sich machen muß. Er schafft sich selbst zu Ende, erzeugt sich selbst. Schöpfertum, oft fälschlich nur dem Genie zugeschrieben und noch dazuhin nur auf dem Randgebiet des Ästhetischen behandelt, bildet die grundlegende anthropologische Kategorie.

Es ist nicht so, wie Naturalismus (schon bei Protagoras) es gern darstellt, daß der Mensch erst mit Mängeln behaftet war und dann, um sie zu kompensieren, klug wurde. Unspezialisiertheit und Kreativität bilden vielmehr ein von vornherein aufeinander abgestimmtes Gefüge (Herder). Eher konnten umgekehrt, weil das Großhirn sich entwickelte, spezialisierte Organe und Instinkte zurücktreten.

Dualistische Auffassung des Menschen setzt ihn aus zwei heterogenen, sich fremden, ja feindlichen (Platons »Phaidon«) »Substanzen« (Descartes) bloß äußerlich additiv zusammen: hier Seele bzw. Vernunft, dort indifferent »tierisches« Soma. Noch Scheler, der der modernen Anthropologie das Stichwort gab, blieb der Schopenhauerschen Entgegensetzung Geist-Drang verhaftet. Innerhalb davon bildet es bloß einen internen Unterschied, ob das »eigentlich Menschliche« platonisch-christlich in jene oder naturalistisch in diese Hälfte (Ökonomie, Macht-, Sexualtrieb) verlegt wird. Anthropologie des 5. vorchristlichen Jahrhunderts, die Herders-Goethes und der Gegenwart sucht demgegenüber den Menschen als Einheit zu begreifen, bei dem bereits die Animalität von der des Tiers spezifisch unterschieden und auf das seinerseits auf sie verweisende Geistige hingeordnet ist.

Auch in dieser Einheit bleibt freilich die Zweiheit bestehen zwischen dem, »was die Natur aus dem Menschen macht«, und dem, was er »als freihandelndes Wesen aus sich macht oder machen kann und soll« (Kant). Es bleibt eine Konstante der menschlichen »Natur«, aus der seine »Geschichte« erst hervorwächst. Daher wird seit Hegel immer wieder seitens derer, die das Wesen des Menschen auf Freiheit stellen, die ihn das geschichtlich wandelbare und wachsende Wesen sein lassen, gegen die Anthropologie der Vorwurf des statisierenden Naturalismus erhoben. Dieser Vorwurf hat aber unrecht, denn erstens ist die Natur, von der Anthropologie spricht, nur die Basis und nicht das Ganze des Menschen, zweitens trägt diese Natur ihrer eigenen Beschaffenheit nach die Notwendigkeit der Geschichte schon in sich. Als bloße offenstehende Form ruft sie selbst nach der geschichtlichen Füllung. Der Mensch ist eine Gleichung mit Variablen, die jeweils erst von der Geschichte konkret vereindeutigt werden. Angeborene Unbestimmtheit wird in der Geschichte zur Bestimmtheit entschieden. Die Alternative Anthropologie-Geschichtsphilosophie ist falsch gestellt.

Es ist auch nicht so, wie Geschichtsmetaphysik und Platonismus wollen, daß eine Richtung, in der er voranschreiten soll, dem Menschen schon vorgezeichnet wäre, daß er die zwar noch nicht realisierte, aber keimhaft-entfaltungsbereit vorhandene Normidee seiner selbst bloß wie eine Wahrheit »finden« müßte. Er muß nicht finden, sondern erfinden. »Künstlichkeit ist des Menschen Natur« (Ferguson). Ohne vorgegebene »Essenz« muß er sich in nur ihm überantwortete Zukunft hinein als das, was er sein will, »entwerfen«, sich selbst »produzieren«: das gilt nicht nur vom Einzelnen (Fichte, Sartre), sondern primär vom Menschen in genere (Marx).

Der Mensch lebt nicht nur, er führt sein Leben (Plessner). Er verhält sich nicht nur, er handelt (Gehlen). Er ist nicht, er wählt sich (Sartre). All dies impliziert verglichen mit sonstigem Leben 3./4. eine höhere *Bewußtheit* (vgl. B I f 2) und *Freiheit*.

Da ferner, wie wir sahen, seine Gattung als solche eine Leerstelle enthält, da sie selbst ihm den Auftrag erteilt, seine Seinsweise zu bestimmen und einen eigenen Weg des Menschseins zu finden, muß er – müssen ebenso Völker und Epochen wie der Einzelne –, um zur vollen Wirklichkeit zu gelangen, über seine Gattung, das in ihr schon Präformierte, hinausgehen, ihr qualitativ etwas hinzufügen. Das kreative Wesen ist 5. das *individuierteste*. Sich verwirklichend individuiert es sich.

Heute sucht der Strukturalismus nach linguistischem Vorbild gleichsam die Phoneme der Kultur aufzugraben. Auch die Wandlungen der Kultur beruhen nach ihm nur auf der stets

neuen, jedoch regelrechten und voraussehbaren Kombination
(vgl. C V d 3 über Leibniz) elementarer, schon ursprünglich
vorhandener, gleichbleibend-gemeinsamer Grundmuster. Eine
aus der Meta-Ebene heraufwirkende, uns unbewußt lenkende
generative Sozialgrammatik bildet den wahren Hebel der sich
selbst machenden Geschichte. Das kreativ-initiative Individuum
als Geschichtssubjekt erweist sich von hier aus ebenso als Fehl-
erfindung des 18. Jahrhunderts wie die geschichtliche »Entwicklung«. Wirkliche Wissenschaft vom Menschen entsteht
erst mit dem »Ende des Menschen« (Foucault, Sebag, vgl.
Lévi-Strauss). Der Einzelne als Zentrum und Anfang war ein
Mythos. – Mit seiner Erneuerung platonisierender und naturalistischer Tendenzen bildet der Strukturalismus ebensosehr
eine Anti-Anthropologie wie eine Anti-Geschichtsphilosophie.
Das Ende des Individuums, das er für das wissenschaftliche
Begreifen signalisiert, ist aber nur Symptom des realen Endes
des Individuums, das uns bevorsteht. Für Sartre bildet, bei den
Strukturen haltzumachen, einen Skandal: der Mensch wird er
selbst gerade dadurch, daß er über die Strukturen, die ihn bedingen, ständig hinaus ist.

b) Die Erkenntnis im gesamtmenschlichen Kontext

Seit der Antike setzt man das Auszeichnende des Menschen
in seine erkennende Vernunft. Allein dies heißt vom Sekundären ausgehen. Das erkenntniskräftigste, erkenntnisbeweg-
lichste Wesen ist der Mensch nur, weil er kreativ ist, so wie
analog beim Tier statische Verhaltens- und Wahrnehmungs-
struktur aufeinander korrelativ sind: man muß beides als Gefüge zusammenschauen. Den spezialisierten Reaktionsschemata
der Instinkte entsprechen beim Tier auch spezialisierte Rezeptionsschemata. Seine Sinne wirken wie selegierende Filter, die
nur einlassen, was für das Verhalten relevant ist. Mehr brauchen sie nicht einzulassen, denn schon dies genügt, um die
bereitliegend-passende Instinktreaktion in Gang zu setzen. Wie
in seinem Handeln nicht durch Instinkte, so ist demgegenüber
der Mensch 6. *auch in seinem Auffassen der Welt nicht spezialisiert.* Um ein eigenes Handeln aufzubauen, muß er allseitiger und gründlicher mit ihren Materialien vertraut sein. –
Es ist also falsch zu sagen, die Sinnlichkeit teile der Mensch

mit den Tieren, nur bei ihm aber trete das Denken hinzu. Schon die Sinnesleistungen sind bei ihm intelligent, sind spezifisch menschlich.

Ebenso falsch ist es, den Menschen zum Asketen und Neinsager zu deklarieren, der zwischen seinen »Drang« und das erstrebte Ziel einen Hiatus des Verzichts legt (Scheler). Denn dies setzt das Bestehen eines direkten Weges zum Ziel voraus, der durch den »Geist« nur unterbrochen wird. In Wahrheit muß der Geist den Weg selbst erst bauen, ja oft ist er es, der auch das Ziel setzt. Die theoretische Veranlagung des Menschen tritt 7. nicht nachträglich, additiv, platonisch antithetisch oder aristotelisch überschichtend zu einer tieranalogen Sensomotorik hinzu, vielmehr ist sie mit dem Bedürfnis *gleichursprünglich.* Dieses selbst stützt sich auf sie, um zu seiner eigenen Stillung zu kommen. Die spezifisch menschliche Praktizität wird wie durch das Bedürfnis immer auch schon durch den theoretischen Faktor bestimmt.

Gerade um der Praktizität dann dienen zu können, darf aber 8. Theoretizität nicht von vornherein nur in ihrem Dienst stehen. Sie muß gegen jene auch *selbständig* sein, muß sich nach eigener Neigung in einem Freiraum entfalten dürfen. Sonst wird sie von der jeweiligen Praxis her respezialisiert, während sie nur als unspezialisierte neue Praxis vorbereiten kann. Um zu beurteilen, für welchen Nutzen etwas dann verwendbar ist, muß Erkenntnis zuerst vor- und außernutzhaft um es wissen.

Psychologisch äußert sich die Theoretizität 9. als *Explorationsdrang.*

Man kann innerhalb ihrer unterscheiden 10. die extensive Dimension: der Mensch ist nicht »umwelt«begrenzt, sondern »*weltoffen*« (Scheler). Er transzendiert den Horizont des ihm schon Bekannten, bildet neue Kategorien. Faktisch kapseln sich Völker und Einzelne jeweils in »sekundäre Umwelten« ein: eine bestimmte Lebensweise selegiert auch hier wieder das Wahrgenommene, apperzipiert nur das für sie Relevante und schafft sich (rückwirkend die eigene Haltung »hochstilisierende«) »dogmatisch«-einseitige Deutungssymbole (Rothacker); immer aber kann der Mensch einen solchen geschlossenen Kreis verstehend und sich selbst wandelnd sprengen, sich einen neuen Kreis einrichten, und hat so Geschichte. Tierische Umwelt ist artgebunden und unüberspringbar, menschliche selbstgestiftet und relativ.

11. Die intensive Dimension: er dringt ins Innere der Dinge, kennt oder glaubt zu kennen die Eigenschaften und Gesetze, die ihnen »an sich« zukommen, ihr »Wesen«.

Darin liegt bereits 12.: Dinge bilden bei ihm nicht nur Ziele oder Widerstände für den eigenen Vitalstrom, versehen nicht nur Funktionen im praktischen Ablauf, sondern lösen sich aus diesen heraus als jetzt erst eigenständig-objektive Dinge. Der theoretischen Kraft auf der subjektiven Seite erschließen sie sich erst als ein Gegenüber im strengen Sinn.

Deshalb orientiert nach Plessner der Mensch nicht nur (wenngleich auch) wie das Tier naiv die Welt auf sich als Zentrum, sondern reorientiert zugleich »exzentrisch« sich auf die Welt, weiß um seinen Standort in ihr und wird sich so mit den Weltgegenständen selbst gegenständlich. »Innerhalb seiner Perspektive außerhalb ihrer stehen ist die Position des Menschen.« Er lebt aus sich heraus und auf sich zu. In der Gebrochenheit dieser »vermittelten Unmittelbarkeit«, in der er sich selbst zum Doppelgänger wird, ist er von innen her Leib und verfügt über das äußere Instrument eines Körpers, ist in Situationen einbezogen und steht sie beherrschend über ihnen. Er ist nicht nur, was er ist, sondern performiert eine Rolle: so hängen moderne Anthropologie und soziologische Rollentheorie ineinander. – Weil er auf Eigenheiten und Möglichkeiten der Dinge eingeht, deshalb wird nach Gehlen der Mensch handelnd beständig zugleich von ihnen belehrt und schließt sich in einem rückgekoppelten »Handlungskreis« mit ihnen zusammen.

13. Erkennen heißt nicht nur dem Einzelnen beikommen, es heißt auch zu allgemeinen Erfahrungen gelangen, heißt weltgliedernde Begriffe bilden. Ursprünglich (in nicht zeitlicher, sondern logischer Ursprünglichkeit) in ein Überraschungsfeld desorientierender »Reizüberflutung« gestellt, muß der Mensch nach Gehlen, wobei ihm die Sprache wegleitend ist, in seiner Kategorialität erst ein Pendant dessen aufbauen, was das Tier in seinen Rezeptionsschemata bereits besitzt, muß in ihr die Welt übersichtlich und verfügbar machen und sich zugleich von ihrem Andrang entlasten. Im Unterschied zum Tier sind die »Gestalten« bei ihm nicht starr, er kann analytisch Elemente aus ihnen herausbrechen und konstruktiv immer neue Gestal-

ten bilden (Wolfgang Köhler). Der praktischen Kreativität geht vorher die erkenntnisimaginative der Begriffsbildung.

14. Vernunft erkennt nicht nur das Gegebene, sie *greift* – und auch damit kehren wir zur Kreativität zurück – antizipierend über es *hinaus*. Sie entwirft gegliederte Vorschemata des Handelns, die dieses dann realisiert (Piaget). Sie imaginiert die Utopie eines noch nicht seienden anderen Weltzustandes und in ihm des besseren Lebens einen neuen Menschen (Bloch).

c) Kultur- und Geschichtsprägung

Manches ist nur für den Moment geschaffen, anderes gewinnt Dauer. In Wert-, Norm- und Zwecksystemen, in Sitten, Techniken und Regeln, in Erfindungen und Gebilden verfestigt sich creatio zum creatum, menschlicher Geist zum »objektiven Geist«. Der Mensch, auch der anfänglichste, von späterer Höhe barbarisch gescholtene, ist 15. nie ohne diesen »Außenapparat« der »*Kultur*«. Man sprach von »Selbstdemostikation«, aber eine »Wildform« des Menschen hat es nie gegeben, kann es nie gegeben haben. Daher konvergiert Anthropologie heute (in Namensdeckung und auch inhaltlich partieller Überschneidung mit der amerikanischen Ethnologie) zur »Kulturanthropologie«. »Institutionen«, wie Gehlen sie zusammenfassend nennt, verleihen nach ihm dem Handeln eines Wesens, das infolge der Instinktreduktion über konstitutionellen Antriebsüberschuß und variable Motorik verfügt, erst Stabilität und Richtung. Abbau der Institutionen, so sehr er auch als challenge dienen kann, trägt, wo er radikal wird, in sich die Gefahr der Primitivierung des Menschen.

16. Der Mensch lebt nicht in *der*, sondern jeweils in einer *besonderen* Kultur. Wie wir sahen, liegt in seinem Bauplan nur, *daß* er auf Kultur angewiesen ist; mit *welcher* er sich aber umgibt, darüber findet er in sich keine ererbte Vorschrift. Vielmehr beruht dies – im Zusammenwirken mit Tradition und Umwelt – auf seiner eigenen freien Thesis, die nach Zeiten und Orten in staunenswerter Variationsbreite auf immer anderen Nomos verfällt, und nur deshalb *schafft* er Kultur im eigentlichen Sinn. Seiner subjektiven Kreativität entspricht auf der objektiven Seite die Pluralität der Geschichtswelten: die eine verweist auf die andere. Kulturprägend ist er *geschichts-*

prägend. Philosophische Anthropologie kann demgemäß nur formale Anthropologie sein: sie zieht gleichsam den geometrischen Ortsbogen, auf dem die Kulturen liegen, deren Füllung durch konkretes Sosein sich jedoch nicht aus verbindlichem Allgemeinheitsdenken, sondern aus dem instituierenden Leben ergibt.

In der Freiheit des Menschen zur geschichtlich von ihm selbst zu bildenden Form liegt freilich auch seine Gefährdung. Er kann an armen und niedrigen Formen haften bleiben, kann auf falsche und zerstörerische Formen verfallen. Ethik befürchtet, er könne die Norm übertreten; Anthropologie befürchtet, tiefergreifend, die Norm selbst, die er aufstellt, könnte verhängnisvoll sein. Andere Wesen erfüllen bloß naturhaft ihre Gattungs*anlage,* der Mensch hat eine *Aufgabe,* vor der er aber eben deshalb auch versagen kann. Daher immer wieder die These, er sei als solcher eine »Fehlkonstruktion« der Natur, eine These, die heute, da die Selbstauslöschung der Menschheit, ja des Lebens überhaupt, durch ABC-Waffen in Reichweite liegt, ebenso an Boden gewann wie anderseits der Appell an seine »kosmische Verantwortung«. Aus Angst, er werde seine Freiheit mißbrauchen, lassen viele philosophische Systeme sie gar nicht erst bewußt werden, lassen repressive gesellschaftliche und politische Systeme sie real nicht aufkommen. Damit legt man aber, um dem Risiko zu entgehen, den geschichtlichen Prozeß still. Aus dem Leiden an dem, was er sich angetan hat, lernt der Mensch. Der Irrtum provoziert antithetisch das Bessere.

d) Modellierbarkeit, Kultur- und Geschichtsgeprägtheit, animal educandum, Traditionalität, Sozialität

Wie das Schaffende ist der Mensch auch umgekehrt das Wesen, das früher Geschaffenes übernimmt und sich durch es bestimmen läßt: Geschöpf seiner eigenen Schöpfungen. Dadurch muß er nicht immer von vorn beginnen, und die Produktion der Gegenwart beginnt bereits auf höherer und speziellerer Stufe. An die Stelle der *ererbten* Instinkte des Tieres treten neben der Schaffensfähigkeit selbst die aus ihr objektivierten, geschichtlich erworbenen und von den späteren *gelernten* cultural patterns. Die Kreativität erhält so Gegengewicht und Ergänzung 17. psychologisch in der *Modellierbarkeit,* Kultur- und

Geschichtsprägekraft 18. phänotypisch-manifest in *Kultur- und Geschichtsgeprägtheit.* In den Gebilden des »objektiven Geistes« gibt der Mensch jeweils auch seinem eigenen Leben eine Form. Objektivation ist Selbstkonstitution. Dieser Vorgang ist aber ein permanenter. Die Formen erneuernd, erneuert sich in einem Regelkreis der in ihm geschichtlich bewegte subjektive Geist.

19. Der Lernfähige ist auch der *Lernbedürftige,* ist das animal educandum. Das spiegelt sich, wie Portmann zeigte, auch biologisch im Wachstumsrhythmus. Beim Menschen ist die Jugendphase im Vergleich zu allen anderen Wesen absolut verlängert und sogar noch nach unten durch das »extrauterine Jahr«, nach oben durch die Adoleszenz erweitert. (Dem entspricht dann auch, daß er älter wird als die meisten Tiere.) Er muß lange jung bleiben, weil er – ohne daß in dieser sinnhaften Zuordnung das eine Ursache, das andere Wirkung wäre – möglichst lange *plastisch,* d. h. in der Lage sein soll, kulturelle Errungenschaften und Gepflogenheiten aus seiner Umgebung aufzunehmen und sich anzueignen. Auch die schon von der Antike beobachtete Hilflosigkeit des Neugeborenen erweist sich von hier aus nur als die Kehrseite der Plastizität, der positiven Formbarkeit einer Organisation, die nicht schon naturhaft im Mutterleib, sondern im Gemeinschafts- und Geschichtsraum aufgebaut wird.

Die Form, in der einst schon Gefundenes bewahrt wird, ist die Tradition einer Gemeinschaft. Jede Generation übernimmt es von der älteren und reicht es der nächsten weiter. Der Mensch ist somit 20. das *Traditionswesen* und

21. das *sozialste Wesen.* Denn auch andere Wesen leben zwar in Gemeinschaften, dennoch ist er auf seine Gemeinschaft noch angewiesener als sie. Beim Tier sind die Eltern – trotz Ausnahmen – mehr nur Aufzieher als Erzieher: das angeborene Verhalten bricht ja von selbst durch. Nur der Mensch erfährt erst vom Artgenossen, als was er die Dinge ansehen und wie er sich bewegen soll. Neben diese Kulturbesitz übertragende tritt die kooperative Sozialität.

Mittel aller Sozialität aber ist, wie wir schon sahen, 22. die Fähigkeit, Vorstellungen zu symbolisieren (vgl. C V a). –

Wiewohl Tradition aus Schaffensprozessen hervorgeht, also verglichen mit ihnen an sich ein Zweites ist, wirkt sie geschichtlich als das Ursprünglichere. Sich als naturhaft-notwendig nehmend, extensiv und rigid herrschend, läßt Tradition anfänglich unter ihrer Überlagerung individuelle, neuernde Freiheit kaum und nur auf unbewachten Wegen aufkommen. Erst spät, bei den Griechen, noch mehr seit der Renaissance, löst Individualität (dieser Nachtrag zu 4./5. kann erst jetzt gegeben werden) sich aus der compulsive power (Parsons) der Gesellschaft und erstarkt zu Selbständigkeit. In Kynismus, Gnosis, Täufertum, Sturm und Drang, Anarchismus, Expressionismus, Surrealismus sucht sie die institutionellen Bindungen vollends abzustreifen und sich ganz auf ihre eigene Autonomie zu stellen. Das kann zwar nie völlig gelingen, dennoch bleibt es religiös, künstlerisch und politisch eine Ursehnsucht der Menschen, Spontaneität von Form zu isolieren und sich allein genügen zu lassen. Plastizität und Kreativität, das schon Geschaffene und das Neuschöpferische, Geschichte, die *uns* macht und Geschichte, die *wir* machen, sind polare Kräfte, die miteinander ringen und geschichtlich verschiedene Mischungsverhältnisse miteinander eingehen. Der Mensch lebt nicht nur aus ihnen beiden, sondern findet sich 23. vor der Aufgabe, ihr *Wechselspiel* zu beherrschen und sie in der jeweiligen Situation in ein Verhältnis zueinander zu bringen.

e) Para- und Semianthropologien

Der als Naturwesen unvollständige Mensch, sahen wir, schließt sich zur Ganzheit erst geschichtlich. Er tut es in den Kulturen, tut es durch bestimmte Weisen des Menschseins. Dieses Menschsein aber lebt er nicht nur. Vielmehr richtet er, es artikulierend und zum Ziel erhöhend, ein Selbstbild, ein Menschenbild vor sich auf. Und zwar pflegt er sich dabei nicht bewußt zu sein, daß sein Menschenbild nur eine bestimmte Ausprägung menschlicher Möglichkeiten neben anderen ist, sondern hält es für das seinsverankerte Ideal des Menschen schlechthin.

Auch das Aufstellen solcher besonderter Menschenbilder pflegt Anthropologie genannt zu werden. Daher richtet sich gegen Anthropologie häufig (vgl. C Einl. Schluß und C VII a 2) der Vorwurf, der übergegenständliche Möglichkeitsgrund im Menschen werde von ihr den starren Dingen analog verfestigt und ontologisiert (Jaspers nach Bergson, geschichtsphilosophische Richtungen). Dieser Vorwurf trifft aber nur die füllende Anthropologie der Menschenbilder, für die man besser ein anderes Wort fände, nicht die formale philosophische Anthropologie der unterhalb ihrer liegenden menschlichen Struktur. In der Sophistik, bei Herder und bei Scheler war es gerade die Krise der sich konkurrenzierenden und dadurch unverbindlich werdenden Selbstdeutungen des Menschen, die die Frage nach ihm erst in eine tiefere, philosophische Schicht vortrieb. Wie wir es von der Geschichtsphilosophie sahen, entsteht auch Anthropologie in Übergangszeiten.

Viele Denk- und Verhaltensweisen, die man früher im geschlossenen Kulturkreis für menschliche Konstanten hielt, erweisen sich dem Ethnologen und Historiker als bloß temporäre Besetzungen von Variablen. Dennoch ist es fruchtbar, wenn »historische Anthropologie« (Nipperdey) solche typischen Strukturen – etwa: des »gotischen Menschen« – herausschält. Denn sind sie auch anthropologisch keine absoluten Konstanten, so sind sie es doch relativ hinsichtlich der Kulturen und Epochen. Als »historisches Apriori« liegen sie den Einzelereignissen und -werken eines Zeitalters, die den Historiker sonst gefangenhalten, verglichen mit ihnen »metahistorisch«, wenn auch dieser Anschein nur durch ihre langwährende Stabilität entsteht, immer schon zugrunde.

Nur »Menschenbilder«, strenggenommen keine Anthropologien, sind es auch, wenn Metaphysik den Menschen spiritualistisch (wie Religion durch unsterbliche Seele) durch »Vernunft« ausgezeichnet oder im naturalistischen Gegenschlag der allgemeinen Bedürfnis- und Triebhaftigkeit des Lebendigen eingeordnet sein läßt. Beide Male wird vor allem *gewertet:* wird weltanschaulich ein Teilbereich im Menschen für bestimmender erklärt als der andere. Er wird aber weder zur anderen »Hälfte« in eine innere Beziehung gesetzt noch deshalb in seiner spezifischen Art und Funktion aus der menschlichen Ganzheit heraus verstanden. Diesen Fehler verbessern auch Descartes (dem immerhin das Verdienst zukommt, daß er durch Zerstörung von Anthropomorphismen den Menschen seines Sonderseins bewußter machte), Schopenhauer und noch Scheler dadurch nicht, daß sie beide Menschenbilder kombinieren. Günstiger als in spiritualistischer oder naturalistischer

Metaphysik sind die Weichen für Anthropologie im Pantheismus gestellt. Grundsätzlich aber gelingt metaphysische Anthropologie so wenig wie – wir sahen es – metaphysische Ethik. Anthropologie findet man nicht bei den großen Metaphysikern, sondern bei den Seltenen, die die »anthropologische Optik« besaßen: Protagoras, Diogenes von Apollonia, Pico della Mirandola, Herder, Plessner, Portmann, Rothacker, Gehlen.

Seit der »anthropologischen Wende« der 20er Jahre führen auch viele Wissenschaften wie Psychologie, Pädagogik, Soziologie, Politologie, Theologie den anthropologischen Blickpunkt ein und sprechen dann von »psychologischer Anthropologie« (besser wäre »anthropologische Psychologie«) usf. Das Motiv hierfür ist aber – soweit nicht, wie vor allem in der Pädagogik, Ergebnisse der philosophischen Anthropologie fruchtbar gemacht und weitergeführt werden – mehr das antipositivistische, nach dem Zerfall metaphysischer Gesamtdeutungen auf eigenem Boden wieder zur wenigstens internen »Ganzheitsbetrachtung« zu gelangen. Für diese Wissenschaften ist, aus dem gesammelten Wissen ein Menschenbild aufzubauen, nur eine modische Methode. Fundamentale anthropologische Einsichten werden dabei ebensowenig gewonnen wie in der Metaphysik: wie in dieser die Intention für eine Anthropologie zu weit ist, so in den Wissenschaften das Material zu speziell. Um diesem Mangel abzuhelfen, beginnen heute verschiedene Humanwissenschaften (»sciences de l'homme«), interdisziplinär zusammenzuwirken: so neben der Soziologie diejenigen beiden Wissenschaften, die im antiphilosophischen Trend des 19. Jahrhunderts den Begriff der Anthropologie usurpierten: biologische (auch Hirnphysiologie einschließende) und ethnologische Anthropologie (weil in Frankreich und im angelsächsischen Bereich Anthropologie = Ethnologie ist, kommt philosophische Anthropologie dort nicht zum Zuge). Damit wird systematisiert und so vielleicht ins Positive gewendet, was Habermas der Anthropologie zum Vorwurf machte: daß sie bloß die Ergebnisse anderer Forschungszweige synthetisiere.

Keine Anthropologie, sondern lediglich Besitzergreifung ihres herrenlosen Namens ist es, wenn etwa ein Arzt entdeckt, daß seine Kunst es nicht mit Krankheiten, sondern mit kranken Menschen zu tun hat, und daraufhin eine »anthropologische Medizin« kreiert. Ebenso, wenn Historischer Materialismus, der an sich an der Anthropologie rügt, sie gehe statt von Geschichte, Gesellschaft und Ökonomie vom Einzelnen aus (deshalb – und wegen seiner »Ontologie« – galt Ernst Bloch in der DDR als »Revisionist«), dann doch den »subjektiven Faktor« gesonderter Betrachtung würdigt (jugoslawische Praxisgruppe, Baczko und Schaff in Polen, Kolakowski): hier spräche man in vielen Fällen besser als von Anthropologie von Personalismus. Immerhin knüpft dieser an die echt anthropologische Problematik des *jungen* Marx (der »Pariser Manuskripte«) an, daß der Mensch sich durch seine eigene falsche Organisation vom Arbeitsprozeß und -produkt, vom Mitmenschen und sich selbst »entfremde« und daß das Ziel die wiedererlangte »Menschlichkeit des Menschen« sein müsse. Mit der »Entfremdung« trifft »marxistische Anthropologie« einen anthropologisch entscheidenden Punkt, bloß daß sie sie inhaltlich zu eng faßt und zu leicht sie zu überwinden hofft. Entfremdungen ergeben sich beim Menschen überall aus dem Urgegensatz zwischen Institution und Spontaneität, Überlieferungsfestigkeit und Gegenwartsaufbruch, und bleiben daher in gewissem Umfang unvermeidlich.

Es gibt naturwüchsige Selbstdeutungen des Menschen, seiner Differenz und Aufgabe schon im Mythos. Häufig sind Feststellungen, denen allen gemeinsam ist, daß sie mit den Worten beginnen »Nur der Mensch«: nur er empfindet Scham und kennt Gut und Böse (Genesis), muß arbeiten (Genesis und Marx), verfügt über keine natürlichen Schutz- und Angriffsorgane und ist nackt (Protagoras), kennt keine Brunstzeiten, ist als Kind sehr lange auf Pflege angewiesen, wird 70 Jahre alt (Sophistik), hat Hände (Anaxagoras), geht aufrecht und spricht (Diogenes von Apollonia und Herder), ahmt (mehr als der Affe) nach (Aristoteles), ist frei was er will aus sich zu machen (Pico), bewahrt Vergangenes (Nietzsche), richtet sich in die Zukunft (Buber), ersinnt Utopien (Bloch), kann Selbstmord begehen (Ehrenberg), kann lachen und weinen (Plessner), stellt Fragen (Löwith), sagt nein (Hans Kunz), unterscheidet zwischen Bild und Sache selbst (Jonas), feiert Feste (Bollnow), ist am lernfähigsten, vollzieht die Enzephalisation, kennt keine feste ökologische Nische (Tiervergleich) usf. All solche Beobachtungen sind, auch wenn sie manchmal mit dem Anspruch der »Definition« auftreten, doch nur Bausteine. Sie stellen ein

Einzelnes, oft Sekundäres, zu sehr in den Vordergrund. Sie begnügen sich mit seiner Feststellung, und wo sie es deuten, da tun sie dies zu immanent. Methode der Anthropologie muß es sein, von einer solchen augenfälligen Eigenheit ausgehend, transzendental zurückzufragen: Wie muß ein Wesen beschaffen sein, bei dem sie eine sinnvolle und notwendige Funktion versieht? Nur aus diesem tieferen Organisationsgesetz lassen sich dann auch die Teilaspekte aufeinander beziehen und in systematischen Zusammenhang bringen.

Gegen Hegels Hypostasierung der philosophischen Begriffe stellte Kierkegaard das Eigenrecht und höhere Recht der in sie nicht eingehenden und von ihnen nicht betroffenen Wirklichkeit unserer singulären Existenz. Gegen die wissenschaftliche Konstruktion einer mathematisiert-sinnleeren Natur, in der wir uns entfremdet sind, gegen die »Naturalisierung« auch des Bewußtseins, stellte Husserl das Erleben, so wie es sich selbst gegeben ist, und die zu ihm gehörige »Lebenswelt«. So gehören beide Denker, wiewohl gegensätzliche Typen, durch verwandte Opposition doch zusammen. Beide wenden sie sich zurück zu dem von weiterstürmender Vernunft hinter sich gelassenen und ausgelöschten Ausgangspol. Deshalb konnte Husserls Einsatz bei Heidegger eine Wendung erfahren, die einem Rückgriff auf Kierkegaard gleichkommt. Neben dem existentialistischen und dem phänomenologischen ist der anthropologische der dritte Weg, unter Objektivitäten, zu denen wir keinen motivierten Bezug mehr finden und die uns mit ihrer immanenten ratio rei zu überwachsen drohen, das Subjekt in seiner Unmittelbarkeit zu retten. – Die Aufgabe besteht jedoch nicht nur darin, den vielen Wissenschaften die vergessene Wissenschaft vom Menschen hinzuzufügen resp. ihn aus seinen Fehlinterpretationen zu erlösen. Indem Anthropologie aus der »Welt des Menschen« zunächst regreßhaft den stiftenden Einheitspunkt erschließt, läßt sie sie sodann in gegenseitiger Deutung aus diesem erklärend hervorgehen. Behandeln Kant und noch Husserl nur die Konstitutionsleistungen der extramundanen erkennenden Bewußtseinssubjektivität, während das lebendige Realsubjekt für sie Objekt unter Objekten bleibt, so öffnet sich hier eine mit dem Erkennen auch Handeln und Schaffen konstituierende Schicht innerhalb des »ganzen« Menschen. Sie ist transcendentale transcendentalium.

Erläuterungen

a fronte — von vorn
a tergo — von hinten (vom Rücken her)
adaequatio rei ac intellectus — Übereinstimmung der Sache und des Verstandes
ama deum et fac quod vis — liebe Gott und tu, was du willst
âme universelle unique — die eine allgemeine Seele
amicus Plato, magis amica veritas — Plato ist ein Freund, die Wahrheit ist es noch mehr
ancilla scientiae — Magd der Wissenschaft
ancilla theologiae — Magd der Theologie
anima naturaliter christiana — die von Natur christliche Seele
animal creativum — schöpferisches Wesen
animal educandum — das Wesen, das erzogen werden muß
animal rationale — Vernunftwesen
appetitus sociabilis — Streben nach Soziabilität; das Bedürfnis der Vergesellschaftung
archä — Ursprung

bene vixit qui bene latuit — gut hat gelebt, wer sich gut verborgen hielt

c'est ni vrai ni faux, c'est commode — es ist weder wahr noch falsch, es ist bequem
causa efficiens — bewirkende Ursache
causa finalis — Zweckursache
causa formalis — formale Ursache
causa materialis — materiale Ursache
causa secunda — zweitrangige Ursache
challenge — Herausforderung
chef d'œuvre inconnu — unbekanntes Meisterwerk
clare et distincte — klar und deutlich
cogitatio — das Denken; das Bewußtsein als Substanz (Descartes)
cognitio cuiuslibet veri — die Erkenntnis jeglicher Wahrheit
cognitio sensitiva — Sinneserkenntnis
cognitio summae veritatis — die Erkenntnis der höchsten Wahrheit
comment — wie

compulsive power — die zwingende Macht
coniectura — Vermutung
conservatio — Erhaltung
consolatio — Trost
credo quia absurdum — ich glaube (es), weil es absurd ist
cupido sciendi — Wissensbegierde
curiositas — Neugier

de ce que nous appellons moi en nous — dessen, was wir das Ich in
    uns nennen
determinatissime — aufs entschiedenste; aufs bestimmteste
deus deceptor — Gott als Täuscher; der uns irreführende Gott
dira necessitas — die furchtbare Notwendigkeit
doxa — Meinung

e contrario — vom Gegenteil her
élan vital — Lebensschwungkraft; Antrieb für die Entwicklung des
    Lebens
emendatio intellectus — Verbesserung des Verstandes
ens metaphysicum — metaphysisch Seiendes
ens realissimum — das Allerseiendste
ens sive bonum — das wahrhaft Seiende oder das Gute
error — Irrtum
esprit géometrique — der Geist der Geometrie
esprit de finesse — der Geist des Scharfsinns (der Logik)
Essentialismus — Wesensphilosophie
extensio — Ausdehnung; die den Raum füllende Substanz (Descartes)

factum brutum — rohe, rein sinnliche Tatsache
fides — Glaube
fons vitae — Quell des Lebens
forma dat esse rei — die Form gibt dem Ding seine wirkliche Existenz
fruitio dei — Genuß Gottes (gen. obj.)
fundamentum in re — Gegründetsein in der Sache selbst

gesta dei — die Taten Gottes
gnoseologia inferior — derjenige Teil der Erkenntnislehre, der vom
    Konkret-Wirklichen, vom Individuellen handelt
gratia non tollit naturam sed perficit — die Gnade hebt die Natur
    nicht auf, sondern vollendet sie
gratiae naturales — von der Natur verliehene Vorzüge
gravamen — Belastung; Beschwernis

histoire structurelle — strukturelle Geschichtsschreibung
homo faber — der herstellende Mensch
homo hominans — der sich hervorbringende Mensch
homo hominatus — der durch sich hervorgebrachte Mensch
homo inveniens — der erfinderische Mensch
homo sapiens — der »kluge« Mensch

Hylozoismus — Allbeseeltheit
hypotheses non fingo — Hypothesen erfinde ich nicht

*i detrattatori della corruptibilità meriterebber d'esser cangiati in
    statue* — die Verächter der Vergänglichkeit verdienten in Statuen
    verwandelt zu werden
ideae innatae — eingeborene Ideen
idem per idem — Gleiches durch Gleiches
imagination — Einbildungskraft; Phantasie
in magnis voluisse sat — in großen Dingen genügt es, gewollt zu
    haben
inconcussum — schlechthin Gewisses; Unbezweifelbares
ineffabile — (in Worten) unausdrückbar
ingenii limites — die Grenzen des natürlichen Verstandes
inherited conglomerate (Gilbert Murray) — das ererbte Sammelsurium
innovatio — Neuerung
intellectus — Vernunft; Verstand
intellectus divinus — göttlicher Verstand
intentio recta — der Bezug auf die Sache
intentio obliqua — der Bezug auf die Erkenntnis der Sache
ius gentium — Völkerrecht
ius talionis — altes Vergeltungsstrafrecht (»Auge um Auge«)

je ne sais quoi — ich weiß nicht was
justification — Rechtfertigung

knowledge is power — Wissen ist Macht

l'un et l'autre est vrai — das eine wie das andere ist wahr
le style est à lui-meme une manière de voir les choses — der Stil ist
    selbst bereits eine Art, die Dinge zu betrachten

magistra vitae — Lehrmeisterin des Lebens
materia nuda — nackte Materie
matter of fact — (sinnlich wahrnehmbare) Tatsache
mauvais génie — böser Geist
mundus intelligibilis — das Reich der Vernunft (im Gegensatz zum
    Reich der Sinne)
mysterium fascinosum — das anziehende Geheimnis
mysterium tremendum — das furchterregende Geheimnis

natura naturans — hervorbringende Natur
natura naturata — hervorgebrachte Natur
natura non vincitur nisi parendo — die Natur wird nur dadurch be-
    siegt, daß man ihr gehorcht
nec plus ultra — (bis hierher und) nicht weiter
necessariores omnes, nulla dignior — alle notwendiger, keine
    würdiger

nexus organicus – organische Verknüpfung (im Gegensatz zu Kausal-
und Finalverknüpfung)

*nihil est in intellectu quod non prius fuerit in sensu (– nisi intel-
lectus ipse)* – nichts ist im Verstand, das nicht zuvor in den Sinnen
war (– außer dem Verstand selbst)

nobilitas ingenita – angeborener Adel

nous n'avons pas besoin des savants – wir brauchen keine Gelehrten

nulla scientia probat sua principia – keine Wissenschaft beweist ihre
eigenen Grundsätze

onus probandi – Beweislast

ordo et connexio rerum idem est ac ordo et connexio idearum – die
Ordnung und der Zusammenhang der Dinge sind dieselben wie
die Ordnung und der Zusammenhang der Ideen

pars destruens – kritischer Teil

perfectio – Vollkommenheit

pertinacia – Zähigkeit; Beharrlichkeit

petites perceptions – die »kleinen« (unbewußten) Wahrnehmungen

phaenomenon bene fundatum – wohlgegründete Erscheidung

philosophia ex crisi et morbo – Philosophie aus Krise und Kranksein

philosophia ex dubitatione – Philosophie aus dem Zweifel

philosophia ex homine – Philosophie aus dem Menschsein

philosophia ex ignorantia et problemate – Philosophie aus Nichtwissen und Problem

philosophia ex individuo – Philosophie aus der Individualität

philosophia ex ratione – Philosophie aus der Vernunft

philosophia militans – kämpfende Philosophie

philosophia perennis – (in ihren Grundsätzen) sich gleichbleibende
Philosophie

philosophie avant la lettre – Philosophie vor der ausdrücklichen
Philosophie

phrastisch – Ausdruck eines Sachverhalts in der Sprache (im Gegensatz zum Ausdruck von Zustimmung oder Ablehnung)

pourquoi – warum

praeambula fidei – theologischer Vorspann des Glaubens

primus in orbe deos fecit timor – die Furcht war es, die auf Erden
zuerst die Götter schuf

principia praeter necessitatem non esse augenda (– non diminuenda)
– Grundsätze sollen nicht ohne Notwendigkeit vermehrt werden
(– vermindert werden)

principium complacentiae – Prinzip der Billigung moralischer
Grundsätze

principium dijudicationis – Prinzip der Erkennbarkeit moralischer
Grundsätze

principium executionis – Prinzip der Ausführbarkeit moralischer
Grundsätze

proprium – Eigenart; charakteristisches Merkmal

quae philosophia fuit, historia facta est — was Philosophie gewesen ist, ist Geschichte geworden
quaestio facti — Sachfrage
quaestio iuris — Rechtsfrage
querelle des anciens et des modernes — der Streit der Verteidiger der antiken und der neuzeitlichen Literatur

ratio rei — Seinsgrund der Sache (selbst)
reiterativ — wiederholend
rerum causas — den Gründen der Dinge (Lukrez)
Roma aeterna — das ewige Rom

savoir pour prévoir — wissen, um vorauszuwissen
scientia est potentia — Wissenschaft ist Macht
self-fulfilling prophecy — sich selbst erfüllende Voraussage
semel atque iterum — einmal und wiederum
semel Christus mortuus est — einmal (nur) ist Christus gestorben
sermo generatur ab intellectu et generat intellectum — das Sprechen wird vom Verstand erzeugt und erzeugt den Verstand
sic volo, sic iubeo, stat pro ratione voluntas — so will ich es, so befehle ich es, das Wollen ersetzt die Vernunft
simplex sigillum veri — Einfachheit ist das Siegel der Wahrheit
société close — geschlossene Gesellschaft
société ouverte — offene Gesellschaft
sola fide — allein durch den Glauben
stat aliquid pro aliquo — es steht eines für ein anderes
sub specie aeterni — unter dem Gesichtspunkt der Ewigkeit
sunt animae rerum — die Dinge haben (ihre) Seelen
système de belles méthodes — System schöner Methoden

theologia rationalis — rationale Theologie
theologia revelata — offenbarte Theologie
tu marches sur de morts, Beauté — Schönheit, du schreitest über Tote

unde philosophia? — woher die Philosophie?
unum per accidens — das zufällig Eine
unum substantiale — das substantiell Eine
ut desint vires, tamen est laudanda voluntas — wenn die Kräfte auch fehlen, so ist doch der Vorsatz zu loben

veluti per machinas — wie durch Maschinen; automatisch
veritas filia temporis — Wahrheit ist eine Tochter der Zeit
vetus opinio — die alte Ansicht; der Standpunkt der Vorgänger resp. der Sinne
video meliora proboque, deteriora sequor — das Bessere sehe und billige ich, dem Schlechteren folge ich

what a thing means is simply what habits it involves — was eine Sache bedeutet, sind lediglich die Gewohnheiten, die sie mit sich führt

Literaturübersicht

Bibliographien

Geldsetzer, Lutz: Allgemeine Bücher- und Institutionenkunde für das Philosophiestudium. Freiburg 1971

Grundkatalog Philosophie 1965, Jahreskatalog Philosophie 1966, 1967, 1968, 1969. Bibliographie der im Buchhandel erhältlichen Literatur, vorwiegend in deutscher, englischer und französischer Sprache. Hrsg. Elwert und Meurer. Berlin 1965 ff.

Philosophischer Literaturanzeiger. Ein Referatenorgan für die Neuerscheinungen der Philosophie und ihrer Grenzgebiete. Georgi Schischkoff (Hrsg.). München 1949 ff.

Répertoire bibliographique de la philosophie. Publication trimestrielle. Louvain 1949 ff.

The Philosopher's Index. An International Index to Philosophical Periodicals. Bowling Green/Ohio 1967 ff.

Biographische Wörterbücher der Philosophie

Ziegenfuß, Werner: Philosophen-Lexikon. Handwörterbuch der Philosophie nach Personen. 2 Bde. Berlin 1949—50

Decurtins, Carl: Kleines Philosophen-Lexikon. Von den Vorsokratikern bis zur Gegenwart. Affoltern 1952

Dictionnaire des philosophes. Paris 1962

Philosophische Wörterbücher

Ritter, Joachim (Hrsg.): Historisches Wörterbuch der Philosophie. 3 Bde. Basel, Stuttgart 1971 ff.

Eisler, Rudolf: Wörterbuch der philosophischen Begriffe. 3 Bde. Berlin [4]1927

Hoffmeister, Johannes: Wörterbuch der philosophischen Begriffe. Hamburg [2]1955

Schmidt, Heinrich (Hrsg.): Philosophisches Wörterbuch. Stuttgart, [18]1969

Brugger, Walter (Hrsg.): Philosophisches Wörterbuch. Freiburg i. Br. [13]1967

Neuhäusler, Anton: Grundbegriffe der philosophischen Sprache. Dt., engl., franz., ital. Mit viersprachigen Begriffen, mit einem Leitfaden zur Geschichte der Philosophie und zu den philosophischen Hauptdisziplinen. München ²1967

Diemer, Alwin/Frenzel, Ivo: Philosophie. Neuausgabe. Frankfurt a. M. 1971 (Fischer-Lexikon. 11.)

Archiv für Begriffsgeschichte. Bausteine zu einem historischen Wörterbuch der Philosophie, Hrsg.: Erich Rothacker. Bonn 1955 ff.

The Encyclopedia of Philosophy, Paul Edwards (Hrsg.). 8 Bde. London 1957–67

International Directory of Philosophy and Philosophers. New York 1971/72

Philosophiegeschichten

Überweg, Friedrich: Grundriß der Geschichte der Philosophie. 5 Bde. Darmstadt ²⁸1923–28, Faks. Ausg. 1951–61, Neuaufl. in 8 Bdn. in Vorbereitung

Totok, Wilhelm: Handbuch der Geschichte der Philosophie. Frankfurt a. M. 1964 ff.

Vorländer, Karl: Geschichte der Philosophie mit Quellentexten. (Rowohlts deutsche Enzyklopädie.)

Fischl, Johannes: Geschichte der Philosophie. Von den Griechen bis zur Gegenwart. Mit einem Fachwörter- und Philosophen-Lexikon. Graz 1964

Windelband, Wilhelm: Lehrbuch der Geschichte der Philosophie. Mit Übersicht über philosophische Forschung. Tübingen ¹⁵1957

Systematische Handbücher der Philosophie

Diemer, Alwin: Grundriß der Philosophie. Ein Handbuch für Lesung, Übung und Unterricht. 2 Bde. Meisenheim a. Gl. 1962–64

Baeumler, A. u. Schröter, M. (Hrsg.): Handbuch der Philosophie. 4 Bde. München 1927–34

Einführungen in die Philosophie

Dyroff, A.: Einleitung in die Philosophie. Grundprobleme der Erkenntnistheorie, Metaphysik, Ethik und Ästhetik. Bonn 1948

Nohl, Herman: Einführung in die Philosophie. Frankfurt a. M. ⁷1967

Pieper, J.: Was heißt Philosophieren? Vier Vorlesungen. München ⁸1967

Stegmüller, Wolfgang: Hauptströmungen der Gegenwartsphilosophie. Eine kritische Einführung. Stuttgart ⁴1969

Leisegang, Hans: Einführung in die Philosophie. Berlin ⁷1969 (Sammlung Göschen.)

Philosophie und Religion

Frank, Erich: Philosophical Understanding and Religious Truth. New York 1945
Dt.: Philosophische Erkenntnis und religiöse Wahrheit. Stuttgart 1949

Leese, Kurt: Geistesmächte und Seinsgewalten. München 1946

Frankfort, Henry u. *Frankfort, Henriette A.:* Before Philosophy . . . An Essay on Speculative Thought in the Ancient Near East. (An abridged ed. of »The Intellectual Adventure of Ancient Man«.) Harmondsworth 1949

Gilson, Etienne: Le philosophe et la théologie. Paris 1960

Gollwitzer, Helmut/Weischedel, Wilhelm: Denken und Glauben. Ein Streitgespräch. Stuttgart 1965

Picht, Georg: Der Gott der Philosophen und die Wissenschaft der Neuzeit. Stuttgart 1966

Weischedel, Wilhelm: Der Gott der Philosophen. Grundlegung einer philosophischen Theologie im Zeitalter des Nihilismus. Darmstadt 1971/72

Philosophie und Praktizität

Scheler, Max: Die Formen des Wissens und die Bildung. Bonn 1925

Jäger, Werner: Über Ursprung und Kreislauf des philosophischen Lebensideals. Berlin 1928

Mannheim, Karl: Ideologie und Utopie. Bonn 1929, Frankfurt a. M. [5]1969

Horkheimer, Max: Kritische Theorie. Bd. 1.2. 1934–40. Neuausg. Frankfurt a. M. 1968

Marcuse, Herbert: »Philosophie und Kritische Theorie« in: Kultur und Gesellschaft. Bd. 1. 1937. Frankfurt a. M. [4]1967. – Das Ende der Utopie. Berlin 1967
Dazu: *Johnson, Heinz:* Herbert Marcuse. Philosophische Grundlagen seiner Gesellschaftskritik. Bonn 1971

Barth, Hans: Wahrheit und Ideologie. Bern 1945, [2]1961

Bloch, Ernst: Philosophische Aufsätze zur objektiven Phantasie (1949) u. in: Gesamtausgabe. Bd. 10. Frankfurt a. M. 1969. – Das Prinzip Hoffnung. 2 Bde. Frankfurt a. M. 1959

Lieber, Hans-Joachim: Wissen und Gesellschaft. Die Probleme der Wissenssoziologie. Tübingen 1952. – Philosophie – Soziologie – Gesellschaft. Gesammelte Studien zum Ideologieproblem. Berlin 1965

Ritter, Joachim: Die Lehre vom Ursprung und Sinn der Theorie bei Aristoteles. Düsseldorf 1952

Sartre, Jean P.: Critique de la raison dialectique. Paris 1960
Dt.: Kritik der dialektischen Vernunft. Hamburg 1967. [Nur T. 1 erschienen]

Lenk, Kurt (Hrsg.): Ideologie. Ideologiekritik und Wissenssoziologie. Neuwied a. Rh. 1961, [4]1970

Mumford, Lewis: The Story of Utopias. New ed. New York 1962

Adorno, Theodor W.: »Wozu noch Philosophie?« in: Eingriffe. Neun kritische Modelle. Frankfurt a. M. 1963, Neuausg. 1970
Dazu: *Massing, Otwin:* Adorno und die Folgen. Über das »hermetische Prinzip« der Kritischen Theorie. Neuwied a. Rh. 1970

Habermas, Jürgen: Theorie und Praxis. Neuwied 1963, ³1969. – Erkenntnis und Interesse. Frankfurt a. M. 1968, 22.–28. Tsd. 1971

Lübbe, Hermann: Politische Philosophie in Deutschland. Basel, Stuttgart 1963

Möhl, Hans Joachim: Die Idee des Goldenen Zeitalters im Werk des Novalis. Heidelberg 1965

Barion, Jakob: Ideologie, Wissenschaft, Philosophie. Bonn 1966

Manuel, Frank E. (Hrsg.): Utopias and Utopian Thought. Boston 1966 Dt.: Wunschtraum und Experiment. Vom Nutzen und Nachteil utopischen Denkens. Freiburg i. Br. 1970

Neusüss, Arnhelm (Hrsg.): Utopie. Begriff und Phänomen des Utopischen. Neuwied a. Rh. 1968

Picht, Georg: »Der Sinn der Unterscheidung von Theorie und Praxis in der griechischen Philosophie« in: Wahrheit, Vernunft, Verantwortung. Philosophische Studien. Stuttgart 1969

Negt, Oskar (Hrsg.): Aktualität und Folgen der Philosophie Hegels. Frankfurt a. M. 1970

Kempski, Jürgen v.: »Vorbild oder Verführer? Über den politischen Einfluß von Philosophie« in: *Schweppenhäuser, Hermann* (Hrsg.): Theodor W. Adorno zum Gedächtnis. Frankfurt a. M. 1971

Künzli, Arnold: Aufklärung und Dialektik. Politische Philosophie von Hobbes bis Adorno. Freiburg i. Br. 1971

Schelsky, Helmut: Einsamkeit und Freiheit. Rev. Neuausg. Gütersloh 1971

Philosophie und Wissenschaft

Topitsch, Ernst: Vom Ursprung und Ende der Metaphysik. Wien 1958. – Sozialphilosophie zwischen Ideologie und Wissenschaft. Neuwied a. Rh. 1961, ²1966. – Mythos – Philosophie – Politik. Zur Naturgeschichte der Illusion. Freiburg i. Br. 1969

Lorenzen, Paul: Die Entstehung der exakten Wissenschaften. Berlin 1960

Oldemeyer, Ernst (Hrsg.): Die Philosophie und die Wissenschaften. Simon Moser zum 65. Geburtstag. Meisenheim a. Gl. 1967

Rochhausen, Rudolf (Hrsg.): Die Klassifikation der Wissenschaften als philosophisches Problem. Berlin-Ost 1968

Frey, Gerhard: Philosophie und Wissenschaft. Eine Methodenlehre. Stuttgart 1970

Mittelstrass, Jürgen: Neuzeit und Aufklärung. Studien zur Entstehung der neuzeitlichen Wissenschaft und Philosophie. Berlin 1970

Philosophie und Geschichte

Troeltsch, Ernst: Der Historismus und seine Probleme. I. Tübingen 1922, Nachdr. Aalen 1961. – Der Historismus und seine Überwindung. Berlin 1924, Nachdr. Aalen 1965

Bäumler, Alfred: Kant's ›Kritik der Urteilskraft‹: ihre Geschichte und Systematik. Bd. 1. Halle a. S. 1923; 2. Aufl. (Nachdr.) u. d. T.: Das

Irrationalitätsproblem in der Ästhetik und Logik des 18. Jahrhunderts bis zur ›Kritik der Urteilskraft‹. Darmstadt 1967

Korff, Hermann A.: Geist der Goethezeit. 4 Bde. u. Reg. Leipzig ¹⁻⁴1927—58

Meinecke, Friedrich: Die Entstehung des Historismus. 2 Bde. München 1936, ⁴1965. — Zur Theorie und Philosophie der Geschichte = Werke. Bd. 4. Stuttgart 1959, ²1965

Hessen, Johannes: Platonismus und Prophetismus. Die antike und die biblische Geisteswelt in strukturvergleichender Betrachtung. München/Basel 1939, ²1955

Hofer, Walther: Geschichtsschreibung und Weltanschauung. München 1950

Bauer, Gerhard: Geschichtlichkeit; Wege und Irrwege eines Begriffs. Berlin 1963

Ivánka, Endre v.: Plato Christianus. Übernahme und Umgestaltung des Platonismus durch die Väter. Einsiedeln 1964

Renthe-Fink, Leonhard v: Geschichtlichkeit. Ihr terminologischer und begrifflicher Ursprung bei Hegel, Haym, Dilthey und Yorck. Göttingen 1964, ²1968

Nohl, Herman: Die Deutsche Bewegung. Vorlesungen und Aufsätze zur Geistesgeschichte von 1770—1830. Göttingen 1970

Einheit und Wesen der Philosophie

Bolzano, Bernard: Was ist Philosophie? Wien 1849, Nachdr. Darmstadt 1964

Windelband, Wilhelm: »Was ist Philosophie?« in: Präludien. Aufsätze und Reden zur Einleitung in die Philosophie. Freiburg i. Br. 1884

Dilthey, Wilhelm: »Das Wesen der Philosophie« in: Systematische Philosophie, Bd. 1. Berlin und Leipzig 1907, ³1921

Rickert, Heinrich: »Vom Begriff der Philosophie« in: *Logos* 1 (1910/11)

Scheler, Max: Vom Ewigen im Menschen. Leipzig 1921 = Ges. Werke. Bd. 5. München ⁵1968

Nink, Caspar: Sein und Erkennen. Untersuchungen zur inneren Einheit der Philosophie. Leipzig 1938, ²1952

Landgrebe, Ludwig: Was bedeutet uns heute Philosophie? Hamburg 1948, ²1954

Jaspers, Karl: »Was ist Philosophie?« in: *Universitas* 5 (1950)

Plessner, Helmuth: »Die Frage nach dem Wesen der Philosophie« in: Zwischen Philosophie und Gesellschaft. Bern 1953

Heidegger, Martin: Was ist das — die Philosophie? Pfullingen 1956, ⁴1966. — Zur Sache des Denkens. Tübingen 1969

Implizite und explizite Philosophie

Spranger, Eduard: Lebensformen. Halle a. S. 1914, Tübingen ⁹1966

Wach, Joachim: Das Verstehen. 3 Bde. Tübingen 1926—33

Gadamer, Hans-Georg: Wahrheit und Methode. Grundzüge einer philosophischen Hermeneutik. Tübingen 1960, ²1965

Kümmel, Friedrich: Verständnis und Vorverständnis. Essen 1965
Betti, Emilio: Allgemeine Auslegungslehre als Methodik der Geistes-
wissenschaften. [Übertr. aus d. Ital.] Tübingen 1967
Bollnow, Otto F.: Philosophie der Erkenntnis. Stuttgart 1970
Bubner, Rüdiger (Hrsg.): Hermeneutik und Dialektik (FS H.-G. Gada-
mer). Bd. 1. Tübingen 1970

Philosophie im Bann der Wissenschaft

Husserl, Edmund: »Philosophie als strenge Wissenschaft« in: Logos 1
(1910/11)
Dingler, Hugo: Der Zusammenbruch der Wissenschaft und der Pri-
mat der Philosophie. München 1926, ²1931
Heidegger, Martin: »Wissenschaft und Besinnung« in: Vorträge und
Aufsätze, T. 1. Pfullingen 1954, ³1967
Zocher, Rudolf: Philosophie in Begegnung mit Religion und Wissen-
schaft. München 1955
Müller, Max: »Philosophie – Wissenschaft – Technik« in: FS A.
Dempf. München 1960 und in Müller: Existenzphilosophie im gei-
stigen Leben der Gegenwart. Heidelberg ³1964
Schilpp, Paul A.: »The Abdication of Philosophy« in Kantstudien
1969
Stegmüller, Wolfgang: Theorie und Erfahrung. Berlin 1970 = Steg-
müller: Probleme und Resultate der Wissenschaftstheorie und ana-
lytischen Philosophie. Bd. 2.
Lenk, Hans: Philosophie im technologischen Zeitalter. Stuttgart 1971

Philosophie und Philosophiegeschichte

Reininger, Robert: Geschichte der Philosophie als philosophische Wis-
senschaft. Wien 1928
Bollnow, Otto F.: Das Verstehen. 3 Aufsätze zur Theorie der Geisteswissenschaften. Mainz 1949. – Krise und neuer Anfang. Beitrag
zur pädagogischen Anthropologie. Heidelberg 1966
Hartmann, Nicolai: »Der philosophische Gedanke und seine Ge-
schichte« in: Kleinere Schriften. II. Berlin 1957
Brelage, Manfred: »Die Geschichtlichkeit der Philosophie und die
Philosophiegeschichte« in: Studien zur Transzendentalphilosophie.
Berlin 1965
Ehrhardt, Walter E.: Philosophiegeschichte und geschichtlicher Skep-
tizismus. Untersuchung zur Frage: Wie ist Philosophiegeschichte
möglich? Bern und München 1967
Geldsetzer, Lutz: Die Philosophie der Philosophiegeschichte im 19.
Jahrhundert. Meisenheim a. Gl. 1968
Gadamer, Hans-Georg: »Begriffsgeschichte als Philosophie« in: Kleine
Schriften. III. Tübingen 1972

Metaphysik

Hartmann, Eduard v.: Geschichte der Metaphysik. 2 Bde. Leipzig
1899–1900, Nachdr. Darmstadt 1969

Heimsoeth, Heinz: Die sechs großen Themen der abendländischen Metaphysik. Darmstadt 1922, Stuttgart ⁵1966. — Metaphysik der Neuzeit. München 1929, ²1967

Heidegger, Martin: Was ist Metaphysik? Bonn 1929, Frankfurt a. M. ¹⁰1969. — Einführung in die Metaphysik. Tübingen 1953, ³1966

Geiger, Moritz: Die Wirklichkeit der Wissenschaften und die Metaphysik. Bonn 1930, Nachdr. Hildesheim 1962

Jaspers, Karl: Philosophie, Bd. 3: Metaphysik. Berlin 1932, ³1956

Hartmann, Nicolai: Zur Grundlegung der Ontologie. Berlin 1935, ⁴1965. — Der Aufbau der realen Welt. Berlin 1940, ²1964

Stegmüller, Wolfgang: Metaphysik, Skepsis, Wissenschaft. Berlin 1954, ²1969

Martin, Gottfried: Einleitung in die allgemeine Metaphysik. Köln 1957, ²1958. — Allgemeine Metaphysik. Berlin 1965

Diemer, Alwin: Einführung in die Ontologie. Meisenheim a. Gl. 1959

Siewerth, Gustav: Das Schicksal der Metaphysik von Thomas zu Heidegger. Einsiedeln 1959

Lakebrink, Bernhard: Klassische Metaphysik. Freiburg i. Br. 1967

Löwith, Karl: Gott, Mensch und Welt in der Metaphysik von Descartes bis zu Nietzsche. Göttingen 1967

Erkenntnislehre

Cassirer, Ernst: Das Erkenntnisproblem in der Philosophie und Wissenschaft der neueren Zeit. 4 Bde. Berlin bzw. Stuttgart 1906—57 (1—3: 1906—1920, 4: 1957)

Hartmann, Nicolai: Grundzüge einer Metaphysik der Erkenntnis. Berlin 1921, ⁵1965

Landmann, Edith: Die Transcendenz des Erkennens. Berlin 1923

Kraft, Victor: Der Wiener Kreis. Der Ursprung des Neopositivismus. Wien 1950, ²1968. — Erkenntnislehre. Wien 1960

Dingler, Hugo: Die Ergreifung des Wirklichen. (Hrsg.: Wilhelm Krampf). München 1955

Adorno, Theodor W.: Zur Metakritik der Erkenntnistheorie. Stuttgart 1956

Kamlah, Wilhelm: Wissenschaft — Wahrheit — Existenz. Stuttgart 1960

Topitsch, Ernst (Hrsg.): Probleme der Wissenschaftstheorie. FS V. Kraft. Wien 1960

Frey, Gerhard: Erkenntnis der Wirklichkeit. Philosophische Folgerungen der modernen Naturwissenschaften. Stuttgart 1965

Klaus, Georg: Kybernetik und Erkenntnistheorie. Berlin-Ost 1966, ⁴1971

Körner, Stephan: Experience and Theory. London 1966. Dt.: Erfahrung und Theorie, ein wissenschaftstheoretischer Versuch. Frankfurt a. M. 1970

Merleau-Ponty, Maurice: L'œil et l'esprit. Paris 1964. Dt.: Das Auge und der Geist. Philosophische Essays. Reinbek b. Hamburg 1967

Diemer, Alwin (Hrsg.): Beiträge zur Entwicklung der Wissenschafts-theorie im 19. Jahrhundert. Meisenheim a. Gl. 1968
Seiffert, Helmut: Einführung in die Wissenschaftstheorie. Bd. 1 ff. München 1969 ff.
Stegmüller, Wolfgang: Probleme und Resultate der Wissenschafts-theorie und Analytischen Philosophie. Bd. 1 ff. Berlin 1969 ff. — Aufsätze zur Wissenschaftstheorie. Darmstadt 1970
Essler, Wilhelm K.: Wissenschaftstheorie. Bd. 1 ff. Freiburg/München 1970 ff.
Krüger, Lorenz (Hrsg.): Erkenntnisprobleme der Naturwissenschaften. Texte zur Einführung in die Philosophie der Wissenschaft. Köln 1970
Schmidt, Alfred (Hrsg.): Beiträge zur marxistischen Erkenntnistheorie. Frankfurt a. M. ²1970
Klüver, Jürgen: Operationalismus. Kritik und Geschichte einer Philo-sophie der exakten Wissenschaften. Stuttgart-Bad Cannstatt 1971
Weingarten, Paul: Wissenschaftstheorie. Bd. 1 ff. Stuttgart-Bad Cann-statt 1971 ff.

Ethik

Brentano, Franz: Vom Ursprung sittlicher Erkenntnis. Leipzig 1889, Hamburg ⁴1955
Lévy-Bruhl, Lucien: La morale et la science des moeurs. Paris 1903, ⁵1913
Moore, George E.: Principia ethica. Cambridge 1903, Neuaufl. 1969
  Dt.: Principia ethica. Stuttgart 1970
Jodl, Friedrich: Geschichte der Ethik als philosophischer Wissenschaft. 2 Bde. Stuttgart 1906, Nachdr. Darmstadt 1965
Westermarck, Edvard: Ursprung und Entwicklung der Moralbegriffe. 2 Bde. Leipzig 1907—09, ²1913—14
Scheler, Max: Der Formalismus in der Ethik und die materiale Wertethik. Halle a. S. 1913—16, Bern ⁵1966
Meinong, Alexius v.: »Emotionelle Präsentation«. Wien 1917 und in: Gesamtausgabe. Bd. 3. Graz 1968
Dittrich, Ottmar: Geschichte der Ethik. Bd. 1 u. 2 u. d. T.: Die Sy-steme der Moral. Geschichte der Ethik vom Altertum bis zur Ge-genwart. 4 Bde. Leipzig 1923—32, Nachdr. Aalen 1964
Hartmann, Nicolai: Ethik. Berlin 1926, ⁴1962
Bergson, Henri: Les deux sources de la morale et de la religion. Paris 1932
  Dt.: Die zwei Quellen der Religion und der Moral. Jena 1933
Nohl, Herman: Die sittlichen Grunderfahrungen. Frankfurt a. M. 1939, ⁶1963
Bollnow, Otto F.: Einfache Sittlichkeit. Göttingen 1947, ⁴1968
Wiese, Leopold v.: Ethik in der Schauweise der Wissenschaften vom Menschen und in der Gesellschaft. Bern 1947, ²1960
Schischkin (Šiškin), Aleksander F.: Grundlagen der kommunistischen Moral. (Übersetzung aus d. Russ.) Berlin-Ost 1958, ³1959

Utz, Arthur F.: Sozial-Ethik. (Mit internat. Bibliographie). 2 Bde. Heidelberg 1958—63

Haezrahi, Pepita: The Price of Morality. London 1961

Lorenz, Konrad: Das sogenannte Böse. Zur Naturgeschichte der Aggression. Wien 1963, 7-111965

Reiner, Hans: Die philosophische Ethik. Ihre Fragen und Lehren in Geschichte und Gegenwart. Heidelberg 1964

Foot, Philippa (Ed.): Theories of Ethics. London 1967

Wyss, Dieter: Strukturen der Moral. Göttingen 1968, ²1970

Gehlen, Arnold: Moral und Hypermoral. Frankfurt 1969
Dazu: Habermas, Jürgen: »Nachgeahmte Substanzialität« in: Merkur, April 1970

Künzli, Arnold: »Wider den Parzival-Sozialismus« in: Über Marx hinaus. Freiburg i. Br. 1969

Fahrenbach, Helmut: Existenzphilosophie und Ethik. Frankfurt a. M. 1970

Vega, Rafael de la/Sandkühler, Hans J. (Hrsg.): Marxismus und Ethik. Texte zum neukantianischen Sozialismus. Frankfurt a. M. 1970

Patzig, Günther: Ethik ohne Metaphysik. Göttingen 1971

Riedel, Manfred (Hrsg.): Rehabilitierung der praktischen Philosophie. Geschichte, Probleme, Aufgaben. Freiburg i. Br. 1971

Ästhetik

Worringer, Wilhelm: Abstraktion und Einfühlung. Ein Beitrag zur Stilpsychologie. München 1908, Neuausg. 1959

Brecht, Walter: Heinse und der ästhetische Immoralismus. Berlin 1911

Geiger, Moritz: »Beiträge zur Phänomenologie des ästhetischen Genusses« in: Jahrbuch für Philosophie und phänomenologische Forschung. 1 (1913)

Panofsky, Erwin: Idea. Ein Beitrag zur Begriffsgeschichte der älteren Kunsttheorie. Berlin 1924, ²1960

Zilsel, Edgar: Die Entstehung des Geniebegriffs. Tübingen 1926

Forster, Edward M.: Aspects of the Novel. New York 1927.
Dt.: Ansichten des Romans. Frankfurt a. M. 1962

Ingarden, Roman: Das literarische Kunstwerk. Halle a. S. 1931, Tübingen ³1965. — Erlebnis, Kunstwerk und Wert. Vorträge zur Ästhetik 1937 bis 1967. Tübingen 1967

Utitz, Emil: Geschichte der Ästhetik. Berlin 1932

Pfeiffer, Johannes: Umgang mit Dichtung. Leipzig 1936, Hamburg 111967

Brinkmann, Donald: Natur und Kunst. Zur Phänomenologie des ästhetischen Gegenstandes. Zürich u. Leipzig 1938

Auerbach, Erich: Mimesis. Dargestellte Wirklichkeit in der abendländischen Literatur. Bern u. München 1946, ⁵1971

Kainz, Friedrich: Vorlesungen über Ästhetik. Wien 1948

Heidegger, Martin: »Der Ursprung des Kunstwerks« in: Holzwege. Frankfurt a. M. 1950, ⁴1963

Landmann, Edith: Die Lehre vom Schönen. Wien 1952

Hartmann, Nicolai: Ästhetik. Berlin 1953, ²1966

Koller, Hermann: Die Mimesis in der Antike. Bern 1954

Hauser, Arnold: Sozialgeschichte der Kunst und Literatur. 2 Bde. München 1953, Sonderausg. 1969. – Philosophie der Kunstgeschichte. München 1958

Langer, Susanne K.: Philosophie in a New Key. Cambridge/Mass. 1942. – Dt.: Philosophie auf neuem Wege. Das Symbol im Denken, im Ritus und in der Kunst. Frankfurt a. M. 1965

Perpeet, Wilhelm: Die antike Ästhetik. Freiburg i. Br. 1961. – Das Sein der Kunst und die kunstphilosophische Methode. Freiburg i. Br. 1970 [Mit Bibliographie]

Gunzenhäuser, Rul: Ästhetisches Maß und ästhetische Information. Quickborn b. Hamburg 1962

Lukács, Georg: Ästhetik. 2 Bde. Neuwied a. Rh. 1963. – Probleme der Ästhetik. Neuwied a. Rh. 1969

Bense, Max: Aesthetica. Einführung in die neue Ästhetik. Baden-Baden 1965

Beardsley, Monroe C.: Aesthetics from Classical Greece to the Present. New York 1966

Jauss, Hans R.: (Hrsg.): Die nicht mehr schönen Künste. Grenzphänomene des Ästhetischen = *Poetik u. Hermeneutik.* Bd. 3. München 1968

Hahn, Peter: Kunst zwischen Ideologie und Utopie. Diss. Berlin 1969

Mainusch, Herbert: Romantische Ästhetik. Untersuchungen zur englischen Kunstlehre des späten 18. und frühen 19. Jahrhunderts. Bad Homburg 1969

Adorno, Theodor W.: Ästhetische Theorie. [Fragment.] Frankfurt 1970

Sprachphilosophie

Steinthal, Hajim: Geschichte der Sprachwissenschaft bei den Griechen und Römern. 2 Bde. Berlin 1863, ²1890/91. Neudr. Hildesheim 1961

Meyer, Theodor A.: Das Stilgesetz der Poesie. Leipzig 1901

Saussure, Ferdinand de: Cours de linguistique générale. Paris 1916, ³1955
Dt.: Grundfragen der allgemeinen Sprachwissenschaft. Berlin u. Leipzig 1931, ²1967

Sapir, Edgar: Language. New York 1921
Dt.: Die Sprache. Eine Einführung in das Wesen der Sprache. München 1961

Cassirer, Ernst: Philosophie der symbolischen Formen. 3 Bde. Berlin 1923–29. Nachdr. d. 2. Aufl. Darmstadt 1964 ff.

Ogden, Charles K. u. *Richards, Ivor A.:* The Meaning of Meaning. London 1923, ¹⁰1960

Grabmann, Martin: »Die Geschichte der Entwicklung der mittelalterlichen Sprachphilosophie und Sprachlogik« in: Mittelalterliches Geistesleben. München 1926–56

Weisgerber, Johann Leo: Muttersprache und Geistesbildung. Göttingen 1929

Bühler, Karl: Sprachtheorie. Die Darstellungsfunktion der Sprache. Jena 1934, Stuttgart ²1965

Carnap, Rudolf: Logische Syntax der Sprache. Wien 1934 u. ö.

Ayer, Alfred J.: Language, Truth, and Logic. New York 1936, London ²1960

    Dt.: Sprache, Wahrheit und Logik. Stuttgart 1970

Morris, Charles W.: Foundations of the Theory of Signs. Chicago 1938, ¹²1966. — Signs, Language, and Behavior. New York 1946, Repr. 1955

Urban, Wilbur M.: Language and Reality. The Philosophy of Language and the Principles of Symbolism. London 1939

Kainz, Friedrich: Psychologie der Sprache. 5 Bde. Stuttgart ¹⁻⁴1941—69

Junker, Heinrich (Hrsg.): Sprachphilosophisches Lesebuch. Heidelberg 1948

Holz, Hans H.: Sprache und Welt. Probleme der Sprachphilosophie. Frankfurt a. M. 1953

Whorf, Benjamin L.: Language, Thought, and Reality. New York 1956

    Dt. Teilausg.: Sprache, Denken, Wirklichkeit. Reinbek b. Hamburg 1963. 34.—38. Tsd. 1969

Heintel, Erich: »Einführung in die Sprachphilosophie« in: *Deutsche Philologie im Aufriß;* hrsg. v. W. Stammler. Bd. 1. Berlin usw. ²1957. Neubearbeitet als Einzeltitel. Darmstadt 1972

Heidegger, Martin: Unterwegs zur Sprache. Pfullingen 1959, ³1965

Wieland, Wolfgang: Die aristotelische Physik. Untersuchungen über die Struktur und die sprachlichen Bedingungen der Prinzipienforschung bei Aristoteles. Göttingen 1962, ²1970

Apel, Karl O.: Die Idee der Sprache in der Tradition des Humanismus von Dante bis Vico. = *Archiv für Begriffsgeschichte.* Bd. 8. Bonn 1963

Austin, John L.: How to Do Things with Words. London 1963

    Dt.: Wie tut man Dinge mit Worten??? Stuttgart 1970

Wein, Hermann: Sprachphilosophie der Gegenwart. Eine Einführung in die europäische und amerikanische Sprachphilosophie des 20. Jahrhunderts. Den Haag 1963

Liebrucks, Bruno: Sprache und Bewußtsein. 5 Bde. Frankfurt a. M. 1964—70

Schaff, Adam: Sprache und Erkenntnis. (Aus d. Polnischen). Wien usw. 1964

Lohmann, Johannes: Philosophie und Sprachwissenschaft. Berlin 1965

Bierwisch, Manfred: »Strukturalismus. Geschichte, Probleme und Methoden« in: *Kursbuch* 5/1966

Chomsky, Noam: Cartesian Linguistics. New York 1966. — Language and Mind. New York 1968.

    Dt.: Sprache und Geist. Frankfurt a. M. 1970

Gadamer, Hans Georg (Hrsg.): Das Problem der Sprache. (8. Deutscher Kongreß für Philosophie, Heidelberg 1966.) München 1967

Hörmann, Hans: Psychologie der Sprache. Berlin 1967

Schmidt, Siegfried J.: Sprache und Denken als sprachphilosophisches Problem von Locke bis Wittgenstein. Den Haag 1968

Savigny, Eike von: Die Philosophie der normalen Sprache. Eine kritische Einführung in die »Ordinary Language Philosophy«. Frankfurt a. M. 1969. – (Hrsg.) Philosophie und normale Sprache. Texte der Ordinary-Language-Philosophie. München 1969

Luther, Wilhelm: Sprachphilosophie als Grundwissenschaft. Heidelberg 1970

Cloeren, Hermann-Josef/Schmidt, Siegfried J. (Hrsg.): Philosophie als Sprachkritik im 19. Jahrhundert. 2 Bde. Stuttgart-Bad Canstatt 1971

Searle, John R. (Hrsg.): The Philosophy of Language. London 1971

Simon, Josef: Philosophie und linguistische Theorie. Berlin 1971

Anhang: Sozio-Linguistik

Luckmann, Thomas: »Soziologie der Sprache« in: Handbuch der Empirischen Sozialforschung. Bd. 2. Stuttgart 1969

Oevermann, Ulrich: Sprache und soziale Herkunft. Berlin 1970

Badura, Bernhard: Sprachbarrieren. Zur Soziologie der Kommunikation. Stuttgart-Bad Cannstatt 1971

Hartig, Matthias/Kurz, Ursula: Sprache als soziale Kontrolle. Neue Ansätze zur Soziolinguistik. Frankfurt a. M. 1971

Geschichtsphilosophie

Rocholl, R.: Die Philosophie der Geschichte. Göttingen 1878

Simmel, Georg: Die Probleme der Geschichtsphilosophie. Leipzig 1892, ⁵1923

Rickert, Heinrich: Die Probleme der Geschichtsphilosophie. Heidelberg 1905, ³1924

Spengler, Oswald: Der Untergang des Abendlandes. 2 Bde. München 1918–22, Neuausg. 1963–65

Spranger, Eduard: »Die Kulturzyklentheorie und das Problem des Kulturverfalls« (1926) in: Gesammelte Schriften. Bd. 5. Tübingen 1969

Kaufmann, Fritz: Geschichtsphilosophie der Gegenwart. Berlin 1931

Heussi, Karl: Die Krisis des Historismus. Tübingen 1932

Hartmann, Nicolai: Das Problem des geistigen Seins. Berlin 1933, ²1949

Toynbee, Arnold J.: A Study of History. 6 vols. London 1933–51
   Dt.: Der Gang der Weltgeschichte. Neuaufl. Wien/München 1970

Thyssen, Johannes: Geschichte der Geschichtsphilosophie. Berlin 1936, Bonn ³1960

Aron Raymond: Essai sur la théorie de l'histoire dans l'Allemagne contemporaine. La philosophie critique de l'histoire. Paris 1938, 2. Aufl. u. d. T.: La philosophie critique de l'histoire. Paris 1950

Croce, Benedetto: Geschichte als Gedanke und als Tat. (Übers. aus d. Ital.) Hamburg 1944, Bern 1944

Collingwood, Robin G.: The Idea of History. Oxford 1946, ²1957
   Dt.: Philosophie der Geschichte. Stuttgart 1955

Heimsoeth, Heinz: Geschichtsphilosophie. Bonn 1948

Litt, Theodor: Wege und Irrwege geschichtlichen Denkens. München 1948. — Geschichtswissenschaft und Geschichtsphilosophie. München 1950

Jaspers, Karl: Vom Ursprung und Ziel der Geschichte. München 1949, Neuausg. 1963

Löwith, Karl: Weltgeschichte und Heilsgeschehen. Stuttgart 1953, ⁵1967

Wetter, Gustav A.: Der dialektische Materialismus. Seine Geschichte und sein System in der Sowjetunion. Freiburg i. Br. 1952, ⁵1960

Strauss, Leo: Naturrecht und Geschichte. Stuttgart 1956

Schulz, Robert (Hrsg.): Beiträge zur Kritik der gegenwärtigen bürgerlichen Geschichtsphilosophie. Berlin-Ost 1958

Rossmann, Kurt (Hrsg.): Deutsche Geschichtsphilosophie von Lessing bis Jaspers. Bremen 1959

Bloch, Ernst: »Differenzierungen im Begriff Fortschritt«, jetzt in: Tübinger Einleitung in die Philosophie. Bd. 1. Frankfurt a. M. 1963

Tillich, Paul: »Sieg in der Niederlage. Der Sinn der Geschichte im Lichte christlicher Prophetie« in: Gesammelte Werke. Bd. 6. Stuttgart 1963

Benjamin, Walter: Zur Kritik der Gewalt und andere Aufsätze. Frankfurt a. M. 1965, ²1971. [Geschichtsphilosophische Thesen.]

Freyer, Hans: »Geschichtsphilosophie« in: *Handwörterbuch der Sozialwissenschaften.* Bd. 4. Stuttgart 1965

Philosophische Anthropologie

Alsberg, Paul: Das Menschheitsrätsel. Dresden 1922

Plessner, Helmuth: Die Stufen des Organischen und der Mensch. Berlin 1928, ²1965

    Dazu: *Hammer, Felix:* Die exzentrische Position des Menschen. Methode und Grundlinien der philosophischen Anthropologie H. Plessners. Bonn 1967

Scheler, Max: Die Stellung des Menschen im Kosmos. Darmstadt 1928, München ⁷1966

Groethuysen, Bernhard: Philosophische Anthropologie. München 1931, Nachdr. Darmstadt 1963

Landsberg, Paul L.: Einführung in die philosophische Anthropologie. Frankfurt a. M. 1934, ²1960

Sombart, Werner: Beiträge zur Geschichte der wissenschaftlichen Anthropologie. Berlin 1938. — Vom Menschen. Versuch einer geisteswissenschaftlichen Anthropologie. Berlin 1938, ²1956

Gehlen, Arnold: Der Mensch. Berlin 1941, Bonn ⁸1966

Lipps, Hans: Die menschliche Natur. Frankfurt a. M. 1941

Portmann, Adolf: Biologische Fragmente zu einer Lehre vom Menschen. Basel 1944, ³1969

Wein, Hermann: »Von Descartes zur heutigen Anthropologie« in: *Zeitschrift für philosophische Forschung* 2 (1947)

Buber, Martin: Das Problem des Menschen. Heidelberg 1948, Neuaufl. in Vorb.

Litt, Theodor: Mensch und Welt. München 1948, Heidelberg ²1961
Rothacker, Erich: Probleme der Kulturanthropologie. Bonn 1948, ³1968.
— Philosophische Anthropologie. Bonn 1964, ³1970
Siegmund, Georg: Der Mensch in seinem Dasein. Freiburg i. Br. 1953
Landmann, Michael: Philosophische Anthropologie. Berlin 1955, ³1969.
— Der Mensch als Schöpfer und Geschöpf der Kultur. München
1961. — (Hrsg.): De homine. Der Mensch im Spiegel seines Denkens.
Freiburg i. Br. 1962
Hengstenberg, Hans-Eduard: Philosophische Anthropologie. Stuttgart
1957, ³1966
Buytendijk, Frederik J. J.: Das Menschliche. Wege zu seinem Verständnis. Stuttgart 1958
Brüning, Walther: Philosophische Anthropologie. Stuttgart 1960
Cassirer, Ernst: Was ist der Mensch? Versuch einer Philosophie der
menschlichen Kultur. Stuttgart 1960
Ströker, Elisabeth: »Zur gegenwärtigen Situation der Anthropologie«
in: *Kant-Studien.* 51 (1960/61)
Marquard, Odo: »Zur Geschichte des philosophischen Begriffs Anthropologie seit dem Ende des 18. Jahrhunderts« in: Collegium Philosophicum (FS J. Ritter). Stuttgart 1965
Rombach, Heinrich (Hrsg.): Die Frage nach dem Menschen. Festschrift
für Max Müller zum 60. Geburtstag. Freiburg i. Br. 1966
Claessens, Dieter: Instinkt, Psyche, Geltung. Zur Legitimation menschlichen Verhaltens. Eine soziologische Anthropologie. Köln u. Opladen 1968, ²1970
Mead, George H.: Philosophie der Sozialität. Aufsätze zur Erkenntnisanthropologie. Frankfurt a. M. 1969
Lepenies, Wolf u. *Nolte, Helmut:* Kritik der Anthropologie. Marx u.
Freud/Gehlen u. Habermas/Über Aggression. München 1971

Register

Vom gleichen Verfasser

Der Sokratismus als Wertethik
Dissertation Basel 1943

Problematik
Nichtwissen und Wissensverlangen im philosophischen Bewußtsein
Göttingen 1949

Elenktik und Maieutik
Drei Abhandlungen zur antiken Psychologie
Bonn 1950

Geist und Leben
Varia Nietzscheana
Bonn 1951

Erkenntnis und Erlebnis
Phänomenologische Studien
Berlin 1951

Philosophische Anthropologie
Menschliche Selbstdeutung in Geschichte und Gegenwart
Berlin 1955, 5. Aufl. 1982

Das Zeitalter als Schicksal
Die geistesgeschichtliche Kategorie der Epoche
Basel 1956

Das Tier in der jüdischen Weisung
Heidelberg 1959

Der Mensch als Schöpfer und Geschöpf der Kultur
Geschichts- und Sozialanthropologie
München/Basel 1961

(Mit Mitarbeitern)
De homine
Der Mensch im Spiegel seines Gedankens
Freiburg 1962

Die absolute Dichtung
Essays zur philosophischen Poetik
Stuttgart 1963

Pluralität und Antinomie
Kulturelle Grundlagen seelischer Konflikte
München 1963

Ursprungsbild und Schöpfertat
Zum platonisch-biblischen Gespräch
München 1966

Das Israelpseudos der Pseudolinken
Berlin 1971

Das Ende des Individuums
Anthropologische Skizzen
Stuttgart 1971

Entfremdende Vernunft
Stuttgart 1975

Anklage gegen die Vernunft
Stuttgart 1976

Neugestaltung der hebräischen Schrift
Bonn 1977

Was ist Philosophie?
3. Aufl. Bonn 1977

Erinnerungen an Stefan George. Seine Freundschaft mit Julius
und Edith Landmann. Amsterdam 1980

Figuren um Stefan George (1)
Amsterdam 1982

Jüdische Miniaturen. Band 1: Messianische Metaphysik.
Bonn 1982

Jüdische Miniaturen. Band 2: Israelische Streitschriften und Tagebüche
Bonn 1982